国家出版基金项目
NATIONAL PUBLICATION FOUNDATION

分卷主编　王建朗

# 中华民国时期
# 外交文献汇编

## 1911—1949

### 第八卷

### 下

中华书局

# 六、中共外交政策的起源与发展

说明:抗战时期是中国共产党外交政策形成并走向成熟的时期。这一时期,中共对外政策经历了重大转变,从一般的反对帝国主义的政策转变到联合美英的政策上来。中共不仅努力争取国际力量牵制国民党的活动,还试图在反对国民党专制统治争取民主的斗争中借助国际压力。中共努力与美国建立半官方的关系并试图争取美国更多的支持。美国方面最初作出了善意的回应。然而,随着美国越来越深地卷入中国内政,卷入国共之争,中共与美国之间的政治分歧终于突显。赫尔利使华后期,中共与美国关系趋于恶化。

本章主要资料来源:

《毛泽东选集》合订本,人民出版社,1966 年

《毛泽东自述》,人民出版社,1993 年

中华人民共和国外交部、中共中央文献研究室编:《毛泽东外交文选》,中央文献出版社、世界知识出版社,1994 年

中央档案馆编:《中共中央文件选集》第 11—15 册,中共中央党校出版社,1986 年

中共中央统战部编:《中共中央抗日民族统一战线文件选编》,档案出版社,1985 年

中国国民党中央委员会党史委员会编,秦孝仪主编:《先总统蒋公思想言论总集》第 37 卷,台北"中央"文物供应社,1984 年

谢伟思著,王益等译:《美国对华政策》(1944—1945),中国社会科学出版社,1989 年

约瑟夫·W.埃谢里克(周锡瑞)编,罗清等译:《在中国失去的机会》,国际文化出版公司,1989 年

包瑞德著,万高潮、卫大匡译:《美军观察组在延安》,解放军出版社,1984 年

《中美关系资料汇编》第 1 辑,世界知识出版社,1957 年

Map Room Files, Franklin D. Roosevelt Library: Box 10, Roosevelt and Chiang Kai-shek, 1944; Box 11, Roosevelt and Hurley, 1944–1945

中国国民党中央委员会党史委员会编,秦孝仪主编:《中华民国重要史料初编——对日抗战时期》第五编《中共活动真相》,台北"中央"文物供应社,1981 年(以下简称《中共活动真相》)

Headquarters U. S. Force, China: U. S. Army Observer Section, Center for Historical Studies, Department of Defence

RG332, Dixie Mission(NARS); RG332, Wedemeyer Papers(NARS)

Yen' an Observer Group: Dixie Mission(Microfilm, NARS).

# (一)抗战前期的中共外交政策的发展变化

说明:抗战初期,中共认为,苏联是支持中国抗日的最可靠的国家,同时,中国也可以争取到英、美、法的一定程度的同情和援助。战争进入相持阶段后,中共担心国民党有被日本诱降的可能,并担心英美牺牲中国利益对日妥协,暗中支持国民党投降日本,形成远东慕尼黑。欧战爆发后,中共认为这是一场两个帝国主义集团之间争夺世界的战争,反对中国加入英法战线。随着英美对华援助的增加,中共认识逐渐发生变化。苏德战争爆发后,中共明确认定,欧洲战争的性质不再是帝国主义战争。中共将战争双方划分为法西斯侵略阵营和反法西斯阵营,提出了联合英、美共同反对德、意、日的方针。太平洋战争爆发后,建立反法西斯国际统一战线的方针最终确立。

## 1. 从争取英美法同情到指责远东慕尼黑

### 毛泽东：反对日本进攻的方针、方法和前途
#### 1937 年 7 月 23 日

（四）抗日的外交。……立刻和苏联订立军事政治同盟，紧密地联合这个最可靠最有力量最能够帮助中国抗日的国家。争取英、美、法同情我们抗日，在不丧失领土主权的条件下争取他们的援助。战胜日寇主要依靠自己的力量；但外援是不可少的，孤立政策是有利于敌人的。

《毛泽东选集》，第 333 页

### 毛泽东：论新阶段
#### 1938 年 10 月 12—14 日

……国际助我一点来说，现在也还未至最大有利之时。十五个月来，我们有了国际间广大的舆论声援，苏联和其他民主国家根据国联决议已经给了我们许多帮助，证明了我们不是孤立的。然而我们必须看到国际和平阵线各国有其各不相同的情况。资本主义国家，人民助我，政府则取某种程度的中立态度，其资产阶级则利用战争做生意，还在大量输送军火与军火原料给日本。社会主义国家，根本上不同于资本主义国家，在援华问题上已经具体的表现出来；然而国际形势目前还不容许它作超过现时程度的援助。因此，我们对国际援助暂时决不应作过大希望。……但中国抗日战争与世界反侵略反法西斯的斗争，是不可分离地结合着。反对日本侵略战争的不仅是中国人，还有欧洲人，美洲人，非洲人，澳洲人，以及其他亚洲人。十五个月来世界各国的同情与援助，能够同时配合着世界的援助，因为今天的世界已不是从前的世界，整个世界先进人类已成为休戚相关的一体……

中国已紧密地与世界联成一体，中日战争是世界战争的一部分，中国抗日战争的胜利不能离开世界而孤立起来。新的抗战形势中可能暂

时地减少一部分外国的援助,加重了中国自力更生的意义,中国无论何时也应以自力更生为基本立脚点。但中国不是孤立也不能孤立,中国与世界紧密联系的事实,也是我们的立脚点,而且必须成为我们的立脚点。我们不是也不能是闭关主义者,中国早已不能闭关,现在更是一个世界性的帝国主义用战争闯进全中国来,全中国人都关心世界与中国的关系,尤其关心目前欧洲时局的变动。所以我们来分析一下当前的国际形势,是有意义的。

资本帝国主义的本性,不但是和本国人民大众矛盾的,是和殖民地半殖民地矛盾的,是和社会主义国家矛盾的,而且是帝国主义诸国之间自相矛盾的。这最后一种矛盾在历史上的最尖锐表现,就是二十年前的世界大战。那次两组帝国主义互战的结果,产生了新的国际形势。战后世界政治经济新的发展的结果,使得世界又临到新的大战面前。在东方日寇侵略东四省,西方希特勒登台之后,新的重分世界的战争业已开始了。"法西斯主义就是战争",一点也不错。在此情势下,一方面日、德、意组成了侵略阵线,实行大规模的侵略。另方面各民主国家却为保守已得利益而在和平的名义之下准备战争,但至今不愿用实力制裁侵略者,尤其是英国的妥协政策实际上帮助了侵略者。在这种情况下,中国东四省首先被牺牲,接着亚比西尼亚亡于意大利,西班牙则助长了叛军的气焰,中国又受到日寇新的大规模的侵略……

过去的,大家都明白,各民主国家在某种程度上都是援助中国的,主要是其人民的同情中国,苏联的援助则更加积极。现在,由于日寇进攻的深入,又加深了英、美、法、苏对日本的矛盾。虽然英国在西方的妥协政策可能搬用到东方,为了企图多少保存在日本占领地区的商业,为了幻想减轻日本对南洋的威胁,英国有可能同日本进行某种程度的妥协,但根本妥协是困难的,至少暂时有困难,这是日本独占政策的结果,东方问题与西方问题在当前具体情况上有某种程度上的区别。日本的深入进攻,进一步加深了日美间的矛盾,苏联与中国的友谊是增长的,中、美、苏三国有进一步亲近的可能。但是我们第一不可忘记资本主义国家与社会主义国家的区别,第二不可忘记资本主义国家之政府和资本主义国家之人民的区别,第三,更加不可忘记现时与将来的区别,我们对前者不应寄以过高的希望。应该努力争取前者一切可能的援助,在一定程度上不但是可能的,而且是事实,但过高希望则不适宜。中华民族解放运动与外援的配合,主要的是和先进国家与全世界广大人民反法西斯运动之将来的配合,以自力更生为主同时不放松争取外援的方针,应该放在这种基点之上。

《中共中央文件选集》第 11 册,第 567—640 页

## 中共中央关于反对投降危险的指示

### 1939 年 6 月 7 日

一、目前形势的特点是日寇除军事进攻外,加紧其诱降活动,并把这种活动放在第一位,正在积极策动国民党一切投降分子,勾结英、美、法妥协派,图达其瓦解抗战阵线目的。汪精卫正与日寇进行卖国谈判,投降分子、反共分子正在国内普遍的坚决的进行破坏工作。因此目前最大的危险就是国民党投降的可能,新的慕尼黑的可能。……

《中共中央文件选集》第 12 册,第 80 页

## 毛泽东:反投降提纲

### 1939 年 6 月 10 日

……

(乙)英、美、法的压力

中国投降危险成为当前最大危险的第二个因素是英、美、法投降主义者加于中国政府的压力。

英、美、法等非侵略国对于侵略国所进行的侵略战争所取的放任政策,正如斯大林所指,不是由于他们力量不足,也不是单纯的由于他们畏惧革命,而是由于他们"坐山观虎斗"的阴谋计划。

他们开始即鼓励日本进行战争,说什么"三个月就可打败中国"。

他们随即让出上海,使战争深入内地去打。

他们宁可使香港受包围,让日本占领广州和海南岛。

他们大量供给日本以军需品,使日本有可能进行消耗战争。

他们又声言援助中国,并且已实行有所援助,借点小款,供给点军需,使中国有可能与日本进行消耗战争。他们常鼓吹"中国必胜",使中国在消耗战争中增加勇气。

一切这些,其中心目的,在于消耗战争双方,等到精疲力竭时,他们就以"健全的身体"出来喝令双方停战,使双方都听他们的话。

他们纵容德、意在西方的侵略行动,也是这个目的。他们希望德国和苏联打,而他们从容观战,然后乘其疲弊而掠夺之。

他们始终不赞成苏联所〔提〕普遍安全计划者以此。

他们不愿意保障波罗的海三国的安全者以此(开一缺口便于德国进攻苏联)。

战争的片面性(侵略战争是危害英、美、法利益的,但英、美、法却取旁观态度)的原因在此。

鹬蚌相持,渔人得利——这就是英、美、法帝国主义者的现时政策。

这些非侵略国与侵略国之间是有深刻矛盾的,但不到一定程度他们是不会放弃其"渔人"政策的。

莫洛托夫谓:"英法有进步,但所谓进步是浮而不实的。"斯大林谓"不要被人利用",即是说英、法的渔人政策并未放弃,不要上当。

英、法、苏协定有成立可能,但目前尚难乐观。成立了之后,又有破裂可能。

新慕尼黑危险并未消灭。

六中全会指出英、美、法政府不可靠,可靠的只有其人民。英美法人民反战反法西斯势力正在逐渐增长,只有这种势力才是最后可靠的。

苏联声明继续援助中国,决不赞成中国投降。

英、美、法策动的远东慕尼黑,现在接近了一个紧要时节。他们似正在作这种想法:希望中国再打半年,双方都更疲弊一点,那时就到了远东慕尼黑开幕之时了。

　　中国投降危险的第二个因素，就在这样的国际情况上面。

　　　　　　　　　　　　《中共中央文件选集》第12册，第94—96页

### 中国共产党中央委员会为抗战两周年纪念对时局宣言
### 1939 年 7 月 7 日

　　……至于国际反动力量，那么，虽然我国的抗战获得了世界各国人民各先进人士的同情与援助，但是在帝国主义的反动营垒中却存在着鹬蚌相争渔翁得利的私利主义者，存在着想以中华民族为牺牲而与侵略者妥协的阴谋家，这些分子随时准备重演慕尼黑的罪行，而以中华民族为宰割之对象。此种现象，现时虽尚未表面化，但暗中策动，渐见积极，稍不注意，便有被其牵入圈套之可能。

　　凡此所述，一则日寇政治诱降的恶毒阴谋，二则中国投降妥协分子之投降与分裂的罪恶活动，三则国际东方慕尼黑的暗中酝酿；三者汇合，便造成今日抗战形势中的两种最大危险，即中途妥协与内部分裂的危险。这就是今日政治形势中的重要的特点，可能的趋向。认清这个特点，克服这个趋向，才能使抗战获得胜利而避免悲惨的命运。

　　　　　　　　　　　　《中共中央文件选集》第12册，第141—142页

### 中共中央关于反对东方慕尼黑阴谋的指示
### 1939 年 7 月 29 日

　　（一）根据各方材料（参考 30 号军政通讯），证明英日谈判英国对日已有了重大的原则的让步。这种让步造成东方慕尼黑的可能严重局势。

　　（二）蒋介石的谈话虽然指出了独立奋斗反对依赖与观望的决心，但对英国仍抱有极大的幻想；特别由于金融上对英国的依赖，使英国对蒋仍有很大的支配力量。

　　（三）我党必须用最大力量推动各方共同起来在舆论、行动上，

表示：

甲、全国人民对于英国张伯伦妥协派向日投降、牺牲中国利益的严重抗议，反对任何形式的东方慕尼黑；揭破张伯伦政策是拥护日本侵略中国、反对中国抗战的政策，这种政策只有助长世界法西〔斯〕侵略国的侵略，促进全世界普遍的战争的到来。

乙、坚决反对中国抗战内部任何人因张伯伦的对日投降而对抗战表示动摇，反对任何投降妥协破坏抗战的活动，强调自力更生的口号，强调坚持抗战到底的决心及民族自信心；打破对英国的幻想，反对依赖英国的外交政策。

丙、但对英方面，应集中力量于打击张伯伦的投降政策，主张英国人民与政府应改变这种害人害己的错误政策，以争取英国改变政策，继续支持中国抗战。

丁、指出即使英国停止援助中国与日妥协，只要克服内部投降危险，中国仍有一切办法坚持抗战，取得最后胜利；并宣传苏联对中国抗战的援助。

中央书记处

《中共中央文件选集》第 12 册，第 150—151 页

## 2. 反对加入英法阵营

### 毛泽东对《新华日报》记者的谈话
#### 1939 年 9 月 1 日

问：据你看，目前的时局将要如何发展？

答：目前的国际时局已处在新的形势中。早已开始了的第二次帝国主义战争的片面性状态，即是说，由于"不干涉"政策而发生的一方进攻、一方坐视的局面，就欧洲方面说来，今后势必由全面性的战争起而代之。第二次帝国主义战争已进到新的阶段。

在欧洲方面，德意帝国主义集团和英法帝国主义集团之间，为了争

夺对殖民地人民统治权的帝国主义大战,是迫在眉睫了。在战争中,为了欺骗人民,为了动员舆论,战争的双方都将不顾羞耻地宣称自己是正义的,而称对方是非正义的。其实,这只是一种欺骗。因为,双方的目的都是帝国主义的目的,都是为了争夺对殖民地半殖民地和势力范围的统治权,都是掠夺性的战争。在目前,就是为了争夺波兰,争夺巴尔干半岛和地中海沿岸。这样的战争完全不是正义的。世界上只有非掠夺性的谋解放的战争,才是正义的战争。共产党决不赞助任何掠夺战争。共产党对于一切正义的非掠夺的谋解放的战争,则将挺身出而赞助,并站在斗争的最前线。第二国际所属的社会民主党,在张伯伦、达拉第的威迫利诱之下,正在发生分化,一部分上层反动分子正在蹈袭第一次大战时的覆辙,准备赞助新的帝国主义战争。但另一部分,则将和共产党一道建立反战反法西斯的人民阵线。目前张伯伦、达拉第正在模仿德意,一步一步地反动化,正在利用战争动员将国家组织法西斯化,将经济组织战争化。总之,两大帝国主义集团正在狂热地准备战争,大屠杀的危险临到千百万人民的头上。这种情形,毫无疑义地将激起广大人民的反抗运动。无论在德意,无论在英法,无论在欧洲和世界其他地方,人民如果不愿充当帝国主义的炮灰,他们就一定会起来用各种方式去反对帝国主义战争。

在资本主义世界,除了上述两大集团之外,还有第三个集团,这就是以美国为首的包括中美洲南美洲许多国家在内的集团。这个集团,为了自己的利益,暂时还不至于转入战争。美国帝国主义想在中立的名义之下,暂时不参加战争的任何一方,以便在将来出台活动,争取资本主义世界的领导地位。美国资产阶级暂时还不准备在国内取消民主政治和平时的经济生活,这一点对于世界的和平运动是有利益的。

日本帝国主义受了苏德协定的严重打击,它的前途将更加困难。它的外交政策,正在两派斗争中。军阀想和德意建立联盟,达到独占中国,侵略南洋,排斥英、美、法出东方的目的;但一部分资产阶级则主张对英、美、法让步,把目标集中于掠夺中国。目前和英国妥协的趋势甚大。英国反动派将以共同瓜分中国和在财政上经济上帮助日本为条件，换得日本充当英国利益的东方警犬，镇压中国的民族解放运动，牵制苏联。因此，不管怎样，日本灭亡中国的根本目的是决不会变更的。日本对中国正面大规模军事进攻的可能性，或者不很大了；但是，它将更厉害地进行其"以华制华"的政治进攻和"以战养战"的经济侵略，而在其占领地则将继续疯狂的军事"扫荡"；并想经过英国压迫中国投降。在某种适合于日本的时机，日本将发起东方慕尼黑，以某种较大的让步为钓饵，诱胁中国订立城下之盟，用以达其灭亡中国的目的。日本的这种帝国主义的目的，在日本人民革命没有起来之前，不管日本统治阶级掉换什么内阁，都是不会变更的。

在整个资本主义世界之外，另一个光明世界，就是社会主义的苏联。苏德协定增加了苏联帮助世界和平运动的可能，增加了它援助中国抗日的可能。

这些就是我对于国际形势的估计。

《毛泽东选集》，第 570—572 页

## 毛泽东与斯诺谈话纪录
### 1939 年 9 月 26 日

斯诺问：据我理解，你的意思是，你看不出法西斯主义和英、法等民主国家的事业有什么区别？

毛泽东答：从它们在这场战争中的地位来看，没什么区别。张伯伦正在组织世界战线，用以包围苏联、抗日的中国以及德国。他的目的是结束在中国的战争，推翻希特勒，孤立苏联，以便日后组织反苏的运动。张伯伦作为国际反动资本主义的领袖，懂得如果他不这样做，抗日战争就会胜利，德国就能收复它的殖民地，印度就会赢得独立，而张伯伦及其同僚的统治就会垮台。

斯诺问：张伯伦先生的胃口恐怕没有那么大吧？难道你认为，张伯伦在打德国的同时，他的真正目的是在于灭亡俄国？在我看来，张伯伦现在对付希特勒就够忙的了,还能准备对俄国打一场更大的仗? 如果可能的话,他想争取俄国的友谊,以便打败希特勒,这样做对他来说不是更合乎逻辑吗? 即使他确实有在将来搞斯大林的打算。你的意思是说,张伯伦过去曾想把希特勒这股祸水东引,还是说他现在积极地这样计划,还是说他希望通过现在这场战争搞成这样一条战线?

毛泽东答:他过去就想,现在正在计划,而且希望以后能实现这样一条战线。为什么? 因为张伯伦所面临的问题不只是希特勒,还有印度造反的问题,和他本国人民中有人造反的问题,而苏联却支持殖民地的革命和资本主义宗主国里的人民〔革命〕运动。因此罗斯福也同情张伯伦。……罗斯福也想发战争财。罗斯福想赢得资本主义世界中的领导地位。他要张伯伦做他的秘书,日本做他的一个卫士——他的后卫,希特勒和墨索里尼做他的前卫。但是他对斯大林直摇头,说斯大林对他毫无用处……

斯诺问:苏联同纳粹德国达成协议,占领了波兰,这使苏联看起来好像和极权主义的轴心国进行合作来瓜分弱小国家。肯定许多人会这样认为。不论怎样,新的苏联政策意味着所谓民主国家(包括苏联)反法西斯统一战线的垮台。这一点将如何影响中国抗日战争的政治口号? 中国至今一直呼吁资本主义民主国家给予支持,以反对极权主义的日本。中国过去的外交口号现在是否已经失败?

毛泽东答:随着欧洲战争的爆发,世界政治关系发生了深刻变化。德国放弃了它的反苏和反共产国际(原话如此!)的政策。另一方面,所谓的民主国家开始利用战争来结束民主制度。这些所谓的民主国家成了反苏、反共、反民主、反人民的运动的中心,成了殖民地、半殖民地人民运动的敌人……从新的情况出发,应该有一个区分各国的新的标准。我们该怎样划分国家的类别呢?

一类是进行或帮助进行非正义的帝国主义强盗战争的国家,以及公开、积极支持这种战争的国家。另一类是支援人民解放战争的国家。各国共产党的政策必须作相应的改变,因为迄今执行的政策已经不合适了。

在新的形势下,可以参加世界革命统一战线的国家已经不再包括所谓民主国家里的资产阶级了。这个阶级已经成为被压迫民族的敌人。这个革命统一战线现在应包括以下的成分:(1)资本主义国家里的无产阶级和小资产阶级;(2)半殖民地和殖民地国家里的反帝力量,包括无产阶级和一部分资产阶级;(3)苏联。

我在 9 月 14 日的讲话中说过,帝国主义战争已经进入一个新阶段,这个新阶段有两个特点:第一,片面战争已经变为全面战争(这是指斯大林对第二次帝国主义战争的说法,见 3 月份他对苏共中央全会的讲话。——斯诺注)。其次,世界革命战线的组成已经从复杂变为简单了。现在,世界革命的口号已变为:反对帝国主义战争;用革命战争击败反革命战争;用革命战争支援人民革命战争;支援殖民地和半殖民地的人民革命战争。这些口号同样适用于所有国家,包括法西斯国家以及利用战争作为实现法西斯主义的手段的所谓民主国家。

《毛泽东自述》,第 148—153 页

### 毛泽东:苏联利益和人类利益的一致
#### 1939 年 9 月 28 日

中国的外交政策,很明显的,应该是抗日的外交政策。这个政策以自力更生为主,同时不放弃一切可能争取的外援。而所谓外援,在帝国主义世界大战爆发的情况之下,主要地是在下列的三方面:(1)社会主义的苏联;(2)世界各资本主义国家内的人民;(3)世界各殖民地、半殖民地的被压迫民族。只有这些才是可靠的援助者。此外的所谓外援,即使还有可能,也只能看作是部分的和暂时的。当然,这些部分的暂时的外援,也是应该争取的,但决不可过于依赖,不可看作可靠的援助。对于帝国主义战争的交战各国,中国应该严守中立,不参加任何的一方。那种主张中国应该参加英法帝国主义战线的意见,乃是投降派的意见,不利于抗日和不利于中华民族独立解放的意见,是应该根本拒绝的。

《毛泽东选集》，第590页

## 3. 提出利用两大阵线矛盾与继续对英美保持警惕

### 毛泽东：战争与革命问题
### 1940年7月13日

（一）关于苏联不加入战争

两派帝国主义国家，在战争阻止不了时，人民就起来反对战争，而苏联就不加入。这一不加入计划的实现，是苏联二十年来斗争的结果，是世界人民拥护苏联的结果，是苏联善于利用帝国主义相互间矛盾的结果，是无产阶级世界战略上最伟大的胜利，因为它不但保护了苏联，而且保证了世界革命的胜利。

这一胜利完成于德苏、苏芬两个协定，以后的任务则是巩固之。

（二）关于帝国主义两大阵线

所谓帝国主义两大阵线，两大统一战线，不是说双方同盟诸国间没有矛盾与斗争，矛盾与斗争是存在的，而且是严重的。例如英、美、法三国相互之间，三国与其他小国之间，是有矛盾与斗争的。又如德、意、日三国相互之间，三国与其他小国之间，也是有矛盾与斗争的。

也不是说各个阵线是固定的，不生变化的。相反，它们是不固定的，要生变化，而且已经生了变化。

一方面，有北欧、荷、比、巴尔干的变化，有法国的大变化，表现了阵线的减弱，这就是英、美、法阵线。

一方面，则表现了阵线的增强，这就是德意日阵线。

于是造成了目前的不平衡状态。

日本一会儿亲英、美，现在又有亲德、意之势，这是由于日本内部法西斯派将代替英美派之故。

双方都没有完全固定的同盟条约，例如美之与英、法，英、法之与北欧,及荷、比,德、意之与日本。

　　这就是所谓阵线内部的矛盾、斗争与变化。今后还会有矛盾与斗争,也还会有变化。

　　如果不管这一切,则一方面德、意、日欲打破现状,一方面所谓民主国(包括荷、比)则欲维持现状,双方各有利害共同点,因而可以结成一种统一战线,则是实际上已经有了的,双方都有几十个或十几个国家。目前以地域、经济力与海军而论,仍以英、美为强,而德、意、日则因德国战争胜利与占领地区之广,表现其强。

　　无论东方与西方,现在两个帝国主义阵线的斗争主要已不在大陆上,而移到海洋上,在这方面尚未决战,因此尚有巨大的冲突。

　　假令英国屈服,亦尚有美国的海上霸权。美国是门罗主义加上世界主义,"我的是我的,你的还是我的"。它是不愿放弃大西洋与太平洋上的利益的。

　　德、意都是海军较弱的,加上法国投降,也未改变这种状态。德、意与日本,不破坏英、美的海军,是无法管理英、法、荷、比的殖民地的。

　　一方面,凡尔赛与华盛顿体系,又一方面,反对这个体系而企图建立新凡尔赛与新太平洋体系。这个斗争现在尚未完结。

　　就是说,帝国主义国家之间尚有可供革命利用之矛盾,因此,必须利用之。苏联必须利用之,印度必须利用之,中国必须利用之,一切其他国家的无产阶级及被压迫民族必须利用之。

　　现在是世界大震动大变化时代,不是什么"和平"与"资本主义稳定"的时代,这个时代早已完结,以后也永远不能建立。

　　如果看不见这一点,就因为对下列诸点估计不正确:

　　1.对反革命估计过高。(1)帝国主义相互间的矛盾,由于战争而展开了,不是缩小了;(2)各国资产阶级与资本主义制度在人民中失去信任;(3)社会民主党失去信任;(4)战争的破坏性等。

　　2.对于革命力量估计不足。(1)苏联的存在;(2)中国革命的存在;(3)印度革命运动的高涨;(4)欧洲及各国共产党的存在。

### (三)革命是不可避免的

1.德、意战胜英、法,等于打断两条帝国主义锁链,而新的帝国主义锁链,则可能在刚刚套上或来不及套上就被打断。资本主义战线可能在三处被冲破——欧洲、印度与中国,这就等于基本上冲破整个资本主义战线。

2.在欧洲,单纯的十月革命是不可能的了,在那里,只能是十月革命加苏联红军。而这样的时机,目前还未到来。

3.目前是苏联的八小时工作制与世界革命形势的成熟,而不是世界革命。目前还应该利用帝国主义战争,目前是世界革命的前夜。

《毛泽东外交文选》,第28—31页

## 中宣部政治情报第六号
### ——英美拖中国加入其战争集团
### 1940 年 10 月 20 日

一、自德意日三国同盟成立后,英美拖中国加入其战争集团,以便利用中国牵制日本的政策日趋积极,美在2500万对华借款之后,闻有续借之说,其52架飞机已由菲律宾运华,滇缅路及香港交通已正式开放。英国亦有借款给中国之说,英美外交人员正在重庆积极活动,企图拉拢中国参加英美集团。

二、英美政策的影响使国民党的态度有极速的转变,国民党英美派近来兴高采烈,积极活动加入英美集团,准备与英美签订军事同盟,其各报近来利用英美的所谓“援华”给英美大肆鼓吹,同时利用苏日谈判,实行反苏宣传,对各报讨论中国参加英美同盟改变战争性质问题,下令禁止。国民党中央对内通令说中共已到开始叛变阶段,蒋介石重新下令,向八路军、新四军采取压迫政策,加紧建筑堡垒线,封锁陕甘宁边区,准备查禁新华日报,大批逮捕各地共产党员等。

三、因此从4月至9月这一时期内,过去中央所指出的已经向下低落的反苏反共潮流,现又开始向上高涨,这是国民党英美派放弃独立战争,加入英、美同盟的具体准备步骤。

四、在此情况下阻止与援救国民党这一放弃独立战争加入英美同盟的错误方针,是我党当前的严重任务,我们既反对德意日同盟的所谓新秩序,也不赞成英美旧秩序,而主张独立解放的民族革命秩序。我们既反对中国成为日本的工具,也反对中国成为英美的工具,两者都是没有出路的,只有独立自主的民族革命战争的胜利,才是中华民族的唯一出路。

五、在宣传中必须指出利用帝国主义相互间的矛盾与投入一派帝国主义怀抱两者的区别。前者是我们所赞成的,因此,我们并不反对站在独立战争的立场上,利用英美的借款。后者是我们反对的,因此,我们反对放弃独立战争,加入英美同盟的错误政策。

六、估计到许多中间派及广大人民一时会被所谓"英美援助中国抗日""联合英美抗日"等错误口号所迷惑,因此我们必须善于进行耐心说服解释工作,使他们从国民党英美派的欺骗宣传下解放出来。

七、在团结抗日口号下坚决还击国民党顽固派所重新发动的反苏反共新浪潮,揭破其反苏反共是放弃独〔立〕战争加入英美同盟的准备的实质,各地党部应充分准备一切,提高警觉性,在反苏反共新浪潮前面,巩固自己的阵地,唤起人民觉悟,以达到坚持民族独立战争之目的。

十月廿日

《中共中央文件选集》第 12 册,第 521—523 页

## 毛泽东关于目前时局的指示
### 1940 年 11 月 1 日

贺关、聂彭、吕程、刘邓、陈罗、黎罗、陈毅、克诚、雪枫、先念、肖克、云逸:

关于目前时局:

(一)一个月来英、美与日、德、意在中国的斗争是异常激烈的,后者要求中国政府放弃抗日战争,加入日德意同盟,前者要求中国放弃独立战争,加入英美同盟。目前这一斗争已到白热化,蒋介石态度也因之

大变。

（二）英国的开放滇缅路，美国的借款与撤侨，都向中国表示英美的反日决心，要求中国不跑德、日、意路线，而英、美两使坐镇重庆，紧紧拉住蒋介石不让跑掉。

（三）运城、鄂北两飞机场的停闭，阿部的回国，南宁、龙州的撤兵，海通社在重庆的正式开设，则是表示日本让步与德国劝和的开端，这种趋势有急转直下可能。

（四）蒋介石现在是待价而沽，一方面准备加入英美同盟，一方面准备加入日德意同盟。如果日美战争能早日爆发并有胜利把握，他是愿意加入英美同盟的，一个月来他已利用日德意同盟的声势，不久他还会利用日本向他的让步，向英美再敲一笔竹杠。

（五）如果带决战性质的日美战争不能迅速爆发（这个可能多），或虽爆发美无胜利把握（两年内是无把握的），如果英国被德、意、日三国在今冬明春打得落花流水（十有八九），如果日本能退出武汉等地，仅占沿海与华北，并声明主权仍属中国，由蒋介石派人管理（可能性很大），如果参加日德意同盟反对英美能使中国资产阶级发洋财，他是愿意投降日本的。蒋介石走这条路的可能性最大。

（六）目前的反苏反共新高潮，是放弃独立战争加入英美同盟的准备，但尤其是放弃抗日战争投降日本与加入德日意同盟的准备，我们不要被蒋介石的宣传所迷惑，他的联合英美是宣传，投降日本则是实际。

（七）因为要日本让步须用威迫利诱两个政策，所以蒋介石一面装腔作势地要加入英美同盟以威迫之，一面又发动反共高潮以利诱之。蒋介石知道日本南进需要一个巩固的后方，一个"太平"的中国，而共产党今天已成了破坏日本这个后方的最严重因素，于是蒋介石表示愿意替日本担负巩固后方的职务，以求得日本对他的让步。同时欧洲的德意需要交换亚洲的资源，蒋介石反共于德意亦有利益。故此次反共高潮，主要是准备投降日本与德意的步骤。

（八）在七八月间蒋介石确曾准备于重庆失守时迁都天水，准备亲苏和共与某些政治改良,至九月已动摇,至十月乃大变,这是德意日同盟与英美对日积极化的结果。

(九)但苏联出面调整中日关系的可能性仍是有的,中国要争得比较法国优胜的地位,只有苏联出面调整与我们坚持努力才有可能。

(十)但无论那一种局面,国共间的严重斗争是不可免的,蒋介石不论投降日、德、意或投降英、美,均将给我党以大的打击,用武力驱逐新四军八路军于老黄河以北而严密封锁之,这一计划是下了决心的,故我们有迅速考虑应付办法之必要。

(十一)但不管怎样严重局面,我们是能够冲破的,这种信心应在全党建设起来。我们一方面要坚持华北、华中各根据地,一方面要打破蒋介石的进攻,这就是我们所处的严重局面。如何有步骤有计划有秩序的冲破这一严重局面,这就是今天我们要解决的问题。

(十二)你们意见如何,望告。

毛泽东<br>东亥

《中共中央文件选集》第 12 册,540—542 页

## 毛泽东致周恩来
### 1940 年 11 月 6 日

蒋加入英、美集团有利无害,加入德、意、日集团则有害无利,我们再不要强调反对加入英、美集团了,虽然我们也不应该提倡(因为他是帝国主义战争集团)。目前不但共产党、中国人民、苏联这三大势力应该团结,而且应与英、美作外交联络,以期制止投降,打击亲日亲德派活动。

《皖南事变》(资料选辑),第 81 页

## 毛泽东：论政策

### 1940 年 12 月 25 日

　　虽然共产党是反对任何帝国主义的,但是既须将侵略中国的日本帝国主义和现时没有举行侵略的其他帝国主义,加以区别;又须将同日本结成同盟承认"满洲国"的德意帝国主义,和同日本处于对立地位的英美帝国主义,加以区别;又须将过去采取远东慕尼黑政策危害中国抗日时的英美,和目前放弃这个政策改为赞助中国抗日时的英美,加以区别。我们的策略原则,仍然是利用矛盾,争取多数,反对少数,各个击破。我们在外交政策上,是和国民党有区别的。在国民党是所谓"敌人只有一个,其他皆是朋友",表面上把日本以外的国家一律平等看待,实际上是亲英亲美。我们则应加以区别,第一是苏联和资本主义各国的区别,第二是英美和德意的区别,第三是英美的人民和英美的帝国主义政府的区别,第四是英美政策在远东慕尼黑时期和在目前时期的区别。在这些区别上建立我们的政策。我们的根本方针和国民党相反,是在坚持独立战争和自力更生的原则下尽可能地利用外援,而不是如同国民党那样放弃独立战争和自力更生去依赖外援,或投靠任何帝国主义的集团。

《毛泽东选集》,第 762 页

## 中央关于皖南事变的指示

### 1941 年 1 月 18 日

　　……顽固派头子及英美派代表,由于英美集团与德意日集团间矛盾之扩大与英美拉拢中国之积极,及日本在中国的进攻行动受到了英美的牵制等原因,他们的气焰大为高涨,认为此乃向我党进攻以巩固其统治的有利时机。皖南事变即是三国同盟以来国民党内亲日派、英美派同谋的一连串反共事变的继续发展……

《中共中央文件选集》第 13 册,第 8—9 页

### 中共中央政治情报——国际国内形势

1941 年 4 月 18 日

（一）正如三月十八日中央通知所说，目前国内时局乃是反共高潮暂时低落与对日抗战依然继续的局面，这个局面，更因帝国主义战争进入严重阶段，苏日订立中立条约，与国内阶级力量发生变化，而暂趋巩固。

（二）由于德之进攻南、希，帝国主义战争正开始进入英德决战的阶段。这一决战将充满今年四月至十月之整个时期。其最后胜负虽尚难预计，但英国崩溃的可能性是存在的。这一决战的主要战场，首为地中海一带，继则将移至大西洋。就作战的双方来说，在三国同盟方面，德为主角，意为配角，日本则在太平洋方面发挥其半独立性的助威作用。日本对美是尽可能避免开战，对英则看英德战争发展结果而定，惟对掠取荷印封锁中国二事，却已下了决心。至于英美方面，英国现正用全力保护其以苏彝士为中心之地中海利益，而其西之大西洋与东之新加坡，亦处于严重威胁中。美国在援英名义下亦已进入实际的参战。英美之总方针为先对德后对日。据此方针，他们一面继续挑拨苏联与德日之关系，图借苏联之手以收牵制德日之效，一面为集中力量对德，仍在谋对日暂时妥协，对于所谓援华是始终不积极的，甚至只要日本答应不同英美开战，不攻击新加坡，他们即牺牲中国与荷印，亦将在所不惜，虽其结果究竟如何，却是另外一回事。

（三）四月十三日签订之苏日中立条约，使英美这种阴谋受了严重打击。苏日条约之伟大政治意义，已于新华社四月十六日所发表之我党声明中指出。这个条约是利于苏联，利于全世界人民与被压迫民族，而惟独不利于帝国主义阴谋家的。它是苏联独立自主外交政策的结果，它保障了苏联的和平建设，提高了苏联在国际上的发言权，使苏联获得使用其力量以保卫其边疆并援助全世界人民与被压迫民族解放斗争的充分自由。该约发表后，各方评论之多，可称空前。德意日则夸为三国同盟之胜利，英美则缩小该约之意义，并继续挑拨德苏关系，但同时亦暴露其恐慌,且不敢得罪苏联,不但未造成反苏空气,而且在战争进一步发展时,还有与苏联订约之可能。中国统治阶级对此条约大为震惊,亲日派强调该约于日本有利,于中国不利,英美派(王世杰等)较缓和,顽固派则利用狭隘民族情绪进行反苏反共宣传,企图孤立我们。总之整个国民党之领导人物是悲观的,认为这是"国际形势的转变,今后更应戒慎恐惧,并提高政治警惕性"。盖自去年九月二十七日三国同盟条约后,国民党认为国际形势于他们有利,认为日美斗争尖锐化,日本已不敢攻华,美国必积极援华,而苏联亦非借重他们不可,遂放手发动第二次的反共高潮,造成皖南事变,欲将我在华中军队驱至华北。时至今日,他们乃转入悲观恐慌,但又与英美一样,仍不敢得罪苏联,英美派且承认苏之援华政策不变。对于日本动态,国民党去年以来的乐观论调,亦为之一变,承认敌之南进,实为对我控制之加强,以期独霸东亚大陆,故南进必先完成对我之包围。近日宁波、温州、福州相继失陷,国民党之悲观情绪当更发展。

(四)在此种形势下,国民党对抗战暂时仍是继续的,日蒋对立依然尖锐。但日本对国民党一打一拉又打又拉(一面压迫一面诱降)的两重性政策与亲日派拉顽固派投降的活动,势必加紧。今年秋冬之交,国际形势可能发生变化,那时可能又造成新的投降危险,这是我们应该预谋制止的。

……

《中共中央文件选集》第13册,第78—80页

## 毛泽东致周恩来

### 1941 年 4 月 20 日

周:

(一)皓亥电悉,分析很对。在德国打击下,英国对苏邦交即将好转,美国亦将大体上取英国步骤,决不能得罪苏联,中国英美派,顽固派,中间派及进步派中之动摇分子均将在英美影响下对苏献媚。惟顽

固派中之死硬分子有被亲日派拉向投降的危险,这是很可注意的,不过目前还不会。

(二)英美总方针是先对德后对日,决不敢对日本取强硬态度,将荷印让给日本,甚至停止援华,都是可能的,只要德国占领苏彝士和轰炸伦敦袭击大西洋进一步加紧真正威胁英国生存时,只要日本同意不向英国开战,就有这种可能。在这一情状出现时,你所指的英美派,顽固派,中间派及进步派中之动摇分子,就将发现大混乱,大分化,大动摇,他们将成为亲日派与共产派二者猛力争夺的对象,其时间或者在今年秋冬之间。我们方针是要争得蒋及国民党主体转变到亲苏和共改良的方向,而以维持他们的政权承认我们的地位为条件。那时英苏美苏之间可能成立互不侵犯协定(也许英苏协定不久就可签订)。

……

《中共中央文件选集》第 13 册,第 82—83 页

### 中共中央党内指示:揭破远东慕尼黑的阴谋
#### 1941 年 5 月 25 日

(1)日美妥协,牺牲中国,造成反共、反苏局面的东方慕尼黑的新阴谋,正在日、美、蒋之间酝酿着,我们必须揭穿它,反对它。

(2)日本帝国主义以迫蒋投降为目的的军事进攻,现已告一段落,继之而来的必然是诱降活动。这是敌人一打一拉、又打又拉的老政策的重演。我们必须揭穿它,反对它。

《毛泽东选集》,第 805 页

### 《解放日报》社论:为远东慕尼黑质问国民党
#### 1941 年 5 月 30 日

一个恶魔的暗影,徘徊在太平洋上,这就是远东新慕尼黑的暗影。这不是老洋伞张伯伦先生底绥靖政策简单再版,而是在欧洲与远东新局势下面产生的新的帝国主义阴谋。

这个新局势的新,首先是在德国在欧洲的胜利,纳粹的铁蹄已经席卷了十四个国家,欧洲的大半已经是希特勒的天下。战火烧向着东地中海和近东,大英帝国岌岌可危,北美金元帝国的大部分投资战债与市场将化为乌有。这种情况,使得美国帝国主义者再不能继续限于在后台提线,迫得他不能不出台露面。美国统治阶级在最近特别忙于呼喊正式参战,组织特种海军部队,要求公开废止中立法,宣布非常状态等等,其原因正就在这里。西方形势的紧急,参战之必不可免和日益迫近,使得美国的统治阶级不能不考虑,怎样避免两洋作战的险恶局面。就是说,不得不复活"绥靖"远东的"妙计",这就说明了,为什么日来盛传的日美妥协之主动者,不是别人,正是那个为中国金元拜物教徒们所崇拜的美国的缘故。

在日本方面说来,则眼看着"神风"再临,却痛苦于泥足深陷中国而不能自拔,因之造成着日本统治阶级的苦闷和彷徨,激发着日本统治阶级内部的进一步的分歧和争执。近卫内阁以"革新"骑士的风度,打倒了亲英美的米内内阁,订立了三国同盟,解散了既成政党,创设了"实践臣道"的大政翼赞会,似乎是气势磅礴,大有为希特勒在东方打一出手的模样。可是曾几何时,平沼入阁了,"近卫内阁的革新色彩有褪色之印象"(日本国民新闻语)。在现状维持派以宪法为盾牌的攻击下,大政翼赞会改组了。在经济困难的压迫下,旧财阀的要角——小仓入阁而为经济阁僚之首座了,池田则活跃幕后,操纵一切。激烈的少壮革新派,感慨着"暗云低迷之政局",纷纷组织自己的政治团体(如中野正刚之振东会,桥本欣五郎之赤忧会等),并呼号着"革新派大团结"、"昭和维新"、"放逐金融资本"之类的口号。这就是说,近卫内阁在掌政将近一年的后半,已经逐渐改变了他的原来性质的几分之几,如果说在近卫登台之初是"革新派"占优势的话,现在已经更是介于两大之间的中间品了。这便反映着日本政局在各派剧烈斗争中处在彷徨未定的歧途上。这给美国张伯伦以极好的机会,来动员其日本的喽罗们,制造东方慕尼黑,以期达到平静太平洋专力对付希特勒的目的。在美国统治人物中,有这样一部分人物,他们在西方特别危急时,甚至企图以:一、牺牲中国与荷印;二、海军平等;三、大批借款;四、无限制的资源借给;五、海上贸易自由等项,来贿买日本,以便供给日本英美派以武器,去平定德意派的反对,去拆散三国同盟,去获得日美妥协。总之,英美在西方特别危急时,为了拆散三国同盟,给日本以重大让步的可能性,并不是不存在的。

这个新阴谋,现是已经由新闻试探进到外交接洽的程度了。其大致的经历是这样的:5 月初合众社报导:"日本目下外交政策,首先,在调整对美邦交,日本政府内若干人士,希望日方迭次暗示及非正式建议,可使美国提出确定之建议⋯⋯。"这种非正式的建议和试探之一就是 4 月 29 日日本外交部机关报《广知报》之所谓"欧洲"和平条件,其中提到海军平等,美国势力不得逾越夏威夷以西,太平洋各岛建立共荣圈等等,而以反苏为钓饵(条件中有"苏联解除西伯利亚武装"一项妙文)。而 5 月初盛传的松冈访美,亦属于这种试探的范围之内。5 月上旬之末,合众社华盛顿电,以极其欢乐的口气宣布下列消息。该消息谓:远东局势有"意外好转",美国解禁了锌及橡皮、石油之输日,日荷煤油协定之缔结。5 月 18 日,莫斯科《真理报》揭露这个日美妥协的真相,而日美双方均不否认。相反地,5 月 20 日松冈、格鲁又会谈于东京。27 日罗斯福发表了炉边闲话,这闲话引起了重庆某些人物的对之感激泪零,可是,他对于日本的关系却声称"尚未研究",而对于中国的抗战甚至不敢提及其抗日战争的性质而称之为"阻碍希特勒征服世界计划之因素",证明美国统治阶级仍然在力求与日本妥协。28 日罗斯福在特别新闻会议之上说明:"目前美政府无意禁止石油运往日本或更加限制石油之对日输出。"同时赫尔声称"美国对日政策并无变更"。更可以看到对于中国,炉边闲话并不是值得感激的东西,而是值得重大的警惕的东西。凡此种种,均可使我们看见远东慕尼黑的车轮,是随着西方战争的紧张而加速地转动着,我们的伟大民族抗战有被人出卖之重大危险!这个危险现在比任何时候,都来得更严重些。

　　自然,这项买卖之能否成功,尚有待于各种因素和力量之斗争,尚有待于日本内部、美国内部和中国内部之各种力量的斗争及其总和。美国内部有着巨大的反战力量(从正处于日益高涨的罢工潮中的战斗的美国工人阶级起直至统治营垒内的反日派孤立派亲德派止)。在日本,则德意派不愿屈服,要成功美日妥协,日本的英美派须得经历一个重大的政治斗争,而这在日本是颇为困难的。特别重要的是日益发展着的中国广大人民的抗日战争,是绝对不允许被人出卖的,谁要在太岁头上动土,谁就得准备焦头烂额。对于中国人,只有那些寄其全部希望于美国和日美战争之上的害软骨病的人物,才会经不住这种风浪。虽然如此,但危机是严重地存在着的,帝国主义阴谋家们正在协以谋我,值得我们极大地提高警惕性。

　　我们现在要问一问国民党当局,你们对此究抱何种态度呢? 美国已在向日本提议,叫他取消 1938 年 1 月间近卫宣言中所称不以蒋介石为谈判对手一项声明,假如日本遵办了,你们究作何打算呢? 这是已经轰动了全世界的问题,何以你们还一声不响呢? 全国人民在等待你们的答复呵!

《中共中央文件选集》第 13 册,第 489—492 页

## 4. 确定建立反法西斯国际统一战线的方针

### 毛泽东:关于反法西斯的国际统一战线
#### 1941 年 6 月 23 日

　　德国法西斯统治者已于六月二十二日进攻苏联。此种背信弃义的侵略罪行,不仅是反对苏联的,而且也是反对一切民族的自由和独立的。苏联抵抗法西斯侵略的神圣战争,不仅是保卫苏联的,而且也是保卫正在进行反对法西斯奴役的解放斗争的一切民族的。

　　目前共产党人在全世界的任务是动员各国人民组织国际统一战线,为着反对法西斯而斗争,为着保卫苏联、保卫中国、保卫一切民族的

自由和独立而斗争。在目前时期,一切力量须集中于反对法西斯奴役。

中国共产党在全中国的任务是:

(一)坚持抗日民族统一战线,坚持国共合作,驱逐日本帝国主义出中国,即用此以援助苏联。

(二)对于大资产阶级中的反动分子的任何反苏反共的活动,必须坚决反抗。

(三)在外交上,同英美及其他国家一切反对德、意、日法西斯统治者的人们联合起来,反对共同的敌人。

《毛泽东选集》,第 807 页

## 中共中央关于凡是反对法西斯德意日者均应联合的指示
### 1941 年 7 月 12 日

在目前条件下,不管是否帝国主义国家或是否资产阶级,凡属反对法西斯德意日,援助苏联与中国者,都是好的,有益的,正义的。凡属援助德意日、反对苏联与中国者,都是坏的,有害的,非正义的。在此标准下,对于目前英国的对德战争,美国的援苏援华、援英行动及可能的美国反德反日战争,都不是帝国主义性质的,而是正义的,我们均应表示欢迎,均应联合一致,反对共同敌人。对于中国各党派各阶层的态度,亦以此为标准,对于一切抗日反德意与援助苏联者均欢迎之,对亲日亲德意及反苏分子均反对之。目前是法西斯与反法西斯两大阵线斗争的新的历史时期这个基本观点,中央在六月二十三日决定中,在六月二十六日《解放日报》社论中,在七七宣言中,已迭经指出,但尚未为全体同志所完全了解,兹再明白指出,望全党同志一体遵照。

中央书记处

《中共中央文件选集》第 13 册,第 164—165 页

## 中共中央关于最近国际事件的声明

### 1941 年 8 月 19 日

关于罗斯福、邱吉尔宣言及行将召集的莫斯科会议,中共中央发表声明如下:

8 月 14 日美国大总统罗斯福及英国首相邱吉尔发表联合宣言及提议在莫斯科召集三国会议,乃是具有世界历史意义的重大事件,从此开辟了世界历史的新阶段。罗邱宣言及其提议召集莫斯科会议,表示了英美打倒法西斯主义的决心,这种决心是完全有利于苏联,有利于英美,有利于中国,有利于世界的。因为过去与现在的最大危险,是英美内部一部分亲法西斯的反动派,企图违背人民意志,接受法西斯和平,但此宣言拒绝了这种和平。或者主张隔岸观火,让苏联独负消耗法西斯的重担,以便将来乘机取利,但罗、邱提议召集莫斯科会议以便具体分配战争任务与战争资材之行动,则打击了这种消极的企图。只要英美承认"解除各侵略国武装是必要的",主张"纳粹的最后崩溃",同意分配战争任务与战争资材,便保证了苏联与英美的胜利,保证了中国与全世界的胜利。斯大林在其 7 月 3 日的著名演说中所谓苏联信守条约德国毁约攻苏之事实,造成了一个长期政治因素,这种因素实为军事胜利的基础,这一真理,在此次罗、邱宣言中及召集莫斯科会议的提议中,完全证明了。罗、邱宣言及其提议召集莫斯科会议,特别表明了美国对于参加反抗法西斯侵略的神圣战争,已经下了决心。而美国的这种决心,即是表明了全世界反抗法西斯侵略的伟大战斗阵线已经在政治上完成,而莫斯科会议则将在组织上完成之。法西斯侵略阵线,已经处于孤立状态中,法西斯失败的前途已经确定。目前的这一形势,在 1939 年秋季欧战爆发之前是没有可能的,因为当时苏联及全世界人民虽然力主组织保障国际安全的反法西斯阵线,但当时英美方面还存在着害人害己的慕尼黑政策,只在残酷战争的教训之后,这一错误政策才改变过来。从直接的因素说来,这是苏联人民英勇斗争的结果,红军阻止了德军的攻势,使得罗斯福、邱吉尔有勇气举行此次会议,发表了此次宣言。这又是英美人民英勇斗争的结果,这种斗争打击了英美内部一部分亲法西斯的反动派,使得罗斯福、邱吉尔敢于拒绝法西斯和平的引诱,发表了此次伸张人类正义的宣言,决定了英、美、苏三大强国坚固联合这种具有政治远见的政策。这又是中国人民英勇斗争的结果,中国阻止了日本法西斯匪军的进攻,使得英美有勇气声明解除一切侵略国的武装。宣言未提日本之名,宣言的第四条暗示可与日本通商及供给原料,第七条暗示允许日本移民,仍在企图拉拢日本现状维持派,表示其愿与日本妥协的一面,但宣言的第二条反对强制变更领土,第三条主张恢复被剥夺权利的国家,特别是第八条承认解除一切侵略国武装的必要性,这些都是积极反日的。总之,全中国人民都欢迎英美宣言,欢迎行将在莫斯科召集的英、美、苏三国会议。中国人民相信,这不但是英美苏三国人民从法西斯威胁下获得解放的国际基础,而且是全世界人民获得解放的国际基础,而且是我们中国人民获得解放的国际基础。……

《中共中央文件选集》第 13 册,第 193—195 页

## 中共中央宣传部宣传要点
### ——苏德战争形势和反对亲日派反苏反共阴谋
#### 1941 年 8 月 26 日

(一)第五周德苏战争,由于苏联顽强抵抗战线无甚变化,德方因损失重大现正从各地调兵补充,德军困难日增,我们应说明战争形势对苏联日益有利,以打击亲日派亲德派宣传苏联失败实行反苏的阴谋。

(二)日近卫新内阁成立后除继续进行灭华政策外,一方面增兵满洲,另一方面派遣大批军舰驶向越南。日寇意图在德国允许之下,趁英美措手不及迅速占领全部越南。其增兵满洲系一种预先措置,其目的一方面是在应付德国的反苏要求;另一方面是在引诱英美反苏分子及中国反苏反共分子,使他们对日本要求表示让步给日本攻苏奉送"路费"。至日本何时向苏联进攻,则尚要看德苏战争形势及英美对其占

领越南的行动表明态度而定。我们应劝告英美勿对日容忍,勿蹈张伯伦覆辙,而急起制裁日寇。

（三）当德军进抵斯摩林斯克附近时,我国内以何应钦为首的亲日派加上亲德派发动了反共宣传,捏造十八集团军攻击中央军的谣言,他们估计苏联必败,日必攻苏,那时国民党军队逼迫八路军、新四军北上,重弹其开至黄河以北之老调,否则即对我加以军事攻击。因此他们于事先进行反共宣传以作舆论准备,此种谣言,已经我党驻渝代表周恩来同志及延安新华社痛加驳斥,但国民党中英美派如王世杰、郭泰祺等并不同意何之政策,国民党中宣部曾通令各报不要评论这种反共消息。我们应暴露何应钦等亲日派以及亲德派的反苏反共,破坏抗日,破坏中苏、英、美四国合作,帮助德、日、意的阴谋,同时应该强调团结抗日,争取英美派分子及民族资产阶级来共同反对亲日派、亲德派。

中宣部
未宥
《中共中央文件选集》第 13 册,197—198 页

## 中国共产党为太平洋战争的宣言
### 1941 年 12 月 9 日

本月 8 日日本法西斯政府已经对英美两国宣战,轰炸夏威夷、菲律宾、香港与新加坡,陆军在马来亚北部登陆。在日本宣战后,美国及英国亦已对日宣战,太平洋战争已经爆发了。这一太平洋战争,是日本法西斯为了侵略美国、英国及其他各国而发动的非正义的掠夺的战争,而在美国、英国及其他各国起而抵抗的一方面,则是为了保卫独立自由与民主的正义的解放的战争。日本法西斯这种新的侵略行为是与他十年以来对于中国的侵略行为完全一样的,也是与德意法西斯对于欧洲对于苏联的侵略行为完全一样的。自太平洋战争爆发以后,全世界一切民主国家将无处不受法西斯国家的侵略,同时全世界的一切民主国家

也将无处不起而抵抗。全世界一切国家一切民族划分为举行侵略战争的法西斯阵线与举行解放战争的反法西斯阵线，已经最后地明朗化了。在罗斯多夫胜利，伟大的苏联红军已经开始进入对德反攻阶段的情况之下，在英美两大强国具有丰富资源与极大军力的情况之下，在我们中国已经在日本侧面英勇奋战五年之久的情况之下，在德、意、日三国资源将届枯竭、内部人心动摇的情况之下，即使希特勒、墨索里尼尚能逞凶于一时，即使日本法西斯于其在太平洋作战的初期可能获得许多胜利，并可能截断我滇缅路，还可能对我举行残酷的战争，但法西斯阵线的最后失败局面与反法西斯阵线的最后胜利局面是已经确定了。中国政府与中国人民应该继续过去五年的光荣战争，坚决站在反法西斯国家方面，动员自己一切力量，为最后打倒日本法西斯而斗争。为了这个唯一的目的，必须实现如下各项重要任务：

（一）中国与英美及其他抗日诸友邦缔结军事同盟，实行配合作战，同时建立太平洋一切抗日民族的统一战线，坚持抗日战争至完全的胜利。

（二）全国军队积极打击敌人，并积极准备大规模的战略反攻。

（三）八路军及新四军继续忍受艰难困苦，坚持华北、华中敌后抗战，粉碎敌人的扫荡，大量的牵制敌人。

（四）向日本军队、日本人民，向朝鲜、台湾、安南各民族，向中国沦陷区的人民，进行反对日本法西斯的更加广大的宣传鼓动，为建立日本内部的反法西斯阵线而斗争。

（五）巩固抗日民族统一战线，巩固国民党、共产党及其他党派的合作，解决国共两党之间的争论，恢复新四军，发给八路军饷弹。

（六）制裁亲日派与亲德派，肃清敌人的第五纵队。

（七）实行民主政治，使全中国各党各派及无党无派人士的代表都能在政治组织上担负抗战建国的责任。

（八）加强南洋及各地华侨同胞的内部团结，反对一部分人的挑拨离间行为，同时全体华侨应与各友邦政府及各本地民族协同一致，反对日本法西斯的进攻。

中国共产党中央委员会

中华民国三十年十二月九日

《中共中央文件选集》第 13 册,第 248—249 页

## 中共中央关于太平洋反日统一战线的指示

### 1941 年 12 月 9 日

(一)如同本党中央对太平洋战争的宣言所说,英美及太平洋各国的抗日战争是正义的解放的战争,英美对日的胜利就是民主与自由的胜利。因此,我全国人民,全体海外侨胞,及南洋各民族在抗日战争中的中心任务,就是建立与开展太平洋各民族反日反法西斯的广泛统一战线。这个统一战线的组成部分,应当包括反对日本侵略的一切民族的政府、党派及一切阶层的人民,日本国内的反战人民和日本殖民地朝鲜、台湾、越南的人民在内。这个统一战线,应当是上层的,同时又是下层的,是政府的,同时又是民众的联盟。应当实现中、英、美及其他太平洋各国的反日军事同盟,应当建立宗主国政府与土著民族的亲密合作,同时应当改善各土著民族的政治、经济地位,组织其民众,提高其积极性,并开展一切日本占领区内的游击战争。没有这些,战胜日寇是个可能的。

(二)中国人民与中国共产党对英美的统一战线特别有重大的意义。一方面,在与英美合作之下,消灭日寇是中国民族解放的必要前提;他方面,中国内部团结一致,改革政治军事,积极牵制打击敌人,积极准备战略反攻,又是英美战胜日寇的重要条件。为此目的,中国共产党应该在各种场合与英美人士作诚恳坦白的通力合作,以增加英美抗战力量,并改进中国抗战状况。

(三)必须大大的开展南洋与英美各地的华侨工作。华侨工作的方针应当是团结全体华侨,团结其各阶层各党派,共同进行反日斗争,宣传并拥护祖国的团结抗战,赞助并参加当地政府一切抗日的设施与

行动。应该纠正侨胞中及一部分共产党员的过左倾向,要求他们与当地中国使馆、领事馆及国民党部合作。但对亲日亲德分子分裂侨胞团结妨害抗日工作的行为,必须坚决的但是适当的反对之。

（四）必须努力开展华南敌占区、海南岛、越南及日本在南洋一切占领区域的抗日游击战争,并应尽可能与各抗日友军及英美等抗日友邦的军事行动协同一致,及取得他们在各方面的赞助。游击队所实施的各种政策应该符合于反日统一战线的要求,应该注意防止并纠正各种"左"的倾向。

（五）在南洋各地的工作,应与当地民族的共产党取得联系,并帮助他们纠正存在着的"左"的倾向,广大的开展统一战线工作。

《中共中央文件选集》第13册,第251—252页

# （二）中共与美国关系的建立和发展

说明:太平洋战争爆发后,中国共产党确定了国际统一战线的方针,努力争取美国对中共的了解和支持。中共积极推动美方派员进入中共领导的敌后根据地。美军也期望在对日作战中获得中共的合作。在美国最高当局的压力之下,美军观察组进驻延安。中共领导人高度重视与美国的合作,积极开展多方面的工作。观察组发回了有关根据地的大批报告,认为中共已获得人民支持,将对战后中国前途产生重要影响,主张发展与中共的关系。与此同时,美国驻华外交官对国民党政府的消极抗战和政治腐败日益不满,向国民党提出了改组政府的要求。

# 1. 中共争取美国派遣观察组

## （1）观察组要求的提出与讨论

### 戴维斯致居里备忘录

重庆,1942 年 8 月 6 日

来自中国共产党方面的信息

居里先生在重庆停留期间,共产党在中国首都的代表周恩来将军的一位代表交给我几封信件,要我转交居里先生。

……有迹象表明,周将军希望和居里先生会谈,然而,当我后来答复说,居里先生认为这时会见周将军欠妥时,这样的答复似乎得到理解,并被欣然接受。

周将军希望将两封特别信件转交给居里先生,（1）中国共产党人希望美国政府采取措施,以保证租借物资按照美国援助的目的使用。据说这种担心在于,除非美国政府在这方面坚持坚定和经常的监督态度,否则这些租借物资将被贮藏起来,用于战后维持统治集团的地位。（2）中国共产党人欢迎美国政府派遣一名或几名代表访问共产党控制地区。他们将会合乎情理地来要求委员长批准同意对这一地区进行这样一种视察。从日本进攻西伯利亚的可能性来考虑,美国政府需要掌握有关这个重要边区和共产党军队情况的第一手材料。美国陆军军官是最合适被派遣的官员。

向我提供消息人士讲述了新疆省的一种奇特的形势。但是对这种说法,我还没有得到证实。共产党方面消息称,省政府主席由于对中央政府企图向新疆省扩展其影响感到不安,于是致函斯大林请求将新疆置于苏俄保护之下。据说,这位主席收到了莫洛托夫的复信,信中说明苏维埃政府与中国国民政府保持着良好关系,它也只能与那个政府进行交涉。据说这位主席对遭到这种拒绝非常愤怒。他解除了担任省政府部门首脑(提到的有财政和教育两部门)的四名中国共产党人,处决了他的同情俄国人的兄弟,并中断了和苏联的贸易。由于这位主席采取了这些行动,导致苏联政府将盛主席致斯大林的信件及莫洛托夫复信的副本交给了中国中央政府。向我提供消息的人士说明,近来中央政府在西北地区的加紧活动,白崇禧和翁文灏长时间的访问就是重庆对上述事态发展的反应。

另外,据报告,在居里访问最后一星期内,有过大批秘密逮捕事件。人们不认为在这个时刻实行逮捕有多少实际意义。事实上,所有那些瞒着他们的家人或朋友而被拘留或逮捕的,都是来自"东北三省"的较低级别的官员。没有共产党人被拘留,因为"有 60 万共产党军队"。而"东北人"只不过是一个脆弱而分散的集团。根据我的情报,这次逮捕不是由戴笠领导的组织,而是由国民党的警察进行的,据称,国民党作为一个党,可以进行调查,但是无权实行逮捕。上述事实充分表明在重庆是不存在"四大自由"的。

FRUS,1942,China,pp. 226-228

### 庄莱德①与周恩来谈话备忘录

重庆,1943 年 1 月 20 日

我昨天下午如约在周恩来的办公小楼里拜访了这位在重庆的中国共产党代表。周主动告诉我说,目前中国共产党人与中国国民政府的关系是"缓和的"。但是,他又说,(这种关系)没有"实质性"变化。……他说,中国共产党的军队在过去三年半的时间里没有从中国国民政府得到任何军事的或财政的援助。他着重提到,中国共产党的武装与中国国民政府军队之间仍然有时发生军事冲突,主要在江西、安徽和湖北等省。他宣称,唯一留在华北的政府军只有在晋西南的阎锡山将军的部队以及在黄河以北、河南北部的少数部队。周又说,卫立煌

---

① Everett F. Drumright,美国驻华使馆二等秘书。

将军已被解除他在河南洛阳的指挥权。因为他对中国共产党人过于友好，对抗击日本军队过于积极，这不符合在重庆的中国最高司令部的愿望。周称，卫将军现在住在成都。

周对于他所指出的中国国民政府目前消极的军事和经济政策感到遗憾，并担心这可能会在中国和它的盟友之间引起误解。他认为，尽管中国目前问题成堆，中国仍可以在军事上，特别是在游击战争方面，更加积极地打击日本人。在经济和财政领域中，周感到，中国应该增加生产，尤其是农作物，并且应该减少开支。他说，但是这些方案没有一项会得到落实的。

周在一定程度上谈到日本人未来可能的动向。他不认为日本将进攻西伯利亚或印度或澳大利亚。他认为可以预料的是日本人更有可能企图摧垮中国的抵抗。他提到，云南最有可能是日本人进攻的目标，长沙和西安则是另外两个可能的目标。

周指出，日本人正在集中全力巩固他们在华北的地位。他说，他们在1942年实行的所谓"第五次大扫荡"就是以消灭中国在华北的抵抗力量为目的的。如历次一样，它仍以失败告终，中国共产党人还在那个地区存在着。他声称，左将军，即彭德怀手下的一位中国共产党的副司令员，就是在山西太行山根据地的这次作战中阵亡的。周指出，日本人正在掠夺华中地区的粮食。他说，日本人在中国占领区正在越来越多地利用伪军，以把日军调到其他地区去。他指出，根据他获得的有价值的情报，日军第二师团最近已从华北调往南方。

关于新疆的状况，周指出，盛世才，这个新疆省政府主席和有着十年统治经历的地方统治者，是一个十分机敏的人。他认为，应当劝告中国国民政府在接管新疆的问题上谨慎行事。

当我要离去时，我说明在以后几个月里我打算到西安去一次。周表示，如果我愿意去陕北共产党特区（并能够获得国民政府当局的同意），他在接到大使馆的通知以后，将很高兴地安排我去延安。我说，我将记住他的意见。如果那是可能的，我对去延安旅行会很感兴趣。

FRUS,1943,China,pp.192-193

### 汉密尔顿备忘录

#### 华盛顿,1943 年 1 月 28 日

　　中国国共两党关系的形势当然是我们应该审慎注意的。几天前,我们用电报要求高斯先生针对这个问题递交一份报告。在接到他的报告以后,我们建议仔细考虑由大使馆派遣一名军官访问共产党管辖地区的问题。

FRUS,1943,China,pp.201

### 戴维斯与周恩来谈话备忘录

#### 重庆,1943 年 3 月 16 日

　　与重庆的中共代表周恩来谈话时,我谨慎地探询我们从共产党那里取得关于敌人活动情报的可能性。他的答复看上去颇具合作精神,但指出,如果要真正有效地联络,我们应有一个军官小组驻扎在他们的管辖区。周从华北地区获得的情报较少。然而,他们在延安和陕北掌握了一系列的关于日本人的情况,特别是有关华北、满洲、长江两岸,以及最近在海南岛的行动。

　　周又重提了去年夏季邀请一个美国军官小组在陕西和山西设立观察所的事。他指出,如果我们计划帮助他们把日本人赶出华北,应该尽早开始在陕西、山西、河北和山东勘察可能建立机场的地带,并在那个区域研究第一手的实际情况。他似乎特别急于要一名空军军官去勘察在陕西、山西建立机场的可能性。据周称,最可取的是一开始就向中央政府指出,为了坚持下去,应当考虑使观察站固定化。这样,美国官员进行轮换时,对于他们进入那个地区与华北的中国有关当局进行合作,从事空中和地面的情报工作的原则,就不致发生误会。

　　周称,他的组织已经接到由海南岛当地人员发出的无线电报告。

但是,在海南,共产党所掌握的最后一台无线电台已经停止运作,因此他们没有再收到直接的消息。他说,共产党在岛上是抗日斗争中最强的一支力量。

然后,我直率地向他提出了一个问题。这是一个与我的职业特性完全无关的问题,我说,假如我们把租借法的援助公正地扩大到中国军队,不考虑其政治态度,包括那些最迫切要求和共同敌人战斗的党派,这样是否可能做到。他摇头,回答说,对第十八集团军的偏见和怀疑太强烈了。他又说,在美国海军已经进一步削弱了日本的海军力量以后,中国军队将专心致志地完成把日本军队赶出中国的艰巨任务。此时蒋委员长对共产党的态度可能发生变化,因为他将发现日本人比他所想象的强大得多。周指出,过高估计日本人是不好的,而过低估计他们也同样糟。他说,委员长犯了后者的错误。当蒋将军发现要把日本人赶回大海里不容易时,他就会发现,他必须更加重视共产党。

FRUS,1943,China,pp. 214–215

## 戴维斯备忘录
### 1944 年 1 月 15 日

迄今为止,仅有一位美国官方观察员访问过中国的"共产党"地区。那是六年前的事,从那以后,我们一直没有获得任何官方消息,而仅仅依靠所能获得的间接的和相互矛盾的情报。

然而,这些情报似乎非常清楚地表明,在共产党中国:(1)有在日本最大军事集结地和第二大工业基地之内及附近的作战根据地;(2)有大量有关敌国日本的情报,而在其他任何地方都无法获得这样多的情报;(3)有中国步调最一致、纪律最严明和抗日最积极的政权;(4)有中国唯一最大的与蒋介石政府相抗衡的力量;(5)有俄国如果进攻日本将会进入的地区;(6)有新中国与苏联恢复友好关系的基础。

中国共产党人已经反复表明他们欢迎美国观察员。但是,如果将来情况发生变化,可能会使他们改变态度。

　　我们应该在他们仍然欢迎观察员时,立即派出一个军事政治观察组赴共产党中国,搜集敌人的情报,帮助从那一地区开始的某些有限的作战行动并为此做准备,精确估计共产党军队的实力,一旦俄国进攻日本,报告俄国在华北和满洲的军事行动,估计华北和满洲发展成为单独的国家——甚至成为苏联卫星国——的可能性。

　　蒋介石对共产党的封锁以及由此而引起的孤立状态,正迫使共产党转向俄国。派美国观察组将会打破这种孤立,减少对俄国的依赖倾向。同时,还可以抑制蒋介石企图通过内战消灭共产党人的愿望。

　　委员长当然会反对向共产党中国派遣美国观察组。仅靠一般的外交和军事途径不可能获得他的批准。总统应直接向他提出请求,因为总统可以运用我们强有力的交涉能力对付任何开始的拒绝。

FRUS,1944,Vol. 6,pp. 307-308

### 罗斯福致蒋介石

华盛顿,1944 年 2 月 10 日

　　由于吾人共同对日作战之加剧,由于吾人坚决移向日本之军事中心,故吾人除在海上及空中击溃日本以外,显然的吾人必须与日本陆军之主力接战而毁灭之,然后可得最后之胜利。日本陆军主要之集中地点在华北及满洲,吾人今当开始准备粉碎日本坚强之兵力。

　　现时关于敌人在华北与满洲之情报异常缺乏。为增加此等情报之流通,为考察研究此后作战之策划,下列措施似属十分必要:即立即派遣一美国观察团至陕北、至山西,以及至华北其他必要之地区。

　　阁下对于此事,可否与余以赞助及合作?

《战时外交》第 1 卷,第 163 页

### 斯退丁纽斯致高斯

华盛顿,1944 年 2 月 16 日下午 5 时

　　1. 使馆有关国共关系的全面和及时的报告中反映出国共关系正日

趋恶化,对此国务院深表忧虑。

2.因此,国务院正在认真考虑敦促委员长同意派一个美国军事和其他方面的观察小组赴共产党控制区的可能性。我们知道陆军部也正在考虑这件事。我们认为,除了其他原因以外,从我们现在和未来在中国的军事行动方面考虑,这样做也是合适的。虽然这个代表小组最好属于军事性质。但是,让受过政治观察员训练的一名或几名外交人员参加似乎也很合适。

3.国务院希望收到使馆对第二段中建议的看法。

FRUS,1944,Vol. 6,pp. 336–337

### 蒋介石致罗斯福电

重庆,1944 年 2 月 22 日

罗斯福总统勋鉴:顷由前线返渝,获奉 2 月 10 日惠电,对于阁下计划派遣美军事视察团,搜集有关敌军在华北与满洲集中正确情报一节,甚愿尽量协助进行,并已饬知军政部与史将军总部拟定此一视察团前往中央政府政治力量所及以及敝国军队驻扎各处也。蒋中正。

《战时外交》第 1 卷,第 163—164 页

### 斯退丁纽斯致史汀生

华盛顿,1944 年 2 月 28 日

国民党与所谓的中国共产党人之间的关系持续不断恶化曾经是,而且继续是国务院严重关注的问题,理由是基于如下观点:(1)它对于对日作战有普遍的不利影响;(2)局势进一步恶化可能导致严重危及中国政治统一的内部冲突;(3)可能在将来引起中国与苏联关系的复杂化。

我国驻重庆大使馆和我国在重庆的军事当局对这种局势已不时进行汇报,同时指出国民党大量军队对所谓中共控制区的封锁已使约 50 万中国军队无法调动,否则这些兵力可用于抗日军事行动,同时可构成

中国战区加速进行战争的一支威慑力量。如果中国两党能恢复和谐，则双方的军队即可望用以抗击敌人。

　　为了探求确定美国政府究竟采取何种最适宜方式才有助于友善地解决国民政府与共产党之间的矛盾，国务院已在考虑派一组观察员去华北的共产党控制区，这一地区，如上所述，由国民政府军队封锁着。据悉，陆军部从这种情况所涉及的军事观点出发也在考虑这个问题。我国驻重庆大使馆对于有关派美国军事观察员去共产党控制区的提议能否迅速得到中国政府的同意一节，表示怀疑，但可以努力一试。大使馆还认为派至该区的任何观察人员小组基本上应是军事性的，不过现在史迪威中将总部工作的大使馆二秘谢伟思可包括在小组之内，因为他是个有胆识的政治观察者和通讯员。国务院同意大使馆派观察员去共产党控制区的意见。

　　据了解此事已根据现在史迪威中将总部工作的大使馆二秘戴维斯的备忘录……报请总统核阅，并悉此事已按照总统的指示送请马歇尔将军和李海上将考虑。

　　如蒙陆军部将马歇尔将军对此建议所采取的行动的任何决定通知国务院，无任感谢。假如尚未采取行动，国务院欢迎陆军部对于这一问题可能采取何种适宜措施表示意见。

FRUS,1944,Vol. 6,pp. 355-357

### 罗斯福致蒋介石

华盛顿,1944 年 3 月 1 日

　　你在 2 月 22 日的信中表示，已经采取措施协助我们实施派遣美国观察员进入华北，获取有关日军在华北和满洲大规模集结的准确情报的计划，我对此表示感谢。华北和中国东北地区应是日本重要军事情报的最好来源。因此，我们拟于不久的将来派出观察组。

FRUS,1944,Vol. 6,p. 367

## 赫尔致罗斯福

华盛顿，1944 年 4 月 4 日

随函附上关于评论史迪威将军所提建议的信件副本供你参阅。这封信我将转给陆军部长。该建议请你致函委员长，敦促他同意立即派遣一个军事观察团前往所谓的中共占领区。高斯大使对此建议已表示赞同。

FRUS，1944，Vol. 6，p. 394

## 中缅印战区指挥部致包瑞德令

1944 年 7 月 21 日

根据史迪威中将命令

1. 你被指令负责指挥一个即将由司令部派往中共控制区访问的观察组。

2. 这个观察组的总任务是获得有关我们盟友和敌军两方面的情报，为被击落的飞行员提供支持。以下情报是特别需要的：（无论在任何情况下，你都应当就任何有关政治、经济、社会和军事方面的问题进行讨论和提出意见。就所有这些提出建议和意见是战场指挥官的责任。）

敌军战斗序列。

敌军空军战斗序列。

伪军战斗序列。

共产党军队的战斗序列。

共产党军队的力量、组织、位置、作战部署、装备状况、训练状况、战斗力。

共产党在敌军内部和敌占区中情报能力的利用和发展。

共产党官员的全部名单。

敌军在中国北部地区的机场和空防力量。

情报目标。

轰炸损失情况。

气候情况。

经济情报。

共产党军队的作战行动。

敌军的作战行动。

估价目前共产党对战争所能作出的贡献。

估价共产党对战争所能作出的潜在贡献。

共产党控制区目前扩展的情况(附带地图)。

援助共产党军队,增强他们战斗力的价值的最有效的方法。

3. 观察组的成员

下列名单上的官员和应征者被指定参加观察组。

大卫·D. 包瑞德上校,0—9726(David D. Barrett)

约翰·S. 谢伟思先生(John S. Service)

R. P. 卢登先生(R. P. Ludden)

陆军中校雷金纳德·福斯,0214958(Reginald Foss)

陆军少校梅尔文·A. 卡斯伯格,0—345725(Melvin A. Casberg)

陆军少校雷蒙德·A. 克罗姆林,0—922026(Raymond A. Cromley)

陆军少校威尔伯·J. 彼德金,0—027347(Wilbur J. Peterkin)

陆军少校查理·R. 多尔,0—420901(Charles R. Dole)

陆军上尉保尔·C. 多姆克,0—1633167(Paul C. Domke)

陆军上尉约翰·C. 科林,0—1284206(John C. Colling)

陆军上尉查尔斯·S. 斯特尔,0—924710(Charles S. Stelle)

陆军上尉布鲁克·多兰,0—901154(Brooke Dolan)

陆军中尉亨利·S. 惠特尔西,0—358306(Henry S. Whittlesey)

陆军中尉路易斯·M. 琼斯,0—565778(Louis M. Jones)

空军参谋军士安东·H. 雷米尼赫,16146325(Anton H. Remenih)

军士沃尔特·格雷斯,33745742(Walter Grace)

四级技师乔治·I. 纳卡莫罗,18184276(George I. Nakamura)

海军上尉西蒙·H.希契(Simon H. Hitch)

改变或补充上述名单将需要得到本司令部的批准。

4. 旅行

观察组将尽可能早地乘飞机去陕西延安。到达延安后,你们将与西北特别行政区的行政当局以及第十八集团军司令官就访问地点问题进行商谈,以便最有效地完成观察组的使命。在这样的商谈之后,当你感到必要时,你有权从观察组中派遣个人或小组前往商定的中共控制区以内的地点。根据这一指示,为实现旅行,观察组的成员有权利用由美国军队控制下的任何交通工具。

5. 报告

通常,报告将被做成摘要以方便本司令部进行评估和分发给与此有关的各个组织和管理机构。必要时,报告可以通过电台传送。

不论实际上时间如何,即使不能直接利用有效办法发送给本司令部,报告也均应在当地进行准备。当你的使命完成,返回本司令部时,你应当准备一份说明观察组活动的总报告。所有报告和情报都应提交给本司令部。与 XX 轰炸机前线司令部①的行动直接有关的报告与情报则授权你送往该司令部。凡由观察组成员个人完成的书面报告,均可由准备这些报告的官员署名,但所有这些报告都要通过你,并由你签署意见。

6. 通讯

为了与本司令部和在成都的 XX 轰炸机前线司令部保持通讯联络,你有权携带必要的装备和人员,以便在延安建立电台和进行工作。进入当地之后,应当单独设立一部功率适当的小电台。为电台联络而建立附加的装置要依据本司令部的指示。

7. 经费

---

① 美军在成都建立了 B-29 远程战略轰炸机基地,从 1944 年 6 月起开始对日本本岛进行猛烈轰炸。此处把"远程战略"的字样隐去了。

陆军少校威尔伯·J.彼德金,0—027347,已经被指定为代理财政官员,有必要为实现观察组的指令提供业经核准的行政经费。他有权携带1000美元的现金和10万中国元的现金。

U. S. Army Observer Section

(2)欢迎美军观察组

## 中共中央宣传部致晋察冀分局电

1944年7月13日

……

(二)同样,反法西斯的美英资产阶级,在其反法西斯一点上均有革命性,以苏、美、英联盟为基础的世界反法西斯统一战线,乃是今日世界的基本革命战线,这是1941年以后,世界的决定性变化。在学习1939至1941年间的各种文件(如《新民主主义论》)时不可忘记此点。但美英资产阶级内部亦各有许多派别,其亲德日的派别是反动的,其联苏而又反苏、反法西斯而又反民主的派别是革命性较小的,而如美国的罗斯福、华莱士一派,则比较着重于联苏与民主,其革命性亦较大。故美国无产阶级亦积极支持之,以共同反对法西斯与国内的孤立派、顽固派。

(三)在今天的中国与世界,敌、友、我三方均有武装与政权,阶级力量的分合变化极其复杂,有时并极其迅速而巨大,套用战略策略的简单公式已往往不能解决问题,但以人民群众(工、农、小资产阶级)为基础,根据各阶级对革命的具体态度,利用矛盾,争取多数,反对少数,对最反动分子各个击破的总方针则决不会错。望你们告诉同志,叫他们多研究实际而少争论名词。

《中共中央文件选集》第14册,第275—276页

### 高斯致国务卿

#### 重庆,1944 年 8 月 8 日

第一批美国军事观察员于 7 月 22 日离此去延安,第二批由于飞机事故耽搁,于 8 月 5 日出发(谢伟思随第一批,卢登随第二批,还有前陆军武官包瑞德上校和他的工作人员同往)。

8 月 2 日,中国政府发言人宣称,"不仅是延安,还有中国许多其他地方"都要派去观察组,其目的是"搜集军事情报和飞行资料",声明在当地中英文报纸均有刊载。司令部从未对我们说过什么,但我们了解到大家对中国的官方声明,感到相当愤慨,因为大家都理解此事属于军事秘密。

这事也可能没有造成多大的危害,因为毫无疑问日本人已经知道。在中国人中无秘密可言,中国新闻界和其他小圈子都知道此事,各部、局和银行在它们自己的上百个通讯电台上谈论此事,日本人通过这些渠道很快就知道了当地的情况。然而,发表声明事先不和我国军方磋商,这不能认为不是失信和缺乏合作热诚的表示,此等情况早已使我们的部队在许多方面受了损失。我们不了解这是不是与中国长期反对军事观察计划有关。这位发言人曾私下告诉使馆参赞说,发表声明完全是从单方利益考虑的:许多中国人认为在国共谈判进行之际派观察组去延安含有政治目的,而政府则恐怕被指责为允许外国"干涉"内政。

FRUS,1944,Vol.6,pp.501–502

### 《解放日报》社论:欢迎美军观察组的战友们

#### 1944 年 8 月 15 日

美国驻中缅印军总司令部(即史迪威将军总部)所派遣的美军观察组,现在到达了延安。这是中国抗战以来最令人兴奋的一件大事。我们谨向远道来此的观察组全体人员,致热烈欢迎之忱!

我们欢迎美军观察组诸位战友,不能不想到美国在世界反法西斯战争中的光辉成绩,和美国人民见义勇为、不怕牺牲的伟大精神。不论

在欧洲、非洲和亚洲，现在都有英勇的美国将士效命疆场，为解放法西斯铁蹄下的人民而流血战斗。在我们中国的抗日战场上，美国亦直接和我国人民并肩作战，成为最亲密的战友。在这个欢迎美军观察组朋友们的时候，我们向美国政府、人民、海陆空军将士及其英明领导者罗斯福总统，表示衷心的感谢。

美军观察组战友们的来到延安，对于争取抗日战争的胜利，实有重大的意义。七年以来，近五十万的八路军、新四军和八千余万被解放了的人民，在华北、华中、华南三大敌后战场奋勇作战。很久以来，事实上敌后战场成了中国抗战的最重要战场。在这里，抗击了在华敌伪全部兵力的六分之五；在这里，几乎一切中国的大城市均被八路军、新四军所围困；在这里，大部分的敌占海岸线均被我们控制了。这种情形，一向为盟国朋友们所不明了。

在过去，在盟国政府与盟国人民方面，他们所了解的中国抗战情形，完全与上述相反。他们所得的印象是：中国抗战的主力军是国民党，国民党在抗战中所做的工作是最多的，大多数敌伪军由国民党所抗击，将来反攻日寇自然也是主要地依靠国民党。这些印象，直到现在还是统治着盟国朝野大多数人的思想的。

所以出现了这种完全违反事实的现象的原因，主要的在于国民党统治人士的欺骗政策与封锁政策。他们欺骗外国人，说国民党如何的努力在打日本人；实际则从一九三八年十月以后整整五年半时间，他们所取的政策，基本上不过是坐山观虎斗的政策；直至现在，除湖南与缅甸外，大多数战区依然还是如此。他们欺骗外国人，说共产党不但"不打日本人"，而且总是"破坏抗战、危害国家"的；实际则抗击敌伪军六分之五的，正是这个所谓"不打日本人"而又"破坏抗战、危害国家"的共产党；至于那个天天高叫"民族至上"的国民党，它总共不过抗击了六分之一的敌人而已。共产党既然一"不打日本人"，二又"破坏抗战"，三又"危害国家"，那国民党早就应该号召外国人、中国人大批地前往共产党区域去视察，好去证实一下国民党先生们所说的并非撒谎。

但是决不,反而封锁得铁桶似的。五年多的时间,一不许共产党发表战报,二不许边区报纸对外销行,三不许中外记者参观,四不许边区内外人民自由来往。总之,只许国民党的丑诋、恶骂、造谣、诬蔑,向世界横飞乱喷,决不许共产党、八路军、新四军的真相稍许透露于世。只要看此次记者团访问边区,是经过怎样的艰苦奋斗才达到成行目的,就知道国民党统治人士一面尽情丑诋,一面却不许人来看,是什么一种挖空心思而又自相矛盾的想法了。

但是事实胜于雄辩,真理高于一切,外国人、中国人的眼睛,总有一天会亮起来的。现在,果然慢慢地亮起来了,中外记者团与美军观察组,均先后冲破国民党的封锁线,来到延安了。这是关系四万万五千万中国人反抗日寇、解放中国的问题,这是关系中国两种主张两条路线谁是谁非的问题,这是关系同盟各国战胜共同敌人、建立永久和平的问题。国民党人说:"国共争论问题是中国的私事",这不过是国民党人在抗日战争中所犯罪过的一块遮羞布。这块脏布之应该扔到茅坑里去,现在已是中国人、外国人的公论了。

关于国民党的抗战不力、腐败无能这一方面,大半年以来的外国舆论与中国舆论,已经成了定论了。关于共产党的真相究竟如何这一方面,大多数的外国人与大后方的中国人,还是不明白的,这是因为国民党的反动宣传与封锁政策为时太久的原故。但是情况已经在开始改变。大半年以来的外国舆论中,已经可以看见这种改变是在开始。这次记者团与观察组的来延,将为这种改变开一新阶段。

由于来延外籍记者的报道,中国共产党、八路军、新四军和各抗日根据地的真相及其对于协助盟国抗战事业的重要地位,将逐渐为外国人所明了。

现在不但外国记者团到了延安,而且美军观察组也到了延安。我们相信,该组的战友们一定会对此间情况作周密的和深刻的观察,并对于双方如何亲密合作以战胜日寇必能多所擘划。国民党想要永远一掌遮天,已经困难了。

我们预祝美军观察组的工作的成功。我们希望这一成功,会使美军统帅部对于中国共产党始终坚持团结抗战、实行民主的政策,和共产党领导下的敌后抗战力量,获得真实的了解,并据以决定正确的政策。我们希望这一成功,会增进中美两大盟邦的团结,并加速最后战胜日寇的过程。

《毛泽东外交文选》,第34—38 页

## 中央关于外交工作指示

### 1944 年 8 月 18 日

自 5 月底中外记者参观团来边区后,接着便有美军观察组十八人奉史迪威之命先后来延,并将分赴前方。同时美军第十四航空队亦派欧高士少校及一上士经五战区前往我鄂中五师地区,担任前线侦察。综合此种情况,中央特作如下通知:

(一)由于我党政军民的努力和国民党统治人士的日益反动与无能,目前两个中国(新民主的中国和法西斯化的中国),在抗战营垒中的对照是更加明显了,这次外国记者、美军人员来我边区及敌后根据地,便是对我新民主中国有初步认识后的实际接触的开始。因此,我们不应把他们的访问和观察当作普通行动,而应把这看作是我们在国际间统一战线的开展,是我们外交工作的开始。但须指明,这种外交现在还是半独立性的外交。因为一方面重庆国民政府还是中国人(我们在内)及同盟国所承认的中央政府,许多外交来往还须经过它的承认。但另一方面,国民党是不愿意我们单独进行外交活动的,我们与同盟国家只有冲破国民党种种禁令和约束,才能便于我们外交来往和取得国际直接援助,所以我们的外交,又已经是半独立性的。同时还须指明,外交工作正是我们工作中最不熟悉的一方面,我党同志首先是高级领导同志,应该对于这项工作开始予以注意予以学习。如果大家承认八年来国内统战政策,曾经给我们以极大的发展,那么,今后国际统战政策,将可能给我们以更大的发展。而且如果国际统战政策能够做到成功,则中国革命的胜利,将必增加许多便利,这是可断言的。

(二)国际统一战线的中心内容,是共同抗日与民主合作,这不仅在抗战中有此需要,即在战后也有此可能。就国家言,美、苏、英与中国关系最大,而在目前美英与中国共同抗日,尤以美为最密。美军人员来我边区及敌后根据地的理由,为有对敌侦察和救护行动之需要,准此可争取其逐渐扩张到对敌作战方面的合作和援助,有了军事合作的基础,随后文化合作,随后政治与经济合作就有可能实现。但目前不应希望过高,目前美、英、苏外交的重心仍是放在国民党方面,且就英美内部言,也有进步、中间、顽固三种势力存在,即在其政府中亦复如此,而英又较美为差。故我们对其政府及其来往人员不应看成一模一样,而应有所研究和分析。因之在国内统战中的策略原则,一般的也适用于国际统战。不过在目前且因外交原因,凡愿与我们来往的英美人士及其军事人员,顽固保守分子总还占少数,且其顽固又常常是只反对其国内共产党,而不反对我们者,故其情形与国内顽固分子有别。因之我们外交工作中心,应放在扩大我们影响,争取国际合作上面。即遇顽固分子仍应诚恳说服给以好的影响。这次记者团中一个天主教神甫本来对我成见颇深,但经我们争取,他即表示好感,拒绝国民党利用他反共的要求。

(三)国际统战政策,在目前最主要的应是外交政策,陕甘宁边区施政纲领第二十一条是我们党外交政策的总纲。目前实施原则,军事上,是在取得我们同意和遵守政府法令的条件下,同盟国的军事人员及其武装力量,可进入我们地区,执行共同抗敌的一切工作,并取得我们协助,同时我们也欢迎盟国给我军以军火、物资、药品和技术上的援助。政治上,我们欢迎同盟国在我边区及主要抗日根据地派遣外交使节,或外交机关。文化宣传上,我们欢迎与盟国文化合作,欢迎盟国通讯社或其政府新闻处在延安设立分社,或派遣特约通讯员及记者来延,并给以至各地访问之便利。通讯的电信,政府在原则上不放弃检查权,但在实际执行时，凡非泄露军机、造谣生事破坏政府者，我们概予放行，不予检扣，以示与国民党区别。对敌军民宣传，我们欢迎盟国合作并交换经验。在宗教方面，我们实行政教分离，我们容许外国牧师、神父来边区及敌后根据地进行宗教活动，并发还其应得之教堂房产；同时这些神父、牧师亦须给我们以不反对政府不反对共产党领导之保证。在救济方面，我们欢迎美、英、加拿大等给我们以医药器材和金钱的救济，同时我们更要求国际善后总署必须算入和承认这拥有8000多万人口，而且遭敌蹂躏最甚的地区的救济。在经济方面，在双方有利原则下，我们欢迎国际投资与技术合作，我们首先要求国际工业合作委员会的继续合作。这一切，就是我们目前外交政策的具体步骤。

（四）为使我们的外交政策和活动不犯错误，首先必须站稳我们的民族立场，近百年的中国外交史，中国人在民族立场上曾有过两种错误观念。在义和团事变前，排外的观念占上风，其后惧外的观念占上风。"五四"到大革命，惧外观念虽曾一度被民族高潮冲淡，但国民党当政二十年，即在抗战时期，上层人士的惧外观念仍很浓厚，这不能不影响中国社会，故我们应一方面加强民族自尊心自信心，而不是排外；另方面要学习人家长处，并善于与人家合作，但决不是惧外媚外。这就是正确的民族立场，也就是新民主主义中国的新人典型。这种新人典型，已经在敌后在边区广大军民中不断的成长，而且已为国际朋友所开始认识，我们新民主的中国人都应该坚持着这样立场，不致有所偏颇。

（五）在外交工作本身，我们目前应注意的是：（1）一切应争取主动，切勿陷于被动，更不应有求必应，而应有所取舍，或有所轻重，凡我所能而且愿意使外人知道和参加的事，可由我主动的有计划的加以布置。即使是我们的要求，我们也可使其自动的先向我们提出，例如军火援助，国民党天天向人家噪聒，要这样那样，我们则暂不提起，反而引起他们的尊敬，向我们先提，虽然目前因国民党反对事实上还难办到。各地见到盟国人员，不可一见面就问他要东西。（2）我们执行政策，进行工作应坚定不移，事前应周知博访深思熟虑，但一经决定和宣布之后，便应力求贯彻主张,这样方易取得外交胜利,尤其是军事外交,更应肯定坚定。当然这是指原则性的问题,若在技术方面,则又应当极其灵活机动,不拘一格。(3)关于文件材料及谈话内容,可告者应力求真实,不可告者应力求隐蔽,其有关国家机密及党内秘密者应拒绝答复和供给,其不便答应者应避而不谈,或设法推开。(4)外交态度宜谨慎坦率,一方面勿失去警觉,另方面勿吞吐支吾。(5)招待方法要守时守信,朴素热烈,一方面切忌铺张,另方面也不可冷淡。(6)各地一切对外交涉和具体协商,统应电报中央批准后方得进行。

上述各项,凡有国际统战关系或外交工作的地方,均应向干部中传达,并进行讨论,以求一致遵守。

《中共中央文件选集》第 14 册,第 314—318 页

## 朱德、史坦因谈话摘要

### 1944 年 7 月 8 日

(谈话曾获准发表,但后来朱德将军取消了这一许诺。)

为了对日反攻,必须把中国战场置于一位盟军最高统帅之下。……我毫不犹豫地说,为了全面统一我军于蒋介石委员长之下的利益,建立一个公正的同盟国之间的统帅部,对中国与盟国,对胜利与战后和平都是绝对必要的。

中国人民将会欢迎建立一个盟国之间的统帅部,并且如像我们自己一样愿意全心全意与它合作。事实上这也是他们所希望的,因为中国人民在战争中仅有的两个目标和盟国的目标是同一的——那就是,尽可能最快地取得共同胜利和民主。他们将不会认为有关这方面的任何事情是"丢面子",正像英国人不会介意设立一个美国高级指挥部一样。他们认为有必要由盟国之间指挥对日作战,并且认识到中国高级指挥部没有能力指挥现代化的盟军。

《在中国失去的机会》,第 215 页

## 2. 美军观察组相关报告

### （1）军事性报告

#### 关于1944年7月22日—27日美军观察组的总报告
1944年7月27日

1. 下列人员，包括第一批观察组人员，于1944年7月22日乘坐0805号飞机飞离丘仑坡空军基地……

飞机飞临西安上空是10点10分，环绕这座城市飞行了大约20分钟之后，三架战斗机被批准从西安机场起飞前来护航。在这些战斗机的护送下，飞机继续飞往延安，飞机着陆的时间是11点30分……

2. 驾驶员杰克·E·查姆宾上尉在延安的着陆动作相当标准。但是，当飞机离开跑道准备停下来，让乘客们在一块清理出来的狭长的土坪上落机时，左轮意外地轰隆一声陷进了一座在地表面完全看不出来的旧坟墓中。左侧的螺旋桨和机头部分被撞坏，螺旋桨撞进了驾驶员的座舱，驾驶员和机组的头儿差点送了命。查姆宾上尉胳膊受了一点儿轻伤，其他没有人负伤。这一意外事件无论如何不是查姆宾上尉的过错。

3. 一大群人已经聚集在机场，一队仪仗队准备接受检阅。但是，这一意外事件显然把人们惊呆了，以至我们走下飞机几分钟竟没有一个人来欢迎我们。但很快，我们就受到十八集团军副总司令彭德怀将军，十八集团军参谋长叶剑英将军，中共政治局委员周恩来先生和其他许多官员的热忱欢迎。在检阅了仪仗队之后，观察组被用卡车送到了延安的政府宾馆，在那里举行了一个非正式的招待会。在招待会期间，第十八集团军总司令朱德将军出席并以一种最诚挚的方式欢迎观察组的全体成员。在这次招待会上，为观察组和来宾们拍了许多照片。

……

6.7 月 22 日 16 点, 我和谢伟思先生与周恩来将军、叶剑英将军举行了一次会议。在会晤期间, 我相当具体地勾画了观察组的使命, 忽略这些重要之点我认为是不适当的。周先生和叶将军说, 何应钦将军已经通知他们说, 观察组的任务就是为空军提供地勤帮助和搜集敌军情报, 他们第一次从我这里得知观察组还有其他的目的。我说, 观察组的使命之一也要考察共产党武装在武器和装备方面的需要情况, 但我不能做出许诺说, 所有这些物资都将会得到提供。

8.7 月 22 日, 谢伟思先生和我与叶剑英将军有过一次谈话。在这次谈话中讨论了观察组的具体工作计划。叶将军说, 由于直到我们到达之后延安当局才开始充分了解观察组使命的范围, 因此这几天他们一直在努力考虑与观察组合作和帮助观察组的最好方法。

9. 叶将军说明, 他们已经十分仔细地考虑了由观察组派遣个人或小组前往临近敌人封锁线的地区旅行的问题。他指出, 由于大雨、道路泥泞和河水上涨, 大约在一个月的时间里这种旅行将会很困难, 并很缓慢。因此他建议观察组在延安等到 8 月底或 9 月初, 他相信在此期间能够搜集到大量有价值的资料并进行研究。在这个月里, 可以去视察驻扎在距离延安三十英里外南泥湾的那个旅。随后的讨论决定, 下列题目在离开延安之前至少可以做有益的研究:

气候(叶将军已经指出, 气候报告大量来自中共控制区的一些关键地点)

目标分析

敌伪战斗序列

空军情报

交通

医疗和手术问题

利用和扩展中共情报

空军援救服务

海军情报

中共武装的组织、训练及装备

10. 基于上述,除非上级有其他指示,观察组将留在延安直到 8 月底。……

11. 我们一直没有机会会见中共中央主席毛泽东先生,直到 7 月 26 日中午,谢伟思先生和我才得到他和朱德将军的邀请。毛先生显得相当健康,他用一种非常友好的态度来接待我们。我们与他及朱将军谈了大约一个小时,尽管谢伟思先生和我抓住每一个机会试图把谈话引到观察组的工作问题上来,但仍旧没有谈到这方面的问题。

……

14. 综上所述,这里的军事和行政官员都明显地在其权力范围内尽一切努力与观察组合作并帮助它。在这方面,他们显示出一种我以前在中国从未遇见过的极大的主动精神和有条不紊的计划能力。从目前的情况看,观察组应当能够取得与它的努力相称的收获,并且,在它被派到延安来以后,这种努力还在被加强着。

陆军上校　包瑞德

RG332,Dixie Mission(NARS)

## 谢伟思关于和周恩来谈话的报告①

延安,1944 年 7 月 28 日

我记得朱德曾向斯坦因探讨在中国设盟军最高统帅事,我问这是否可取或可行。他(周恩来)作了极其坚定而有条件的回答,他说,这种意见的时机还未到来;我们必须等到美国的物资供应和人员到达中国和反攻已实际在望。统帅必须是美国人,并且完全受到共产党人的欢迎,假如得到中央政府同意的话。

关于现在的美军观察组扩大活动范围的可能性,周说,这种为走向积极合作而实行的扩大,自然会受到共产党人欢迎的,但是,除非有一

———————

① 谈话时间为 1944 年 7 月 27 日上午。

次激剧的改变,定会遭到中央政府的反对。不管怎样,现在门开了一条缝,只要遵循渐进的、谨慎的方针走下去,向着有限的合作前进还是有可能的。因此,美军观察组获得允准是一座里程碑。(和谈话的其他部分一样,这里我感兴趣的是,周谨慎小心地承认了中央政府的权威,和至少是委员长的潜在的领导地位。他显然并不期望我们会立即着手执行一项直接援助共产党部队的计划。)

《在中国失去的机会》,第 214 页

### 谢伟思、毛泽东谈话备忘录

延安,1944 年 8 月 23 日

……

(我注意到他强调美国在中国的登陆,我暗示说,可以用其他方式赢得这场战争,不一定非登陆不可。)

我们认为美国必须在中国登陆。这当然取决于日本的力量和战争的进展。但是,日本的主力在长江流域和华北,更不用说满洲了。

如果美国人不在中国登陆,对中国来说将是极大的不幸。国民党将继续作为政府——而不是一个称职的政府——存在下去。

如果在中国登陆,美国必须与中国的两支军队——国民党军队和共产党军队——合作。我军现在包围着汉口、上海、南京和其他大城市。我们处于内线,而国民党远在后方。

……

(我问他为什么强调美国的重要性而忽略俄国。)

苏联加入远东战争或参与中国战后重建将完全取决于苏联的情况。俄国人在战争中遭受了极大的创伤,他们将忙于自己的重建工作。但我们确实期待俄国的帮助。

此外,由于国民党的恐共症,它是反俄的。因此,国民党与苏联不可能合作。我们如果寻求与苏联合作,那就会使中国的形势更加恶化。中国已经分裂够了!无论如何,即使国民党想要苏联帮助,估计也不可能。

但是,如果美国对中国的关心是建设性和民主的,俄国不会加以反对,不可能发生冲突。俄国只希望有一个友好的和民主的中国。美国与中国共产党合作将会使有关各方都满意。

……

FRUS,1944,Vol.6,pp.612-614

## 美军观察组的未来

### 1944年8月27日

1. 在我看来,观察组初步的工作已经完成了。已经尽了种种努力来建立一切可能的联系,以便获取观察组所期望得到的情报。关于中共控制区状况的详细背景报告,也已经由这里的军事和行政官员提供给观察组了。在这些报告中包含的大量资料已经得到研究并呈报在案。余下的也都做了详细的笔记,这方面的报告将尽可能快地以适当的形式送出。

2. 关于战斗序列、目标情报和轰炸结果的有价值的情报,正在陆续送来。在为空军提供地面援救服务方面,行动的和情报的合作都在得到加强。这里的当局承认他们对于敌人机场、空防设施以及空军战斗序列的情报不熟悉,因为他们没有空军,因此他们对于这些问题没有引起注意。但他们正在努力为获得这方面的情报而工作,在不久的将来可望获得积极的成果。

3. 中共当局已经给了观察组最热情的合作,相反却没有要求任何报偿。几天以前,第十八集团军参谋长叶剑英将军在关于观察组工作的一次长时间的谈话过程中表示过这样的观点,即为了最大限度地加强战争的努力,美国军队应与中共军队制定一个密切和长期合作的计划。他声称,作为保持这种合作的一种确定的方法,他希望观察组或一种相同性质的机构,能够永久性地建立起来。他进一步说明,在美国陆军中缅印战场司令部的直接领导下,在延安以外邻近敌后各地区建立观察分组或更小些的组,他认为可能是个好办法。

4. 叶将军通知我说,为了便利延安与敌占区附近根据地之间的交通,中共愿意在任何必要的地点建立飞机场,他们已经下令建立三个这样的飞机场,一个在晋东南,一个在山东,一个在苏中。照他所说,为了尽可能不引起注意,这些机场应当被设计得象是运动场。

5. 虽然中共领导人很小心地避免直接要求或暗示他们希望得到来自美国的援助,第十八集团军司令朱德将军和他的参谋长叶剑英将军仍旧表示,他们深信,如果他们的武装得到更好的装备,他们能够在争取抗战胜利方面作出比现在更大的贡献。他们强调,他们部队的战斗意志是非凡的,此外由于精心地制订了组织政策、军事和政治的训练计划,并且改善了福利待遇,他们已经赢得了人民的热情支持。照他们所说,他们所缺少的,就是武器、装备和技术上的帮助。

6. 据我看,观察组照目前方式和目前的做法,要求得多,给予得少,或者根本没有回报,这肯定是不能持久的。很显然,没有理由设想中共不会希望观察组的到来会为美国提供明确的援助铺平道路。因此,我建议,对在永久的基础上建立观察组或一个性质相同的机构的计划,做出最仔细的研究;就中共是否可以得到来自美国的援助做出明确的决定。

7. 在一两个星期之内,除非观察组得到相反的命令,否则观察组至少将要派出三个小组到敌后三个地区去,即晋察冀军区、山东军区和苏中军区。这些小组去敌后旅行的方法还没有决定。如果他们返回需时四个月甚至一年这样过长的时间的话,建议认真地考虑给他们提供飞机到达目的地的可能性,即使必须要通过跳伞来着陆。

8. 可以相信,这些小组将能够带回很多很有价值的关于他们访问的各地区以及那里军队行动的情报。如果需要的话,这种情报对于决定美国应当给予中共什么样的援助,和计划未来在华北和华中展开军事行动,明显地是有帮助的。

9. 总之,看来明显的是,观察组未来地位的问题与更为重要的美国是否援助中共的问题是紧密地联系在一起的。这不是为了中共本身的利益，而是考虑到他们对战争所具有的潜在的贡献。假如后一个问题无限期地拖延下去，很明显，没有理由指望中共会在毫无希望取得它的军队迫切需要的援助的情况之下，继续帮助观察组。

陆军上校　包瑞德<br>RG332, Dixie Mission (NARS)

## 包瑞德报告

### 1944年9月30日

#### 共产党军队的能力和需要

共产党部队力求自给，生产他们自己所需的一切。这些士兵的士气是高的，因为他们对这样一个事实引以自豪，那就是他们不仅仅是为自己的政府打仗，而且是在帮助政府增加其经济实力。

夏季他们过着一种严格的从事制造和农业的生活，冬季则集中力量进行训练。人们相信这样不会严重影响他们的作战效率。

确实很难对中国共产党人的军事能力作出估计。这些军队大多只打些小仗，所动用的部队很少超过一个连。在从事防御时，他们的部队多用于阻止日军抢夺粮食、耕畜、棉花和其他物资。在进行攻击时，多是执行独立的互不联系的战斗任务，对日军的小部队进行袭击。最有效的是执行骚扰性的勤务。如果对这些部队能提供更为充足的补给，他们的整个作战方式就可能改变。

军民之间实行紧密的合作，"军民一家"是他们十分强调的一个口号。所有16至55岁之间的强壮男女都组织成为自卫队。

自卫队运送物资，抬担架和看护伤员，修理武器，修补衣服和鞋，担任向导，维持后方治安，对正规军的有效作战给予了实际援助。此外，如果有需要，自卫军还能参加战斗。

自卫队的人们向共产党人提供有很大情报价值的消息，因为日军有任何重要行动，都会有人去报告正规军司令部。

共产党人最大的需要是弹药、步枪、轻重机枪、驮载炮、信号装备和爆破器材。由于保养和燃料的困难,坦克几乎是无用的。

对共产党人提供有效援助可以分阶段进行,而不要试图一次满足所有需要。由于他们目前所处的地位,任何数量的援助都可立即导致日军的死亡、交通线的破坏和小股守军的俘获。

第十八集团军和新四军的司令官都表示愿意在得到甚至是很少量的援助时马上表现一下他们能做到什么。他们不愿意负债,这是国民政府的军队所缺少的一种精神。兹强烈建议给共产党人一个机会来表现一下他们能做些什么。这不会丧失一个美军士兵的生命。如果结果证明是失败了,我们几乎不会损失什么。

Yen'an Observer Group: Dixie Mission( Microfilm, NARS)

## 包瑞德:共产党军队的力量与需要
### 1944 年 9 月 30 日

1. 本报告中关于中共军队对于联合抗战的价值的总体评估的根据是:(1)中共军队自身的报告;(2)延安共产党军事和政治领导人的报告;(3)访问过中共军队作战的前线地区的外国人的报告。

我自己尚未前去中共军队作战地区考察。除驻扎在延安的军队外,我见到的共产党军队只有 359 旅,该旅驻扎在延安东南约 30 英里处的南泥湾。1944 年 8 月 24 日至 26 日,我访问了该旅。我在 1944 年 8 月 27 日的第 11 号报告中汇报了这次访问的情况,题目是:《陕西省南泥湾中国政府军访问报告》。

在对中共军队的力量作出总体评估之前,我未得到机会到他们作战的地区进行实地考察,这是令人遗憾的。然而,我观察中国已将近 15 年,在此期间,我见到过装备各异的多种中国军队。有了这些经验,我认为我能够依据在延安获得的资料对中共军队作出较为准确的评估。

我未见到新四军的任何一支部队。我对新四军的了解均来自延安高层,包括该军代军长陈毅将军。我个人认为新四军实际上比不上第十八集团军,后者常被共产党称为"八路军",本报告亦将如此称呼。

2. 共产党军队的组织状况(略)

3. 共产党正规军的总体评估(略)

4. 共产党正规军的基本情况(略)

5. 共产党军队的作战经验

共产党军队多以小分队为单位作战,通常一个单位的规模极少超过一个连。防卫时,绝大多数战斗是为阻止日军抢夺粮食、棉花、农用牲畜和其他物资。进攻时,许多小分队的攻击目标是单独执行任务的小股日军或驻扎于要塞和村庄的日伪军。由于共产党军队的弹药数量有限,且需在敌军增援部队到达之前结束战斗,所以此类小规模攻击行动一般持续的时间很短。

日军的行动规模相当大,例如从不同方向向某一特定地区进行扫荡等,而共产党军队的战术源于武器的落后和弹药的缺乏,他们喜欢伏击、突袭和夜袭,其中的许多行动都针对敌人的交通线。他们还做了大量爆破工作。他们使用的炸药质量低劣,他们只有自制的黑色火药,故而取得的成就与付出的努力和遇到的危险并不相称。

共产党在过去四年中广泛地使用了地雷,他们在地方兵工厂和车间可以大量制造地雷。这些地雷一般填充黑色火药,但最近有了一些改进,已把强棉药用于地雷的制造。通过仔细研究日伪军的习惯和特点,加上人民的积极配合,共产党借助于布设雷场已在骚扰敌人和限制敌人活动方面取得了相当大的成功。

上述作战方式已在共产党军队中形成了相当显著的特点。这使他们在独立作战时能发挥很大的效力,还给其领导人带来了勇气、创造性,随机应变的能力和自信心。它使共产党军队变得高度机动,因为在大多数行动中,获胜的主要希望是出其不意地对敌人施以突袭,而在防守时,他们经常依靠机动性来避免被歼灭。

经常保持机动性需要有强健的身体。一般来说,共产党军队如果要继续有效地抗战和生存,就必然保持良好的状态。

上述作战方式在某些方面也对共产党军队的效率带来了不利影响。显然,它使他们更善于游击战而非正规战。游击战术和正规战术的界线很难确切划分,使正规战获胜的战术方法也可用于游击战。然而在游击战中,我国军队强调的指挥官在面临某种情况时采用的许多程序常常被忽略或一带而过。

共产党军队的参谋工作做得不太有效,他们也承认此点。这是可以想象到的,因为在大多数情况下,小股部队的指挥员就是自己的参谋,他们基本上没有在参谋工作方面提高效率的机会。共产党军队没有补给方面的经验,主要原因是他们很少得到补给。例如,以谷物为主的口粮主要来自农村的头面人物或个体农民。共产党军队缺乏为大部队提供给养所需的后勤知识。

6. 人民支持共产党军队

共产党组织并训练人民与其军队密切有效地配合。"军民一家"是他们特别强调的一个口号。年龄在16至55岁(某些地区45岁)身无残疾的男女都被编入自卫部队。民兵实际上也是自卫部队的一部分,但一般被视为一种独立的组织。

自卫部队通过保存人力加强了正规军的效力。它担负着各种任务,如运送供应物资、运送和看护伤员、维护后方的和平和秩序、充当向导、修理武器装备、修补鞋子和衣服等。民兵不但可以担负上述任务,而且在必要时可以参加战斗。

民众组织对共产党正规军提供的最重要的服务之一是做情报工作。在华日军难以阻止民众观察其行动。在共产党控制的地区,甚至在部分控制的地区,民众都把日军的行动详细地报告给共产党军队。这么做危险极大,但民众置之不顾。中共领导人称,日军每采取一项军事行动,他们都能预先得到全面及时的报告。

民众使得共产党无需建立大型粮食储存基地。军队只需提交"粮票"即可在任何地方得到粮食。粮票是民众给他们粮食的收据。严格的偿付制度不但使民众乐于接受粮票,而且在必要时还可在无望很快得到偿付的情况下提供粮食。

在利用民众方面,共产党奉行的政策是尽可能不让他们脱离生产。民兵只在必要时被投入战斗,且只在个别情况下被调往家乡以外的地区作战。

除了以各种方式帮助正规军以外,民兵还是正规军兵员的最佳来源。据共产党领导人称,正规军无需任何强制措施即可从民兵中招够所需要的新兵,而且只需接纳那些身体条件最好的新兵。由于所有的民兵都接受过军事训练,所以他们是正规军的最佳后备军。

7. 共产党军队的需要

a. 武器和装备

除坦克和无法驮运的飞机及大炮之外,共产党军队需要现代军队使用的其他一切武器装备。坦克实际上毫无用处,因为维修和燃料供应都有困难。在公路建成以前,卡车也没有用处。然而,华北地区可毫无困难地在冬季建成公路。共产党军队当然需要空中支援,不过最好由盟国空军提供。

共产党目前迫切需要的是步枪和机枪子弹、步枪、轻重机枪、大炮、爆炸物(特别是 C 号炸药)和信号设备。由于他们已从日军手中缴获不少武器,所以我们在南太平洋缴获的武器弹药会给他们很大的帮助。共产党军队能够非常有效地使用火箭筒,因为他们能够接近铁路线向火车开火。如果他们拥有火炮,日军在华北和华中的大部分据点就会变得不堪一击。

b. 训练中心

如要最大程度地发挥共产党军队的力量,就应尽快按照云南或中国东南部步兵训练中心的模式,在共产党控制地区建立一个训练中心。大炮使用方法的训练应在这个训练中心进行,而不应列为单独的项目。八路军总司令、八路军总参谋长、新四军代军长和一一五师师长等一批共产党军事领导人都表示希望他们的军队能受到美军的训练。

8. 对共产党军队循序渐进的援助

我们可以分阶段地给予共产党军队有效的援助，而不是一次性提供他们所需要的一切东西。他们目前的情况是，任何援助都可以使他们很快杀伤一批日伪军，破坏一批交通线，攻占一批孤立的据点。甚至飞机空投的弹药或少量 C 号炸药都可以使他们的战斗力马上得到提高。

八路军总司令和新四军代军长都向我表达了他们用一丁点援助物资即可一显身手的急切心情。换言之，他们愿意尽其所能，而这种精神显然是国民政府军所缺乏的。我郑重建议给共产党一个机会，让他们展示一下他们能做些什么。此举无需牺牲美军士兵的生命，即使失败了，我们也不会有什么损失。

9. 援助共产党对伪军的影响

在考虑援助共产党的问题时，我们不能忽略的一点是，这种援助会对伪军产生影响。大多数伪军都是不可靠的。许多伪军与日军联合作战，或者是被强迫的，或者是由于他们认为日军会最终赢得远东战争的胜利。共产党领导人都认为与伪军作战没什么困难。许多伪组织与共产党保持着密切联系。共产党可以在伪军控制的地区自由穿行，且常常得到伪军的直接帮助。

如果美军援助共产党，伪军会很快通过有关报道和共产党攻击效力的加强发觉这一情况。这会对日军控制不太严的地区（有许多这样的地区）的伪军产生强烈影响，使他们转而反抗日本主子。伪军的战斗力不如日军，但他们在其他许多方面有很大价值。失去大量伪军，特别是如果他们转向共产党的话，在华日军的麻烦就会大为增加。

10. 共产党军队特别适合的作战行动

如果我们能向共产党提供他们最为急需的武器装备，我相信它们会被立即有效地用于下列行动中：前线、后方和侧翼的防卫；追击败退之敌或撤退之敌；袭击敌人侧翼；夜袭；骚扰交通线；爆破活动；伏击和突袭；布雷。共产党军队特别适合上述各种作战行动。因为他们机动性强、身体条件优良、熟悉地形、能够得到民众密切有效的配合。

此间共产党高级军政领导人一再向我表示,他们坚信他们的部队能够给予在中国沿海登陆的美军极大的帮助。他们特别希望我们在海南岛登陆,据说该岛上有他们的5000名游击队员。不过他们还说,从海南岛对岸直至山东半岛的中国沿海地区,他们的部队已做好了在我军登陆并建立滩头阵地时从各处进攻敌人以给予我军有效援助的准备。

如要有效利用共产党军队支援登陆战役,就必须进行密切配合,以确保他们在正确的时间和地点发起进攻。利用共产党军队可能会增加我们的登陆计划泄密的危险。但另一方面,我们或可利用共产党军队发动佯攻,使敌军无从发现我们的真实意图。

11. 总结

在提交这份报告之前,梅尔文·卡斯伯格少校和福曼先生(美国人)、武道先生(美国人)及爱泼斯坦先生(无国籍)等三名记者刚好从晋绥军区回到延安,他们在那里有机会观察了共产党军队的行动。他们当即对本报告中的各项叙述作了证实。

简言之,我相信共产党军队可以很快对盟军在华的军事行动给予援助,这种援助可以使美军减少伤亡,可以加快取得最后胜利的进程。我们能在多大程度上利用共产党军队直接取决于我们能在多大程度上给他们提供武器、装备和训练。

RG332,Dixie Mission(NARS)

（2）政治性报告

**谢伟思、毛泽东谈话备忘录**

1944 年 7 月 27 日

他(即毛泽东)问我,国务院是否有可能在延安建立一个领事馆。我提醒说,这有许多实际困难——第一是在这一地区里美国人为数甚少。他同意，但是又说，他提出此问题，是因为在抗日敌对行动停止之后美国军事观察组会立即撤离延安，而这时正是国民党进攻和打内战的最危险的时机。

他说，据他了解，是华莱士副总统获得蒋委员长的同意，才派出我们这个观察组的。他并且询问以前是否作过其他努力以求得到这种允许。我暗示，我有许多问题想在他有空的时候和他探讨，虽说没有一个算得上是公事。他善意地笑了，并且说，在我安顿好以后，我们会有充分的机会"交换意见"的。

《在中国失去的机会》,第 243—244 页

## 谢伟思、毛泽东谈话备忘录
延安,1944 年 8 月 23 日

（经过简短的一般性谈话之后，毛说他愿意谈一谈国共关系。下面是谈话的要点。）

国共两党问题是中国问题的关键。在第一阶段，即从 1922 年至 1927 年，两党有过合作。这种合作使北伐获得成功，使国民党得以掌权。但是，国民党在得到那个权力之后，立即就想垄断它，转而反对我们，并且企图消灭我们。结果导致了第二阶段，出现了 1927 年至 1937 年的十年内战。第三阶段是重新合作，这是由于迫在眉睫的日本侵略促成的。这一合作一直延续至今，但很不稳定。

国民党并不高兴也不愿意实行第三阶段的这种合作。国民党一直没有诚心诚意和全心全意地接受合作。国民党被迫合作是由于以下五方面的因素造成的：

1. 日本的进攻。

2. 外国舆论的压力。

3. 共产党的忍耐——首先出现在西安。

4. 中国人民的意愿——抵抗日本。

5. 国民党党内的虚弱——这使它不能战胜我们。

战争的结束(甚至即将结束)将使这些因素发生变化。

打败日本将会使这些因素中最强有力和最积极的因素被取消。

共产党现在比以前更强大。也可以说,共产党要求团结和抗战的势力也更大。但是,只要国民党仍处于现在这种领导之下,更强大的共产党力量会使国民党消灭共产党的决心更加坚定,但这只是说在一定程度上。如果共产党人太强大,国民党就不敢进攻他们。不过国民党领导人对权力如此贪婪,也许会进行长期的冒险。

中国人民仍在保持沉默不语,在政治上备受压制。这是国民党造成的。中国有许许多多自由派人士、学生、知识分子、政治评论家、报界人士、小党派、地方集团和新式实业家(在国民党的官僚主义工业化中,这些实业家已经失望,而且看不到自己的前途)。但是,他们没有组织起来,一盘散沙,没有力量。蒋用刺刀和秘密警察控制他们。

国民党是一个没有一定特点或纲领的盲目团体。其中的自由派缺乏强有力的领导人,没有号召力,而且也没有积极的纲领。即使他们有这些东西,在目前情况下,也无法与人民接触。控制国民党的领导人虽然分成相互嫉妒的小团体,但是,他们都反对共产党,反对民主。他们企图永享权力的自私自利决心才促使他们团结起来。

单独考虑这些因素就可以明显地看出,如果国家处在现在领导人的领导之下,国民党挑起内战似乎不可避免。

我们共产党有过内战的痛苦经历。我们知道内战对中国将意味着长期的破坏和混乱。中国的统一、中国成为远东的稳定力量和经济发展都将被耽搁。不仅中国人,所有在远东有自己利益的国家都会受影响。中国将成为一个主要的国际问题,和美国关系重大。

有一点可以肯定,即我们共产党人担心内战,憎恶内战。我们不会发动内战。我们将尽力避免内战——尽管我们知道,照目前的情况看(在国民党不接受外援条件下),我们最终将取得胜利。但是,共产党属于人民。人民的利益就是我们的利益。人民不会长期屈服于专制的法西斯主义。这种法西斯主义现在在重庆和西安表现得很明显,在蒋的《中国之命运》这类书中,法西斯主义的阴影更加咄咄逼人。如果人民进行战斗,共产党必须与他们并肩战斗。

因此,防止中国发生内战的希望在很大程度上取决于外国的影响,这比以往任何时候都更加明显。这些国家中,最重要的是美国。美国在中国及远东不断加强的力量已经非常强大,因此,这种力量具有决定性。目前情况下国民党必须考虑美国这个因素。

所以,美国对华政策不仅仅是美国自己的事,而且也成为中国民主大众的切身利害问题。中国人民相应地关心以下三个普遍性问题。

第一,美国是否有可能回到孤立主义,因而对中国失去兴趣? 美国是否会对外国问题视而不见,让中国"自作自受"? 我们共产党认为,如果罗斯福总统再次当选,这个问题将不会出现。

(这个问题和其他有关美国的问题是直接对我提出的。因此,我明确声明我未经正式授权,所有答复纯属个人的和非官方的观点。

对以上问题,我提到美国对中国长期特别关心。事实上,我们不存在战争破坏造成的重建问题。与此相反,我们大规模发展的经济和更加国际化的观念迫使我们到海外寻找贸易和投资的机会。因此,我们不可能成为孤立主义者或者不关心中国。我相信无论是共和党政府还是民主党政府都不会从根本上改变对华政策。)

第二,美国政府真对将来世界的民主感兴趣吗? 例如,美国政府认为占世界人口四分之一的中国的民主非常重要吗? 美国政府想让中国政府成为中国人民的真正代表吗? 目前美国政府承认的中国政府无论依据哪部法律都不具备法律地位,并且根本不是中国人民的代表,美国政府对此表示关注吗? 蒋介石是由一个政党——国民党——中仅仅90位党员选出的总统。这些人连自己都不能合法地声称代表该党哪怕是很少的一部分党员,甚至连希特勒都比他民主。希特勒是由人民选出的,而且还有国会。现在的国民党已经失去中国人民群众的信任和支持,美国认识到这个显而易见的事实吗? 但是,重要的问题不是美国政府对此是否认识,而是美国政府是否愿意通过帮助中国实现民主来改进局面。

（我谈到大量有关中国团结一致问题的正式声明和我们普遍希望世界各国发展民主。我提到最近美国报纸上出现的批评文章，至少可以证明一部分重要美国舆论的明显倾向。）

显然，国民党必须进行自我改造，并且重新组织政府。在当前基础上，不能指望它有效地进行一场战争。即使美国帮助它打赢了战争，以后肯定会出现动乱。

政府必须扩大基础，吸收所有重要人民团体参加。我们并不要求立即完全实现典型的民主制度，这是不切实际的。在国民党的操纵和控制下，那将是一个空洞无物的骗局。但是，现在能够并且应该立即做的是召开一个临时的（或过渡的）国民代表大会。所有政党团体都应受到邀请派代表参加。这些代表不应再像过去那样由国民党挑选或指定。他们必须是真正的代表——最有资格的领导人。他们应该包括共产党、所有小党派、知识分子团体、新闻界人士、学生、职业团体、合作社的中心组织、工人和其他群众团体。

切实可行的人数分配方案可以由国民党占半数代表席位，其他所有政党团体占另一半。从实际政治情况出发，可以确定由委员长担任临时总统，但各方应事先达成协议。

这个临时代表大会必须完全有权重新组织政府和制订新法律，这些法律在宪法通过之前应属有效。政府直接向代表大会负责。其作用和权力有些像英国下议院。

临时代表大会还应全权负责准备实现完全民主和立宪。监督选举并召开国民代表大会。然后，交出权力，临时代表大会宣布取消。

美国政府愿意运用影响迫使国民党实行这种建议吗？美国政府愿意提出这样的建议并积极地支持它吗？

（毛主席暗示此事关系重大，我应该到重庆去将此事转告大使。我说大使会收到详细报告。我也暗示我们已从重庆其他方面听到这个建议。

以后在 8 月 26 日，在我与周恩来的一次谈话中得知，共产党政治局正在考虑向国民党提出这个建议。由于国民党拒绝在目前国共谈判讨论共产党的民主要求，理由是这些要求"太抽象"，因此，共产党才提出上述建议。）

第三，美国政府对中国共产党的态度和政策是什么？它承认中国共产党是一支积极的抗日力量吗？它承认共产党是中国追求民主的一种势力吗？美国有可能援助中国共产党吗？如果中国发生内战，美国对国民党和共产党将采取什么态度？正在采取什么措施保证国民党在内战中不使用新式美国武器？

（这些问题，特别是第二和第三个问题中提出的观点，是我们后面谈话的中心内容。我又重新谈到许多问题，以便作进一步的解释和讨论。关于对中国共产党的"援助"问题，我指出由于中共本身仍在公开支持中央政府和蒋介石，所以这个问题有些不好说，而且在任何情况下，提出的时机还不成熟。）

我们共产党接受 1936—1937 年国民党组成统一战线的条件，因为中国面临着日本的外来威胁。我们首先是中国人。为了抗日，十年来未有结果和相互残杀的内战必须停止。尽管内战并不是我们挑起的，但是我们率先停止了内战。此外，外国承认国民党和蒋介石，他们不支持我们。不过，统一战线只靠一方面不行。国民党也允诺过进行政治改革，但是，并未实现。

我们对蒋的支持并不意味着支持专制主义。我们支持他抗日。

以前我们不可能提出承认的问题。正式提出这个问题现在仍然为时过早。我们现在只要求美国的政策促使国民党本身进行改革。这是第一步。这可能是唯一必要的一步。如果这一步能够成功，将不会产生内战的威胁。

但是，假如国民党不进行改革，那么美国的政策必须要有第二步。对共产党的政策问题就必须提出来。我们不能冒同美国冲突的危险。

现在我们可以先不触及能被国民党用于未来内战中的美国武器援

助问题。但是,我们必须考虑到历史可能重复。在民国成立初期,尽人皆知唯一能代表中国人民的政府是广州政府。但是,在此之后很长一段时间内,列强只承认北京政府。直到北伐成功之后,南京政府才获承认。现在中国国内形势正在变化,阵线还不甚分明。但是,也许会发生相同的情况。对一个同旧北京政府同样无能和失去人民支持的政府,美国将继续给予承认和支持吗?

(我说,一个政府如果没有做出直接的不友好举动,撤销对其承认,这在外交上是不可能的。背着所承认的政府去支持一个反对党显然是不可取的。另外,干涉别国内部事务的整个问题是比较微妙的。)

美国对其军队和援助所到的任何国家都进行了干涉。这种干涉可能不是故意的或直接的,但确实存在。只要存在美国影响就足以构成干涉。如果美国坚持认为应将武器给予所有抗日的力量,其中包括共产党,那就不是干涉。如果美国只把武器给国民党,这实际上就是干涉。因为这会造成国民党继续违背中国人民的意志。维护中国人民真正利益的"干涉"(毛特别提到他不喜欢这个词,因为在目前的形势下没有意义)不是干涉。中国广大人民群众欢迎这种干涉,因为他们想要民主。只有国民党才反对它。

我们并不要求停止对国民党军队的一切援助。这对战争不起好作用。国民党如果垮台,美国在中国登陆将更困难。

(周恩来在后来的谈话中就有关问题进一步阐述了下列观点:1.只将美国武器给国民党肯定意味着内战;2.我们不能忽略日本以向国民党"投降"的方式来结束战争的可能性,这将是对其他盟国耍的花招,实际上也是按日本人的愿望作出的妥协,日本人希望在中国保持一个软弱的国民党政府而不是一个强大的、团结的和民主的政府;3.在中国取得战争决定性胜利和避免内战的唯一方法是既给国民党武器也给共产党武器。)

(我提出美国怎样才能有效地向蒋施加影响的问题。我对向蒋"发号施令"表示怀疑。毛有力地反驳了我的看法。)

蒋现在处于必须听从美国发号施令的境地。看看河南发生的情况,看看现在在湖南正在发生的情况,广西将发生什么情况也就一目了然了。也许接下来是云南。看看经济情况有多糟! 蒋已走投无路。

蒋很顽固。但是,从本质上讲,蒋是一个强盗。在与他打交道时必须懂得这一点。我们已经从过去经验中懂得了这一点。对待他的唯一方法是硬碰硬。在他的威胁和恐吓面前不要退却。不要让他认为你害怕了,否则他会得寸进尺。美国与蒋打交道很不得法。他们曾被蒋的讹诈所欺骗。例如,蒋声称不能坚持抵抗,要与敌人媾和,获得五亿美元贷款的策略和目前孔的美国之行,乞求援助棉布。棉布! 我们是抗日还是不抗日! 棉布比子弹更重要吗? 我们边区没有棉花,国民党的封锁使我们不能从中国其他产棉区得到任何一点棉花。但是,我们行动起来,很快就能自给自足了。对于国民党,做到这一点要比我们容易百倍。如果他们是一个有经济政策的政府,他们本来可以解决这个问题。

你只能根据自己本身的条件去对蒋表示友善。他必定会屈服于不断的、强大的和一致的压力。永远不要对自己的目标掉以轻心,要不断地敲打他。

美国目前的地位与珍珠港事件刚发生后的地位完全不同。没有任何必要和理由再扶持、纵容或安抚蒋。为了战争的利益,美国能告诉蒋他应该干什么。应该使美国对蒋的帮助以满足美国愿望为条件。美国施加影响的另一种方式是美国人谈美国的理想。在中国或在美国,每一位与中国官员会见的美国官员都能谈谈民主。像华莱士这样的访问就是很好的机会。这样的访问应该更多一些。孔到美国访问的机会不应浪费掉。

每一位在中国的美国士兵应该成为民主的活广告。他应该对所见到的每一个中国人讲民主。美国官员应对中国官员讲民主。总而言之,我们中国人把你们美国人看成民主的典范。

(我说用我们的军队作政治宣传工具是违反原则的。再说我们也没有共产党的政治部那种向士兵灌输思想和指导这种工作的机构。)

但是,即使你们美国士兵不积极进行宣传,只要他们存在并与人民接触,就会产生好的效果。因此,我们欢迎他们到中国来。国民党不欢迎。国民党想要把他们隔离开,不让他们了解真实情况。现在,前线有多少美国观察员?我们愿意领着你们的人到任何地方去。国民党对许多美国人来中国的影响感到担心。他们对美国人登陆的恐惧仅次于对苏联参战的恐惧。

美国人的存在以另一种消极方式起着好作用。如果美国人分散到各处,他们对国民党就能起约束作用。国民党将更难制造麻烦。昆明就是一例。昆明现在已经成了思想自由和学术自由的中心,因为国民党不敢当着这么多美国人的面逮捕学生并将他们投入集中营。拿这种情况与西安比较,西安没有多少美国人,因此秘密警察肆无忌惮。美国杂志上对国民党的批评是好事,其影响可能现在不会立即显示出来。有时甚至似乎还会产生一些不良反应。但是,如果这种批评是公正的(国民党会知道这种批评是否公正),将使国民党感到踌躇,想到还需要美国的支持。

最后一点是,你们美国人与我们共产党的任何接触都是好事。当然,我们欢迎观察组来这里,因为这将有助于打败日本。但是,至少到目前为止,把你们来的主要意义说成是对国民党施加政治影响,是没有用处的。

要实现与国共两支军队的这种合作,重要的是应允许我们单独在一个地区活动。国民党太害怕我们,不敢和我们一起工作。他们唯一关心的事是如何对付我们。如果国共军队不在同一地区,美国军队将看到区别:我们受到广泛支持,并且能战斗。

(我问,如果国民党不克制自己,并且不进行改革,公开的内战是否会像他所说的那样不可避免。)

我们可以说内战"不可避免",但不十分肯定。主观方面,国民党现在的领导人决心要消灭共产党。他们害怕我们,就像他们由于同一原因害怕人民一样。客观上，国民党受到了一些因素——谈话开始时提到的五个因素——的限制。另一个因素是外国舆论。这是一个很重要的因素，因为它来自外国，而且不受国民党左右。但是，这一因素目前无法预料。国民党仍然希望外国舆论会站在它一边。

国民党还忙于为内战寻找借口。你对我们和我们地区的情况了解得越多，这些借口就越没有价值。

因此，国民党可能寻求间接攻击方法，要准确地说出他们的侵略方式比较困难。

但是，如果国民党要毁掉我们地区所取得的进步，如果他们夺走人民新的民主权力，人民将会抵抗，并要求我们帮助。

国民党的另一种做法可能是利用傀儡。傀儡们将会重新投入国民党怀抱——声称他们一直是"爱国的"。国民党会利用傀儡占据日本人撤出的城市和地区。他们会煽动傀儡进攻我们和制造摩擦。

（周恩来进一步分析了这种做法。他说这也许是日本可能对蒋投降骗局的一部分：日本将把武器移交给傀儡政府（或国民党），条件是消灭共产党。

这种看法初看似乎有些牵强。唯一能解释得通的说法是卷入这种形势的军队非常复杂，而且他们的仇恨又如此强烈，因此，任何情况都会发生。）

事情很清楚，中国的政治倾向有利于我们，这一点甚至连国民党也承认。我们坚持国民党第一次全国代表大会宣言。这是一份真正伟大和民主的文件。孙中山不是共产党人。这份宣言现在仍然正确，它不会很快地过时。即使国民党垮台，我们也要坚持这个宣言，因为它的总方针对中国有利，并且适合中国国情。我们所做的每一件事，我们计划中的每一条款，都可以在那份文件中找到根据。

当然，我们不会把自己装扮成完美无缺的样子。我们仍然存在官僚主义和腐化堕落问题。但是，我们正视这些问题，正在与之作斗争。我们欢迎美国人、国民党和任何其他人的监督和批评。我们一直在进行自我批评和修改我们的政策,使这些政策更加行之有效。

经验证明中国人民懂得民主,要求民主。不需要很长的经验、教育或"指导"。中国农民不愚蠢,他们很精明,和其他人一样也关心自己的权利和利益。在我们地区,你能看到不同的情况——人民生气勃勃、关心时事,并且待人友善。他们有发泄感情的机会,不再受令人窒息的压抑。

(我开玩笑说,某些美国商人对"共产党"这个名字不放心。毛笑了笑说,他们曾经想改变名称,但是,如果人民了解共产党,就不会害怕。)

中国共产党只不过采取了开明政策而已。我们减租是从原来的百分之八十至百分之六十减到合法的百分之三十七点五;这是国民党的法律规定的,但并未实施。即使这样,我们也只是逐步地实行,因为我们不想把地主赶走。我们对利息的限制是年息百分之十。这不是极端的行为,尽管这已经比以前低得多。

即使最保守的美国商人也不能在我们的计划中找出任何可以反对的东西。

中国必须工业化。要在中国实现工业化必须靠自由竞争和外国资本的帮助。中国和美国利益相关并且相似。它们在经济上和政治上相互吻合。我们能够而且必须一起工作。

美国将会发现我们比国民党更容易合作。我们不怕美国的民主影响——我们欢迎这种影响。我们不会那样愚蠢,仅仅从西方取得机械、技术。我们对垄断和官僚资本主义不感兴趣,因为它阻碍国家经济发展,只能使官员们富起来。我们会对美国在建设和生产方面可能取得的迅速进展感兴趣。首先是提高人民的生活水平(请看我们靠有限的资源在这里取得的成就)。然后,我们就可以办起蒋在《中国之命运》一书中所谈的"国防工业"。我们将重视中国人民福利。

美国不必担心我们不合作。我们必须合作,而且我们必须有美国的帮助。这就是为什么我们共产党把知道你们美国人在想什么、计划什么看得如此重要的原因。我们不能欺骗你们,不会冒任何危险和你们发生冲突。

FRUS,1944,China,pp.604-614

### 高斯致赫尔

重庆,1944 年 8 月 26 日

阁下:随函附上二等秘书约翰·谢伟思写给美国陆军中印缅战场总司令的报告(第 2 号)的副本。报告日期为 1944 年 7 月 28 日……

从谢伟思的报告……可以看出,毛泽东曾非正式地试探谢伟思美国在延安建立领事馆的可能性,指出抗日战争结束后美国军事人员立即撤出延安,"那将是国民党进攻和内战爆发的最危险时刻"。谢伟思将毛先生的话理解为,他暗示中国共产党控制区驻有美国官方观察员将是防止国民党和共产党武装冲突的一个重要因素。

从搜集情报的角度看,美国外交官或领事驻在延安虽然对我们有利,而且美国外交官驻在那里一定程度上具有毛先生想象的益处。但是,使馆相信中国政府在目前不可能同意即使是暂时地派一位使馆官员去延安,尽管他们已经同意我们派官员赴成都、兰州和西安。虽然尽快和平解决国共两党之间问题的前途远非光明,但是,在以后几个月中情况可能会发生这样的变化,即如果观察组完成任务,我们可以绕过国民政府的反对将谢伟思留下,然后再由另一位官员替换他。从美国政府的角度来看,这样做是否合乎理想,当然要取决于那时的具体情况,但是,目前就去积极地考虑这个问题似乎还没有任何必要。

FRUS,1944,China,pp.520-521

### 高斯致赫尔

重庆,1944 年 9 月 1 日

阁下:谨送上派驻史迪威将军司令部的使馆二等秘书谢伟思写的两份报告的副本。谢伟思现正与美国陆军观察组一起在陕北延安(中共政权所在地)。随报告一同递交的还有外国记者和谢伟思与共产党著名政治和军事领导人各次会见的备忘录。

谢伟思认为(第 3 号报告的第 2 段),这些会见备忘录提供了大量有关中国共产党领导人对各种紧迫问题看法的最新和权威性的材料。

备忘录摘要:

1.1944 年 7 月 14 日毛泽东与英国记者冈瑟·斯坦因①的谈话

中国共产党没有改变其"新民主主义"的基本政策,即进行国家独立、民主和民生的革命。中国最需要的是民主,而不是社会主义。中国共产党距离社会主义还很遥远。中国需要赶走日本人,在全国范围内实现民主,解决农业问题,这样具有进步特点的资本主义才能在中国发展。中国共产党的努力与主要强国的利益和政策相一致,也与大西洋宪章、莫斯科会议和德黑兰会议的基本决议相符合。共产国际在远东没有地盘。中国共产党的政策在广大群众中贯彻执行才能赢得他们的支持。这里(延安)除了共产党以外,还有其他组织的代表。共产党的土地政策是一种地主减租和佃户保证交租的政策。战后采用适当方式对待中外资本使双方互利。工业将以三种形式存在,即国营、大规模私营和手工业。共产党取得人民信任才能在陕北立足。1937 年,共产党已经永远放弃成立独立政府和军队的权利,但是却没有放弃国民党从未承认过的政党平等地位的权利。共产党希望他们的"政府"(共产党根据地)成为国民政府下级政府机构。八路军受军事委员会领导。共产党有领导部分中国军队的权利,特别是在敌后。华北人民群众不希望削减共产党军队。在战后,军队复员的比例应为六个国民党士兵比一个共产党士兵。村政权应由人民选举。上级政府应通过直接选举或人民代表选举产生。中国共产党未接受过俄国援助。如果共产党足够强大,将担负起把日本人逐出满洲的任务……

中国的当务之急是抗日战争。日本的事情应由日本人民去解决,

---

① Guenther Stein.

但是,必须解除军国主义者的武装,必须解决封建主义问题。殖民地国家有自治的权利。战争完全结束之前,国民政府不可能彻底垮台。如果国民党进攻共产党,他们会退一退。但是,国民党如果继续进攻,共产党将继续战斗。蒋介石不会欢迎同盟国的调停,也许不会同意(在中国的)同盟国指挥权。中国需要国内和平和民主。战后如果没有国内和平,那将影响国际关系。如果出现内战,将会打上很长时间。

2. 1944年7月18日毛泽东与武道(中国宣传部美籍雇员、新闻记者)的谈话

中国共产党与苏联共产党没有关系。过去与共产国际有关系,但是,现在没有了。共产党从中国长期的传统中继承精华、摒弃糟粕。对于外国任何好的东西和对中国有用的东西,共产党都接受。(在中国)现在不存在引进共产主义的条件。共产党在执行其纲领的过程中仍然有缺点。过去三年中,共产党人在党内进行了一场反对三种错误的斗争,这三种错误是主观主义、宗派主义和党八股。汪精卫从未派密使来寻求与共产党的合作。国民党在延安没有常驻代表。共产党欢迎这样的代表。共产党军队中政治工作者的作用是提高士气、加强官兵之间的团结、加强军队和人民的关系。虽然共产党从来没有承诺放弃共产主义宣传,但这方面的宣传并不很多。共产党宣传的绝大部分内容是抗日和民主。共产党不想推翻国民党统治,它希望国民党作出有助于人民、国家和共产党的进步之事。它有一些国营工业,但大部分工业属私人所有。必须召开国民代表大会。1936年宪法草案的部分内容应该修改。共产党信仰多党制,并且愿意参加国民代表大会。共产党批评国民党军队和国民党中国的现状,但也进行过自我批评。他们提出批评是因为国家的形势严重。国民党在政治和经济领域中必须采取团结人民的政策。只有这样,才能使军事形势发生变化,共产党希望团结和民主,已经并将继续信守诺言。

3. 1944年7月27日中国共产党中央政治局常委周恩来与二等秘书谢伟思的谈话

显然,在目前国共谈判中,国民党将不会作出合理的让步。妥协更是不可能的。国民党参加谈判主要目的是为了宣传,给外国,特别是美国的舆论界留下印象。委员长和国民党领导人再也没有什么具体的政策,他们几乎完全是游移不定,希望靠朝向好的方面发展的形势来救命。国民党打算战争结束时立即消灭共产党。共产党反对在解决国共之间的问题时拖延耽搁。但是,并不怕拖延耽搁,因为他们知道自己正越来越强大,而国民党越来越虚弱。国民党中国将日益衰落,但也许不会突然崩溃。日本人的计划是将中国一分为二,打通北南铁路交通线,驱逐美国空军基地,加强日本内线防御,并且削弱中国军队使其不能进行抵抗。日本人不会去占领重庆,因为不必强迫这个政府投降,而且他们也不希望国共修好,或由一个更积极更有威胁性的政权取代国民党政府。任何有效的抵抗都是不可能的。情况将会越来越糟,如果委员长明年之前再不作 180 度大转变就将太迟了。给予人民基本的民主权利、让所有的抗日组织都进入政府、撤换某些官员、重新组织军队、关闭政治训练学校、控制囤积居奇和投机倒把、增加生产和税收来与通货膨胀作斗争,只有这样才能挽救形势危机。美国报纸的评论和批评很有好处。与中国高级官员进行私人接触可能是使他们感受美国影响的较好方法。

4 和 5. 1944 年 6 月 25 日,1944 年 7 月 8 日,朱德(中国共产党军队的司令)与冈瑟·斯坦因的谈话

降落在共产党地区的美国飞行员不必害怕。共产党将乐于为美国飞行员准备详细地图,并与同盟国反攻行动配合,切断所有从华北通向南方的铁路。如果情况允许,共产党将深入江西、湖南、福建、浙江和广西,而且在短时期内将群众发动起来。他们需要武器弹药。在盟国到达长江能直接给共产党援助后,就可以从两方面打击日本人。国民党对打日本人不太感兴趣。共产党愿意接受盟国指挥,因为国民党的指挥已经垮掉了。如果国民党坚持执行目前政策,盟国与国民党在军事方面的合作注定要失败。中国需要有盟国的最高指挥权,那样才能实

现盟国与中国军队之间最充分的协调一致,将中国所有可用的力量重新组织起来,和在中国所有军队之间建立起最充分的合作。中国人民会欢迎盟国的指挥,并且与之合作。最近在河南和湖南的失败是由于双重政策造成的,即在与真正的敌人周旋的同时打击国内军事力量,与此同时,在不发挥中国本身力量情况下,寄希望于获得外国援助和西方国家在对日战争中的胜利。由于这种双重政策和不依靠人民才使中国陷入目前的危险局面。

6. 1944 年 7 月 15 日朱德与武道的谈话

共产党的军队受党的领导。政委执行党的政策。部队指挥员对军事行动负有完全责任。在战争中八路军发展到目前的规模是因为战区人民希望打击外国的入侵,还因为共产党认为这对中华民族和战胜日本都是极为重要的。共产党仍然愿意执行(中国最高司令部的)命令,只要这些命令不要求共产党打共产党或者去侵犯人民利益。敌后的国民党军队受命把与八路军作战作为自己的主要任务。共产党人没有接受过苏联的任何东西(如武器等)。八路军和新四军的征兵是建立在完全自愿的基础上。各部队都是这种情况,只有人民自卫队属于例外。所有 18 岁至 45 岁之间的壮丁都必须加入人民自卫队。政府对退伍军人予以照顾。共产党军队参与生产性工作。他们最需要轻武器、步兵武器、反坦克炮、轻重机枪、炸药和子弹。在盟国的帮助下,能够进行复员和恢复工作,和维持社会秩序。

7. 1944 年 7 月 21 日,朱德与伊斯雷尔·爱泼斯坦①(外国记者)的谈话

日本正企图在中国建立一条大陆交通线,切断中国和盟国的联系,并且使威胁日本的盟国空军基地后撤。在经济上,日本试图利用中国资源支持在中国的战争。日本人已经在没有游击队活动的地区取得了成功。目前唯一可行的对策是通过运动战和游击战全面打击敌人。只

---

① Israel Epstein,纽约《时代》周刊、《纽约时报》、《同盟劳工新闻》记者。

有改变政治、经济和军事政策,包括废除半封建半法西斯专政和在统一战线的基础上建立民主政治政府,才能使中国的形势好转。大陆作战必须依靠美国和英国的海上支援,需要对八路军和新四军迅速支援,这样他们才能向南推进,与北进的同盟国协调一致。共产党游击队如果得到适当的援助,能够比(从同盟国飞机上扔下的)同样重要的炸弹摧毁更多的日本军事设施和交通线。共产党现在可以通过扰乱华北和华中的敌人、修建着陆场、救助盟国飞行员、提供情报和为盟国潜艇提供给养等手段,和盟国更好地合作。共产党需要盟国的武器弹药、无线电器材、药品和技术人员。

8.1944 年 7 月 27 日,林彪(共产党军队指挥员)与二等秘书谢伟思的谈话

来自战斗前线的报告表明,华北日军的战斗力在过去两三年中已经极大地降低了。共产党在今年的战斗中取得了很大的成功。如果共产党有更多更好的武器,可能会取得更大的成就(谢伟思评论说,共产党领导人一直小心谨慎,避免直接要求武器和装备援助。他们似乎不愿意让人留下乞讨这类援助的印象。他还注意到,共产党军事领导人对国民政府的批评比文职领导人更直率。有时,军事领导人由于自己所持的批评态度而受到责备)。

9.1944 年 8 月 4 日,叶剑英(第十八集团军参谋长)与谢伟思的谈话

国民政府游击队在上海和敌后其他主要城市附近进行军事活动,其目的不是为了积极打击日本人,而是为了占据位置,以便在日本人垮台之后立即占领这些城市,防止被共产党占领。国民政府在上海进行地下活动,但是有些秘密组织已被日本人破坏,而共产党人的地下工作则更为有效,因为是由经过严格训练、思想坚定的地方共产党员进行的。共产党将扩展到日本最近占领的安徽西部和河南东部地区。(摘要完)

所附的备忘录似乎很有价值,因为这些备忘录说明了目前中国共

产党高级领导人对各种问题提出的条件和态度、观点和政策。实质上，所附备忘录反映的这些态度、观点和政策与那些在过去两三年中中国共产党人公开拥护的态度、观点和政策几乎没有本质区别。中国共产党公认的领导人毛泽东坚持说，共产党并没有改变他们"新民主主义"的基本政策。也许，比从前更进一步，他强调说共产党的目标至少在目前不是共产主义国家，甚至连社会主义国家都不是，也不推翻国民党。它与共产国际脱离了关系，并且否认中国共产党和苏联共产党之间有关系。他说共产党的其他领导人坚持认为，如果要想打赢这场战争必须动员群众。他们从中日战争开始以来一直坚持这一观点。毛要求中国共产党享有平等地位的权利。他暗示共产党不会放弃其军队和政府组织。他强调说，中国共产党信仰多党制，并且愿意参加国民代表大会（预定在战争结束后第二年举行）。总而言之，在备忘录中毛的态度和观点显得很温和又合情合理。他对出现各种问题的解决方式表明，愿意寻求民主国家的同情和支持（这与德国进攻苏联前中国共产党人的态度形成了一个对比，那时美国和英国一般被称为"英美帝国主义"）。

从周恩来与谢伟思的会谈可以判断，周恩来仍然和从前一样，冷嘲热讽、言辞尖刻。他表情平淡地说，不要期待现在的国共谈判会达成什么协议。他认为国民党暮气沉沉，不可能采取什么有效的改正措施。他和毛一样也认为，如果国民党给予基本民主权利、邀请其他政党参加政府等，形势可能得到挽救。但是，他对此显然不抱什么希望。从1937年以来，共产党一直在表示同样的愿望。

朱德将军、林彪将军和叶剑英将军都是中国共产党重要的军事领导人。他们对所谓国民党和国民政府软弱无力的谴责要比代表中国共产党文职官员的毛先生和周先生的谴责尖锐得多。朱德将军保证全力支持美国在中国的军事行动，并且暗示如果中国共产党获得武器援助，将对盟国在中国的军事行动有很大的帮助。换句话说，朱德将军显然愿意与中国战区的盟国指挥官打交道而不愿意与被他称为"垮掉了"的国民党指挥官打交道。

通过全面阅读和思考所附这些备忘录,似乎可以看出,按照共产党的观点,国民党(和国民政府)正处于垂死前的挣扎之中。它不会,也不可能采取补救措施来挽救严重的局势。它已经失去人民信任和支持,因为人民希望在一个民主的制度下动员起来把日本人赶出中国。与此相反,中国共产党在华北沦陷区建立起一个民主制度,并且有效地动员了人民。他们拥有一支军队,这支军队需要武器弹药使自己充分发挥作用。在这种情况下,美国和中国共产党在打击共同敌人的这一使命中进行合作,将对美中双方都有益处。总而言之,中国共产党似乎是在寻求一种方式,以便在不受重庆中国政府控制和限制的情况下获得美国援助。具体地说,提出的这个问题非常难解决。大量事实表明,中国政府和国民党领导人对中国共产党的表白和动机已经失去信任和信心。除非设法消除这种不信任,否则可以预料中国政府将尽一切努力防止美国对中国共产党进行军事援助。但是,我们很难看出有什么办法可以消除这种不信任。

FRUS,1944,Vol.6,pp.536—543

## 谢伟思报告

### 延安,1944 年 9 月 28 日

……

2. 备忘录可概述如下:

概要:政治上,中国共产党人可能一度有过的对苏联的倾向看来是一件过去的事了。共产党人努力使他们的思维和纲领成为实实在在的中国人的。他们正在实行民主政策,他们期望美国赞成和同情地支持这些政策。

经济上,中国共产党人寻求中国迅速发展和工业化,首要的目的是为了提高人民的经济水平。他们认识到,在中国目前的条件下,这必须通过资本主义的大规模外援来实现。他们相信,美国,而不是苏联,将是唯一能够提供这种经济援助的国家;并且认识到,为了效率和吸引美

国投资,对美国的这种参与给以很大自由是明智的。概要完。

3. 结论:共产党领导人自己不断发表的谈话,就是对中国来说,美国的友谊和支持比俄国的更重要。自然,中国共产党人也认为,中国同苏联保持亲密、友好关系是必需的,但是他们坚持认为,这种关系不牵涉美苏利害冲突问题。

4. 中国共产党人的这种对美国的明显、强烈的倾向性,可能在某种程度上和一般的预料相反,这可能由于太过于强调党的共产主义名字了。除了认为美国将会是太平洋地区最强大的强国,并且美国是最有能力给予中国以经济援助的国家这些可以被称为实际考虑的东西之外,这也是基于共产党人的强烈信念:中国再不能处于分裂状态。我相信,中国共产党人现在在真心诚意地寻求在美国支持基础上的中国统一。这并不排除他们再转向苏联,如果他们为了在美国援助的国民党进攻下继续生存下去,而不得不这样做的话。

《在中国失去的机会》,第 261—262 页

## 高斯致赫尔

### 重庆,1944 年 9 月 29 日

谨奉上谢伟思所写题为《游击根据地中国共产党政治控制的发展》的报告(1944 年 9 月 10 日第 26 号)副本一份。谢是大使馆二等秘书,在史迪威将军总部服务。现在奉派为美国陆军观察组的一名成员(在陕西延安——中国共产党政权所在地)。

谢伟思的报告的摘要见该报告的开头一段。报告是一篇有关共产党政治与行政策略和措施的内容丰富和有启示性的报道,因此,似值得细心阅读。

对于这样一个大的问题,公道地说,似应注意到:绝大多数中国人,无论是国民党官员还是老百姓,都持这种观点:中国共产党是讲民主的,或者在共产党统治区正在实行真正的民主。最近的例子可在有影响的《大公报》的社论里看到,它在评论延安的形势时说,中国共产党

对"全党，无论政治还是军事方面，拥有全部权力"（见1944年8月9日2856号大使馆报告）。至于说国民党对中国共产党"民主"的典型观点，可参阅1944年9月15日2963号大使馆报告的附件。

**附件：谢伟思的报告**

第26号。延安，1944年9月10日

主题：游击根据地中国共产党政治控制的发展

致：中缅印战场美军先遣指挥部司令

摘要：共产党的影响在游击根据地中居统治地位，因为共产党领导建立了政府；因为这些地区内没有有组织的重要政治反对派；因为共产党受到农民和开明人士的支持。共产党以民主方式运用他们的影响，并达到进一步的民主的目的。

1.在各游击根据地中，中国共产党具有莫大的政治影响。事实上，这种影响就等于统治。虽然这些根据地的政府在名义上各自独立，而它们的组织形式，政策和行政机制是相差不多的。此外，这些政策与共产党的政策完全相同。

有时有人提出，共产党统治这一事实是对共产党高唱民主的一种否定。从这些根据地的历史、政治发展和现在的形势来考虑，我认为这种批评是不正确的。

2.我和一些共产党领导人曾详细地讨论过各游击根据地的政治历史。他们是：

刘少奇——共产党政治局委员

林伯渠——陕甘宁边区政府主席

聂荣臻——晋察冀军区司令员（聂将军在建立晋察冀边区政府中起了极其重要的作用。该政府的辖区与军区是相同的）

陈毅——新四军代军长。山东军区政委

杨秀峰——晋冀鲁豫边区政府主席（战争爆发时杨是北平国立师范大学教授。他是民族解放先锋队的成员，领导了河北中部首次抗日活动，1939年加入共产党）

3. 从和他们的谈话中,可以看出各根据地的政治发展的方式是大致相似的。因此,我试图对这种发展作一能符合所有根据地的概括说明。

当然,各根据地之间也有小的差异。在陕甘宁边区有一个苏维埃式的政府,是战前数年成立的,即使政府在按照统一战线协议加以改组之后,国民党也从未试图在这里设立它的党组织。晋察冀边区是在战争时期建立起来的,其时仍存在某种程度的国共合作:这里保留着国民党的党组织,与其他各区相比,国民党较多参与其政府。在山东和新四军控制下的地区,一个时期里国民党想保持它独自的政府,于是认为共产党在各级政府为不合法,从未准许共产党作为一个党来参加政府。

4. 一般说来,共产党根据地的政治发展模式如下。

典型的政府组成是三分之一的共产党员,加上少数开明的国民党员(或退党的国民党员),加上许多自由主义的知识分子,最后还加上比较小部分的地主——商人。

尽管政府具有广泛的代表性,自由主义人士和同情分子占绝大多数,共产党一直是为根据地政府制定政策的主要领导人,这是不足为怪的。此外,共产党在每个政府中占据着相同的关键性的位置,并且成为各级政府之间联系的纽带,所以能使所有的政府采纳它提出的纲领。

5. 还应当提到与共产党在游击根据地的优势影响相关的许多因素,若干详细的研究留待今后的报告说明之。

(a)共产党使他们的纲领温和适度,将其保持在能使与他们合作的开明国民党员和自由主义知识分子们继续支持的范围之内。这种做法促进了联合统一,并加强和保持了对政府的支持。还可以说它消除了对任何问题的潜在的重要反对力量。

(b)共产党的纲领引进了民主,并改善大多数人民的经济条件。这是人民获得这些利益的初次体验,他们的政治体验尚没有机会超过感恩的阶段。没有人反对圣诞老人。

(c)共产党不时扮演起平衡作用的角色。地主们在当地政府中握有大权(不论出于农民对地主怀有旧日的敬畏心理,还是由于地主对佃户的权力)的地区,共产党则通过向人民灌输民主教育和积极支持群众组织的办法来加强对人民的帮助。另一方面,在农民意气昂扬并利用其新获得的政治权利垄断了当地政权的地区,共产党则利用它的影响选举出地主代表。利用这种政策不论到哪里都能结交善意的朋友。共产党承认如果他们利用其影响帮助选出某些地主代表,那些人都是进步的地主——换言之,即其政策的另一支持者。

(d)共产党接受其他团体提出来的某些建议,或者把它们纳入自己的纲领之中。"精兵简政"政策就是一个例子,这是一个地主代表向陕甘宁边区人民参议会提出来的。共产党充分利用愿意接受别人意见的事实来表示他们的民主。他们解释把别人的建议纳入他们自己的纲领是迅速有效地实现这些改进的办法,因为在所有政府里他们是唯一的政党。在这种说法里有些夸耀的成分。必须认识到的是,共产党以极其机智和务实的方式获得了对这些改进的称赞,因为原提案人知名度不高,不久被人忘记,于是人人便认为这一改进是共产党的又一项措施。

(e)前已提到共产党控制了宣传工作。这种宣传,除了特别场合之外,并不攻击国民党或其他集团,但却倾向于把其他集团置于不显著的地位。它一贯致力于提高共产党的威信。

(f)最后,说到"军队"就是共产党的军队。这很重要,因为八路军和新四军的政治影响是很大的。这种效应是从几方面得来的,政治部用以教育人民,尤其是新占领地区的人民的政治部组织严密,经验丰富,完全在共产党领导之下(和别的"军队"不同)。然而比这种直接影响更为巨大的是军队的示范作用:诸如军队对老百姓的行为和态度、它的自觉自愿性质、与众不同的和人民团结一致的态度、高昂的士气、打仗的表现等等。

6. 我曾试图说明共产党在游击根据地的政治统治是从以下几个方面发展起来的:在建立和保卫根据地中的领导作用,没有强大的反对派,采取有益于绝大多数群众的温和而民主的政策,与控制宣传相结合的精明政治手段,以及军队的影响。共产党的各种政策是民主的,在现有的环境下能谓之不民主的是很少的。

也许可提出这样的问题,如果共产党面对更强大的反对派,它的方式是否还能如此民主。这个问题难以回答,因为还未曾有过一个在民主的基础上愿意与它合作的强大反对派。在一处有国民党组织的地区,是准许它有自己的报纸和其他民主性质的自由的。不过这个反对派的力量是薄弱的。在国民党想用兵力把共产党赶走的一些地区,取胜的则是共产党,因为他们有人民的支持。国民党则没有这种支持,而且无法得到它。这种情况再加上战争方面遭到的困难,迫使国民党撤退。

下一个问题自然是将来如何。我认为共产党对游击根据地人民的影响那样大,并建立在那样坚固的民主基础之上,共产党将愿意在民主的基础上与其他任何党派争夺政治统治权;他们将满足于民主方式——包括宣传自由——只要其他一党或各党也这样做。

FRUS,1944,Vol.6,pp.622-626

## 戴维斯备忘录

延安,1944年11月7日

### 中国共产党与世界大国

由于中国共产党人对自己的力量充满信心,所以他们不再认为自己的兴衰取决于外国的援助或攻击。在这点上,他们不同于蒋介石及其中央政府。当然,共产党承认,大国能够加速或阻碍他们的发展。他们主要是在此基础上看待大国。

苏联对中国共产党一贯很友好。但是,中国共产党从俄国人那里只不过接受过一些忠告和钱,而且,从1937年以来,苏联已小心谨慎地停止了对中国共产党的一切援助。俄国的援助都送给了蒋,由他独享。其中一部分物资被用于对共产党的封锁。

将来苏联是否会对共产党进行援助，延安的领导人对这个问题闭口不谈。然而，显然他们似乎欢迎这种援助，因为这种援助对消灭日本人、促进共产党向华中和华南发展有很重要的意义。

中国共产党具有很强烈的民族精神。但是，他们并不怕由于俄国可能参加太平洋战争和进入满洲而受莫斯科的控制。他们仍旧认为苏联对中国没有扩张野心。与此相反，希望外蒙古并入一个中华联邦。他们并不认为这个问题或其他问题会引起俄国和中国共产党在外交政策上的冲突。

中国共产党相信英国决心要玩弄帝国主义将中国划分成势力范围的老把戏。他们怀疑英美之间有交易。英国可以在菲律宾——台湾一线以西的地区自由行动。他们也害怕蒋和英国人出于自身的利害关系而结合起来。这样，由于英国在华享有特权，委员长将会得到英国作为回报的援助。

共产党认为，这种联盟对他们并非致命性打击。但是，会促使蒋对他们发起进攻，并且可能使共产党在内战中付出更大的代价。因此，他们对英国存有戒心。

美国是中国共产党的最大希望，也是最大的恐惧。他们知道，如果接受美国援助，即使是在与蒋平等的基础上的援助，他们也许会不经过内战就很快地控制整个中国或中国的大部分地区。因为蒋的大部分军队和大多数官僚都是机会主义者，如果共产党显得比中央政府强大，他们会背叛委员长。

我们是共产党人最大的恐惧，因为我们给蒋方的援助越多，他发动内战的可能性就越大，共产党统一中国花费的时间就越长，代价也越大。

因此，中国共产党人以复杂的心情注视着我们。如果我们继续拒绝他们并支持顽固守旧的蒋，他们会把我们看成敌人。但是，他们宁愿作朋友。这不仅因为我们能给他们以援助，还因为他们认为我们建立强大、独立和民主的中国的战略目标与他们民族主义的目标一致。

## 中国共产党激进的程度

中国共产党人向后倒退了。他们仍然声称马克思主义教条一贯正确并把自己称为共产主义者,但是,他们已经迁就了人类意志薄弱的一面,承认共产主义拯救中国只能通过长期的演变,而不是立即进行的革命转变。与其他著名的倒退者,如拉姆齐·麦克唐纳①一样,他们已经认识到循序渐进是不可避免的。

延安并不是马克思主义者的新耶路撒冷。中国共产主义的圣徒和先知们住在黄土坡上挖出的窑洞中,过着俭朴生活。幻想着奇怪的阶级妥协和政党联合之神降临,面带羞色地崇拜着外国投资的金犊,并且渴望自己能按世界标准受到尊重。

所有这一切不仅是共产党的机会主义的计谋,从权宜的妥协到纯洁的革命热情的转变,无论正统共产主义理论对此是怎样讲的,中国共产党的领导人们都非常现实地承认他们现在已经偏右了。只有在国内外反动力量强大的压力下,才有可能被迫回到革命的道路上去。

共产党态度变得温和的原因有以下几点:

1. 他们是中国人。作为中国人,由于他们以前的过火做法,从感情上想在人与人的关系方面达到妥协和和谐。

2. 他们是现实主义者。他们知道百分之九十的中国人是农民。农民是半封建性的,在文化上、经济上和政治上还处于中世纪时期。中国只有经过几代人的发展,才能实现共产主义。因此,马上要做的事是农业改革和引进政治民主。

3. 他们是民族主义者。在七年多与外国敌人的艰苦战斗中,感情和思想的基本重点已经从国内的社会革命转向了民族主义。

4. 他们开始掌权。掌权能使人清醒认识到自己的责任,并且小心谨慎和稳健地工作。这几乎是所有成功的革命运动的经验。

---

① J. Ramsay MacDonald,英国工党领袖,1924、1929—1931、1931—1935 年三次任英国首相。

我们一定不要把中国共产党的温和和愿意让步与软弱和衰落混淆起来。共产党是中国最坚韧不拔、最严密、最有纪律的组织。他们向蒋提出合作是由于他们强大，而不是由于他们弱小。

### 共产党人会统治中国吗？

中国共产党在长城与长江之间如此强大，以致现在他们可以期望在战后至少控制华北地区。他们不仅可以继续占领长江流域那些现在已由他们控制的地区，而且还可能占领华中和华北新地区。中国共产党经过 7 年战争才得到了这些新地区，而同一时期蒋介石的城市和主要交通线却都落入日本人手中，农村则落入共产党手中。

共产党在 10 年内战和 7 年的日本侵略中幸存下来。他们遭受的敌人压力比中国中央政府遭受的压力更持久，但是生存了下来。不仅如此，他们还在蒋的严密封锁下活下来。

他们生存了下来，而且得到了发展。1937 年以来，共产党几乎是以几何级数发展壮大。开始他们只控制 10 万平方公里，150 万人口，现在已经扩大到大约 85 万平方公里，9000 万人口，还将继续壮大。

具有这种非凡活力和力量的原因很简单，而且很重要。这就是群众的支持和群众的参加。共产党政府和军队是现代中国历史上第一个受到人民积极广泛支持的政府和军队。他们得到这样的支持是因为他们是真正的人民政府和人民军队。蒋只有能够取得像日本侵略中国那样大规模的外国干预，才有可能打垮共产党。但是，这样规模的外国干预不太可能。如果靠他那士气低落、死气沉沉的军队、腐化堕落的官僚、枯燥乏味的政治说教和他能获得的很不稳定的外国支持，委员长只能将中国拉入内战深渊。但是，他不会胜利，因为日本全力以赴地打了七年多也失败了。共产党已经太强大了，蒋无法打败他们。

内战很可能造成两败俱伤。中国至少要分成两个阵营，蒋会降到地方军阀的地位。当然，如果共产党接受外国援助，他们将在内战中迅速崛起，取得决定性的胜利，控制全中国。我们不应该忽略这种可能性。

1937 年以来，共产党一直试图说服蒋成立一个有他们参加的民主联合政府。共产党可能仍会有效地控制他们现在所占据的地区。他们也许还能将其政治影响扩大到中国其他地方,因为他们是中国唯一有受人民积极欢迎的纲领的组织。

如果委员长既不发动内战又不与共产党达成谅解,他仍然面临失败。蒋的封建主义中国不可能与华北充满活力的和受人民欢迎的现代化政府长期共存。

共产党会在中国存在下去。中国的前途不属于蒋,而属于他们。

FRUS,1944,Vol. 6,pp. 667–671

## 卢登备忘录

重庆大使馆转送,1945 年 2 月 12 日

主题:从晋察冀共产党根据地的民兵组织看群众对共产党的支持

摘要和结论

群众对华北共产党政权最重要和给人印象最深的支持表现在民兵组织上。本备忘录简要叙述晋察冀共产党根据地的民兵组织,并附有组织结构和兵力图。

本备忘录涉及的这一地区的民兵有 896784 人,其中 676824 人加入了战斗部队。民兵组织是共产党正规军的兵源,也是将来共产党军队扩充的基础。

建议在迄今为止美国军事人员还未访问过的共产党根据地进行更多更广泛的调查。但是,在我们未获得相反的可靠证据之前,没有理由怀疑,只能相信共产党军队和政府受到人民支持这个事实。未来的计划中必须对此予以考虑。在华北,人民支持共产党的证据到处可见,不可能再认为那是欺骗外国人的舞台道具了。

教育、组织和武装农民群众的工作进展迅速。尊重农民、给他们基本人权并使他们丰衣足食,共产党这种简单的做法使八路军和人民真正团结起来。

农民受过训练,知道怎样保护属于自己的东西。共产党教会华北

农民如何在日本人的反复进攻面前生存下去的秘诀。

延安观察组前几次提交给 G-2① 的报告曾经指出，共产党一直声称在华北和华中的共产党军队之所以能成功地站住脚并巩固和扩大根据地，就是因为他们有广大农村人民的支持。

我在晋绥和晋察冀共产党根据地四个月的旅行中所作的观察使我相信，共产党说自己受人民群众支持是有根据的。观察组的战地小组（另一份备忘录将谈及）从延安到庙儿台（晋察冀根据地司令部所在地）② 大约走了 600 英里，返回延安的距离也大致相同。但差不多有一半路程是通过别的地区的。

其他战地小组最好进行更多更广泛的调查。但是，在我们未从美国方面获得与此相反的证据之前，没有理由怀疑，只能相信共产党军队和共产党政权受到人民支持这个事实。我们必须面对这个事实，并在将来的计划中予以考虑。

最重要的和印象最深的人民支持表现在民兵组织。目前，共产党当局说，在他们控制的所有地区中，正规军人数是 65 万，民兵总人数250 万。据说晋察冀根据地（本备忘录涉及的唯一地区）的正规军有108852 人，民兵有 896784 人。

民兵组织基本上是农民群众的自愿组织，它有两大任务：（1）保护生命财产；（2）保卫共产党根据地。不过，这个组织也是共产党正规军的后备兵源和将来共产党正规军扩充的基础。

### 历史背景

很难准确地确定目前民兵组织的成立日期。不过，它最初起源于1937 年末和 1938 年初日本进军华北前中央政府和地方军队撤退时造成的混乱状况。

我们还记得，1937 年 9 月 28 日左右平型关陷落，1937 年 11 月 8

---

① 美国陆军部情报机构的代号。
② 音译，Miao Erh T'ai。

日左右太原失陷。从9月开始，大约10万中央政府军队和山西地方军队通过五台山地区撤退，在逃跑途中抛弃武器装备，并且大肆劫掠，因而造成了极其混乱的局面。

太原陷落之前，共产党八路军部队开进山西。中央政府军队和地方军队撤退时，他们仍然留在敌后进行游击战争。

撤退的军队使山西农民遭受了极大的痛苦。在动乱之中，共产党的政治工作者开始将当地的农民组织起来，收集被遗弃的军事装备。这样做一方面是为了进行自卫，防止撤退士兵骚扰，另一方面也是为了防止这些装备落入日本军队手中。这项工作相当成功。大量被遗弃的装备，特别是小型武器和弹药、轻机枪和迫击炮都被收集和隐藏起来。

与此同时，沿平汉铁路和津浦铁路，以及两条铁路之间的冀中地区也采取了相同的行动。但是，在这里是由中央政府军的团长吕正操将军指挥工作。吕正操将军在大撤退中拒绝从华北撤出。日本军队南进时，他把军队朝北向北平方向调动，在敌后打游击战。吕将军与山西的八路军建立起联系，并接受共产党政治组织者的帮助。吕将军现在是晋绥共产党根据地的总司令。

共产党的组织者将16至24岁的年轻人组成抗日青年团，24至35岁的男人组成所谓模范分队，抗日青年团是模范分队的培训队。随着组织的发展，模范分队变成现在民兵组织的骨干力量。这是一个逐渐变化过程，而且紧随共产党新根据地的发展而发展。目前，每一个根据地中民兵是最重要的群众组织，而且在继续发展扩大。它被共产党领导人看成是最重要的组织。

（关于组织、训练、作战和供给的详细报告从略。）

### 结论

在华北，人民群众对共产党支持的证据随处可见，而且很明显。因此，不可能再认为这是为了欺骗外国人的道具。在现代中国历史中，这是管理着大片地区的纯粹中国人的政权第一次受到人民积极的支持，而且参加的人越来越多。

　　共产党强调说,他们不害怕组织起来的有觉悟的人民群众。大量事实表明,他们的话是有根据的。组织和教育农民群众的工作是共产党最重要的活动之一。在这个过程中,他们已经采取了一个决定性步骤,即把武器交给华北成千上万的农民。民兵组织就是一例。

　　在与晋察冀根据地政委、代总司令程子华将军的谈话中,我提到广泛武装农民可能会失去控制。对此,程将军指出,美国宪法规定,人民拥有和携带武器的权利不得剥夺。

　　我接触到的所有政治思想灌输工作的基本前提是政府应为被统治者的利益服务。尊重人民、合理收税、给予基本人权、令其丰衣足食。共产党的军队和政府就是利用这种简单的方法与人民真正团结起来。

　　在我访问过的所有共产党地区,即使是走马观花,也立刻会看到那里生机勃勃、兵强马壮,人们渴望与敌人进行战斗。这种情况在国民党中国很难见到。高级领导人无一例外都是勇敢老练的战士,能为人民提供一个生气勃勃的行动纲领。毫无疑问,目前他们是中国最现实、最严密和思想最坚定的组织。

　　共产党已经在七年多的日本侵略和以前十年内战中生存下来。他们一贯坚持自卫权利。他们对华北最重要的贡献也许是教会了农民生存的技术。

FRUS,1945,Vol.7,pp.200-204

## 3. 美国外交官对国共关系的观察

### (1)国民党的衰退与共产党的壮大

**谢伟思备忘录**

华盛顿,1943 年 1 月 23 日

国共形势

过去十八个月中,在重庆及在中国西南、西北地区旅行中所获得的一个突出印象是,应对中国内部的政治形势,特别是对国民党与共产党之间越来越大的嫌隙进行极为审慎的研究。

"统一战线"现在肯定已成过去,只要目前的趋势继续下去,只要目前的国民党文武领导层继续当权,对于统一战线的恢复,就不可能持任何乐观态度。在国民党统治下的中国,反对共产主义已越来越成为宣传、军事政治思想灌输、秘密警察和宪兵活动的首要任务。不仅对于任何出自范围越划越大的"共产主义"的东西进行严厉镇压,而且看来已有在政府中舍弃哪怕是形式民主的迹象。人们现在已不怀疑内战是否能够避免,而是担心内战能否至少推迟到打败日本以后再发生。

这种不团结的危险和影响是显而易见的,而且是深远的。在军事上,目前的形势对于中国的任何作战努力都是很大的障碍。形势恶化成内战将产生灾难性的后果。因此,这种形势直接关系到我国战败日本的努力。目前有很大一部分训练和装备都比较好的国民党军队被从现行的对日作战前线调往封锁共产党的地区。在北方(陕西和甘肃),封锁线是由几道碉堡线组成的,阵线很清楚,而这些大部队已处于刀出鞘弓上弦的状态。在南方(湖北、安徽、苏北),阵线不那么清楚,但零星冲突继续不断已有两年,似乎都是由国民党军队发动的。

在另一方面,共产党军队全无任何补给,使其被迫保持大部分兵力用于防备它认为是来自国民党的威胁,两方面都承认,1942年春季国共关系极为紧张。共产党人相信,只是由于日军入侵云南才使它们能在当时免受攻击。另外,共产党和他们的友人声称,国民党正集中精力加强对其势力所及的一部分中国的控制,而不是努力对日作战。国民党这样致力于加强其地位当然有助于它在将来重新控制那些它可以达到的地区。这一政策逻辑在于,一有机会就夺取陕甘地区的共产党根据地。此举如能成功,将可削弱共产党的势力,使最终国民党收回共产党游击区的行动变得更为容易。作为这一理论的支持,共产党人指出,那些更为极端的国民党刊物正在发动一场立即取消"边区"的运动。另外一个有时被提及的倾向于及早挑起国民党进攻共产党的因素是,从国民党的观点考虑,最好能在中国与俄国结成反对日本的同盟之前除掉共产党。

我们不应忽视共产党军队可能对我们的战争努力产生的积极的军事价值。这些军队控制着通往内蒙、满洲和日军在华北各基地的地区。他们所处地位的战略重要性会因俄国加入对日作战而大大加强。这种重要性大多是潜在的,但是最近的报告说,在山西继续进行着艰苦的战斗,这表明共产党仍是一支强大的力量,足以使日本对其进行定期的"扫荡"运动。1941年夏日本在华北大力开展反共宣传也反映出这一点,自然有一个事实不容忽视,即日本宣传所强调的反共的角度,是对中国沦陷区的一切"合作"分子和国民党内的一些保守派求助呼吁,在山西的这种活动和日军在那里的困难处境,与正面战场大部分地区的平安无事形成了对照。

除了与战争直接有关的方面之外,这一形势的政治含意也是非常严重的。即令公开冲突在当前可以避免,将来日本战败最终撤出后,也将使国民党面对共产党稳固占据华北大部的形势(甘肃东部、陕西北部、山西、察哈尔南部、河北、山东、江苏北部、安徽北部)。此外,共产党还处于进入日军撤出绥远、热河和满洲所造成的真空地带的地位。在所有这些地区,都已有了一些共产党的活动。在中国的其他地方,他们将在自由派、知识分子和学生中获得一些人的同情。这些分子人数不定,但在中国有相当影响,而国民党各类秘密警察机构的活动和规模,则表明了国民党对他们的力量、对共产党在国民党统治区得以保持的任何地下组织的力量是何等恐惧。

但是,共产党最大的潜在力量以及针对共产党的军事行动目前不能完全奏效的一个原因,是他们控制了敌后华北的农村地区。这里为国民党势力之所不能及,而共产党显然已在一定程度上动员了群众。我手中有一份描述"共产党控制河北"的国民党秘密出版物。它论述了打击共产党的一些措施(如利用现在实行的封锁手段)并作出了这样的结论,即如果共产党不能"合作"(即完全听从国民党支配),即必须予以"消灭"。我希望能将这本小册子翻译出来,它看来似乎具有说明国民党正式的政策的意义,解释它将在这些地区推行的政策。就像一些有思想的中国人那样,人们有理由提出这样的问题,那就是,这些游击区的人民,经过几年的政治教育以及必须被认为至少是部分的"苏维埃化"之后,是否能和平地接受国民党从这样一种精神出发,并用军事力量所推行的控制,以及那种政治压迫和秘密警察和宪兵的势力,而这些都已成为国民党进行控制的重要助手,并得到日益加强和扩大。

我所认识的非共产党中国人士(如著名的已故《大公报》编辑的侄子)认为,内战的可能性是中国面临的最大问题。他们指出,共产党人现在比他们在华中与国民党进行十年对峙时强大多了;而如果证明他们在游击区已赢得广大民众的支持,则他们还要强大得多。他们指出最近共产党在向敌对的中国军队进行渗透和思想灌输方面的许多成就(如对阎锡山的部队),并且不知道这会不会造成斗争的延长,会不会使国民党或两方中的任何一方都不可能取得胜利,在无党派的一般中国人心目中,对于内战重起的想法无疑抱有强烈反感,而国民党确实将难于保持其征召的部队的忠诚和战斗力。

相信内战终将发生使这些中国人对美国是否已对中国的民主前途作了足够的切实考虑提出了疑问。提出的问题是:美国以大量军事物资援助国民党政府是否对中国有利,或是否符合美国自身的利益,从过去的经验看来,这些物资很可能不会有效地用于抗日,而是会用于内战,以军事力量来实现国家"统一"。这些中国人还对一旦发生内战,可能驻在中国(支持国民党军)的美军立场进行推测;并且不知道俄国的态度会是如何,特别是如果到时候俄国已成为战胜日本的伙伴的话。

即使撇开以上种种问题,不容否认的事实是,中国的内战,或即使是在日本战败后目前这种僵持局面的继续,将大大妨碍和平状态的恢复。这种对中国有秩序的大规模复兴工作的阻挠,其本身就严重地对美国利益产生不利的影响。即使冲突得以避免,这个国家已经存在的经济上严重紧张状况的继续,或在这种情况下极有可能的恶化,很可能造成经济崩溃。如果内战发生,这种经济崩溃的可能性当然就更大了。

经济上的困难也有可能使厌倦战争、遭到过度征兵和重税困扰的农民成为共产党宣传的肥沃土壤,从而引发一场远远超出中国共产党现在宣称追求的温和民主的范围的革命。这样的一个共产党政府可能不会实行美国意义上的民主。而且即使美国不因其在物质上和外交上支持国民党的嫌疑而引起共产党人的敌意,这个共产党政府也有可能更趋于与俄国而不是与英、美两国建立友好合作关系。

由于这些原因,看来我们作出努力以防止中国内部政治局势的恶化,并在有可能时能使其得到改善,将是对美国有利的。

共产党人(周恩来、林彪与范宣德和笔者本人在 1942 年 11 月 20 日前后的谈话中)认为,外国对国民党的影响(显然是指美国),是有可能改善这种局势的惟一力量。他们承认外国对中国内政提出成功的建议,不管作得多么老练机智,也是困难的,但是他们相信,反映出外国的不论是官方和民众的哪一方面的明智意见,对于国民党领导层内一些更具远见的分子,例如委员长,将会是有某些影响的。

共产党人提出了对待问题的几种办法。一个是在我们与中国政府来往时,在对中国的宣传中,强调世界冲突的政治性质;是民主反对法西斯主义。这就包含经常重申美国希望看到民主在中国的真正进展。这将向国民党暗示我们对中国局势的了解和关注。

另一建议是,以某种形式承认中国共产党的军队是反法西斯战争的参加者。美国可以干涉到底,使国民党中止封锁,使中央政府对第十八集团军予以供应。共产党人希望,这方面或可包括一项共产党军队得到美国供应中国的补给品的一定比例的规定。

另一让国民党知道我们关注形势的方式是派出美国代表访问共产党区域。我未曾听说共产党人自己提过这种建议。但是他们无疑是会欢迎这一行动的。

这种访问将使我们得到很大的附加好处,可以为我们提供有关当前共产党方面的全面可靠的情报。例如，我们或有可能对下列有关问题中的某些问题得到更好的答案：共产党人如何忠诚地实现他们对统一战线的诺言？他们的地方政府是什么形式？它"共产主义化"到了什么程度？它有否显示出任何民主的性质或可能性？它赢得人民的任何支持了吗？它与国民党中国政府的状况相比如何？共产党人在诸如税收、征收粮食、兵役和强迫劳动等方面是如何对待人民的，与国民党地区相比情况如何？共产党的军事和经济实力怎样？其对盟国事业可能有何价值？他们对通货膨胀、价格管制，为继续抗战发展经济资源及与敌方贸易等问题是如何处理的？游击区的人民是否已经动员起来达到支持真正的游击战争所必须的程度了？

没有这方面的知识，很难对互相矛盾的报道进行估价，作出深思熟虑的判断。由于国民党的封锁，目前得不到有关共产党区域情况的消息。我们现在已有的消息也是过时了好几年的，其范围和可靠性也受到限制。卡尔逊主要是一名军人，具有有限的中文知识，已经访问过共产党地区的大多数新闻记者似乎都偏向共产党人。他们也受到语言限制，不能长期留在那个地区。

我认为最适合访问共产党区域的美国代表是会讲中文的外交官员，可以派一两个人去。他们应当既能长住延安或其周围地区，又能常去各处游击区旅行。要紧的是不要要求他们根据短期的访问提出报告，那样他们会受官方向导的影响，而是要让他们有足够的时间熟悉情况，做到每日亲自观察。

延安与重庆之间有邮电通讯，共产党地区各部分之间也有类似的通讯。因此这些官员不会与大使馆失去联系，并且，在认为有必要时，可以定期进行报告。

FRUS,1943,China,pp.193-199

### 赫尔致高斯

#### 华盛顿,1943 年 1 月 25 日

我们收到一份报告,可能是根据埃德加·斯诺和周恩来的谈话而作的,述及由于某些因素,诸如:(1)在国民政府控制地区,人民的经济状况恶化,(2)财政经济形势及抗日战争的停滞状态导致政府军的状况恶化,(3)国民政府军队腐败及士兵向共产党军队出售武器,加强了中共军队的实力等,国民政府可能在最近对共产党采取镇压措施,从而导致内战爆发。

关于上述执行报告,国务院希望得知你的观点,无须再征询大使馆以外的意见。

FRUS,1943,China,p. 199

### 高斯致赫尔

#### 重庆,1943 年 2 月 1 日上午 11 时

对你 1 月 25 日午夜第 137 号电报的答复。……关于第 1、第 2 点,正如大使馆连续报告的中国非敌占区总的经济形势,以及中国军队营养不良,疾病蔓延和情绪消极的状况,明显地并且令人不安地在趋于恶化。然而,不大可能也没有理由认为中国政府在目前条件下会以这种事实为借口,采取可能导致内战的镇压措施。

关于第 3 点,大使馆所得到的情报并不说明共产党军队的实力有可观的增强。在国军中没有发生大规模叛逃,个别情况实质上并不至影响大局。据了解,共产党拥有的武器不足以装备其现有人员,而且,由于劳动力缺乏,正在鼓励士兵回乡务农。大使馆了解到,共产党为了避免刺激国民党,不鼓励国军部队逃跑,或从他们的手中购买武器。

尽管国共关系远不能令人满意,但据信,提交给国务院的报告中所得的结论,还没有得到证实。

对这一点,请对我所呈的第 800 号报告给予特别注意。反共仍然是国民党方针的基础。但是,某些领导人物,尤其是委员长,从政治上

和现实考虑,在此时要避免采取镇压行动。现在的国民党领导层对消灭共产党只是考虑时间问题,而不是要考虑做不做的问题。时机尚未成熟,也可能永远做不到。苏俄参加抗日战争将使这样的行动不可取。和平之后在公众和官方某些分子的压力之下,国民党领导层的自由化,将使军事冲突不可能发生。而在继续进行抗日战争时,也不会发生内战。与熟悉形势的国共两党领袖,包括周恩来的谈话,如在给国务院电报中所提到的,都能肯定这种意见。

花旗银行的霍尔(Hall)最近曾在共产党管辖地区旅行,在延安停留了一段时间,据他的报告,那里士气旺盛,共产党军队拥有一定数量的小型武器,但是需要山炮。他们在进行游击战争。然而,当前的状态,妨碍他们与国军合作,共同予日本人以有力打击,这使他们焦躁不安。霍尔又称,尽管商品缺乏,人民仍有一些必需品,包括药品。他看到,在陕西南部的国军士气不佳,经济局势动荡不安,军事和行政官员腐败现象较为普遍。与此对照,在延安则看起来并不存在这个问题。他附带说,在他的整个旅途中,受到中国人的良好而有礼貌的对待。

总之,关于国共两党关系,使人满意的评论是,目前状况与大使馆在1941年8月20日第95号报告中详细描述的大体相同。

FRUS,1943,China,pp.203-205

### 远东司备忘录①

华盛顿,1943年2月11日

#### 国共形势

重庆大使馆近期分析国共关系(2月1日上午11时第176号电报)时说,能够作出的最令人满意的评价是,目前国共关系与1941年8月20日第95号报告所述的情况基本相同。大使馆在该函中说道:

---

① 这份文件是美国驻华使馆二等秘书谢伟思在美国短暂停留期间,与远东司司长助理史密斯(Smith)共同起草的,经由远东司司长汉密尔顿签字认可。

　　"……相当明显，一个真正的联合阵线，即基于真诚的政治军事合作的阵线，出现的希望不大。尽管社会观念的分歧不足以形成党派的分裂，在许多国民党领导人物方面存在的强烈的个人偏见，事实上将妨碍真正的合作。可以肯定，试图弥合国民党中资深的、掌握实权的分子与共产党领袖之间的裂缝，既无效果又得不到赞同。另一方面，只要抗日联合阵线被认为是必要的，而且希望取得维持这个阵线的外部支持，那么防止公开决裂是完全可能的。

　　"一旦这种需要停止存在，国共的宿仇将会重新爆发，可能发生战争。上述说明是假定目前的国民党领导层继续掌权。也有可能，国民党内较自由化的年轻成员施加影响以弥合裂缝，甚至通过一定的社会和农业改革以消除共产党的影响，并且在国内形成相当程度上的政治团结。这种预期也许言之过早，但从长远观察今后形势，也值得考虑。"

　　大使馆在 1942 年 12 月 16 日第 800 号报告中关于国共两党关系作了下述评论：

　　"……无论共产党具有多大实力，他更多的是来自国民党的失误，而非其自身的成就。假如国民党早有预见，在农业改革、公平税收和按照中国工业合作化路线以增进国内工业等方面采取简单而有效的措施，就可能破坏共产党目前所代表的反抗力量的基础。目前虽然仍可以这样做，然而，恐怕当前的国民党领导层，对社会改革如此冷漠，不大可能改变其保守路线。"

　　大使馆在近期关于对国共关系的分析（1943 年 2 月 1 日第 176 号重庆电报）中提出的看法是，目前国民党领导层要消灭共产党只是时间问题，而不是要不要的问题。但是大使馆进一步阐明，时机尚不成熟，也许永远没有这样的机会，因为苏俄可能参加对日本作战，这样做便不可取了。也有可能因持不同意见的公众和官方人士在实现和平以后，在国民党领导层中坚持自由化，使消灭共产党成为泡影。

　　延缓或避免战争的主要希望寄于委员长的个人权威，正如大使所称,他预见到一场内战将对外国舆论产生不利影响,而且他仍有能力去约束军队和较保守的党派人物。共产党也持相同的观点,现在国共在北方休战,在华中有小规模零星冲突,共产党不希望这种状况立即恶化。

内战可能延缓的见解似乎是有道理的。然而,在对日战争结束以前,存在几个因素可能导致国共之间发生敌对行动。一个是委员长下台,导致极端分子掌权。另一个是,国民党惧怕共产党的力量增强,尤其是在华北游击地区。第三是害怕战后苏俄可能支持共产党。目前很可能苏俄真不希望此时在中国发生内战,因此它只向中央政府提供援助。但是,国民党害怕它在战后就不这样做了。特别是,如果俄国在打败日本方面出了力,这会使中国的自由派分子的力量有所加强。

在现阶段,主要问题是,中国不能团结一致,国共双方的很大部分力量相互牵制,从而耗费了战争实力。

假定目前的休战能够持续到战争结束,仍然存在的国内和平与团结的根本问题需要解决,人们期望委员长、宋子文博士及其他自由派人物能够处于强有力的地位,进行改革,以奠定持久和平的基础。然而,没有多少迹象表明在国民党内能出现一个年轻的,持自由主义观点的领导势力,也可能共产党由于可能控制着华北的大部分地区,将处于前所未有的强大地位。他们不再惧怕来自外部的进攻。高斯大使在电报中提到,中国经济枯竭及中国军队腐化将成为发生内战的因素,而中央政府要在这样的一场内战中取得胜利是困难的。

前面是目前形势的简短摘要。这种局势,不仅在战争时期而且在未来战后重建工作中都将严重影响美国的利益。对于这种形势需要认真研究,并考虑任何适当的行动以促进中国的统一。一种可能的行动路线是派遣美国官员访问共产党控制区。这样,可以获取双重的利益,可以向中国人表明我们对整个问题的关切,同时又可以使我们得到有关这个问题各个方面更多的情况。然而,很可能中国政府当局对我们在未获得中国政府同意以前派遣代表前往共产党地区抱有反感。而在目前情况下,中国政府未必欢迎我们提出这样的要求。

FRUS,1943,China,pp.205-208

## 高斯致赫尔

### 重庆,1943年11月20日

阁下:请参阅大使馆1943年11月2日第1764号电报中提到关于中共的军事力量一节,兹荣幸地附上使馆武官于1943年11月16日提交的一份有关中共武装部队的报告。

摘要　近来中央政府军调往西北(参见大使馆11月12日第1807号电报),看来与国共关系直接有关;并且,可以表明是一个有力证据,即中央政府不打算仅仅依靠"政治手段"解决这个问题。

因此,了解中共军事力量的情况是重要的,它分为三种类型:正规军事部队、游击队及地方民兵。正规部队包括在朱德将军领导下的第十八集团军及在陈毅将军领导下的新四军。另有两支独立部队,其中一支在广东,另一支在海南岛。尽管第十八集团军应编有三个师,共计3万人,但据报告,实际上,人数达到23万人,其总部在陕甘宁边区的首府延安,这个边区是陇海路以北12个"区"中最重要的一个,由在华北的第十八集团军驻防。新四军自从1941年被中央政府勒令解散以后,从官方的角度说,已不复存在。据说,新四军包括7个师,共计12万人。由于它对日本和伪军作战活动较强有力,从对方手中缴获到军事物资,因而装备较第十八集团军好。新四军的总部设在江苏盐城,在陇海路以南,华中和华东地区活动。中国共产党宣称有一支海军部队,拥有成百的舢板和帆船,沿着江苏海岸运送物资。共产党称,全部游击队总数有100万人。但据信,其人数不超过40万。地方民兵,据称有100万人,但据估计,实际大约有60万人。

由于中国共产党的军队是一支混合型的军事力量,在进攻中,即使能够发挥一点作用,也远不如正规军;尽管训练有素,指挥得当,然而装备低劣,其主要武器是步枪,另有少量自动步枪,一些机枪,但火炮很少

（而弹药更缺），没有坦克、飞机，只有少数老旧磨损的卡车。他们的力量存在于游击活动。

假如日本人撤退，中共部队目前的驻扎状况，加以训练有素和指挥有方，可以使其极容易地进入华北地区，而中央政府军可能要进入共产党控制地区以防止它这样做。一旦发生军事冲突，共产党可能集中的力量不超过60万人。这部分力量至少需要100万中央政府军去对付。考虑到其他各种因素，目前共产党与中央政府力量的对比，相当于1比1。然而，中央政府在陆续从中国的同盟国那里获得装备，其优势即将大为增加。现在国共关系十分严峻，战事在继续，即将摊牌，而且据报告，重庆方面的部队在西北集结，尤为不祥之兆。（摘要结束）

一旦发生内战，对国共形势不应忽视的另一因素是共产党可能从目前共产党占领区以外获得其他力量的支援。农民中有着潜在力量，他们构成人口的百分之八十。在过去一年中，广大农民反抗强制征兵、强迫劳动、军事摊派、以实物形式征收重税，以及政府官员普遍腐败等等，已经在几个省中酿成武装暴动。农民没有组织起来，缺乏领袖人物，而且政治上没有自觉性。然而，如果国内行政管理混乱，或者，假如国民党向共产党进攻，那么共产党不仅会利用农民的不满情绪，而且肯定要尽力广泛发动农民起来，中央政府处理地方暴动的措施只不过使农民对中央政府更加仇视。同时，并没有任何从基本上解决问题的办法来消除怨恨情绪。据说，这个国家的经济状况，以及在农村存在的广泛不满情绪，为共产党的宣传创造了肥沃的土壤。据信，除了某些接近疯狂的国民党员外，几乎所有的中国人都强烈地反对内战。这些因素表明，现在国民党企图用军事手段解决共产党问题并不像国民党内某些好战的反共分子想象的那样，是件轻而易举的事。因此，令人不安的是，国民党一面宣布用"政治方法"解决共产党问题（大使馆10月14日第1675号电报），设立一个委员会以便在战后建立一个立宪政府（按照我们10月28日第1747号报告所述，小党派已对此加以批评，如在由国民党控制的机构国民参政会中那样），而另一面，则继续增派部队到西北共产党控制地区。

(2)建议美国采取干预行动

## 戴维斯备忘录

华盛顿,1943 年 6 月 24 日

美国在中国统一问题上的利害关系:关于美国初步行动的建议

### 概述

以下备忘录所讨论的是当前中国中央政府与中国共产党人之间形成敌对关系的基础。接着备忘录进一步考察了这种互不相容可能最终发展成为一场内战的情景。得出的结论是,如果内战爆发,苏联将很可能支持共产党一方,而美国将发现自己在支持中央政府,从而处于与苏联对抗的地位。

鉴于目前中国走向内战趋势中所含对美国的危险,又鉴于我国完全缺乏来自中国共产党地区的官方政治军事情报,兹建议在中国共产党地区设立总领事馆,并向该地区派驻军事观察团。这两项建议是作为初步行动提出的。有关对中央政府及中国共产党人的任何更为积极的政策决定似应留待得到政治及军事观察员的情报后据以作出。

### 中国共产党人

中国共产党系于 20 年代初作为一个工人党成立的。在俄国的支持下力量逐渐强大。蒋介石 1926 年从广州到扬子江流域的北伐——他因此而当权——是具有共产主义特征的。党的领导人和他们的俄国顾问一起,在汉口成立了一个政府。不久以后,在 1927 年,蒋背叛了党,与上海的大商业和金融势力结成权力同盟。从那时起,直到建立统一战线,他就图谋粉碎共产党。

在蒋的军队的压力下,汉口政府垮台,共产党人被驱散。俄国顾问返回苏联。此后共产党人主要在华中及华东的一些小的农村地区从事农民运动。他们的主要中心包括江西省南部的几个县。

委员长于 1936 年 12 月为了进一步剿共的计划去了西安。他在西安遭到张学良少帅属下的东北军分子的绑架。共产党人介入了东北军与蒋的谈判，结果在释放委员长之后建立了统一战线。根据协议的条件，共产党人承认委员长是全中国包括共产党中国的领袖，共同抵抗日本的进一步侵犯。他们取消了红旗和用于表示他们是另一个政府的那些行政和军事名称。但是在他们所占据的陕西省那部分地区，保留了很大程度的行政自治。

在日本侵华的头一年半中，一般来说，蒋在华北将城市中心和交通线丧失给了日本人，而把农村地区丧失给了共产党。日军所过之处的大部分中央政府官员，或逃亡，或投敌成了傀儡。通过这一过程，中国共产党人得以控制大大超过他们原有的更多领土。

目前的共产党区域，按美国军方估计，约达 12 万平方英里。另据估计约有 2500 万人民生活于共产党地区。美国军事当局认为共产党的八路军的兵力约为 6 万至 10 万。共产党人自称有武装人员 100 万以上。这一数字或有夸大，系包括游击队和武装农民。

中国共产党的政策似乎是遵从共产国际的路线。它首先表示坚持世界革命的纲领。共产国际放弃这一纲领后，中国共产党于 1935 年按照莫斯科的指示采纳了统一战线的政策。

这一新的路线，就其在亚洲的应用而言，很可能是出于克里姆林宫对苏联在远东地位的务实估计。俄国受到日本的威胁。日本军队显然通过其在满洲的冒险决定了一项在大陆扩张的政策。面对在东西伯利亚的强大的俄国军队，日本似乎蓄意经过中国由侧翼包围俄国人。中国只要被内部的不和而弄得四分五裂，就不可能对日本进行坚强的抵抗。因此中国显然应该团结起来，积极抵抗日本的西进压力。

随着中国共产党人脱离世界革命而趋向民族主义，他们也转向更加温和的国内政治经济政策。这些其他动向是否符合共产国际的指示并无多大关系，重要的是它们从历史上和发展上看是好的。

共产党相当时期以来已承认中国不能立即由其目前的政治经济形式转入共产主义。他们认为,中国是一个半封建的农业国,在实现共产主义以前,它必须经历一个民主的资产阶级民族主义时期。因此他们现时期的目标是实现中国的民主进程。在经济生活上,他们主张保留私有制和个人企业。

最近一个时期访问过共产党地区的外国观察家们(包括美国人在内)一致认为,共产党政权的当前政策与正统的共产主义相去甚远;它为政异常清廉;已经举行了普遍选举;个人的经济自由相对而言未受限制,这一政权看来得到群众的大力支持,与其说它是共产主义的政权不如说它是农业民主的政权更为准确。

据信那些与民族敌人作战的军队和游击队的民族主义趋向最为强烈。虽然我们没有确切的情报,但我们仍然怀疑,党的领袖们还保留着他们的亲俄意向,尽管共产国际已经解散,他们还是易于接受莫斯科的指示。这种可能存在的党内宗派或许在以后的某个时期具有极大的重要性。

### 中央政府

按照孙中山的政治理论,因中国尚未作好施行民主的准备,中国的中央政府必须经过一段训政时期。训政由中国国民党来实施。该党败坏了孙中山博士的原意,变成了安插党员作官的机制,而不是准备让民众参加政府。

官职均为委派而不是选举产生。裙带关系和任人唯亲成为时尚,贪污受贿普遍盛行。低收入的官员中产生这种状况是因为他们的薪金不足以维持体面的生活。高级官吏的贪污腐化则大都出于中国的传统,认为贪污所获是一种职位收入,不一定就是不光彩的。

一般国民党政府官员普遍缺少社会觉悟、公众信任和责任感。这一点最近在河南省今春发生饥荒时政府对待该省灾民的态度上暴露无遗。简言之,国民党政府在改变中国人民一贯将政府看作是应该忍受的东西而不是积极支持的对象的传统态度方面很少作为。

由于以上三段所述的原因,可以说中央政府没有群众基础。这与报道中的共产党政权与人民的关系形成了对照。

蒋介石不同于国民党及他所控制的中央政府,他被人们以尊敬和爱戴的心情看作是唯一的国家领袖。他保有这一地位是因为他体现了抵抗日本侵略的民族意志,并因为他成功地维持了他超乎政治的神话。

然而,事情的真相是,他深深地卷入了政治,他保持着在政府中至高无上的地位,用的是他取得这一地位的同样方式——在国民党各派系间,在军队中和在各半独立的省的领袖人物之间,玩弄政治手腕。他是以一种势力平衡的体制来达到这种统治的规模的。

据此看来,他在某种意义上是他所左右的腐败制度的政治人质——他无法在不打破这一平衡的情况下实行彻底的改革。

他目前在中央政府中的卓越地位可能比任何时候都要巩固。但也没有强大到今后不会受到可能取得强大军事力量的派别的挑战的地步。

国内的状况到目前为止已描绘得相当清楚。那就是蒋的中央政府与中国共产党人两者的对比和竞争。然而还有其他因素也需加以考虑。一个就是经济状况的恶化,在有些观察家看来,这种状况可能酿成蒋政权的垮台。这并不是没有可能的。但接着会出现什么格局则很难预见。最可能出现的格局看来将是瓦解成为地方主义,日本控制区周围的一些地区投靠敌方,其他远离重庆的地方则发展成为区域自治。这样一种情况可能削弱蒋的地位,使他易受政变阴谋的打击。

蒋很清楚这种危险的存在。他正在企图以保障中央政府和国民党官僚们的经济福利来应付这种危险局势。对政府官员已发放特别的米贴。而随着经济状况的恶化,正在加强党的纪律。如果蒋能维持政府官员和军队的目前经济水平,如果他和国民党能维持党的纪律,他就可能保住他的地位,尽管经济还在不断恶化。百姓也许要受难,就像今春河南农民的遭遇那样,但那并不一定意味着政权的垮台。

另外一个对委员长的威胁是国民党中国内部的自由主义和反对国

民党的分子。这些人的言论在中国的西南部据说相当活跃。蒋也清楚这一危险的存在。他在用秘密警察这种办法来对付这一危险;通过对知识分子的恐吓和组织训练手段来达到他的目的,不过现在可以放心地说,一般情况下,由于镇压和经济上的艰难,自由主义分子已经削弱到如此地步,他们已只是一种附带的威胁——即只是在与可能起来向国民党统治挑战的更为强大的军队或平民持不同政见者联起手来时,他们才会形成威胁。

### 冲突的基础

尽管经济恶化和崩溃的威胁是如此严重,但他们在整个局势中对我们来说并不构成像中央政府与中国共产党的隔阂那样大的危险。这一隔阂和潜在冲突的基础将在以下三节中加以讨论。

国民党与蒋介石承认,共产党因其所受到的群众支持和他们在行政改革和为政清廉方面的声誉而形成对中央政府及其腐败制度的挑战。委员长却不能允许看来是共产党的天真要求:使他们的政党合法化,将民主的进程付诸实践。这样做就可能意味着国民党和地方首领的被废黜。

另一方面,共产党人也不敢接受中央政府的邀请,解散自己的军队,被吸纳入国家的政治实体。这样作将意味着自我灭亡。

在重庆的美国和其他外国观察家都认为,这一僵局可能会被中央政府清除共产党的企图而打破,这一行动很可能促使内战爆发,结果相争的两派胜者为王。

### 外国的卷入

如果蒋和共产党人真的打一场内战而无论哪一方都得不到外援的话,除非到那时中央政府已经由于长期抗日作战力量消耗殆尽和前述的离心倾向使其无能为力,则中央政府单凭武力能够打垮共产党,这一点是毫无问题的。然而由于下列原因,这一结果又很少可能出现。

如果蒋先下手攻打共产党人,则后者自然就会向他们的近邻苏联求援。并且由于这样的攻击总得在日本战败后方能发动,共产党人很有理由期望获得俄国的援助。

　　事情之所以会这样,是因为日本战败后俄国东部边界不再感受威胁,因为克里姆林宫目前对蒋介石合作的需要将成为过去,因为斯大林到那时将很可能愿意在他的侧翼存在一个友好的中国政府,如果不是卫星国的话,因为苏联那时将有大量剩余武器可供出口。

　　中央政府的攻击因而将很有可能迫使共产党人投入俄国人正好张开的怀抱。一向听命于莫斯科的政治教条主义者们将因这样一次攻击而得到加强,中国共产党人目前这种多少倾向于民主的民族主义的取向——这一点在六年来为祖国的战斗中已得到证实——将因此而逆转,他们会如人们预期的那样倒退到成为俄国卫星国的地位。

　　在这种情况下,他们不会是一个软弱的卫星国。有了俄国的武器、俄国的技术援助和他们所拥有的对民众的吸引力,中国共产党人很有可能打败中央政府,最终接替对中国大部分地区的控制权,如果不是全部的话。可以设想,一个以中国为从属伙伴的俄中集团,当不为我们所欢迎。这个集团对亚洲其他地区和对世界稳定的影响都不是我们愿意见到的。

　　蒋介石和他的国民党属下完全了解向共产党人发动攻击的危险,这一点就能解释据称是重庆的高级官员所说的,他们不仅要为即将来临的内战作准备,而且要为即将来临的对俄战争作准备。蒋和他的中央政府清楚,没有外援,他们不可能打败共产党人和苏联。这种援助自然需向美国及可能向英国寻求。

　　我们当然已在向中国提供租借的战争物资,所有这些装备都是提供给中央政府的。没有任何装备输送给共产党人。具有足够讽刺意味的是,俄国给中国的军事物资也是只交给中央政府,据悉是交给了现在被认为是封锁共产党区域的40万中央军——这些军队就因执行封锁任务而未能用于对日作战,美国的租借物资可能最终也会用于同样目的。

　　然而已经交付和在今后的战争过程中还将交付的美国租借物资,

可能并不足以保证中央政府在内战中获胜,在这场战争中俄国人是参加反蒋一边的。在这种情况下,我们可以预期,蒋介石将作出一切努力,想尽办法使我们卷入对中央政府的积极支持。我们很可能被告知,如果没有新的美援,整个中国,最终整个亚洲将为共产主义所吞没。我们将很难拒绝这种呼吁,特别是我们已经在道义上答应在战后时期继续援助中国。

因此不难看出,倘若蒋有意消灭共产党人,我们即将发现我们自己不但卷入了中国内战,而且也被拉入对苏联的冲突之中。

直到现在,我们都在小心翼翼地避免对中国政府就这一危险的国内形势提出忠告。我们所作的最大限度是,谨慎地对 1940 至 1941 年冬中央政府企图粉碎"共产党人"的新四军一事表示关注。韦尔斯先生在 1942 年 10 月又从整体上重申了这个观点。同时蒋介石夫人也在越过总统向美国人民呼吁,而中国外交部长则住在华盛顿,明白显示企图影响美国外交和军事政策的制订。

### 建议美国采取的行动

我们承受不了我国目前这种放手不管的对华政策的风险。这是一种随遇而安的消极政策。我们需要一种更为积极的政策,一种在更大程度上掌握我们在亚洲的命运的政策。但是在我们确保能制定出这前一种政策之前——实际上,甚至在我们能准确地分析出国共分裂的局面中我们所面临的危险之前——我们必须在共产党地区有我们自己的官方情报来源。有关政策的最后决定有待于这种情报。

自 1938 年以来,还没有一个美国的文职官员访问过中国共产党地区,也没有一个美国军事观察员曾到过那里旅行。我们全靠非官方的旅行者向我们提供有关中国共产党人的情报。这些情报虽然也能构成一个前后一致的、也可能是准确的景象,但它毕竟不是官方情报那样有保证的情报。肯定地说,如果中国共产党方面出现倒向苏联的情况,我们将需要对开始出现的种种迹象有及时准确的情报。而这种情报只能来自训练有素的身在中国共产党地区的美国政治观察员。

共产党在重庆的代表周恩来将军曾不止一次地表示，一位美国的政治观察员将会在共产党地区受到欢迎。委员长可能不会对向共产党"首都"延安派遣政治观察员或开设总领事馆的要求表示热心。但是我们如果把提出要求的理由基于为了获得有关在华北日军占领区的美国人的消息，和为他们的福利作出一切能作的事，并坚持我们的要求，他也有可能会同意。

附带说明，可以在此这样说，我们对蒋介石的讨价还价的地位比我们看来愿意承认的要强得多。他不能抛开我们，而不冒给他和他的大部分主要支持者带来灾难性后果的危险。而另一方面，我们则可以不用他的帮助就达到我们当前在亚洲的目标——打败日本。不管怎样，我们可能都需这样作。

我们不仅需要来自共产党区域的政治情报，我们也需要军事情报：对八路军和游击力量的正确估计，他们目前在抗击日军方面的潜在效能，他们将来反抗中央政府的潜力和我们自己在华北与敌方对抗能作些什么的估计。因此看来最好是要求中央政府准许向共产党区域派出一个军事观察团。

这项要求的根据可以是在策划对敌作战行动中有必要对华北进行军事考察。或可指出华北在对日战争中是个具有主要战略重要性的地区：是中国靠日本最近的部分；我们现在华北尚无空军机场；我们希望在那个区域观测确定机场的场地；日军的主力在满洲和华北；因此我们也许将不得不在华北与日军进行主力战斗；因此我国军方有必要得到关于华北的第一手情报；并且我们希望策划在华北进行破坏活动。

关于向共产党地区派遣政治和军事观察员一事，向委员长提出的最有效方式是由美国在华盛顿的最高层通过中国的外交部长提出。我们感到，关于这个问题的谈判，由我国在重庆的代表进行没有由华盛顿出面那样大的分量。当然在就军事观察团一事采取任何行动之前，尚须先取得史迪威将军的同意。他很可能支持这样一项建议。

FRUS,1943,China,pp.258-266

## 艾切森致赫尔

重庆,1943 年 9 月 12 日

在一次私人性质的谈话中,待人一直十分友好的中央执行委员会秘书长吴铁城问我,我国民众对中国内部问题有何看法。我说,他们对中国经济形势在美国提供信用贷款、平准贷款和黄金进行援助的情况下仍然持续恶化极为关注。部分人士对中国政府不能有效控制某些重要问题表示不解,例如降低食品价格的问题,它对中国士兵和老百姓都有不利的影响。我说,人们还关心下述事项:中国各阶层民众对扩大和强化中国的战争努力明显缺乏兴趣;国共两党之间的分歧,日益凸显的法西斯主义倾向(对此我作了一些描述)和由此造成的政治民主的渐趋削弱等。我曾提到中国对外国人加强了监督,从而强化了对外国人旅行的限制。

吴撇开经济问题不谈。他说,中央执行委员会和部分军方领导人一直在讨论军事形势,他并询问我们对中共情状的看法。我说,形成一个强大而统一的中国一直是美国对远东的一项基本政策;故此,我们非常关注中国人民之间存在的足以妨碍建立和维护强大而统一的中国的任何严重分歧,特别是在目前,内部分歧使得西北部大批中国最优秀的部队(他们可能优于在云南或其他前线的部队)难以调动,从而削弱了中国的战争努力,其结果是,这些国民党军队和被他们包围的共产党军队都未与日军作战。

吴说情况的确如此,最令人遗憾的是,这种局面使得包括机械化部队在内的约 20 个精锐师不能与日军作战。他对政府"迫不得已"对共产党采取的立场作了辩护,强调说没有任何一国政府能够容忍拥有独立政府和独立军队的集团的存在。他说,中央执行委员会打算"敦促"共产党恪守他们 1937 年所作的承诺,以解决这个问题。

他未详谈法西斯主义问题,只是说某些事情在战时是不可避免的,但中国绝不会变成法西斯主义国家,因为中国人民本质上是崇尚民主的。

　　我对他讲了下述情况：美国人在兰州受到了监视并在护照方面遇到了麻烦；最近石博斯①要作为信使前往兰州，但很难得到签证；莱斯在赴兰州就任新职以前曾申请一般省级签证，但得到的仅是赴兰州旅游的签证。我说，我们本来期望随着治外法权的废除，中国能够消除对于旅行的各种限制，美国官员和普通公民在中国能够得到中国官员和公民在美国得到的那种便利条件和待遇。吴说这种局面一定会得到改善，他非常高兴我把这些情况告诉了他，他要看看他能否在这方面做点什么。

　　他又说，他希望以后我们经常聚谈，他请我随时去找他。

FRUS,1943,China,pp.334-335

### 谢伟思关于中国局势和美国政策的备忘录
1944 年 6 月 20 日

一、中国的局势正在迅速走向危急关头

（一）（略）

（二）国民党和委员长的地位比过去十年更为脆弱。

　　中国面临着经济崩溃。这正在引起军队和政府行政机构的解体。这是造成有增无已的政治动乱的主要原因之一。委员长正在失去中国的支持，这个国家在抗日战争的头两年，在暴力侵略面前团结一致，曾形成一种新的、意想不到的力量。现在国内的弱点变得突出起来，统一的进程正出现倒退。

　　（1）士气低落，人们灰心丧气，普遍存在着绝望情绪。

　　（2）在远离大城市的地区，中央政府的权威正在削弱。政府的命令和管制措施无法执行，经常不起作用。政府为庞大的军队和官僚集团征集足够的粮食的工作也开始遇到困难。

　　（3）空前规模的、明目张胆的贪污腐化从上到下充斥并腐蚀着政

---

① Philip D. Sprouse，美国驻华使馆三秘。

府和军事机构。

（4）知识分子和拿薪水的阶层,受通货膨胀的危害最严重,几乎无法生存,学术团体不仅受到经济压力的磨难和困扰,而且多年来严厉的政治控制和镇压,使他们丧失了过去的聪明才智和领导地位。

（5）农民对于征兵、收税和随意加派其他苛捐杂税等弊端的不满已相当普遍,并正在日益增长。过去零星爆发的盗匪活动和农民骚动可能发展为大规模的行动并带上政治目的,这种危险正在与日俱增。

（6）地方势力集团之间、这些集团和其他持不同政见的集团之间正在串通一气,并积极地巩固他们的地位。他们的力量继续增长,在中央政府日益衰弱的情况下,正在迫使中央采取有利于他们的新的政治让步。

（7）国民党军队中的动乱正在加剧。从 1943 年下半年出现的“少壮派将领阴谋”就是一个重要例证。在较高的阶层中,战区司令正在建立他们自己的势力范围,并由此正在产生着“新军阀主义”。

（8）国共之间的破裂不但没有任何弥合的迹象,反而随着时间的推移变得更加严重:内战不可避免,现已众所公认。

（9）由于国民党实行自私的政策并拒绝接受进步批评,它正在失去人民对它的尊敬和支持。它似乎不能吸收新鲜血液使自己恢复生气,它的领导阶层固定不变,日益僵化,并丧失了感受现实的能力。为了同越来越尖锐化的党内分歧和派系相抗衡,它转而依靠反动的、不得人心的陈氏兄弟。

（10）委员长同样丧失了现实主义的灵活性,并顽固坚持狭隘的保守观点。他日益增长的狂妄自大以及想既做领袖又做“圣人”的可悲的企图——表现在《中国之命运》和他论述经济问题的书中——使他丧失了许多在中国处于最有影响地位的知识分子的尊敬。人们对他的独裁的批评越来越直言不讳。

形势恶化和内部关系紧张的征兆由于河南的败退而加剧,看来,日本人很可能部分或全部地把中央政府赶出长江以南的华东地区,如果那样,上述征兆将会进一步加剧。

面对当前的严重危机,国民党在中国社会中不再是统一和进步的力量,而国民党曾经在扮演这个角色时为近代中国做出了它最大的贡献。

(三)国民党不仅证明他自己拿不出防止崩溃的办法,而且相反,它的政策正在加速这一危机的到来。中国会有某种厌战情绪是预料之中的事。但是,在严重的通货膨胀和内外交困的局势面前,国民党的政策只能说是破产的政策。由于国民党在最近结束的中央执行委员会全体会议上未能认真对付这一局势,这一事实显得突出起来。

1. 在国内政治方面,国民党领导人把永远保持自己权力的愿望凌驾于其他一切考虑之上,其结果是反动力量占据了统治地位。

国民党依然无视国内要求民主改革的巨大政治运动。从委员长的文章和党报上看出,他们还没有真正理解民主改革这个词。宪政依然是一个空洞的许诺,实现这个许诺的惟一"准备"是不情愿地试图在集体负责的基础上建立一个不得人心的、不民主的地方自治制度。由于日本人在满洲和他们控制下的其他地区利用了这种地方自治,这种制度受到人们的憎恨。

在有关民主前途的基本问题上,如宪政的形式、国会的组成和选举,国民党仍然实行专断和独裁。在给予人们言论自由和承认其他党派方面,基本情况并无任何改进。甚至连像给予现存的、软弱无能的国民参政会一些权力和民主,使之在教育上和政治上能够有所建树这样的措施都不愿采取。

相反,目前的趋势却朝着另一个方向发展。国民党对政府人员进行强制的政治训练,强调军队的政治性质,实行严格的思想控制并积极贯彻党政合一的原则,从而加紧推行"一个民族、一个国家、一个领袖"的政策——尽管这样的政策在中国注定要失败。

国民党毫不放松它的现政权所依靠的独裁统治。它不但不放弃或减少警察国家的各种工具——多种多样的、无所不在的秘密警察组织、宪兵队等等,反而还在继续加强它们,作为保持国内安全的最后手段(不幸的是,在加强这些受德国影响而建立的、盖世太保式的组织中某些最重要的组织方面,我们必须承担一部分责任)。

尽管国民党为了应付国内外的批评,口头上也说要同共产党谈判,但由于它为共产党日益增长的潜在威胁所困扰,害怕共产党会赢得国民党由于本性不可能赢得的人民支持,仍然继续坚持只能导致内战的政策和计划。这样做表现出它自己无视如下事实:国内的政治、军事状况如此糟糕,没有外来援助国民党很难在内战中获得战功;这样一场内战将加速崩溃的进程和扩大混乱;它将妨碍有效地进行抗日战争;这种情况目前只会有利于日本,而最终只会有利于俄国。内战的准备工作包括与现在的中国伪军建立联盟,这对中国将来的统一和民主是不祥之兆。

2. 在经济方面,国民党不愿意采取任何有效步骤制止通货膨胀,因为这将会损害地主、资本家阶级的利益。

合理地改善财政状况的一个主要障碍是官吏日趋腐化,而国民党对此负有直接责任。它未做任何努力去制止大规模的投机倒把、囤积居奇——所有这些都是由党内的当权人物或与其有密切政治关系的人干的。

国民党未能有效地动员起物力财力。颁布的战时管理办法已成为一纸空文,甚至加剧了它们原来计划要解决的问题。既考虑欠周又执行不力的物价管制条例就是一个例子。

它消极地听任工业和更为重要的手工业生产衰敝,当囤积原材料比把这些材料投入正常的生产更有利可图时,出现这种情况是必然的。

它只是在有限的范围内实行定量配给,并且没有控制奢侈品的大量生产和交易,许多这类奢侈品来自日本占领区。对于这类进口商品是用对敌人极有价值的战略物资换来的这一点它也毫不关心。

它未能对地主、商人的高额利润和高额收入征税,以开辟财源,削减预算赤字,增加收入。它听任税收机构贪污无能,以至于可能只有不到三分之一的税收能够上缴政府。而它继续为无所事事、毫无用处的党的官僚机构消耗大量政府资金。

从最好的方面说,它也是消极地坐视通货膨胀加剧,连积极抛售黄金和外币这样的缓解措施也不采取。

它不肯解决中国基本的经济问题,诸如土地占有日益集中、地租过高、毁灭性的利率及通货膨胀等。

3. 在外交方面,国民党日益疏远它的盟友,表现出愚蠢自私、目光短浅。

国民党根本不考虑自己的处境,一味讨价还价、虚张声势和进行讹诈,并且不愿采取对它本身有利的坦率相待和竭诚合作的态度,因而正在疏远中国最重要的盟友美国。它已经疏远了另一个潜在的主要盟友苏联,它对苏联的态度像它对共产党的态度一样缺乏理性和目光短浅。最近的一个例子,就是它不负责任地散布谣言,说苏联和日本签订了一项允许日本军队撤离满洲的秘密军事协定。

国民党的生存现在比以往任何时候都更依靠外国支持,它却在这个时候任随这种状态发展。国民党这种鲁莽的外交政策不仅危害着它自己,而且有迹象表明,它极想在美国、英国和俄国之间制造磨擦。当迅速取得胜利——哪怕是任何一点胜利——要求尽量扩大一致和尽量缩小磨擦时,这样的伎俩就等于暗中破坏盟国的战争努力。

4. 在军事方面,国民党似乎已经决定让美国来打赢这场战争,并且实际上已经不再积极参加作战。

它现在最重要的贡献是让我们——以我们大的不可思议的代价——在中国建造和使用空军基地。

它迟迟不肯让中国军队在滇西发动进攻,也许战役就因此而不能获胜,而这支军队是专门为这一任务而指派、并由我们训练和装备的。它毫不考虑缅甸北部的美中联合战役需要这些部队的支援,而这个战役的目的是打通进入中国的"生命线",以便最后在中国沿海登陆。它在进行了好几个月的阻挠之后,才同意进行这一行动。

国民党像以前处理苏联向它提供的物资一样,未能有效地利用美国给它的装备。运到中国的装备常常没有运往前线。还多次听说这些物资已被囤积起来或转用于非军事目的。中国在处理这些物资方面表现了一种"狗占马槽"——自己不用也不许别人用的态度。某些物资由于缺乏运输工具而在印度烂掉。它把囤积的物资隐瞒起来,不肯拿出来供我们的军队使用。例如汽油,据悉中国是有的,但甚至在情况非常紧急而且直接关系到中国自身利益的时候,国民党仍不肯向我们提供。

它一直拒绝对交通运输进行整顿并加强管理。过去,这在日本人侵占缅甸和滇西时造成了巨大的物资损失;现在,这一点又阻碍了军事行动所依赖的中国国内运输。

它把军事合作和毫不相干的财政要求紧紧联系在一起,而这种要求只能说是一种讹诈。尽管美国对华援助的开支(对此中国几乎没有任何对等的开支)使中国为数已经很大的外汇"储备金"继续增加,它还是提出了这些过分的要求。这些储备金目前在中国不能使用,因此实际上是一笔为战后使用而秘密囤积的"资金"。

它未能贯彻军事征用法以帮助我们在中国获得物资,却让我们听任毫无良心的投机商的摆布,有些投机商据说与官方有联系。这些投机商获准对我们索取难以想象的高价,并通过美元与法币完全脱离实际的交换比率加重这种勒索。而我们购买的某些物资本来却是通过美国贷款提供给中国的。它似乎无视这一事实,即在中国获得的物资越多,从印度运来的物资就能越多地用于其他必不可少的军事需要。

国民党对于美国搜集中国战区敌军重要情报的活动仍然不予合作,有时还制造障碍。这种态度表现在如下一些方面:中国谍报组织(我们为它花费了极大的努力和开支)答应给予合作,但结果却令人失望;在已经达成协议的情况下,继续阻挠美国观察员参观真正的作战前线;顽固地拒绝允许与共产党地区进行任何接触。它显然仍旧看不到无论在中国或其他有关战区军事上都迫切需要这种关于我们的共同敌人的情报。对于下面这件事它也毫不在乎,即不同共产党控制区接触,可能妨碍了我们对日本进行远程轰炸,并可能会使美国人付出不必要的生命代价。

在国民党自己为战争而作出的努力中,它实行了一种恶劣腐败的征兵制度。这种制度只能使不适宜当兵的人充斥于军队,而最有能力和最强壮的人却能行贿以逃避兵役或干脆逃跑躲避。大部分国民党的军队士兵忍饥挨饿、遭受虐待,以至于战斗力受到严重削弱,而且服兵役在人民看来就等于判死刑。同时,国民党拒不接受这样的建议,即应该缩编军队,以保证他们获得充足的食物和武器,并受到良好的医疗照顾和军事训练。它之所以拒绝,是出于唯利是图的政治考虑,即必须集中力量继续进行争夺国家权力的斗争,而且军队的数量是衡量权力大小的最重要尺度。

出于同样的原因,国民党拒绝动员它的士兵和人民进行中国能够有效地进行的唯一一种战争——人民游击战。也许,我们参加这场战争使国民党的问题简化了。由于它害怕中国内部的力量——它自己的人民——就像害怕日本人一样,它现在企图避免与日本人冲突,以集中全力维持自己的权力。

国民党听任军队日益腐败的情况最近在河南的败绩中充分表现出来。这次失败不仅是由于缺乏重型武器,还由于军队士气低落、士兵境遇悲惨、人民——他们一贯受到虐待——未给以支持、领导指挥无能,以及军官由于曾与敌占区做生意而腐化堕落。

如果我们承认有明显的迹象表明国民党现任领导人并不想在力所能及的范围内打击日本人,我们还必须进一步认识到,它甚至可能企图避免使中国成为打击日本陆军的大规模战役的战场。这有助于解释何以国民党持续同日伪军保持来往。国民党可能希望这样就能防止日本人坚决发动进攻,使它自己的地位和权力得以维护,使几乎所有国民党官员在华东都拥有的房屋免遭破坏,并使国民党在沿海城市原有的经济——工业基地得以保护。

如果这个分析是正确的,就暴露了国民党领导人——即委员长——对美国的生命和资源所抱态度,即毫不在乎战争的拖延将使美国付出的额外代价……

二、鉴于这一日益加剧的危机,美国应对中国采取何种态度呢?

我们不可能精确地预言,中国目前的解体发展到什么程度,才会使国内形势发生惊人变化,并对抗日战争发生剧烈影响。但我们必须正视这样一个问题:我们是消极地袖手旁观,听任这一解体继续下去,达到灾难性的崩溃;还是想出一些我们能合法、切实地做到的事情,以制止这一解体进程。我们需要制定一项现实的对华政策。

(一)国民党和蒋介石明确意识到他们依赖我们,而且将不得不要求我们支持。

我们必须了解,当这一解体达到不可收拾的地步时,国民党将会转向我们,要求我们从财政、政治和军事上解救他们。意识到这种依赖性,才可以明确和正确地解释何以国民党对美国的意见和批评这样敏感。国民党——特别是蒋委员长——知道,我们是中国可以向之求助的唯一无私而又强大的盟友。

国民党向我们伸手,除了明显陈腐的却仍能打动人心的所谓感情的理由外,还可以提出许多理由。他们过去说过,将来会说,他们很早以前就能以对中国有利的条件同日本媾和——这种说法毫无事实根据。他们已经宣称,而且还将再次宣称,他们抵抗日本,拒绝与之妥协,因此,拯救了俄国、英国和我们。但他们忽视了这样一个事实,即我们自己因为拒绝在不利于中国的条件下与日本妥协而引起了珍珠港事件,使我们仓促卷入战争。他们已经抱怨过,并将继续抱怨,他们得到的物资支援比其他主要盟国得到的要少,而忘了他们很少作战,并且没有使用所得的物资,也没有能力使用他们要求得到的东西。最后,他们已试图,并将继续把他们的经济困境归咎于我们:他们歪曲美军在华开支所造成的影响,而忽视这样一件事实,即这种开支仅仅是中国经济管理不善的整幅可悲图景中的一个次要因素。

但是不论这些要求多么牵强附会，如果我们断然加以拒绝，也许会造成若干麻烦的后果：

（1）中国可能会进入一个国内动乱时期，我们在这个战区的军事活动将受到妨碍，远东的不安定将会延长，也许还会导致苏联进行干涉。

（2）我们将会受到中国和美国大部分舆论的责备，说我们至少部分地应对中国的崩溃负有责任，并说是我们"放弃"了中国。（我们多少有些咎由自取，因为我们曾倾向于让我们自己不仅与中国联系起来，而且与国民党及其政策联系起来。今后，如果我们的勇敢精神表现在避免与国民党过于亲密一致上，这种精神也许才更有价值。）

（3）由于我们在中国危难时公开撤回对它的帮助，我们将在国际上，特别是在远东丧失威望。

另一方面，如果我们按照国民党的条件拯救它，我们就是在支持——但也只能是暂时支持住——一个腐朽政权。从它目前的构成和纲领来看，这个政权是不能解决中国的问题的。无论中国还是我们自己，都将只是在总清算之前获得一个苟延残喘的机会罢了。

所以，避免出现这样一种我们只能在这两种令人不快的选择中进行非此即彼的抉择的局面，显然对我们是有好处的。

（二）国民党对我们的依赖使我们拥有极大的影响力。

形势在迅速发展，委员长将不得不要求我们继续提供并增加援助。他如此脆弱，决不能拒绝或轻视我们可能采取的任何协调和积极的对华政策，而且他越脆弱就越不能这样做。每张牌都对我们有利，只要机智地运用，我们会有极大的影响力。

（三）有三个一般的可供选择的办法摆在我们面前。

（1）我们可以放弃毫无希望的中国，并完全不再过问那里的事情。

（2）我们可以在委员长提出要求时继续给他以支持。

（3）我们可以制定一项协调一致的、积极的对华政策并采取必要的步骤加以贯彻。

（四）必须根据我们的在华目标决定我们的选择。

美国如果有这种愿望，并有一项一贯的政策，就可以在以下事情中扮演一个重要的，也许是决定性的角色。

（1）促使中国积极参加远东战争，从而加速击败日本。

（2）避免中国的经济崩溃，促成基本的政治、经济改革，从而使它能继续进行战争并增加它战后有秩序地进行恢复的机会。

（3）使中国能够在战后崛起，成为东亚稳定的主要因素。

（4）赢得一个永恒的、有用的盟友，一个进步、独立和民主的中国。

（五）我们应该采取第三种选择，即实行一项协调一致的、积极的政策，通过考察中国当前的形势和我们对华政策的特定目标，这一点是很清楚的。

由于当前军事方面的原因——也是出于显而易见的长远考虑，第一种选择必须排除。它将使我们失去宝贵的空军基地和在日军侧冀的阵地，并将延长战争。我们不能不过问中国的事情。

第二种选择（如果说我们有一项对华政策，这就是我们一直实行并正在继续实行的政策）的结果是不言而喻的。我们给予中国的大量财政援助已被白白浪费掉；如果说它对延缓通货膨胀、阻止经济崩溃有作用，这种作用也是微乎其微的。我们提供的军事援助肯定没有用来增加中国的抗日军事力量。我们的政治支持被国民党用于自私的目的，并用来支撑它目光短浅的、灾难性的政策。

因此，第三种选择是给我们留下的唯一现实的选择。假如排除了第一种选择，帮助中国和为它充当顾问就是肯定的了。中国自己必然要求给予帮助和建议。唯一的问题是，我们是使提供的援助卓成有效呢？还是继续以现在这种零乱的、心不在焉的方式提供援助。过去有时我们的右手似乎都不知道左手在干什么。如果没有一个一贯的、协调一致的政策，继续这样干下去将使我们的努力白白浪费掉，而中国和我们自己都得不到任何明显的好处。它只能在已经困扰着我们的问题之外，继续造成新的问题。除了消极的眼前利益外，它完全是得不偿失的。更重要的是,只图眼前利益漫无目的地给予支持可能并不足以挽救形势:中国即便得到这种支持,还会继续走向崩溃。

(六)这个积极的政策应该是政治性的。

我们面临的问题是,我们应该像过去那样忽视具有直接军事意义的政治考虑呢,还是应该效法日本人,求助于中国现有的更强大的政治力量,来实现我们的军事目标和长期政治目标。

我们必须设法帮助扭转当前的崩溃趋势,并把中国从军事上消极无为的状态中唤醒起来。这些只能通过加速中国民主的政治改革来实现。我们必须在中国民主化进程中起催化剂的作用。只要我们谨慎地施加影响,就能够实现这些目标,而我们迄今一直未能有意识、有步骤地使用这种影响。

民主改革并非一定意味着要推翻委员长或国民党。相反——如果他们能看到这一点的话——他们的地位将得到改善,中央政府的稳定将得以增强。中国现有的民主势力将得到加强,国民党内的反动独裁倾向将发生改变,一个多党派的统一战线政府可能出现。几乎可以肯定,委员长和国民党在这样一个政府中将继续起主导作用。

不言而喻,中国的民主化必须由中国内部的力量来实现,并依靠它们而存在。它不能由我们或其他任何国家强加于中国。因为对我们来说,强加"民主"不仅与我们的一贯主张相反,还会使我们处于被指责为"帝国主义"的境地,日本人和反动分子将利用这种谴责。因此,我们的任务是找到一种方法,以间接的、经常是谦逊的方式运用我们的政治影响,并向国民党和中国人民表示我们对民主的善意和严肃的关注。

在中国,人民对民主的要求已很强烈。我们可以确信,随着我们的态度明朗化,以及我们认为中国本身应该是改革的主要动力这种愿望日益明确,中国的民主改革将获得稳步进展。

如果考虑到下列因素,对于这样一项劝说政策能否成功所抱的疑虑就能减轻。

国民党已经表现出它自己是脆弱的,并对外国的批评十分敏感;中国的自由主义集团欢迎外国批评,并认为它是迫使国民党实行改革的最有力的动力之一;中国有政治影响的集团人数不过几十万,并很容易同他们建立联系。

《美国对华政策》(1944—1945),第 265—284 页

### (3)蒋介石不愿美国介入国共关系

## 蒋介石致宋子文
### 重庆,1943 年 9 月 9 日

关于中共最近悖乱挑战,倒行逆施,日甚一日之态度,实为从来任何时期所未有,令人百思莫解,以共党今日之势力,决不足以对抗中央也。刻始发觉其仍受原有第三国际某国之主使,其用意乃在使中国抗战加速崩溃,则以后中国完全为其所操纵,并在此四强协商未成之前,必使中国发生内乱,借此以延宕协商时期之理由,而达成其防制中美合作之阴谋。一面并望美国强制中国政府,对中共勿用武力制裁,一面则使共党在国内大事宣传,称美国政府已三次警告国民政府,对共党勿用武力,免启内战等谣诼,以鼓惑民众,使我国民对某国昔日怂恿中共之态度,今日反不怀疑,而独嫁怨于美国干涉内政,偏袒中共之心理,以实行其破坏中美之合作,此种国际阴谋,实为中梦想所不及;惟美国在华之军事长官,今日对此事之态度,更使共党鸱张无忌,而使我政府对中共之处理,更增困难,不惟不能阻止共党之内乱,适足以奖励我国之内乱也。此又不能不密告美国当局,使之特别注意。此次中央全会虽未闭幕,对中共如何处置之方案,亦尚未决定,但我中央对中共本无武力制裁之意,始终一以容忍感化为怀,惟其目前各种叛逆与侮蔑行踪,已暴露无遗,中央如不加以制裁,则国家纪律与民族精神完全丧失,中央对军民之威信甚难保全,以后即再不能行使职权,如此抗战亦等于失败,故不得不用纪律处治,以明功罪,而整纪纲;但决不加以武力讨伐,以免其借口于中国之内乱,而达成其国际之阴谋,以破坏以后太平洋与

世界整个之全局。请以此意口头密告,总使美国政府中人,能了解中共与第三国际在美国种种宣传阴谋之所在为要。

《先总统蒋公思想言论总集》第 37 卷,第 267—268 页

## 蒋介石致魏道明

### 重庆,1944 年 4 月 27 日

华盛顿。魏大使:关于中共在抗战期间所经过之罪恶,以及其破坏抗战、危害国家、虚伪宣传眩惑世人之事实,恐无时间向罗总统详述,反有挂一漏万之弊。而最要之点应特别提明者,即共产国际对中国一贯政策,使中国政府抗战至精疲力竭,不能持久,而彼乃夺取中国政权,然后即与日本妥协媾和,使美、日在东方两败俱伤,则其赤化远东、独霸世界之政策乃得如计实现,此乃共产国际惟一之阴谋,而其在美国之宣传已奏大效矣。如其问我政府对共党之政策如何,可答其仍照去年十一中全会之决议,当谋政治方法解决,若其不明白叛变,则政府决不用武力讨伐,惟加以防范而已。中正。感。机渝。

《战时外交》第 1 卷,第 169—170 页

## 魏道明致蒋介石

### 华盛顿,1944 年 4 月 30 日

渝。九三二五。密(表)。主席蒋钧鉴:今晨与赫尔国务卿晤谈,首先代表钧座致候并代赠玉照……嗣转述钧座对其 4 月 10 日广播,阐明美国外交政策,惟有四国合作方能争取胜利与和平,为切合实际具有远大眼光之荩谋,中国人民同深赞佩……又中共在美宣传,意在企图争取同情及破坏我政府威信,此间一部分舆论不察,近时有对我不良批评,甚至涉及国家尊严及军队荣誉,此等批评出于友好美国社会,国人感觉尤敏,影响殊大,请其注意设法纠正,凡其能为力之处,均足以增进两国人民间之友谊。……

《战时外交》第 1 卷,第 170—171 页

（4）提出改组政府的要求

## 高斯致赫尔

重庆,1944 年 7 月 4 日

在谈话过程中(见我们 7 月 4 日 1158 号电)孙科问艾切森,是否后者认为目前局势的发展将会改变战争的进程？艾切森指出,一旦衡阳和桂林失守,则意味着我们在西南所有的空军基地都将丧失,这除了使战争延长以外不会有任何好处。当然,他并不知道盟军的战略计划,但很清楚,由于我们西南的空军基地落在敌人手里,不久以后台湾和中国沿海的登陆行动将会因此变得更加困难。同时美国尽管会继续尽其所能地援助中国,我们的空军也仍在通过攻击日军供应线的方法迟缓日军前进,尽可能地帮助那些正在抵抗日军的中国军队。艾切森接着说,他了解到,日军围绕着衡阳推进明显地不需要太多的兵力,敌人正在找到远比他所期望的更容易的办法,而缺少有力抵抗的结果还会促使日军在有限的兵力和供给的条件下比原定目标推进得更远。多半可以认为,如果再缺少有效的抵抗,情况将有利于〔敌人〕向昆明发动最后的进攻,这对中国取得援助,包括通过美国空军取得的援助,将会产生严重的后果。而〔敌人〕从豫北经西安向成都推进,结果也明显地会变得轻而易举。

……孙说,他认为蒋会试着做些事情,对艾切森提出的关于在取得西南将领彻底合作共同反抗敌人方面,是否存在有任何基本的政治困难的问题,他答复说,对李济深与张发奎,很少有什么困难。……艾切森接着以表示"怀疑"的方式,提出了我在大使馆讨论中的一个想法,即由委员长来召集所有党派(包括共产党)和他组成一个军事委员会或最高统帅部,呼吁他们与他一起承担责任,开展有效的军事行动,以拯救国家尚存地区,同时向他们保证他不再企图以军事手段来解决国内政治矛盾,号召他们和他共同制定和实行一项军事行动计划,并呼吁人民重新恢复抵抗,重建统一战线。艾切森说,他认为,对于委员长来说,这将是一个有政治家气度的步骤,肯定会提高他作为中国领袖在国内外的声誉。孙显然很热心地听取了这个建议。

### 赫尔致高斯

华盛顿,1944 年 7 月 8 日

国务院感到,由委员长来实行你 1159 号电①倒数第二段所提出的建议②,对于改善当前政治和军事形势,看上去应当是一个具有建设性的步骤。因此,可以确信,除了按照国务院 6 月 15 日下午 5 时 829 号电的指示进行一次讨论外,你应当根据情况特别强调指出这一建议作为解决目前严重局势的一种方法所具有的好处。

### 高斯致赫尔

华盛顿,1944 年 7 月 12 日

昨天下午我与宋子文有过一次非正式的友好谈话,又一次涉及到你 6 月 15 日 829 号电所提到的大部分话题,并且讨论了我 7 月 4 日 1159 号电倒数第二段的建议。参见你 7 月 8 日上午 931 号电。

军事观察员访问共产党区域的问题在副总统访问期间得到解决,陆军正在组队前往延安。

宋称军事局势有些微小的改善。他承认整个局势是严重的。正在做的和准备解决的很少。

关于与共产党的谈判,宋说双方距离很远,还看不出有就关键性问题真正达成妥协和形成协议的可能性。

关于改善与苏联的关系,蒋介石告诉宋要"研究这些问题",但他

----

① 即 7 月 4 日高斯致赫尔电。
② 即高斯 7 月 4 日电报中提到的艾切森向孙科提到的那个"想法"。

没有做出任何暗示,表示他打算就此采取令人期待的行动。

对于我 1159 号电倒数第二段的提议,宋需要时间考虑,并说明他希望和现在住在他家里的考试院院长戴季陶进行讨论。戴是委员长最老也最亲密的朋友。如果这一提议能够被采纳的话,他的影响可能是有用的。宋强调戴严重地关注着目前的局势。但是,当谈到委员长对改组政府问题的态度时,宋提到,委员长最近曾指示领导无党派报纸《大公报》的总编辑说,新闻界现在可以有极大的自由,可以讨论诸如宪法这样的问题,但它无论如何不得提出任何改变政府的主张。

……

我认为,中国局势正在迅速陷入绝境。军事形势虽然由于衡阳的抵抗可以有短暂的改善,但日军一旦重新组织起来和得到补给,多半又会继续进攻。蒋无疑很焦虑,但没有任何证据表明他正在准备解决危机。我认为,只能采取一些根本性的措施来改变局势,即建立一个由中国一切党派和团体的代表组成的统一战线,由他们与蒋共同负责制定和实行恢复抵抗与振奋人民及军队抵抗精神的计划。这在蒋这方面需要来一个彻底的转变,并且我不知道即使在蒋同意的情况下,其他方面是否能够参加进来。但我相信,这一步骤值得一试,它应当由总统通过外交渠道提出来。

FRUS,1944,Vol.6,pp.124-125

## 高斯致赫尔

重庆,1944 年 8 月 9 日

在我们 8 月 9 日 1372 号电提到的谈话过程中,艾切森问道:(中国政府)在联合共产党以外那些持不同政见者,以便解决国内政治困难,打破军事逆境(刚刚得知衡阳失守),继续战争方面是否做了什么? 艾切森提到了我的建议,他于 7 月 3 日已经向孙科提过,即由委员长召集所有党派共同负责,与委员长共同组成一个军事委员会或最高统帅部(见我们 7 月 4 日 1159 号电)。孙科的答复显然是消极的。艾切森接着说,在他看来,中国政府现在正面临与西方交往近百年来最好的机遇,它可以通过联合所有派别共同建立巩固的反对敌人的统一战线而使中国成为世界伟大民主国家之一,并为中国在未来和平时期发挥作用奠定牢固的基础。他说,美国不仅需要一个强大和统一的中国,这从来都是美国政策的基本原则,而且,正如孙博士所了解的,美国政府为了中国的利益,一直在努力致力于使中国成为四强之一,以便这样的中国能够在实际上成为一个大国,并在远东为和平、战后稳定以及在政治经济方面与美国和其他国家为了所有国家的利益进行合作发挥积极的作用,而这些国家正在合作与和睦的良好愿望的开明原则的基础上,期待着经济与政治安定的新纪元的到来。艾切森说,美国不能单独做到这一点,这不仅仅是向中国提供军事援助和在世界组织和世界事务中给予外交支持的问题,中国必须努力做到自己帮助自己。他指出,中国非但没有这样做,而且正听任局势在军事形势方面,以及在内政和其他一些方面,包括在国际政治的某些方面不断地恶化下去,以致损害中国的大国地位和前途。孙博士表示了严重的关切,但又耸耸肩说:"政府的内政和军事权力都集中在一个人手里。"

FRUS,1944,Vol. 6,pp. 139-140

### 高斯致赫尔

重庆,1944 年 9 月 4 日

题目:与蒋介石主席的谈话;在中国的共产党问题;总的形势。

我很荣幸地提交我 8 月 31 日下午 4 时关于上述题目的 1480 号密电,并附去这一天我与蒋介石主席谈话备忘录的复本,以及关于这封电报的如下摘要。

关于国共关系问题,委员长的反应是很明确的,他的态度和以前一样强硬,如果不是比以前更加强硬的话。唯一能够接受的解决办法就是中国共产党根据政府以及他和目前国民党领导人的要求与愿望而投降……

如同有关电报所提到的,我向委员长提出,通过联合其他团体与党派的领导人和资深代表组成一个军事委员会,人们在那里为了实行抗日战争而共同分担责任,可以找到一种解决中国基本的政治和军事困难的办法。这一建议见于大使馆7月4日下午2时1159号电及其以后的报告中。在我说到这至少值得研究一下时,委员长对建议甚至没有做出礼貌性的反应。与此相联系,有趣的是,在最近一次大使馆领事与孙逸仙夫人谈话时,后者表示说,对于委员长来说,采取这样的步骤来表示强烈的信念还不算太晚,如果他不努力在这方面做些什么的话,他完蛋的时候也就到了,那时中国丢了,他也完了。

FRUS,1944,Vol.6,pp.544—545

### 赫尔致高斯

华盛顿,1944年9月9日

一、你的来电已经总统和我详细考虑,我们同意你的意见,即目前应就中国的政府的以及有关军事情况的各种事项,与蒋介石作坦白、友善和积极的商洽。

二、蒋委员长建议应令中共来和政府解决分歧意见,我们已予注意。蒋介石前曾向副总统作类似的建议,而你前电所述的蒋的一般论点,与他向华莱士副总统所说的非常相像。从非共产党影响所及地区的意见分歧的发展来看,从蒋自己所声称的希望和共产党妥协等等来看,这表示蒋的思想令人失望地绝无进展。

三、除非你觉得这种办法不适用,否则建议由你向蒋说明,若是他肯安排一次会晤,你准备就你和华莱士副总统与蒋会谈中的各点与共产党的代表,就相同的一般性的各点在重庆会谈;说明你将向共产党代表指出,中国亟需团结以继续抗战并为和平而作准备,为达成这样的团结,友善与容忍以及互相让步精神是重要的;说明目前具有各种政治思想的中国人应为打败日本而合作,并且说明只要牢记着胜利是主要目标,分歧的意见便可以解决了。你可以向蒋说明,以上所述是总统和我的意见。你可以附带说明,你所报告的你给蒋介石陈说的各项意见,我们予以同意。再者,请向蒋说明在华北的观察组是负有一个军事上任务的,我们认为如果用以达成他所建议的那种目的,是不适当的。

四、再者,我们同意你利用了与蒋谈话的机会,提出你,一如来书所称,对于联合委员会的理想。请向蒋说明,总统与我觉得你的建议既合时宜又切实际,并值得予以审慎的考虑。我们不是单单关切与中共的不调协,而且也关切着报道所称中国其他地区非共产党中国人士的不满和与正统意见不合的异论。我们不是关心中共或其他意见不合分子的本身,而是为了联合国,我们自己,同时也为了中国,热望在一个坚强而能容忍的代表性政府的领导下,中国人民能发展并运用他们精神和物质的富源,去进行抗战和建立持久的民主和平,并且,为达到目的,派别的分歧意见可以而且应该消除而发展成为理性上之合作与联合。照我们的信念,达到这目的的最有效的机构,是一个在蒋介石领导之下,握有完全的权力的代表中国一切有力分子的委员会或其他组织。当然,我们认识到蒋可能还心存着为达到同一目的的同样或更有效的办法。

再者,你可以随意应用从我们这里取得而写入你的电文中的各个有力论点,和艾其森在8月9日与孙科谈话中所充分表明了的看法。

请将此事通知赫尔利将军、史迪威将军和纳尔逊先生。你可以邀请他们中的一位或数位和你一同去见蒋,若是你觉得这样有用的话。

《中美关系资料汇编》第1辑,第586—587页

## 高斯致赫尔

### 重庆,1944年9月16日

1. 依据你9月9日下午4时1196号电,我在艾切森陪同下于9月15日下午根据约定拜会了委员长,进行了将近一个半小时的友好谈话。他的态度总的说来是协商式的,他表面上极力做出正在接受建议和意见,或者原则上赞同的姿态,但我感到,他对共产党问题的态度没有任何基本的变化,或者就是他并不真正理解,这比他许多年来一直追

求的通过消除一切反对和反抗的手段来实现统一的方法，要更实际或更有希望得多。有理由相信，按照他有限的经历和训练，不论是对民主的作用，还是对民主的运用，他都没有任何实际的概念。

关于我与中共代表林祖涵讨论有关建议的问题，他首先抓住它，把它当作一个跳板，要求我向林说明，这一建议的首要之点就是，中国共产党必须无条件地接受由委员长统一军事指挥和由国民政府实行政治控制的原则。我说明，我当然不能介入国共两党之间，我所能做的是适当地向林解释美国政府关于为了抵抗日本人和为了中国将来的双重目的，中国必须统一和（共产党）需要与国民党实现全面团结的观点。委员长随即提出问题：如果与林伯渠的谈话真的发生了，共产党会不会为了他们自己的目的而将它公开？他多半是想要强调，美国政府正在纵容或支持中共，至少也是在中共与国民政府之间进行调停。我说，这件事当然要由委员长来决定。我将保证只与林一个人谈话，如果他这样期望的话，并且我将等候他关于这件事的进一步的意见。

2. 关于建立联合的军事委员会和类似安排的问题，蒋说他已经在考虑达到这样目标的步骤，但他立即把话题改到即将召开的参政会上去了。当我指出参政会仅仅是一个咨询机构时，他立即说，他猜想我们的建议不会是要整个改变政府结构吧，有些事情是不应当在这个时候去考虑的。我答复说，我认为小党派参加政府是可取的，当面临危机的时候，组织一个全民的政府通常是解决问题的办法，但我的建议并不是想要立即改组政府，而是要建立一个军事委员会，让其他党派的政治和军事领导人参加进来解决当前局势中的问题，并分担责任。我希望用这种方法能够逐渐消除目前明显存在于国共之间的不信任，据此中国的统一才能够继续下去，同时获得一个令人满意的基础。但在我看来，这个委员会应当有权有责，树立解决危机的责任是使各党派在委员会中保持头脑清醒的因素。蒋又一次说，他正在考虑这样的步骤，并表示希望国民党以外各党派代表能参加政府的时刻"将会到来"。

3. 预料中的桂林的过早沦陷是否会使所谓的东南联合防御行动明

朗化还不得而知。同时,我们从蒋的谈话中得到的印象是:实际上他并没有采取任何步骤使持不同政见的军队和其他力量与政府协调起来,与政府协调的只有那些必须无条件地服从其命令的他自己的下属。从我们的各种消息来源中,我们还没有得到这样的情报,表明即将或已经实施了任何建设性的步骤,除了据报道说,东南地区的李济深的团体已被说服在目前为了中国整体的利益不公开与政府决裂。另外,随着日军攻势的进展,他们可能会向东移动,并在孤立的状态中不公开地建立起某种形式的自治组织。

已将你 1196 号电报通知了赫尔利和纳尔逊,史迪威不在重庆。

FRUS,1944,Vol.6,pp.573–575

# （三）赫尔利与国共谈判

说明:赫尔利作为美国总统罗斯福私人代表来华,在调解史迪威与蒋介石之间关系的同时,开始介入国共谈判。美国政府期望国共两党能形成联合,共同对日作战,并避免日后发生内战。但赫尔利对中国情况所知甚少,起初态度过于乐观。赫尔利访问延安,与中共领导人很快达成五点协议草案。但这一草案遭到了国民党的反对,国民党提出了针锋相对的对案。赫尔利在劝蒋无效后,竭力劝诱中共接受国民党方案,并日益明确支持蒋介石的立场。中共曾想绕过赫尔利直接向美国总统说明情况,但未能成功。美国在华军事人员与外交官曾设想发展与中共的联系,受到赫尔利的反对和压制。一些不赞成其做法的外交官被陆续调离中国。1945 年 4 月,赫尔利举行记者招待会,公开表明了其片面支持国民党的立场,其扶蒋反共政策初显端倪。中共对赫尔利态度及对美政策亦随之作出相应变化。

# 1. 赫尔利访问延安与签署《延安协定草案》

## 赫尔利所获训令

依据赫尔利将军致国务院的报告，8 月 18 日他得自白宫的训令是：(1)担任总统派往蒋介石委员长的私人代表；(2)增进蒋与史迪威将军间的和谐关系，并使后者对其所辖的中国军队便于指挥；(3)另负若干关于军事补给方面的责任；(4)与高斯大使维持密切的联系。

《中美关系资料汇编》第 1 辑，第 139 页

## 赫尔利与莫洛托夫的会谈

赫尔利将军与战争物资生产局主席、罗斯福总统的私人代表纳尔逊同行，路经莫斯科飞赴重庆。在莫斯科，他们曾与外交部长莫洛托夫讨论中国情况。依据纳尔逊对于这段谈话的报告，他解释说，他在华主要任务关系于经济事件，而赫尔利将军的任务关系于军事事件；中国的合作对于战争"极其重要"；而为着完成此点，美国政府必须支持蒋委员长，使中国达到完全的统一。在答复纳尔逊要求就这个问题说明苏联的意见的请求时，莫洛托夫回答说，从华盛顿或莫斯科是难于判断中国情况的，但他愿发表一些不予记录的意见。在报告中，莫洛托夫的谈话，撮要如下：

"接着，莫洛托夫详细地谈到1936 年蒋委员长在西安被囚的事件，并说那时中国与苏联间的关系是紧张的。但是他说，苏联政府对于张学良和汪精卫所领导的、包括许多共产党人的、并向苏联寻求同情与援助的革命党派不加理会，而发出下列的声明，即日本的挑衅是西安暴动以及中国其他事件的原因。由于苏联政府政治上与道义上的支持，蒋被允许回到政府的所在地，而革命领袖（张学良）却被逮捕。苏联曾希望，由于他们这个行动的结果，中、苏关系或可好转。但中国人对于增强关系表示很少兴趣，相反的，这种关系近年来倒每况愈下。

"虽然莫洛托夫说,苏联政府曾被不公正地认为对于近年在中国发生的种种事件应负责任,他却强调说,苏联政府对于中国内部的事件和发展,不负任何责任。莫洛托夫又说到中国某些地区人民很贫困的情况,这些人民中,有人自称共产党人,但与共产不发生任何关系。这只是对于他们的经济情况不满意的一种表示,一旦他们的经济情况改善,他们就会忘记这种政治倾向。不应把苏联政府与这些'共产分子'联系起来,也不能因这种情况,而对苏联政府作任何谴责。全部情况的解决,是使中国政府为共同利益而努力完成当前的种种工作,并使中国的生活更趋于正常。莫洛托夫总结说,假若美国帮助中国人统一他们的国家,改进他们军事的和经济的情况,并为这种工作选择他们最优秀的人物,苏联方面将至感高兴。……莫洛托夫以就询于他显然感觉很满意。他未提供新消息,但证实了从前发表过的声明,即他的政府深盼美国对于中国事件,在经济上、政治上和军事上居领导地位。莫洛托夫也阐明下列一点,即在蒋介石改变政策,设法增进中、苏关系前,苏联政府对于中国政府事件不打算有任何的关心。"

由于赫尔利将军以后的报告中,时常提及莫洛托夫关于苏联对华政策的表示,足见这次谈话的重要。

《中美关系资料汇编》第 1 辑,第 139—140 页

## 赫尔利致罗斯福

### 重庆,1944 年 10 月 19 日

经委员长的批准与建议,并应共产党领导人毛泽东的邀请,我参加了共产党和国民党代表的会谈。会议进行顺利。如我 9 月 21 日发给你的电报所说的那样,委员长对共产党采取了和解的态度。多半是由于苏联对中国共产党所采取的立场,如莫洛托夫对哈里曼、纳尔逊和我说的那样,转变了他的态度。

在我离开华盛顿之前,我和你的谈话中我表示了如下意见,中国的共产党问题在我们确定苏联对于中共的真实立场之前,我看是不能获

得解决的。我与格鲁大使和国务院中国科的其他人员充分地讨论了这件事。为了获知苏联的真实立场,我和纳尔逊先生经由莫斯科赴重庆。

莫洛托夫告诉哈里曼、纳尔逊和我:(1)中国共产党事实上不是共产党;(2)俄国没有支持中国的所谓的共产党;及(3)俄国希望和中国有更密切、更和谐的关系。当我在莫斯科时,哈里曼大使和我要求俄国允许由北线开往中国的卡车从俄国过境。在我抵此后不久,哈里曼打电报告诉我,斯大林元帅说俄国允许卡车经过。所有这些使蒋介石相信俄国没有支持所谓的共产党来反对他。俄国的态度是蒋介石和共产党领导人之间可能达成和解的主要因素。共产党领导人曾说:(1)他们赞成中国在能实施民主原则的政府下统一起来;(2)他们赞成一个由人民统治的政府,但为了抗战他们服从蒋介石的领导;(3)他们将努力促使中国的所有军队立即统一起来,在委员长的领导之下,准备好与美国及在华联合国家军队合作,在获得一个滩头阵地后迅速击败日本。

我曾建议共产党的首脑向蒋介石让步,采取一个简单的方案,使蒋介石无容置疑地指挥所有中国的军队。这个方案,将承认未来的政治目的是在基于民主原则上的统一的中国政府。这是一份进度报告。这是第一次似乎有可能在中国统一所有的军队了。

Map Room Files,Box 11,Roosevelt and Hurley,1944-1945

## 赫尔利起草的协议文件

重庆,1944 年 10 月 28 日

协议的基础

1. 中国政府与中国共产党将共同工作来统一在中国的一切军事力量,以便迅速打败日本与解放中国。

2. 中国政府与中国共产党都承认,蒋介石是中华民国的主席与中国一切军事力量的统帅。

3. 中国政府与中国共产党将拥护为了在中国建立一个民有、民治、民享的政府的孙中山的原则。双方将遵行为了提倡进步与政府民主程序的发展的政策。

4. 中国政府承认中国共产党的政党地位,并使其地位合法化。中国一切政党将获得平等、自由和合法的地位。

5. 在中国,将只有一个国民政府和一个军队。共产党军队与政府军队官兵将依其军阶得到同等薪俸和津贴。所有部队在军需及给养的分配中将享受同等待遇。

FRUS,1944,Vol.6,p.659

## 赫尔利带去延安的五条协议
### 1944 年 10 月 28 日

为着协定的基础

一、中国政府与中国共产党,将共同工作来统一在中国的一切军事力量,以便迅速击败日本与重建中国。

二、中国共产党军队,将遵守与执行中央政府及其军事委员会的命令。

三、中国政府与中国共产党将拥护为了在中国建立民有、民治、民享的孙中山的原则。双方将遵行为了提倡进步与政府民主程序的发展的政策。

四、在中国,将只有一个国民政府和一个军队。共产党军队的一切军官与一切士兵,当被中央政府改组时,将依照他们在全国军队中的职位,得到一样的薪俸与津贴,共产党军队的一切组成部分,将在军器与装备的分配中得到平等待遇。

五、中国政府承认中国共产党的政党地位,并将承认中国共产党作为一个政党的合法地位。中国一切政党,将获得合法地位。

《中共中央文件选集》第 14 册,第 395—396 页

## 赫尔利与中共领导人会谈备忘录

延安,1944 年 11 月 8 日

今天举行了和共产党官员的首轮会谈。出席会谈的有:中国共产党中央委员会主席毛泽东,中国共产党军队总司令朱德将军,中共中央政治局委员、副主席周恩来,周恩来的秘书陈家康以及新闻记者余光生。余明确表示,他不是以新闻记者的身份而是以一个朋友的身份出席的。他将努力使双方清楚地互相理解所谈的一切。

出席会谈的还有赫尔利将军、包瑞德上校、翻译恩格①中尉和史密斯中士。

会谈大约于上午 10 时 10 分开始,11 时 30 分结束。

赫尔利首先向毛主席保证,如果他在会谈中所讲的有任何他不愿意别人记录的内容,可以不记。赫尔利还说,会谈中所有的内容都是保密的,因此不会使会谈受到宣传的破坏。赫尔利还说,如果恩格中尉的翻译中有任何费解的地方,参加会谈的所有懂中、英两种语言的人都可以随时打断会谈。会晤的主要目的是双方对所讲的全部内容都应有一个清楚的理解。

赫尔利说,罗斯福总统要求他以私人代表的名义来和共产党人讨论有关中国的问题。赫尔利说,他的到来还得到蒋介石委员长的同意和支持。

赫尔利说,首先他想让大家都理解的是,美国并不想介入中国的内政。赫尔利说,美国是中国的朋友,美国信仰民主,中国信仰民主。美国和中国有一个共同的敌人。他是来讨论我们如何能打败民主的共同敌人的。

赫尔利讲到他自己说,他想让大家知道,他是一个民主的信奉者,并信仰民有、民治、民享的民主政府;他说,这样毛主席和朱将军就能理解他个人的态度了。

---

① E. K. Horace Eng.

赫尔利说,我们应该鼓励中国民主进程的发展。

赫尔利说,他的使命是试图促成中国所有军事力量的联合,并与美国合作打败日本。

赫尔利说,他已就这一题目与委员长进行了详细的交谈。委员长曾对赫尔利说,他希望与共产党达成谅解,愿意使共产党的存在合法化,并承认它是中国的一个组织。

赫尔利说,委员长已经提出要使共产党和中国其他政党的存在合法化。另外,委员长还说他将和共产党一起考虑让共产党人加入中国国防最高会议。

赫尔利说,委员长认识到所有军事力量在平等的自由基础上联合的必要性,在上述自由基础上,共产党的军队将和其他军队一样受到同等的待遇。

(赫尔利拿出写有五点协议基础的一张纸,并把它交给了恩格中尉。)

赫尔利为讨论所有事情准备提出的只是一份作为协议基础的简要提纲,蒋委员长、毛主席及朱总司令将就此达成协议。赫尔利说,他要他们懂得这不是最后的定稿,他们可以向他提出有关如何补充和修改的任何建议。但现在他想先让恩格中尉将其翻译出来使毛主席和他的人进行研究。因为我们曾为此下了很大功夫,以便能提出一个美国人可以真诚地和双方进行对话的基础。

(恩格中尉用汉语和英语朗读了五点,见附页。)

毛主席想知道,这五点是谁的主意。赫尔利回答说这是他的主意,最初是他的主意,可后来我们所有的人都参与了。赫尔利解释说这五点只是一个讨论的基础,而不是一份"要么接受要么拒绝"的文件。赫尔利想和毛主席及朱将军在一个真诚、坦率的基础上进行会谈。

包瑞德说,他认为毛主席想要知道委员长是否同意了所提的五点。

赫尔利回答说,委员长已经同意了。

(中国人和包瑞德及恩格中尉之间讨论了一会儿。)

　　包瑞德解释说,这是一个讨论,通过讨论使毛主席和朱将军心里不会对"暂定的"一词(讨论中曾使用)产生误解。——余光生解释说,他想让毛主席和朱将军懂得"暂定的"并不是"临时"的意思。

　　赫尔利说这是我自己的主意。他解释说,他的全部目的是促成中国的团结来打败日本。赫尔利进一步说到,他希望团结会使中国获得自由,并能阻止内战。他说,在座诸君的理解将会使中国幸福、和平,并使它战后能在一个民主自由的基础上进行健全的重建;如果我们能对促成这样一种理解起一些作用,我们将非常高兴。

　　赫尔利说,进一步的想法是,我的总统富兰克林·罗斯福一直渴望中国能在世界上占有四大国之一的地位,这四大国是中、俄、英、美。

　　赫尔利说,一个充满了分歧和内战的分裂的中国是不能担此重任的。因此,我们不是把共产党和国民党当作政党来与其对话,而是当作爱国的中国人。

　　赫尔利说,美国不想在将来控制中国。我们所希望得到的是中国的友谊,它的良好愿望是使中国能够享有我们在美国享有的那种自由和统一。

　　赫尔利说,我们不想支配中国的意识形态或经济政策,中国应选择它自己的模式。我们希望中国通过经济活动和人民的意愿,而不是通过流血和冲突来选择它的经济政策,我们想要中国采取它自己的政策。

　　赫尔利说,他在和委员长谈话中一开始就了解到,委员长非常激烈地反对共产主义。但是,赫尔利发现,他非常渴望中国的和平和统一,他也相信共产党确实充满爱国热情地在努力提高人民大众的福利。他也是希望人民大众能得到这种福利的。

　　赫尔利说,委员长甚至表示他本人愿与毛主席会面,这样他们可以给世界及中国留下这样的印象,即他们都想为中国的老百姓谋福利,都希望防止内讧、冲突和内战。

　　赫尔利说他感到很高兴,因为蒋介石说过,他要把他的生命奉献给使中国保持统一和提高中国老百姓的福利。赫尔利说,他相信这也是毛主席所主张的。

赫尔利说,如果在座诸君能找到一个可以就中国的统一问题和蒋介石委员长达成一项协议的基础的话,我们将非常高兴与之合作。

赫尔利说他确信毛主席和蒋委员长两人都在为中国的利益进行工作,为了赢得战争我们将同他们合作。

赫尔利说,今天上午他留给在座诸君做的工作已经够多的了。如果他们允许,他将告退,把五点留给他们以便他们进行翻译。在他们全部理解了其内容之后,他们会再聚在一起举行另一轮会谈。但是,赫尔利又说,在告退之际他想留给他们这样的印象,即蒋委员长留给他的印象是,蒋确实是一位爱国的中国人。他对毛主席也有同样的印象。赫尔利将十分高兴去促成一个真诚的长期一致的基础,在此基础上你可以在中国实现所有的民主进程。

包瑞德对恩格中尉说,赫尔利将军表达了毛主席是一个真诚的爱国者的意见。因此,赫尔利感到应该有可能达成一项协议,因为毛主席和蒋委员长都在为一项可以给中国人民带来民主的协议而工作。

毛主席说,他要感谢赫尔利将军来到中国,帮助中国团结起来打日本。问题是如何把中国的力量和美国的力量联合起来加速打败日本和重建中国。那是基本的问题。

(这时,所有与会人员都离开房间。大家谈论参加今晚的宴会和饭后的娱乐活动。毛主席将为下次会谈定一个时间,并通知赫尔利先生。)

FRUS,1944,Vol.6,pp.674–677

## 赫尔利与中共领导人会谈备忘录

### 延安,1944 年 11 月 8 日

和共产党领导人的第二次会谈于今天下午 3 时举行,会谈进行了 3 个半小时,出席会谈的人员和上次相同。在第二次会谈中,余光生——担任大部分的口译工作,恩格中尉,包瑞德上校,周恩来和陈家

康不时地给予帮助。

毛主席说,首先,正如我早上和昨天说过的,我要向你们表示,我们衷心地欢迎你们到延安来。对你们为使中华民族团结起来打日本所给予的帮助,我表示感谢。

毛主席说,中国的事情很难办,正如包瑞德上校——他已经来中国多年,来延安也有些时候了——和我们许多其他的美国朋友所熟知的那样。中国有丰富的人力物力。惟一的问题是如何联合所有的力量打日本。中国需要团结,但是要团结必须有民主。也就是说,我们需要在民主基础上的团结。现在全世界反法西斯战争都打得很好,惟有中国打得不怎么好,这是因为中国缺乏民主。这就是为什么赫尔利将军代表罗斯福总统来到中国,帮助促进中华民族团结事业的原因。这也是为什么我们向你们表示最衷心欢迎的原因。

赫尔利将军说,谢谢。

毛主席说,特别在目前阶段,日本已经进攻西南,美国军队已经到达菲律宾,这个时候需要中国战场的配合。但是在国民党当局负责的主战场,我们遭到了惨重失败,所有中国人和我们所有的外国朋友对此都感到十分焦虑。我们希望事情会有转机。在过去,事情一直在朝着错误的方向发展,朝着破坏团结、削弱中国军队的战斗力、破坏民主的方向发展。中国与其他外国之间的关系也很糟。所以,现在是让机器向新的方向运转的时候了,应该朝着团结民主的新方向,朝着加强兵力狠狠打击日本的方向运转。因此,对赫尔利将军为此所提供的帮助,和他正在做的一切,中国人民都表示感谢。

毛主席说,上午赫尔利将军曾说,他期待着一个以他的建议为基础的自由、真诚和坦率的会谈①。到目前为止,国民党仍然是一个大的政党。它仍拥有一支大的军队,这个军队在抗日战争的头两年打得还比较不错,现在它仍在打日本。国民党当局还没有完全破坏民族的团结,

---

① 原文如此。该处"你的建议"即赫尔利的建议,这是翻译对赫尔利说话的口气。

这是一个有利于政党进入蒋介石先生领导的政府中的好的迹象。

毛主席说,接下来我们就需要团结起来抗击日本了。我们从来没有放弃过这一观点,那就是和蒋介石合作进行抗日。

赫尔利说,谢谢你。非常好。

毛主席说,但是我们必须看到事情的另一方面,那就是中国今天的困难,我们的缺点和严重的危机。如果我们看不到这一面,那我们就不能解决这个问题。

毛主席说,到目前为止,我们希望中国的政策应有所改变。中国政府的政策一直是有碍于全体中国人民的团结的。换句话说,它一直是团结的障碍。现在,中国被分成三个部分或区域:第一,敌占区;第二,由中国共产党及所有和中共合作的非党人士控制的解放区;第三,国民党统治区。

毛主席说,在敌占区,国民党当局并不像法国人那样去努力组织地下军事力量来配合盟军。在这些地区它并没有开展任何工作来抗击入侵者。至于解放区,国民党当局则拼命妨碍甚至消灭这些地区。你们可以看看地图。当你们看到这大片的解放区时,你们便可以理解这就是中国人民八年艰苦斗争的结果,这种斗争是在最困难、最恶劣的条件下进行的。我想重复一下,国民党当局拼命阻碍中国人民在这些解放区的斗争。他们千方百计进攻解放区,派遣特务捣鬼,真是一言难尽。时间有限,我认为没有必要把所有这些事情都告诉你们。

毛主席说,在国民党当局直接控制的区域里存在着最严重的危机。国民党军队大部分已经丧失了战斗力,只有一小部分国民党军队还没有丧失战斗力。从4月到现在,国民党军队的规模已经从二三百万减少到不到200万,更精确一点是195万。国民党军队大部分一触即溃,不能打艰苦的战役。

毛主席说,在国民党控制的区域,土匪出没无常。人民对政府的信任感从来没有像现在这样低。正如我刚才说过的,这是一个严重的危机。大学教授和学生中间,以及国民党成员和其他小党派中间,不满情绪到处蔓延。

毛主席说，我认为我们同盟国的朋友们也希望了解中国的战争情况。我所说的只是对这三个地区情况的一个简单描述。目前日本在继续进攻；美军已经到达菲律宾群岛；需要中国军队配合来进攻日军，那么我们如何才能尽快解决中国今天的这个紧迫问题？

毛主席说，今天早上赫尔利将军说，如果美国运用其影响促进中国的团结，而且很快实现团结，美国人民将会很高兴。至于如何解决这个问题，赫尔利将军今天早上已经提出了五点，那是达成协议的暂定的基础。我们感觉某些问题现在就应该讨论。至于具体的条款我还没有做好准备把它们提出来。我觉得此刻有必要讨论几个和这个基础有关的问题。

毛主席说，中国人民的绝大多数，首先包括共产党人，都希望政府的政策和政府的组织应该有一个变化。这是起码的基础，没有这个基础什么协议也达不成。没有这样的解决办法，协议就不会有一个坚实的基础。必须改组政府，必须建立一个包括国民党、共产党、其他党派及无党派人士在内的联合政府，一个真正联合的国民政府。

毛主席说，另外，这个联合政府的政策应该适合于团结全体中国人民打日本。这就是不适合全民族团结抗日事业的政策应该改变的原因。改组政府是非常必要、非常重要的。首先为了挽救国民党统治区的军事、政治、财政和经济危机。在解放区我们虽然面临着困难但没有危机。如果不改组政府，那就不可能振作军队的士气，即使他们用新式武器，飞机和坦克装备起来也不行。国民党当局一直在责怪外国没有提供足够的物资。但是如果不改组政府，那么就是他们收到更多的物资，军队的士气也丝毫不能振作，因为整个机构，军事的、政治的和财政的全都腐败透顶了。所以改组政府首先是为了挽救国民党统治区的危机。国民党在这个地区是掌权的，如果不改组这个政府，就无法挽救危机。所以改组政府的问题首先是为了挽救国民党当局自己的危机。

毛主席说，关于民主程序问题，我感觉这个程序应该是改组政府，建立联合政府和改变政府的政策。但是过去的事件表明蒋介石先生总是想拖,拖到抗日战争结束之后。所有的危机都在加深。这样下去不能挽救危机,危机将被拖长和扩大,使政府有崩溃的危险。不光是我们共产党,就是我们的外国朋友和记者也已经感受到了政府崩溃的危险。所以,如果照蒋介石先生的想法,把事情拖延到抗日战争结束一年之后,那么危机不仅要被拖延下去,而且还会扩大,那就会有政府崩溃的危险,而且还会反过来打那些建议改组政府的人的耳光。

(这一点赫尔利将军不太明白,在恩格中尉、余光生、周恩来、陈家康和包瑞德等人用汉语讨论了一会之后,由翻译余光生把毛主席的话翻译成如下的英文:)

如果蒋介石先生坚持把解决危机拖延到战后,并打那些建议改组政府的人的耳光,那么危机就会扩大,就会被拖延,政府就会面临崩溃的危险。

(这还不完全清楚。刚才提到的那些人用汉语又讨论一会之后,翻译作了以下的补充。)

推延问题的解决,听任事情拖着,危机将会扩大,最后将导致国民政府的崩溃。

毛主席说,这个危机的根源在于国民党当局的政策和腐败的政府机构,日本人一进攻它就崩溃了。所以,危机的根源不在于共产党的存在,而在于国民党的错误政策,这种政策是经不起日本人的进攻的。

毛主席说,共产党在敌占区正在尽最大努力组织地下力量准备配合盟军在中国的登陆。在解放区,共产党则公开地组织共产党人打日本。我们从来没有妨碍国民党在其统治区的工作,而国民党则在解放区和敌占区妨碍我们的工作。195万国民党军队中的77.96万被用来包围我们的地区,一部分用来进攻我们的地区。在我们方面,我们把全部力量用在抗日上。我们从来没有做任何事妨碍他们在我们地区的工作。

毛主席说,在国民党控制区也有共产党员。国民党当局一见共产党就抓并将他们杀死。从 1939 年以来,我们的党在大后方被迫转入地下工作。只有在重庆,我们的报纸被允许出版,有一些共产党员被允许公开工作,还有在西安有一些共产党员被允许公开活动,在国民党控制区我们的党已被迫转入地下。尽管这样,我们还是命令我们在大后方的同志不要举行罢工、罢市,要支持国民政府打日本,不要计较国民党当局的种种行径。

毛主席说,这表明危机的根源在于国民党当局本身的政策及其不堪敌人一击的腐败的军队。危机的根源不存在于共产党中。如果我们从另一角度看,没有共产党,没有解放区,国民党当局早就被日本人打垮了。最近我们军队已经扩大到 63 万人,还有 200 多万民兵和 9000 万人口,这是一个巨大的力量。我们在敌人后方打击日本侵略者,抓住牛尾巴,这样我们就保卫了国民党地区的大后方,否则他们早就被日本人消灭了,因为他们经不住日本人的进攻。

毛主席说,去年 6 月国民党当局提出了一个计划。这个计划的核心就是解散百分之八十的第十八集团军和新四军,解散由人民自己选举出来的解放区的政府。(字迹不清)因为如果第十八集团军和新四军在敌人后方被解散,那就没有人来牵住牛尾巴,日本侵略者就会进入国民党控制区,所以我们说这种建议只是对他们自己的事业有害。

毛主席说,在协议基础中有一点他认为恐怕是蒋介石先生写的,那就是我们的军队、我们的军官和士兵们在被改编之后将得到和国民党军官和士兵一样的薪俸和津贴。我以为应当改组的是那些丧失战斗力,不听命令的部队,比如那些一打就散的部队,那些不听命令和极端腐败不堪的部队,正是这种部队需要改编。至于我们的部队,我希望我们的朋友多看看我们的敌后根据地。我们有几十个根据地,其中的 17 个比较大。美军观察组除延安之外还参观了五台山和晋绥军区。我希望我们的美国军人朋友多看一点儿,把观察组扩大,我们所有的根据地都去看看。我希望你们能到所有这些根据地去看看。我认为这也是中国人民的公意,哪些军队腐败,没有战斗力,就应该改组哪些。至于薪饷待遇的问题,国民党的士兵饥寒交迫虚弱得连路都走不动,士兵月薪50元,只够买一包纸烟。在我们的军队里,我们的部队吃得饱,穿得暖。所以你看,如果我们的部队要被改组并和国民党军队拿一样的薪俸,那会是什么样子?如果我们被改组,拿国民党士兵一样的薪俸,你想这如何使得。他们将会吃不饱,走路都没有力气。

毛主席说,我们已经谈了很多。还有许多事情我想谈,但我们要谈的只是基本观点。赫尔利将军为了促进中华民族的团结,不辞劳苦远道而来,我们在延安的人对赫尔利将军都非常感激。但是我们感到把我以上所谈到的真实情况告诉赫尔利将军是必要的。

毛主席说,他想补充两点。在不破坏解放区抗战力量及不妨碍民主的条件下,我们愿意和蒋介石先生取得妥协,甚至可以先解决几个问题,或逐步地解决这些问题。我们不指望一下子把所有问题都解决。但是让我们放弃民主原则或允许破坏解放区的抗战力量是不可能的。另外,我愿意——很长时间我也一直期待着——与蒋介石先生会面,但在过去要做到这点很困难。我们双方一直是越离越远,而不是走到一起。但是现在,在赫尔利将军的斡旋之下,在适当的时机我愿意与蒋介石先生会晤,为了谋求一致而去谋求一致。

赫尔利说,他很高兴听到毛主席这样讲,并表示非常感谢。这是一个大进展,如果我们能使这两个人坐在一起,我们可以解决许多困难。你告诉他那是一个非常好的表示①。

赫尔利说,他意识到蒋介石的军队在7年多近8年的抗日战争中经历了严峻的考验,他们曾被封锁,并且不像共产党部队那样可以得到那么多的资源(指食物和衣服)。

赫尔利说,为国民政府辩解并不是他的职责,他说他不想为其辩解。但是他想说,去年国民政府的部队在缅甸北部和怒江地区打了几次漂亮仗,并且把利多公路一直开通到密支那。为赢得这些胜利而消

---

① "你告诉他……"这是赫尔利对翻译说话的口气。

耗掉的人力物力削弱了其他地区的国民党军队。谴责中国士兵的那些论调是那些想让中国继续分裂下去的国家制造的。

赫尔利说,他认为他不应该比中国人自己更渴望一个团结、和平和强大的中国。为此,他认为我们应该试图使领导人们心平气和地讨论目前的局势,看一看中国政党的团结是否可能。

赫尔利说,如果中国力量不能联合起来,那我们在这儿的使命看来是徒劳的。在他再一次和委员长会谈之前,他想知道,毛主席究竟想要政府做些什么。因为如果形势看起来不可能的话,我们就不应该在这上面浪费许多时间。他并不知道存在着像今天下午所显示的那种根深蒂固的对抗情绪(赫尔利解释说,根深蒂固的意思是一些想法如此深刻地印在脑子里,看来讨论无济于事)。

赫尔利说,今天下午所谈的也是中国的敌人一直在说的:缅甸北部和怒江的战斗是没有用的;中国人是腐败的;中国的敌人希望让中国分裂下去。国民政府在缅甸北部和怒江地区使用的部队和装备如果留在华东,是可以用来打败华东的日军的。但是他们却被调动出来用于别的目的,从而削弱了中国的力量,结果日本人利用了这一点。

赫尔利说,缅甸北部的所有战斗及怒江的所有战斗对于打开利多公路是必要的。如果那条路重新开通,给养就会送进来,这将从物质上帮助改变抗战的形势。蒋介石已经同意改组军队。他已同意改组他的文官政府。他说他愿意共产党和他一起来共同推动实现孙中山的原则,并使民主进程的发展成为可能。

赫尔利说,如果中国要团结,如果它要避免内部冲突,那么中国领导人必须找到一个他们可以取得一致的基础,这是很必要的。赫尔利说,他认为要求像他这样一个局外人来做达成一致所要做的所有事情,未免有点过分。他一直在尽他最大努力,但是如果我们真正想取得合作,我们需要有中国领导人之间的合作。

赫尔利说,他曾和蒋介石作过长谈,请他理智行事,以符合中国最高利益的方式行事。赫尔利说,他想请毛主席为他准备一份声明,讲清毛主席希望对方做些什么,才能为中国的团结和蒋介石进行合作。

毛主席说,你是否承认那里有腐败分子。

赫尔利将军说,是的。

毛主席说,赫尔利将军不应该说他刚才所表达的观点是中国敌人的观点。他说,他重复的是罗斯福总统、丘吉尔先生的观点,他重复的是孙科博士和孙中山夫人的观点。

毛主席说,在最近的采访中,罗斯福先生和丘吉尔先生都对中国情况表示不满。孙中山夫人和孙科博士也表示对中国军事政治情况不满。所以我认为重复罗斯福观点并没有错。说我重复了敌人的话,那是不合事实的。我并没有重复日本人的话。

赫尔利说,他并没有说毛主席重复了日本人的话,但确实说了他重复了中国的敌人的观点。

毛主席说,你说这些希望中国团结的人也在谈论中国的缺点和中国的缺乏民主。如果中国没有民主那么中国就不会有统一。现在中国没有民主,所以有两种人在谈论中国的缺点:一种是预料中国不会统一的人,另一种是预料中国会统一、却又希望中国不统一的人。

毛主席说,我所说的话并不反映那些不希望中国统一的人的意见。我的话反映了中国人民的所有意见,他们是真诚地希望中国统一并克服其缺点的。

赫尔利说,现在他同意毛主席的意见。刚才他不同意毛主席是因为他认为毛一直在重复所有反对中国的观点。

毛主席说,我们必须承认,事实上中国缺乏两样东西:团结和民主。

赫尔利说,他同意。

毛主席说,我们必须团结,必须民主。

赫尔利说,他再次同意。

赫尔利说,他很高兴毛主席讲了这些话。赫尔利理解了毛主席的意思。

他刚才提出那些论点时没有理解,他只是听到所有反对中国的论点。赫尔利说,他要民主,要中国的团结。

赫尔利说,如果毛主席愿意与他合作,他们会使蒋介石和他们合作。他们可以带来中国的团结。他们可以清除腐败,他们可以使民主原则在中国得到发展。但要做到这些他们必须全力合作。

毛主席说,他同意。

赫尔利说,关于腐败的问题,他当然不熟悉每一件事,因为他初来乍到。但是略微看一下情况,还是能看出,到目前为止,尚无大批的给养运到中国,所以不会造成很大的腐败。毫无疑问,中国的行政当局本身确实存在腐败现象,但截至目前就他所知在租借物资方面还没有大的腐败现象。

赫尔利说,他很高兴,因为他理解了毛主席。一开始他不理解,但是现在他认为我们要做的事是试图寻找一个毛主席和蒋介石可以会晤的基础,因为这两个人比赫尔利对中国的形势有更多的了解,他们可以以真诚走到一起,可以以使他们能达成协议的信息走到一起。

赫尔利说,毛主席是否认为他可以给赫尔利一份声明,就像赫尔利早上给他的那样(指五点基础)。

谈到赫尔利当天早上给他的那份协议基础的声明,毛主席说,他还有一些补充:某些条款可以全部接受。

赫尔利让翻译告诉毛主席,如果毛主席对此加以修改他会很高兴。

毛主席说,你是否愿意现在讨论这几点?

赫尔利说,他会很高兴。

毛主席说,第一条很好。

(这时双方进行了长时间的关于某些条文重新措词的讨论。约一小时的讨论之后产生了附件中的五条。整个讨论都是在十分友好的气氛中进行的。关于五条的措词以友好的方式提出了许多意见,但讨论是以友好的方式进行的,有关各方都努力使五点的措词尽可能地简单明了,使每一个人都能理解。)

## 延安协定草案

### ——中国国民政府、中国国民党与中国共产党协定

#### 1944 年 11 月 10 日

一、中国政府、中国国民党与中国共产党应共同工作,统一中国一切军事力量,以便迅速击败日本与重建中国。

二、现在的国民政府应改组为包含所有抗日党派和无党无派政治人物的代表的联合国民政府,并颁布及实行用以改革军事政治经济文化的新民主政策。同时,军事委员会应改组为由所有抗日军队代表所组成的联合军事委员会。

三、联合国民政府应拥护孙中山先生在中国建立民有民享民治之政府的原则。联合国民政府应实行用以促进进步与民主的政策,并确立正义、思想自由、出版自由、言论自由、集会结社自由、向政府请求平反冤抑的权利,人身自由与居住自由,联合国民政府亦应实行用以实现下列两项权利即免除威胁的自由和免除贫困的自由之各项政策。

四、所有抗日军队应遵守与执行联合国民政府及其联合军事委员会的命令,并应为这个政府及其军事委员会所承认。由联合国得来的物资应被公平分配。

五、中国联合国民政府承认中国国民党、中国共产党及所有抗日党派的合法地位。

中国国民政府主席　蒋中正

中华民国三十三年十一月　日

中国共产党中央委员会主席　毛泽东(签字)

中华民国三十三年十一月　日

北美合众国大总统代表　赫尔利

(见证人)(签字)

中华民国三十三年十一月　日

(1944 年 11 月 10 日 12 时 45 分毛、赫双方在延安王家坪签字)

《中共中央文件选集》第 14 册,第 393—394 页

## 毛泽东致罗斯福

### 延安,1944 年 11 月 10 日

罗斯福总统阁下:

我很荣幸的接待你的代表赫尔利将军。在三天之内,我们融洽的商讨一切有关团结全中国人民和一切军事力量击败日本与重建中国的大计。为此,我提出了一个协定。

这一协定的精神和方向,是我们中国共产党和中国人民八年来在抗日统一战线中所追求的目的之所在。我们一向愿意和蒋主席取得用以促进中国人民福利的协定。今一旦得赫尔利将军之助,使我们有实现此目的之希望,我非常高兴的感谢你的代表的卓越才能和对于中国人民的同情。

我们党的中央委员会已一致通过这一协定之全文,并准备全力支持这一协定而使其实现。我党中央委员会授权我签字于这一协定之上,并得到赫尔利将军之见证。

我现托赫尔利将军以我党我军及中国人民的名义将此协定转达于你。总统阁下,我还要感谢你为着团结中国以便击败日本并使统一的民主的中国成为可能的利益之巨大努力。

我们中国人民和美国人民一向是有历史传统的深厚友谊的。我深愿经过你的努力与成功,得使中美两大民族在击败日寇,重建世界的永久和平以及建立民主中国的事业上永远携手前进。

中国共产党中央委员会主席毛泽东

一九四四年十一月十日于延安

《中共中央文件选集》第 14 册,第 397—398 页

## 罗斯福致毛泽东

### 华盛顿,1945 年 3 月 10 日

亲爱的毛先生:

　　我从雅尔塔会议一回来,就收到了你1944年11月10日的信。获悉你本人对中国事态发展的看法,我非常感谢。

　　我怀着极大的兴趣注意到,你非常强调中国人民和军事力量的统一对打败日本和重建中国的重要性。

　　我真诚地希望你和蒋介石主席将共同工作以取得国内的统一。通过统一,中国人民可以为抗日战争的进行作出更加伟大的贡献。

　　我欢迎你对赫尔利将军的赞赏。他一直向我通报中国局势的进展。我预计,在不久的将来会有机会亲自和他进行讨论。

　　正如你所说,中国人民和美国人民之间的友谊是传统的和根深蒂固的。我确信中美两国人民的合作,将对取得胜利和持久的和平作出极大的贡献。

忠于你的富兰克林·罗斯福

FRUS,1945,Vol.7,pp.266-267

## 赫尔利致毛泽东的信

1944年11月10日

中国延安

中国共产党中央委员会主席

毛泽东先生

我的亲爱的主席:

　　我感谢你的光辉的合作与领导。这种合作与领导表现在你率领你的政党提出协定上,这一协定你已授权于我带给蒋介石主席,我同样感谢你要我转交美国总统的卓绝的信件。

　　阁下,请信赖我对于你用以解决一个最困难的问题的智慧和热忱的品质,深感愉快。你的工作,是对于统一中国的福利及联合国家的胜利的贡献。

　　这一光辉的合作精神,不仅将继续于战争的胜利中,而且将继续于建立持久和平与重建民主中国的时期中,这是我们的恳切愿望。

美国总统代表

美国陆军少将　赫尔利

《中共中央文件选集》第 14 册,第 394—395 页

## 2. 国民党另提对案

### 戴维斯致范宣德备忘录——和赫尔利的谈话

重庆,1944 年 11 月 14 日

毫无疑问,大使已经向你提供了直到他离开之前委员长和以周恩来将军为代表的中国共产党的谈判情况。这些谈判是通过赫尔利将军进行的,他扮演了调解人的角色。

昨天,赫尔利将军向我提供了有关谈判进展的最新情况。赫尔利说,中国政府希望会谈要保守秘密,因为共产党使他们处于一种非常尴尬的境地,是共产党而不是他们对目前的僵局提出了具体的解决办法。他们的这些建议(总的提纲我认为大使已经报告了)是相当公平的。如果谈判破裂那将是政府而不是共产党的过错。

赫尔利将军说,他相信委员长是愿意达成谅解的,但是委员长的愿望正在被他周围的人所破坏。他说,他已经告诉委员长,他(赫尔利)从蒋那里听到的是一回事,而从其下属那里听到的是另一回事。

赫尔利将军说,关于史迪威将军调离一事,他与委员长商定的条件之一是委员长同意与共产党达成协议。

赫尔利将军说,英国大使曾试图影响他,但是霍勒斯爵士是一位笨拙的外交家。赫尔利相信,这位大使反而清楚地披露了英国的对华政策。霍勒斯爵士试图劝阻委员长不要做任何努力去把政府和共产党搞在一起。他试图使赫尔利相信,中国保持分裂是合乎需要的。他指出几个世纪以来中国一直处于分裂,而且一直都挺好。

总的来说,赫尔利对谈判持谨慎的乐观态度。

FRUS,1944,Vol.6,pp.692-693

## 戴维斯备忘录——今后六个月中的美中关系
### 重庆,1944 年 11 月 15 日

我们不应该抛弃蒋介石,在这个关头这样做我们失去的将比得到的更多。现在我们必须继续承认蒋的政府并给予他名义上的支持。

但是我们必须持现实态度,我们必须避免在中国重犯英国在欧洲所犯的那种错误。我们一定不要无限制地为一个已在政治上破了产的政权打保票。而且,如果俄国人参加太平洋战争,我们必须做坚决的努力去从政治上赢得中国共产党,而不让他们完全地投向俄国人。另外,我们还必须充分理解,由于我们承认蒋介石的现行政府,我们就得对一个一直在腐朽下去的政权承担义务,并使我们在与共产党进行军事和政治的合作方面受到严重限制。

一个共产党可以在其中找到满意位置的联合的中国政府,将是我们最希望看到的这一僵局的解决办法。它将为我们在亚洲和太平洋的基本战略目标——一个强大的、统一的、民主的、独立的和友好的中国——提供最大的保障。

现在赫尔利正在通过和委员长及共产党的谈判来谋求建立一个联合政府。如果蒋和共产党达成一个互相满意的协议,那么从我们的观点来看就是取得了可能取得的最令人满意的解决办法。如果蒋和共产党不可调和,我们就得决定我们准备支持哪一方。

同时,我们时间紧迫,特别是如果苏联准备参加太平洋战争,那么在小心地维护委员长的"面子"的同时,我们应刻不容缓地扩大我们在延安有限的代表的人数和活动。如果一个联合政府建立起来了,我们应做好基础工作,立即开始与华北的共产党军事力量进行大规模的军事合作。如果目前的国共谈判破裂了,我们要把与可能继承华北及东北的政权的现存的良好关系保持下去。

如果谈判破裂,我们将面临严峻的决定,我们将不得不采取迅速果断的行动。最主要的危险是我们将两头落空——英国人用蒋来拆我们的台,俄国人用共产党来拆我们的台。我们将夹在当中,无计可施。

在确定我们应该支持哪一方时,我们必须记住这些基本的考虑:

(1)中国的权力正处于从蒋向共产党转移的边缘(在目前的谈判中,不是共产党而是蒋首次面临必须让步的局面);

(2)随着权力的转移,以共产党的力量和精力,他们将会成为中国最强大的和最富建设性的联合力量;

(3)在抗日战争的后一阶段,共产党比蒋对我们更为有用(例如,山东半岛共产党的基地离东京的空中距离要比塞班岛近400哩);

(4)英国人既反对蒋统一中国,也反对共产党统一中国,他们对俄国人可能在华北建立其势力范围一事持接受态度。如果他们能让蒋在长江流域和印度支那边界之间的地区充当半傀儡,他们将会十分满意;

(5)如果俄国人进入华北和东北,很明显,我们不能希望把共产党完全争取到我们这边来。但是我们可以希望通过对物资的控制和战后援助,对中国的民族主义的发展及反对苏联的控制等施加相当的影响;

(6)如果我们公开宣称支持共产党,蒋的政府就会立刻被降到地方政权的位置上,那将会引起混乱(但在某些地区并不像预料的那样严重),在军事、技术和行政方面对国民党的忠诚将会大规模地转向共产党中国,我们将会在中国和最始终如一的、最进步的和最强大的力量站在一边;

(7)让我们先假定目前的谈判失败了,如果我们抛弃共产党并继续支持蒋,那么我们将要对一个已被证明没有能力统一中国的政权承担义务。这个政权将依赖英、美的支持苟延残喘,它在我们对日本发动最后进攻时对我们是没有多大用处的。

FRUS,1944,Vol.6,pp.695-697

### 赫尔利致罗斯福

#### 重庆,1944 年 11 月 16 日

11 月 10 日,中国共产党中央委员会主席毛泽东在延安签署了一份国民政府、中国国民党与中国共产党之间拟议的协定……

我和共产党一起研究出这个解决方法之后回到重庆时,我发现无论对国民党还是对国民政府这个解决办法都不是完全可以接受的。为了提出修正意见或提出反建议,国民党、国民政府包括蒋介石本人工作了几天时间。我已和所有各方达成协议,要对拟议中的协定所有条款保守秘密,直到他们全都同意了协定,或最后不同意为止。情形非常困难。蒋介石看来认为,拟议中的协定最终将导致让共产党控制政府。我认为他的这种意见是不正确的。我几乎不断地找他和他的顾问们谈。我可能会使他们相信,和共产党达成一个合情合理的协定是必要的。蒋介石声称,他希望把中国的军事力量统一起来,让共产党的代表进入政府,并完成某些能导致建立民主政府的改革。他希望做这些,但是他不想让这些事看起来是共产党逼他做的。我相信蒋介石本人是渴望与所谓共产党达成和解的。国民党和蒋介石的国民政府中的大多数官员和他的私人顾问们强烈地反对。我知道,你会很清楚,拟议中的协定所列举的基本原则都是我们的。我仍在寻求这样一个方案,它能实现统一,却又不会让主要各方中的任何一方显出他们是失败者。这本身就是一个重要的问题。在促成中国军事力量联合的过程中,以及考虑到军事形势的严重性,我认识到时间是一个突出的因素。尽管如此,我对有关各方是尽量耐心的;自然,我一直在尽最大努力争取早日达成协定。

FRUS,1944,Vol.6,pp.698-700

### 罗斯福致赫尔利

#### 华盛顿,1944 年 11 月 17 日

121 号。如果同意,欲任命你为驻中国大使。不论从军事角度还

是从外交角度来看,我觉得你对那里情形的真知灼见使你充分具有在目前关键时期当此重任的资格。

## 赫尔利致罗斯福

### 重庆,1944 年 11 月 17 日

复你的 121 号电。我非常感谢你提出任命我为驻华大使。我接受任命,并充分认识到在目前关键形势下当此重任的意义。

## 罗斯福致赫尔利

### 华盛顿,1944 年 11 月 18 日

123 号。我希望你能私下里告诉委员长,从我的观点也从俄国人的观点来看,委员长和华北力量之间的可行安排将极大地加速实现把日本人赶出中国这一目标。在这个时候我不能对你讲得更多,但是他将不得不相信我的话。你可以向他强调"俄国人"这个词。

## 赫尔利致罗斯福

### 重庆,1944 年 11 月 20 日

我已将你的 123 号电报的内容传达委员长,强调了"俄国人"这个词。这起了作用。他随即吩咐他的负责和中共军队领导人谈判的代表们立刻重开讨论,并委托我尽力促成早日达成协议。但是,你应该知道,虽然提出全面合作,委员长的某些条件仍然是太强硬。

## 国民党提出的对案

### 1944 年 11 月 21 日

一、国民政府为达成中国境内军事力量之集中与统一,以期实现迅速击溃日本,及战后建国之目的,允将中国共产党军队加以整编,列为正规国军,其军队饷项、军械及其他补给,与其他部队受同等待遇。国民政府并承认中国共产党为合法政党。

二、中国共产党对于国民政府之抗战及战后建国,应尽全力拥护之,并将其一切军队移交国民政府军事委员会统辖。国民政府并指派中共将领以委员资格参加军事委员会。

三、国民政府之目标本为中国共产党所赞同,即为实现孙总理之三民主义,建立民有、民治、民享之国家,并促进民主化政治之进步及其发展之政策。除为有效对日作战之安全所必需者外,将依照"抗战建国纲领"之规定,对于言论自由、出版自由、集会结社自由,及其他人民自由加以保障。

附记:此系三十三年十一月十九日交下之件,已于同月 21 日由赫尔利转交周恩来(文中"以委员资格"五字系应赫氏之请添入者,经已面呈委座,其余均与委座交下之件同)。世杰。11 月 22 日。

**附:除政府原提三项原则外政府并准备实行次列三项办法**

一、在行政院设置战时内阁性之机构(其人数约为 7 人至 9 人),俾为行政院决定政策之机关,并将使中国共产党及其他党派之人士参加其组成。

二、关于中共军队之编制及军械补给等事,军事委员会将指派中国军官二人(其中一人为现时中共军队之将领)暨美国军官一人,随时拟具办法,提请军事委员会委员长核定。

三、在对日作战期间,军事委员会委员长将指派美国将领一人为所属中共军队之直接指挥官。

《中共活动真相》(四),第 293—295 页

## 3. 赫尔利继续推动国共谈判

### 赫尔利致罗斯福

重庆,1944 年 11 月 29 日

#### 第一部分

国民政府和共产党军队之间的一个看起来像是协定的东西已经有两个星期悬而未决了。中共中央副主席周恩来和一个代表团同我一起从延安来。周恩来和政府成员之间举行了多次会谈,他还和委员长进行了会晤,现在看来双方都渴望有一个解决。他们双方都受到关于新疆伊宁事件的报道的干扰。最近迟迟没有行动主要是天气的缘故,飞机在延安降落任何时候都很困难。目前,延安雪下得很大,周恩来及其一行现仍滞留在重庆。在达成最后协定之前,周恩来必须回延安取得毛泽东和中共中央的同意和批准。

#### 第二部分

不久前委员长要求安排宋子文与莫洛托夫的会见,总的目的是促进中、俄之间更密切的关系。今天早上宋告诉我,莫洛托夫昨天通知中国驻莫斯科大使,他将定一个日子在莫斯科会见宋。但是莫洛托夫说,他考虑的日期将是在 2 月末或 3 月初。在我看来这意味着他想要推迟会谈。我认为蒋介石还没有利用和俄国建立更密切关系的机会。新疆事件连同你最近电报中所提到的那些建议,在改变他的态度方面都起了很大的作用。他曾为新疆任命了一个反共的国民党省长及助手。现在他正在考虑撤换掉那个省长,而任命他的儿子蒋经国将军。在 11 月 7 日编号为 CBF25629 的我的电报中,我已将蒋经国的经历告诉你了。蒋介石由于必须频繁地会见一些人而弄得疲惫不堪,这些人包括:纳尔逊、魏德迈将军、丘吉尔的私人代表及其他盟国的代表和大使,还不算他自己的政府、军方和宗派的领导人。当然,这是个人政府的弱点之一,每一个人都要求和首脑人物对话。我们有五个主要的建议正在和蒋介石讨论。它们是：

1. 和共产党和解并在魏德迈计划中使用共产党的部队；

2. 更换新疆省长以消除那里目前存在的困难，促成和俄国的更好的关系；

3. 派一位私人代表去莫斯科；

4. 明确地批准魏德迈提出的军事计划，在执行这些计划中予以合作；

5. 继续对文官政府进行改革以提高效率，密切配合，并使蒋能把他的一些权力授予他人。

Map Room Files, Box 10, Roosevelt and Chiang Kai-shek, 1944

### 包瑞德：同毛泽东主席的谈话

延安，1944 年 12 月 10 日

1. 1944 年 12 月 8 日，我同中国共产党中央委员会主席毛泽东、副主席周恩来举行了长时间的会谈。会谈开始时，我首先发言。我说，我已得知周恩来将军不打算返回重庆。毛主席回答说，周将军在那里无事可做。然后，我们就目前国民党和共产党之间的谈判进行了充分而坦率的讨论。毛主席和周副主席谈话的要点概述如下：

由委员长向我们提出的三点建议的首要之点是，共产党的军队必须服从全国军事委员会的改编。这就意味着把我们的军队完全置于委员长的控制之下，其结果将是，他们可以随心所欲地裁减我们的武装力量。那时，我们将任凭其摆布。

与这种相当于完全投降的交换条件相应的是，总共才给我们一个全国军事委员会的席位，而这个名额是没有任何实际作用的。冯玉祥、李济深二位将军当年都是重要的领袖人物，他们也是全国军事委员会的成员，但是他们对军事委员会的决定毫无影响。事实上，全国军事委员会已经很长时间没有开会了。

赫尔利将军说，如果我们接受全国军事委员会的这个席位，那么我们将得到所有的军事报告,从而我们将知道政府的行动,并且我们将处在影响政府决策的地位上。我们难于接受赫尔利将军的意见。我们明确地告诉他,虽然有一位共产党人参与全国军事委员会,但是他对该会工作的了解绝不会比局外人多,而且他在该会也不会比局外人有更多的发言权,我们是清楚我们说的那种情况的。

赫尔利将军还说,接受了全国军事委员会的代表席位,将使我们"插进一只脚"并以此作为能够扩大我们地位重要性的起点,从而逐渐使我们的影响增加到这样一个程度,即最后我们将控制政府。我们相信,这是一个带有根本性错误的概念,但是我们已不能使赫尔利将军确信这是一个根本性的错误。我们所能说的一切乃是,如果双手被反绑着,即使插进一只脚也是没有任何意义的。

赫尔利将军、魏德迈将军以及麦克卢尔①将军曾对周恩来将军说,美国愿意和我们进行军事合作,但是在进行这一我们非常乐于接受的合作之前,我们必须接受委员长的条件。然而,在这种条件下,美国却完全没有向我们提供有关我们安全的保证。我们感到,我们不能适当地向美国要求任何这种保证。事实上,在这种情况下,我们不能相信美国能够对我们的安全提供保证,即使它或许真诚地愿意这样做。我们也不能相信委员长的信誉。凡是不带偏见地研究过国共关系历史的人,都能通情达理地想到我们不会寄任何希望于他。

我们发现,美国的态度有些让人迷惑不解。赫尔利将军来延安,问及我们和国民党合作的条件,我们提出了五点建议,其中的基本点是建立联合政府。赫尔利将军也同意这些显然是公平的条件,而且事实上,五点建议的大部分内容,是在他的建议之下提出来的。委员长已经拒绝了这些建议。现在美国又来认真地要求我们接受需要牺牲我们自己的反建议,这是我们难以理解的。

我们被告之,要我们牺牲自己以拯救局势是高尚的事情。我们看

---

①　Robert McClure,魏德迈的参谋长。

不出,把我们置于任蒋介石摆布的境地,能有助于解决当前的危机。赫尔利将军说,如果我们让步,我们将获得世界的赞许。但是,如果我们让委员长绑住手脚,世界的赞许对我们没有一点用处。

魏德迈将军说,如果我们同委员长达成协议,他就能给我们武器,并能派出美军军官训练我们,和我们一起工作。我们衷心地欢迎这种帮助,但是不能指望我们付出这样的代价,即我们在接受这种帮助时,要由委员长批准。我们认为,美国应该充分认识到这种事实,即如果我们屈从于委员长所能强加给我们的种种限制,如果放弃我们仅有的自卫手段(这种自卫手段就是我们的军队),那么,我们就不会有什么,或根本不会有合作的手段了。

毫无疑义,在目前的形势下,我们愿意参加政府。而事实上,向我们提出的条件却使我们没有机会参加政府。我们再重复一遍,如果双手被反绑着,那么插进一只脚也是没有意义的。

要求我们作出如此巨大的牺牲,而对目前危机负有重大责任的委员长却可以不作出什么牺牲,这对我们是太不公平了。承认我们党的合法性没有牺牲可言。我们不认为,给我们一个没有任何实际意义的全国军事委员会的席位,是一种牺牲。

也许魏德迈将军真诚地渴望帮助我们,但如果我们接受了委员长的条件,他就不能帮助我们了。我们希望在对日战争中与美国合作,在当前的危机形势下,我们也希望有所帮助,这全部的事情却被委员长阻碍了。我们已经提出了一项解决问题的方案,根据这个方案,我们得到美国的帮助是没有问题的,但我们的建议却被委员长直截了当地拒绝了,并且他还企图把责任推到我们身上。

美国认为,蒋介石一定会不惜一切代价保持他的执政地位。我们不反对这一政策,只要他同日本作战,我们就完全愿意委员长继续当领袖。然而,我们并不准备为了在全国军事委员会取得一个席位而放弃自我保护的权力。

如果鉴于蒋介石的历史,美国希望继续支撑这一腐朽架子——蒋介石,那是美国的权力。然而,我们相信,尽管美国能够做他所要做的一切,但蒋介石注定要失败。难道魏德迈将军认为,在实现他的各项建议中,蒋介石会给予全心全意的合作吗? 当然他办不到。史迪威将军已经十分了解,在军事行动中对蒋介石的依靠程度应有多大。让美国继续支持蒋介石,直到他把昆明、贵阳、重庆、西安、成都等都失掉,那时,也许美国将会明白,支持蒋介石是如此的无用。

我们不像蒋介石,我们并非必须要别的国家的支持。我们能够挺立着,像自由的人们一样自由地行走。

我们承认,委员长虽有着如此之多的短处,但他总还没有和日本人讲和,为此我们非常感谢他。而另一方面,只有王八蛋才拒绝对日作战。

根据五点建议,我们相信,有美国的帮助,我们能够为挽救目前的局势作出一定的贡献。我们愿意在对日作战中流尽我们的最后一滴血。我们相信魏德迈将军知道,如果我们得到允许的话,我们能提供怎样的帮助,但是,我们不能被反绑着双手去战斗。我们完全愿意服从以蒋介石为领导的政府的指挥,如果我们在这个政府中有一定的发言权。但是,全国军事委员会的一个席位根本不会给我们以发言权。

如果美国放弃我们,我们将万分的遗憾,但是这不会损害我们对你们的友好情谊。任何时候,无论是现在还是将来,我们都将怀着感谢的心情,接受你们的帮助,我们将不附带任何条件,在美国将军指挥下尽心履行自己的义务,这就是我们对你们的友好情谊。如果你们在中国海岸登陆,我们将在那里同你们会合,并且将听从你们的指挥。

我们已经迎来了美国陆军观察组,而且我们已经尽力同它合作。如果这个组继续留在延安的话,我们将感到高兴;如果它撤离,我们将感到遗憾。如果它撤离以后又回来,我们将再度表示欢迎。如果美国不给我们一支枪一发子弹,我们仍将继续和日本人战斗,而且我们还是美国的朋友。

没有任何外部的帮助,我们已经同日本人打了 7 年,不论发生什么情况,我们将继续战斗下去。如果美国不帮助我们,还有英国和苏联。(包瑞德注:我说,依我个人意见,他们不可能指望从英国得到多少帮助。对此,他们没有回答。关于苏联,我没有说什么。)

包瑞德上校说,我们使赫尔利将军明白了,那"五点建议"是我们的最后答复,他说,他相信赫尔利将军把那"五点建议"看成是我们的"讨价"了。而那"五点建议"是我们的最后条件,在"五点建议"中,我们已经作了我们将要作的全部让步。我们在同意委员长作为领袖上作了让步,在同意我们的军队接受全国军事委员会的统一指挥上作了让步,在美援物资方面我们也作了让步(除去我们应该得到的公平的一份外,我们毫无所求)。我们将不再作出任何进一步的让步了。

我们完全理解,赫尔利将军不能保证委员长接受"五点建议"。我们知道他仅仅能说,这些条款是公平的,他将尽力使委员长接受这些条款。但是,在蒋介石拒绝这些公平的条款之后,我们不希望赫尔利将军反过来强迫我们同意需要我们去牺牲自己的反建议。

如果美国不能理解,假如我们接受了蒋介石的绝对控制,我们将使自己处于一种什么境地,那么我们今天所说的一切就没有任何意义了。在重庆时,周恩来将军尽了最大努力向赫尔利将军阐明了这一点。如果赫尔利将军现在还不理解这一点,那么他将永远不会理解,即使周恩来将军再去重庆,把所有的事情对赫尔利将军重说一遍,他还是不会理解的。

由于蒋介石已拒绝成立联合政府,我们决心不再让步,我们已决心采取一个决定性的步骤。我们正向我们控制的各地区的国民参政会建议,组成代表所有这些地区的"联合委员会"。我们将寻求国民政府承认这个团体,但是我们并不指望得到这种承认。这个委员会的组成,将是组成一个独立政府的初步的步骤。

周恩来将军在重庆时,没有把组成联合委员会的打算告诉赫尔利将军。这一步骤是经过长期考虑的,但直到周恩来将军返回延安,他才得知这一步骤被最后确定下来了。

包瑞德上校说,我们现在的立场是把谈判的大门关住了,我们已经关住了大门,但是窗户还敞开着。那"五点建议"就是窗户。我们愿意在今天、明天、甚至后天参加到联合政府中去。但是,到了大后天,等到重庆、昆明、贵阳、成都、西安都失守以后,我们就不会按照我们早先提出的条件去参加了。

2. 在整个会谈中,毛主席的态度极其强硬。他未对我失礼,但是有几次他大发雷霆,他不断高喊:"我们将不再让步!""蒋介石那个王八蛋!""如果蒋介石在这里,我要当面痛骂他一顿。"我说,我认为依委员长的看法,"五点建议"是逼他下台的手段。这句话特别激怒了毛主席,他"呼"地一下站起来,大声说道:"他早就应该下台了!"周将军从不动怒,他异常冷静,以平静的话语支持毛主席所说的每一个问题。会谈结束时,我感到,对于两位聪明、无情、坚定的领袖,我所谈的都是白费唇舌,他们绝对相信他们的地位所具有的力量。

3. 在会谈过程中,我努力提出一些我个人的意见,去影响共产党领袖们的不妥协的立场,兹将我的意见与他们的回答综述如下:

(1)意见:组成一个联合委员会进而建立一个独立政府的做法,将给蒋介石一个绝好的机会。借此,他会宣称,他历来的关于共产党人是叛乱分子的说法,已被毋庸置辩地证实了。

回答:他一直叫嚷我们是叛乱分子,叫嚷的时间太长,以致我们已经习以为常了。他高兴怎么说,就让他去怎么说吧。

(2)意见:你们将给委员长一个说你们已经同日本相勾结的机会。

回答:他早就这样多次诬蔑我们了。我们继续抗击日本将证实我们并非同日本人相勾结。

(3)意见:谈判已经失败及你们将同国民政府破裂的消息会使日本人高兴。

回答:无论我们做什么,日本人总是歪曲事实以达到他自己的目的。我们所能做的这些,即使他们高兴也无关系。

(4)意见:如果你们和国民党破裂,不仅蒋介石,而且美国的大部分舆论或许都要认为你们是叛乱分子。

回答:对于美国人民,时间将证实我们的事业是正义的。

(5)意见:在这次危机中,你们未能进入政府,或许会在美国引起非常不利的反应。

回答:等真相为人所知(真相终将为人所知)时,美国人民将会赞同我们的行动。

(6)意见:如果日本人在昆明和贵阳被国民党和美国军队击退,你们将十分难堪。

回答:如果真是这样,我们将比任何人都要高兴地欢呼。

(7)意见:如果委员长被打败,而你们又不在他需要帮助的时候去帮助他,那么美国或许要从中国撤走他的全部军队。

回答:美国不可能放弃中国。

《美军观察组在延安》,第91—99 页

## 赫尔利致周恩来

重庆,1944 年 12 月 11 日

亲爱的将军:

谢谢你12 月 8 日的来信。你和毛泽东主席代表中国共产党为和中国国民政府达成一项协议做了不少努力,为此我对二位表示敬意。我在延安期间受到了主席、你本人和其他人的盛情接待,为此谨向你表示谢意。

当必须通过翻译来谈话时总是可能产生误解的。但是我理解,毛主席允许我代表他的党向国民政府转达的作为解决方法的五点建议,是为了建立一个讨论的基础,而不是一个"或接受,或拒绝"的最后意见。按照我的理解,共产党愿意考虑国民政府提出的建议和修正。同样,按照我的理解,对毛主席建议的三点回答也不是国民政府的最后意见。因此,我将这两个文件都看作是谈判中的步骤。

你说你们已经决定发表中共提出的五点建议以便解决争议。按照我的理解,毛主席提出的解决办法在谈判仍属悬而未决时不宜发表。

你在信中说,现在是发表毛泽东主席提出的解决办法的时候了。我不同意这一点。我不相信谈判已经结束,除非你们希望它结束。我知道国民政府愿意进一步谈判。我等待你对这点的明确回答。你曾说过五点建议的措词大部分出自我手,确实是这样的。我不愿意答应在这个时候将其发表。

我认为,如果现在采取任何步骤使通向进一步讨论的大门关闭,那对中国以及它的真正朋友来说,都是一场大悲剧。

在此关键时刻,国民政府和共产党都应该加倍努力来统一中国。我已把这一点告知国民政府,它表达了继续谈判的愿望。我确信国民政府现正准备尽一切努力来统一中国。

向你、毛泽东主席及所有我们在延安的朋友致以良好的祝愿。

赫尔利

FRUS,1944,Vol.6,pp.732-733

### 赫尔利致罗斯福

重庆,1944 年 12 月 12 日

在耽搁很久之后,中共中央副主席周恩来将军回到了延安。我收到了他 12 月 10 日(8 日)写来的一封信,信中说,国民政府提交给共产党的三点计划是不能接受的,共产党希望中止谈判并发表他们关于协定的五点建议。关于这五点建议我已在我 11 月 17 日[16 日]电报中向你简要介绍过。现在,我将政府提出的三点计划概述如下:

……

共产党宣称,拒绝他们的建议及让国民政府提出建议无异于要求共产党向国民政府投降。他们的论点是,只要民主进程在中国不能实施,委员长所建议的政府内有限的代表席位就不会使他们在政府中有真正的发言权。他们坚持说,只有在平等的基础上接受他们,并组成真正的联合政府,他们的权利才能得到保障。

共产党提出的要求并没有得到国民党或国民政府的应有的考虑。但是,蒋介石又一次告诉我说,和共产党达成一个协议一直是、现在也是他的认真的愿望。我对他说,他和他的政府没有能利用共产党提供的达成协议的机会。他辩解说,他一直忙于军务,没能充分地注意共产党所建议的解决办法。他现已授权给他的行政院代院长宋博士等人,让他们就此事与共产党磋商以使问题得到解决。他请求我运用我有效的斡旋来和共产党重开谈判。他再次向我保证并希望我能使你相信,现在的目标就是与共产党达成和解,这是他的首要事情。我坚持说,应由政府自己去和共产党重开谈判,并承担谈判的责任。

最近几天中有一件事值得注意,就是共产党领导人对我们包瑞德上校所讲的一番话。包瑞德现在负责我们在延安的军事使团。据说共产党得到英国给以平等租借援助的允诺,援助将由英国向共产党提供,而不征求国民政府的同意。这个消息在我看来是不可置信的,但我将调查此事。一俟我向有关的英国官员查询后立即向你报告。

FRUS,1944,Vol.6,pp.733–734

### 毛泽东周恩来致王若飞电

1944 年 12 月 12 日

若飞同志:

(一)我们毫无与美方决裂之意,五条协定草案赫尔利不愿发表,我们即可不发表,周致赫信中提到准备发表五条即是征求他同意的意思。至于赫在五条上签字及赫、毛交换信件,我们自始即无发表之意。我们所想发表者仅是我们向蒋建议之五条,因蒋态度强硬无理拒绝无法实现中国人民一致要求的联合政府,故想公开于人民,让人民起来向蒋要求实现之,此点待包瑞德回来再和他商酌。

(二)牺牲联合政府,牺牲民主原则,去几个人到重庆做官,这种廉价出卖人民的勾当,我们决不能干,这种原则立场我党历来如此。希望美国朋友不要硬拉我们如此做,我们所拒绝者仅仅这一点,其他一切都是好商量的。

（三）中央在三个月内集中精力开七大，解放区联合委员会只能在七大以后再说。以上意思请告包瑞德或台维斯。

毛、周　亥文

《中共中央文件选集》第 14 册，第 412—413 页

### 赫尔利致斯退丁纽斯
重庆,1944 年 12 月 13 日

虽然共产党已经拒绝了国民政府旨在解决目前重庆与延安之间紧张关系的反建议，我仍不相信通向进一步谈判的大门肯定地被关上了。……委员长曾向我暗示，他愿意继续寻求恢复友好关系。问题是，他是否愿意并有能力做出足够大幅度的让步来使共产党满意。

我怀疑共产党的立场是否不可改变。虽然他们确实处于一个强硬的讨价还价的地位，但如果他们确信委员长真正渴望在公平的基础上与他们会谈，他们将很可能从他们原来的建议做某些让步。他们,对任何无助于他们在行政当局中取得有实质意义和有效份额的治标不治本的建议，都不感兴趣。

书面报告随后寄到。

FRUS,1944,Vol.6,p.737

### 哈里曼致罗斯福
莫斯科,1944 年 12 月 15 日

在昨晚我与斯大林元帅的会晤中，他似乎对魏德迈将军的立场及任命赫尔利将军为美国驻华大使一事感到高兴。在回答我关于他如何看中国的政治发展的问题时，他说撤换中国军政部长何应钦是一件好事，他认为宋子文没有军事经验，但他是一个"爱国者"。

像往常一样，斯大林批评蒋介石没有组织他的力量打日本人。他比较详细地解释了中国军队中的腐败现象。他评论说，委员长想要太

多的军队,但把他们装备起来不是为了打仗;他曾试图组织起 400 个师;如果他把部队数目限制在 40 个装备精良、有充分战斗准备的师,那就会好得多。

关于委员长和共产党之间的谈判,斯大林没做任何评论。如果在苏联开始进攻日本之前还没有做出任何安排,我相信必须设想,苏联将在北方支持共产党,并把被苏联红军解放了的中国地区的行政权移交给他们。那时形势对蒋来说就会愈来愈困难了。

FRUS,1944,Vol.6,pp.737–738

### 毛泽东致赫尔利
#### 延安,1944 年 12 月 16 日

赫尔利将军阁下:

来信收到,甚为感谢!

11 月间,罗斯福总统选举胜利时,我曾去电祝贺他。在他回给我的电报上说:"为着击败日本侵略者,愿意和中国一切抗日力量作强有力的合作。"请你转达给罗斯福总统,我对他的这个方针,表示完全同意,并向他致谢!

请包瑞德上校带此信给你。我希望包上校能够早日回延工作。

其他要说的,均见于周恩来将军给你的信上,我就不多说了。

谨致最良好的祝愿。

毛泽东
FRUS,1944,Vol.6,pp.740–741

### 赫尔利致毛泽东周恩来
#### 重庆,1944 年 12 月 20 日

感谢你们 12 月 16 日的来信和托包瑞德上校带来的口信。我很高兴你们没有关上解决问题的大门,并且我发现中国政府也倾向于继续谈判。我在见到你们中的一位之前,不能告诉你们更多的情况。如果

周恩来将军再来重庆,我相信沿着你们建议的路线取得成功的机会,比以往更有希望。谨致良好的祝愿。

FRUS,1944,Vol.6,pp.744–745

### 赫尔利致斯退丁纽斯
重庆,1944 年 12 月 24 日

复你 12 月 20 日 1681 号电①。在我所有的谈判中我理解的美国对华政策是:

(1)防止国民政府的崩溃;

(2)支持蒋介石继续作中华民国主席和军队的委员长;

(3)协调委员长和美国指挥官之间的关系;

(4)促进中国战争物资的生产并防止经济崩溃;

(5)为打败日本这一目标统一中国的一切军事力量。

这是对我的使命的一个大致的概括。当我刚到中国时,委员长和史迪威将军之间的关系已经接近僵局。战场上连告败绩,中国政府面临着崩溃。史迪威被召回了。美国魏德迈将军被任命接替史迪威成为委员长的参谋长和驻华美军司令官。中国战场从印缅战场分离出来。在委员长的合作下,魏德迈将军通过如下手段改组了驻华美军参谋部:

(1)免去和撤换几位高级官员的职务,补充了干练人员;

(2)在蒋介石的指导下,魏德迈在中国总参谋部和野战军军部都进行了大的变革,重新部署了军队,并且改变了战术和战略;

(3)魏德迈安排了一位美国将军指挥后勤部门;

(4)美国和中国的军事人员首次协调行动和共同行使职责,在某种意义上极大地鼓舞了军队的士气。

在军队改组期间,我还和委员长讨论了在文职政府的管理上做某

---

① 赫尔利以前是总统个人代表,因此未向国务院详细报告调处情况。他任驻华大使后,国务卿于 20 日要他作出报告。

些改变的问题。中国只是名义上的共和国，它是一个个人政府。也许它可以被称为仁慈的独裁政府。蒋介石和他的政府公开宣称的目标是使中国成为一个统一的独立的民主国家，一个民有、民治、民享的政府，促进国家管理上的民主程序的进步。正如你稍后就会看到，这些也是中国共产党所公开宣称的目标。批评蒋介石的人们，特别是美国人中的批评者，责备他没有能在战争期间迅速在中国创建一个民主政体。在中国创建一个民主政体将会是一个长期的困难的任务，而且只有在中国的广大群众都有机会受到教育之后才能完全实现，这一点对每个明眼人都应是显而易见的。我们到中国以来，委员长在其内阁成员的组成及文官政府的管理上，已经做了一些激烈的改变。批评者们说他走得还不够远，这无疑是正确的。但作为第一步，他已经走了相当一段距离。他还将继续走下去。目前的文职行政当局的成员们，正在和美国大使馆、美国军事机构及所有美国机构进行合作。在过去，政府中有这样一种倾向，即在某些事情上避开大使馆通过军队处理；但如果认为通过大使馆处理会更快，那就倾向于避开军队。我们不想把造成这种情况的责任归咎于大使馆、军队或中国政府。我们高兴地报告，中国军事官员、美国军事官员及大使馆正在合作，共同努力的结果已经开始在军事形势上显露出来了。

当我刚到这里时，蒋介石相信中国共产党是俄国苏维埃政府的一个工具。现在他相信俄国政府根本不承认中国共产党是共产主义者，而且：

（1）俄国不支持中国共产党；

（2）俄国不想看到中国的纷争和内战；

（3）俄国希望与中国建立更和谐的关系。

这些事实在使蒋介石确信中国共产党不是苏联的代理人上起了很大作用。现在他感到他可以和作为一个中国政党的共产党达成一项协议，而不是与外国纠缠。在我刚到的时候，人们认为在目前这场战争结束之后或可能在结束之前内战将不可避免。蒋介石现在确信通过与共

产党达成协议,他能够:

(1)统一中国所有军事力量抗日;

(2)避免中国的内部冲突。

我想在这里补充说,蒋介石已经请求苏联政府允许他派一名私人代表去会晤斯大林元帅。他已经选中行政院的代理院长现任外交部部长的宋博士来执行这一使命。苏联外交部已经通知他们准备在2月下旬或3月上旬接待宋博士。这次使命旨在建立中、俄之间更密切和更和谐的关系。

经委员长及其内阁成员的同意、劝告并在他们指导下,应共产党领袖们的邀请,我开始了与中国共产党及共产党军事领导人的讨论,其目的是促使达成一个协议,以重组、协调和统一中国所有的军事力量打败日本。战胜日本当然是首要目标,但我们都应该懂得,如果中国这两大军事力量之间不能达成协议,那么内战十有八九会接踵而至。我得到了共产党领导人的友好合作,他们通过我向国民政府提交了一份旨在建立联合政府和联合军事力量的计划。共产党还承认蒋介石的领导,并且保证他们支持在中国建立一个"民有、民治、民享"的政府。他们还保证支持所有的个人权利和促进政府内民主程序的发展。国民党和国民政府那时获得了一个与共产党达成解决办法的机会。但那时,国民党却忽视了或没有选择那样做。他们说共产党的计划对国民政府来说是不能接受的。相反,国民政府却又提出了一个对案,结果没有被共产党接受。我们和委员长及内阁成员们每天开会,尽力缓和国民政府向共产党提出的对案中的某些限制。我们正取得一些成功。委员长称,他渴望中国共产党的军事力量和国民政府的军事力量统一起来把侵略者赶出中国。共产党领导人宣称这也是他们的目标。我已经说服蒋介石和国民政府的其他人,为了统一中国所有的军事力量和防止内部冲突,他和国民党、国民政府有必要对共产党做出很大的政治上的让步,让他们在国民政府内有足够的代表。蒋介石已经任命了一个新的委员会;该委员会正在拟定一个他相信是可行的计划,他希望在此计划的基础上能与共产党达成一项有效的协议。国民党试图避免使用"联合"一词，他们不想承认他们与共产党形成了联合。国民党仍然希望将中国置于一党统治之下。尽管这样，你应记得，共产党已经承认了蒋介石的领导，并且接受了他公开宣布的几乎所有原则。国民党的国民政府和中国共产党公开宣布的原则几乎没有什么区别，即使有，也微乎其微。

对中国军事力量的统一及中国政党的联合，有一种很难对付的反对力量。我们发现，对中国统一的一些反对来自国民党和中国共产党内的顽固分子，而最大的反对来自外国人。在中国有一股很大的舆论潮流，控制这股潮流的人认为，中国保持分裂比中国变成自由团结民主的国家对他们更有好处，将使他们在亚洲的利益得到更确实的保障。一般说来，中国统一的反对者是一些帝国主义国家，这些国家现在正为重新征服他们在东南亚的殖民地，和为在这些殖民地上重建帝国主义殖民政府而战斗。它们都试图使中国人相信，美国为统一和加强中国所做的每一件事都是干涉中国内政。它们之中的每一个国家和它们的一些领地都在重庆设有大使馆，不仅向政府施加影响，而且通过它们的代理人向自由中国和敌占区的人民施加影响。正在进行这些活动的代理人有：

（1）荷兰大使馆；

（2）法国大使馆；

（3）英国大使馆；

（4）加拿大大使馆；

（5）澳大利亚公使馆；

（6）丘吉尔首相的私人代表卡顿·德维亚尔[①]将军办公室。此外，还有一些美国军事官员和外交官，他们相信现在的政府终将崩溃。在蒋介石及支持他的国民党内的"顽固派"的领导下，中国不会有军事或

---

① Carton de Wiart。

政治的统一,这一组人表达了以下的一些意见:

(1)委员长已经和日本达成了一笔交易;

(2)没有这样一笔交易,他的政府就会崩溃;

(3)共产党不应和国民政府联合;

(4)共产党不应允许他们的部队和国军统一;

(5)美国应和共产党而不是国民政府打交道。

我并没有受任何帝国主义者和其他反对中国统一的人的观点的影响,但我把这些观点罗列在这里以便使你了解它们,并给予它们你认为应有的考虑。在此事上大使馆的高级官员和我意见一致。试图说服我们相信的最后一个论点是,美国关于统一中国军事力量、帮助中国赢得战争、防止中国内战和建立起一个自由、团结、民主的中国的政策,如果不是对白人在东方地位的彻底破坏,至少也是有害的。几乎所有反对中国统一的论点,都可以大致上归入帝国主义者的陈腐观点和那些反对大西洋宪章原则的人的观点两类。

这是对昨天晚些时候收到的你的信件的迅捷的答复。我通过海军电台把它发给你,因为我发现海军电台比商业电台更迅速,更能胜任。

FRUS,1944,Vol.6,pp.745–749

## 范宣德①备忘录

华盛顿,1944 年 12 月 26 日

所附赫尔利大使 12 月 24 日的电报除了提供了相当多的背景材料外,还包含了许多对国务院来说新的消息。

赫尔利将军把他的使命概括成五点,这基本上是正确的。关于第一点和第二点,我们对待中国政治形势的态度需要保持足够的灵活性,以避免在蒋及其政府被撵下台时——自然这不太可能发生——处于尴尬境地,并立即采取步骤支持那些最有可能进行抗战的分子。

---

① 时任国务院远东司中国科科长。

我们注意到，委员长和魏德迈将军已经采取步骤以一种"极大地鼓舞武装力量的士气"的方式来改组军事指挥机关，这很令人鼓舞。

我们还注意到大使称，在内阁改组中，蒋的"第一步已经走了相当一段距离"而且"他还将继续走下去"。这也是国务院的看法。

大使关于"俄国没有支持中国共产党"的说法可能需要得到证实。虽然俄国没有给予什么直接的物质支持，但共产党确实从俄国得到相当可观的间接的支持。而且，他们对与国民政府达成和解的态度毫无疑问是受到莫斯科影响的。但是，他们希望正如大使所说，蒋介石正在变得相信"中国共产党不是苏联的代理人"。大使所说的宋将在2月或3月作为委员长私人代表去莫斯科与斯大林元帅会谈一事是鼓舞人心的。

在描述共产党向国民政府提交关于联合政府的计划时，大使说"国民政府那时获得了一个与共产党达成解决办法的机会。但那时，他们却忽视了或没有选择那样做"。但是，他指出"蒋介石已经任命了一个新的委员会。该委员会正在拟定一个他相信是可行的计划。他希望在此计划的基础上能与共产党达成一项有效的协议"。

（蒋过去的态度和表现不容人乐观。双方观点的区别是简单的和根本性的。蒋准备给予共产党在政府内的代表地位，前提是这种代表地位不具有控制性的或指导性的影响。共产党则要求一个"联合政府"，在该政府中，他们、国民党和所谓的"第三党派"集团将有同等的发言权。）

大使关于在华外国人（英、法、荷外交官）反对中国统一的议论很有意思，但我们感到所得出的结论在某种程度上是由于误解而造成的。一般说来，欧洲驻华外交官对中国统一前景的看法上比美国人更加冷嘲热讽——不那么乐观。而他们这种玩世不恭和悲观主义的态度常常被错误地理解为反对中国统一。

如大使所描述的那样，部分美国军官和外交官反对中国统一，可以简单地理解为，是他们相信中国政府注定要崩溃的一种表示，因此美国政府应准备和那个国家中唯一的强大的政治力量——中国共产党打交道。大使并不同意这个观点，但是在我们思考和计划有关对华关系事宜时，重庆当局的进一步瓦解却是我们必须考虑进去的一种可能性。

（如果蒋目前与共产党达成解决办法的努力不成功，我们相信应该认真考虑建立一个在蒋之下的统率所有中国军队的美国最高指挥部。……）

FRUS,1944,Vol. 6,pp. 750–751

**周恩来致赫尔利**

1944 年 12 月 28 日

赫尔利将军阁下：

包瑞德上校来延，获悉阁下对于毛主席 12 月 22 日致阁下之电，因电文弄错，致发生误会，甚为遗憾。详情已托包上校面达，兹不赘述。

关于国民政府有无可能接受我们提议的建立民主的联合政府方针来进行谈判问题，我们不愿再继续抽象的探讨。我们特提出下列意见，请阁下转致有关方面，以现其有否决心实行民主和团结。我们认为国民政府果欲向国内外表示其与民更始之决心，应先自动的实行：一、释放全国政治犯，如张学良、杨虎城、叶挺、廖承志及其他大批被监禁的爱国志士；二、撤退包围陕甘宁边区及进攻华中新四军、华南抗日纵队的国民党大军；三、取消限制人民自由的各种禁令；四、停止一切特务活动。诚能如此，则取消一党专政、建立根据人民意志的民主的联合政府的可能性，方得窥其端倪。阁下代表美大总统两月来对于中国之抗战、民主与团结，已尽最大努力，今于吾人之提议，当愿力促其成也。

专此奉告，并致我的敬意于阁下及魏特迈亚①、麦克鲁②两将军。

周恩来

《周恩来书信选集》，第 412—413 页

---

① 即魏德迈。
② 即麦克卢尔。

## 包瑞德致赫尔利

延安,1944 年 12 月 30 日

我亲爱的赫尔利将军:

　　1944 年 12 月 28 日,毛泽东主席和周恩来副主席告诉我说,他们认为,总统和美国人民不会意识到委员长只能在多么小的程度上代表中国人民,他已经在多大的程度上失去了中国人民的支持。他们宣称,在中国,除了中国共产党之外,还有许多党派和个人都认真地希望政府进行改革和改组。我的消息提供者这样告诉我说,这些人不敢强烈地、公开地表达他们的观点,是由于委员长和国民党的压制措施,特别是因为这些措施都是由秘密警察来执行的。

　　附上周副主席交给我的一份开明人士的名单。他说,这些人都希望改革,但不一定赞成撤掉委员长。毛主席和周将军说,这些人不是共产党,也不一定是共产党的同情者。他们说,如果你给这些人中尽可能多的人一个机会,让其私下对你表达对目前局势的观点,他们将非常高兴。

FRUS,1944,Vol. 6,p. 757

## 斯退丁纽斯致罗斯福备忘录

华盛顿,1945 年 1 月 4 日

　　题目:共产党与国民党的关系

　　兹附上赫尔利大使来电①的要点。

　　大使指出,蒋和共产党有相似的目标——人民的政府和军事的统一。但是蒋关于人民的政府的许诺不被相信。在他致副总统②的声明中,他这样阐述关于统一的概念:我要和共产党合作,但他们必须服从我的命令。

_____

① 1944 年 12 月 24 日报告。

② 华莱士。

　　大使称:"国民党仍然希望将中国置于一党统治之下。"共产党要成立一个联合政府,他们的条件是三分之一共产党,三分之一国民党和三分之一小党派代表。蒋则愿意给与不会危及国民党控制的代表席位。蒋和共产党之间有一道带根本性的鸿沟,希望大使能说服蒋和共产党去沟通它。如果他们不这样做,正如他指出的,内战迟早会发生。

　　蒋正处于进退两难的境地,联合意味着保守的国民党统治的结束,并为更有生命力、更受大众欢迎的共产党扩大影响开辟道路,这种影响可能扩大到足以控制政府的程度。不能和日益壮大的共产党达成和解将会导致最终推翻国民党的危险。我们感到,蒋应该超越党的私利和反共偏见,领导一个联合政府,这将给战争力量注入新的生命力,并保证战事结束之后的统一。如果不能达成和解,另一个可能的选择是,由美国掌握对所有中国军队的军事指挥权。据信蒋和共产党都会同意这一点。这种指挥权将有可能向共产党提供有限的弹药及爆破器材,所有观察员都认为这些弹药和器材可能得到有效的使用。如果需要在与共产党控制区毗邻的地区登陆,政治上的困难将会被排除。如果俄国参加远东的战争,那么在中国有一个美国全面的指挥权而不是分裂的中国指挥权将会是大有好处的。最后,美国的指挥权在中国敌对状态结束后的一个时期内,可以发挥稳定性的政治影响。

FRUS,1945,Vol.7,p.154

### 赫尔利致毛泽东和周恩来

重庆,1945 年 1 月 7 日

亲爱的毛主席和亲爱的周将军:

　　我已收到你们 12 月 24 日和 28 日的两封信,前一封信要求国民政府考虑你们的五点建议,后一封信要求国民政府应首先自动实行一个补充的四点建议。

　　你们的第二封信背离了我们最初的程序。最初的程序是,在讨论任何具体的细节之前应首先就总的原则达成协议。我相信,我们所有的人都应该通过遵守我们最初的程序来继续努力以达成协定。

在你们主动邀请下,在国民政府的同意下,我访问了延安,意识到我正在和双方爱国的中国人打交道,他们都希望联合起来打击共同的敌人。我在重庆的逗留使我确信,国民政府真诚地希望在它一方可以做出使和解切实可行的让步。

由于这种事情显然不能用信函或电报提出,而且由于周将军不能到重庆来,所以我向你们提出以下建议,这些建议已得到国民政府的赞同。

1. 行政院代理院长宋博士、王世杰博士、张治中将军和我本人将访问延安,亲自与你们讨论有关问题。

2. 如果原则上达成协定,毛主席和周将军将同我们一起到重庆签署协定。

如果你们对于这个建议予以认真的考虑,并将回信托信使带回,我将非常高兴。

FRUS,1945,Vol.7,pp.163-164

### 毛泽东致赫尔利

1945 年 1 月 11 日

赫尔利将军阁下:

1945 年 1 月 7 日来信敬悉。1944 年 11 月间敝党方面所提五条已为国民政府所拒绝。国民政府所提三条,敝党方面又万难同意,因有先由国民政府自动实行释放政治犯等四条之请求,借以证明国民政府是否有诚意在民主基础上解决国事问题。今接阁下来信,提议在延安开两党会议,并有阁下参加,盛意可感。但是鄙人仍恐此会议得不到何种结果,徒劳阁下等之往返。八年来一切两党秘密会议,均证明国民党方面毫无诚意。鄙人现请阁下向国民政府转达敝党方面之下述提议:在重庆召开国事会议之预备会议,此种预备会议应有国民党、共产党、民主同盟三方代表参加,并保证会议公开举行,各党派有平等地位及往返

自由。上述提议,如荷国民政府同意,则周恩来将军可到重庆磋商。如何? 敬请见复。顺颂

时祺

毛泽东

《中共中央抗日民族统一战线文件选编》(下),第 785 页

## 赫尔利致罗斯福

### 重庆,1945 年 1 月 14 日下午 3 时

这封电报是我一系列电报中的又一封,这里我要概括介绍国民政府和中国共产党谈判的最新情况。你该记得,政府和共产党在西安和重庆举行了毫无结果的讨论之后,我去了延安,然后带着中共中央主席毛泽东签署的五点建议回到重庆。中共中央副主席周恩来将军和我一同回到重庆。政府提出了三点反建议,但没有被共产党接受。周恩来在重庆逗留了一个月后回到延安。周恩来和国民政府官员及我本人的会谈是令人满意的。当时看起来好象就会达成和解。最后周恩来和委员长进行了会晤,会晤时我不在场。周恩来告诉我,会晤不是令人满意的。但是,委员长现正准备像五点建议中所要求的那样做出全面让步,只是他不想要一个联合政府或一个联合军事委员会。但是他将在政府内,在行政院内,在军事委员会内给共产党代表以席位。据我看来,如果当周恩来在这里时提出这个建议,那可能已被共产党接受了。委员长的立场是,虽然他愿意给共产党席位而且承认其是一个政党,但他反对联合政府。他对我解释说,他不愿意发生南斯拉夫和波兰的那种情景。12 月 8 日周恩来通知我说,因为国民政府已经拒绝共产党的五点建议,他就不能再回重庆了。我敦促他重新考虑,但是 12 月 16 日他答复说,因为国民党当局看来在谈判中缺乏诚意,他不准备返回重庆。我进一步劝说重开谈判。对此,毛泽东于 12 月 22 日(24 日)来电说周恩来正准备一个重要会议不能到重庆来。他建议和政府代表在延安举行会谈,并希望我们在延安的军事代表包瑞德上校出席会谈。我派包瑞

德去了延安。他于 12 月 28 日返回重庆, 并带来周恩来的一封信。信中称, 12 月 22 日的电报由于"电码翻译的错误"不准确, 实际上他不想建议政府代表到延安来或者包瑞德出席会谈。在这封信中他说, 在共产党和国民政府进一步的谈判开始之前, 政府应首先自愿执行补充的四点。当时, 我搞不清共产党的立场何以发生如此之大的变化。后来我发现原因在于我们自己的阵营里, 关于这一点我会在这份报告的后半部分中解释。

我与委员长就这一形势进行了磋商。1 月 7 日, 我写信给毛泽东和周恩来, 对他们在以前提出的五点之外又要求政府首先自动实行新的四点这一做法表示遗憾。我说, 既然周将军不能来重庆, 我愿意向他们提出建议, 经政府批准, 行政院代理院长宋博士、宣传部长王世杰博士、军事委员会政治部长张治中将军和我本人将访问延安讨论解决办法。如果原则上达成一项协定, 毛泽东和周恩来将来重庆最后签署这个协定。下面是政府准备在拟议中的延安会谈上提出的有关条件:

1. 成立包括共产党和非国民党人士在内的战时内阁(它名义上不是而事实上是联合战时内阁);

2. 建立一个由三方组成的委员会, 由政府、共产党各出一名代表及一名美军军官组成, 制定出把共产党军队合并到国军中的细节;

3. 一名美国军官将拥有对共产党部队的全面指挥权;

4. 承认共产党为一个合法的政党。

1 月 11 日毛泽东答复说, 政府没有表现出诚意, 将来的谈判应公开进行, 并建议召开国事会议, 预备会议应由国民党、共产党及民主同盟的代表组成, 会议的议程应公诸于众, 代表应有同等的地位。如果该提议预先得到国民政府的同意, 周恩来将来重庆参加国事会议的讨论。

因为委员长已经在新年宣布在年内召开国民大会, 正式通过一部宪法, 委员长接受不了这个在原有五点之外的新建议以及后来的四点。

　　我到中国之后,根据你的政策,已经尽了我最大的努力去帮助促成中华民族的统一。委员长起初对这个计划反应冷淡,但在你提出建议之后,委员长已经表示准备对共产党做出比他过去愿意做出的大得多的让步。现在他赞同统一、改革以及和共产党达成协议。

　　今天早上我会见了委员长,与他讨论了共产党的答复。他同意,不管有没有共产党参加,也不管现在战争形势如何,他都将立即采取步骤放宽对政府的控制。他正在和其他政府成员考虑下星期一宣布成立有国民党之外其他政党代表参加的战时内阁。尽管共产党最近已断然拒绝,他还是准备邀请共产党参加。他准备通过战时内阁,在国大召开和通过宪法之前就开始改革政府,实行廉政。我认为这一措施是在中国建立一个稳定、统一和民主的政府过程中一个实质性的步骤。这个计划有一个弱点,它接受了共产党的要求,却没有要求共产党把部队交给国民政府,关于这一要求我曾写进五点协定之内。因此,在政府改革期间及改革之后,仍然存在着由武装的共产党引起内战的威胁……

　　因此,我提出以下建议。在你已经宣布即将与丘吉尔和斯大林举行的会晤中尽量使他们同意你的计划:

　　1.立即统一中国所有的军事力量。

　　2.战后重建一个自由的、统一的、民主的中国。如你得到他们的同意,我们将能够把一些完整的计划交到你的手里,这些计划旨在统一中国的军事力量;承认中国共产党是一个合法的政党;所有政党在中国政府的行政部门都有代表权;改革中国政府;推进民主进程;建立基本的个人权利和重建一个自由、统一、民主的中国。那时,我们将安排一次由你和蒋介石、毛泽东的会见,条件是会见之前他们必须就中国统一问题在他们自己之间达成协定。这个协定将在他们会见你时公布。

　　整个军事形势表明,日本人的进攻能力和一个月之前一样。魏德迈认为,麦克阿瑟在菲律宾方面的成功能够遏止日军向中国西南的进攻。这将给魏德迈以时间来进行战略和战术上的调整,以及重新部署和加强昆明与重庆的防御。魏德迈的工作不论是在军事领域还是在与蒋介石及政府的关系上都堪称一流。

我向你呈上这份报告,如果你同意我也不反对将其送交国务院。我完全相信斯退丁纽斯,但我们看到和听说许多有关国务院改组的消息,以及过去和现在发生的泄密事件。所以我认为最好还是将报告送交给你,这样它可以像我以前的信件那样受到白宫的保护。如果你认为最好不要将此报告送到国务院,我希望你让斯退丁纽斯一阅。

FRUS,1945,Vol.7,pp.173–174

### 赫尔利致毛泽东
### 重庆,1945 年 1 月 20 日

我亲爱的毛主席:

非常感谢你 11 日的来信。我很遗憾你拒绝了我们关于在延安举行一次国民政府官方代表和共产党官方代表会谈的建议。我确信,国民政府现在正准备做出这样重要和具体的让步,以便使和解真正成为切实可行。

我了解到,就在上个星期一,政府决定在行政院中创建一个具有广泛权力的机构,类似国外"战时内阁"的机构,它将包括非国民党人士。政府还准备邀请中国共产党的代表参加这一重要的决策机构。

这一措施及国民政府提出的其他措施很可能都不足以使中国共产党感到满意。但是,我认为,如果政府这样一个意义深远的建议得不到应有的考虑就遭到拒绝,那将是一个极大的遗憾。

作为中国的一个朋友,我建议你派周恩来将军或任何其他你选中的代表来重庆进行一次短暂的访问,和政府商谈此事。这不用他花费很长时间。如果他很忙,两三天就足够了。

我派德帕斯①上校带一架飞机去延安,希望周将军能随他来重庆。

---

① Morris B. de Pass,美驻华陆军武官。

这架飞机将随时准备送他返回延安。

谨致个人的问候。

赫尔利

FRUS,1945,Vol.7,pp.180–181

## 周恩来赴渝前的声明

### 1945 年 1 月 24 日

去年 11 月,我曾和赫尔利将军由延飞渝。彼时我奉我党中央之命,与国民政府当局商谈具体实现联合政府问题,不幸竟被拒绝,致无结果而回。现又经过月余,时局日趋严重,为着动员与统一中国人民一切抗日力量,配合同盟国战胜日本侵略者,并为挽救当前危机起见,急须与政府及各方商讨建立民主的联合政府之具体步骤。此次去渝,即系本此方针,代表我党中央,向国民政府、中国国民党、中国民主同盟提议:召开党派会议,作为国事会议的预备会议,以便正式商讨国事会议和联合政府的组织及其实现的步骤问题。我们认为除此并无别途可以动员和统一全中国人民的力量,击退敌人的进攻,配合盟国的反攻,也并无别途可以挽救目前的危机。至于其他一切头痛医头、脚痛医脚的敷衍办法,不管其形式如何,决然无补国事。目前全国人民所期望于国民政府的,实为立即废除一党专政,成立民主的联合政府与联合统帅部,承认一切抗日党派的合法地位,取消一切镇压人民自由的法令,废除一切特务机关,停止一切特务活动,释放政治犯,撤退包围陕甘宁边区和进攻八路军、新四军的军队,承认中国解放区一切抗日军队及民选政府的合法地位等等,甚望政府当局速加采纳。

《中共中央文件选集》第 15 册,第 11—12 页

## 赫尔利致斯退丁纽斯①

重庆,1945 年 1 月 31 日

141 号。

### 序

本大使馆并不具备撰写我正要写的这种性质的报告的条件,大使馆只有一位速记员。以前美国从来没有试图在促成中国军事力量统一的谈判中进行斡旋。我们拥有和共产党进行交流、对其进行观察和报导的官方人员,但是我们没有为统一共产党和国军而进行谈判的人员。惟其如此,在本大使馆里,除我之外我们没有官方人员准备就我正在涉及的题目做出决定或起草报告。我这样说不是为了批评,而只是叙述事实而已。

我们正在与一个残酷无情的敌人进行战斗。依我看来,这证明我们试图统一中国的力量来帮助我们打败这个敌人的行动是正义的。共产党和国民政府的军事力量的统一将会拥有至少和一支装备精良的美国军队相等的战斗力。中国军事力量统一的结果应得到比目前美国所给予的更多的考虑。正如我以前向你报告的那样,我和共产党的谈判一直是在委员长及美军司令官魏德迈将军的忠告、赞同和指示下进行的。

这些报告正由我向一位军队的速记员口述。如你所知,我正在召开一个由所有美国在华机构的代表参加的会议,目的是消除重叠与分歧,我们希望美国驻中国的各个部门能彼此协调。我和美国军事指挥官及委员长举行定期的军事会议。我还履行大使的日常职责,对我来说亲自出席所有会议和自己写报告是困难的。我曾致电国务院建议健全本大使馆机构,我希望对此在方便的时候给予尽早的注意。

---

① 这是赫尔利向国务院详细报告调处经过的系列报告的第一部分(其他部分分别是 1945 年 2 月 7 日、17 日、18 日的报告)。

## 第一部分

正如我 1945 年 1 月 24 日发给你的电报中所提到的,国民政府和中国共产党之间的对话又恢复了。但是,我应该坦率地说,就在第一次会议上双方都强调了双方间存在的障碍,这些障碍妨碍了制定切实可行的计划。宋博士为政府说话,周恩来为共产党说话,两人都是能干的雄辩家。

现在,我开始介绍一些有关的背景,它将为我参与国民政府和共产党的对话以及对话的进展情况提供一个正确的概述。史迪威曾就有必要统一中国军事力量,以便使国民政府的力量和中国共产党的力量联合起来,把日本人赶出中国而不至于互相残杀或互相观望进行过争论,在那时我就与委员长交谈过。人们对我说,虽然委员长说他愿意让我去同共产党领导人进行谈判以促成统一,但共产党犯下的罪行太严重了,和解看来是不可能的。

1944 年 9 月 11 日我收到了中共部队总司令朱德将军的一封电报。在电报中,他代表中共中央和中共部队的新四军和八路军邀请我去共产党地区的延安做一次私人调查,并会晤共产党领导人。我立刻将邀请的事告诉了委员长。由于某些原因他希望我推迟访问,但他并没有反对我去会见共产党领导人。接着我便开始和一个委员会一起进行相当广泛的工作,该委员会是由委员长和国民政府任命负责与中共党领导人进行会谈的。委员会成员有宣传部长王世杰博士和军事委员会政治部长张治中将军。我发现这两位先生都致力于提出这样的建议:根据孙中山博士的思想,中国必须保持一党统治,直至训政时期结束,使其为民主政府做好准备。他们的意见是,建立两党或多党政府的时机还未到来。在与这些先生们、外交部长宋博士及委员长一起做了大量的工作之后,我想出了五点基础,其中有些是无关痛痒的。国民政府的委员会同意了这五点。这五点是我和共产党驻本地代表进行会谈,并在这些代表和政府代表经过多次会商之后,由我提出的。我那时刚刚开始懂得所涉及的问题。11 月 7 日,根据委员长和魏德迈的意见,在他们的同意和指示下,我飞往延安。共产党领导人给了我热情的接待。他们对我在一个我们飞机需要有战斗机护卫的时刻来到延安表示赞赏,这在他们看来具有很大的意义。在开始我们首次正式会谈时,毛泽东主席说,我们的会见是如此的重要,以致于我冒着生命危险来见他。他说,这一事实给他的印象是:我们希望看到所有中国军事力量统一起来打败日本,并防止中国内战的态度是认真的。

　和共产党的会谈是在最有利的环境下开始的。在两天两夜的时间里,我们以一种最热烈但最友好的方式进行争论,或同意或不同意,或否定或接受,对我的五点进行了反复推敲,直到被最后修订并由毛泽东签署,由我将其作为共产党的建议提交给国民政府。我甚至得以对五点中一些不必要的细节加以压缩,这样整个文件可以写在一页纸上。大家一致同意,对这个文件要保守秘密,直至谈判结束或直至毛泽东和我同意将其发表。该文件现在仍然是保密的。国民政府已采取一切防范措施使之不被公开。因此,国务院应该知道,如果该文件被公开,那对我们的谈判将是有害的。我在给总统的报告中已对文件进行了概述。现在我首次将原件送上。我之所以将文件送上是因为我觉得如果我想在谈判中得到指示、合作和支持,国务院有必要充分了解情况。共产党向国民政府提出的五点建议署的日期是 1944 年 11 月 10 日,这是文件的全文……

　我还被授权对蒋介石说,共产党保证支持和维护他作为委员长和政府主席的领导地位。

　在延安我患了重感冒。回来后的那天(11 月 11 日)我不得不呆在住处休息。我把一份签过字的共产党建议的副本送给宋博士和国民政府委员会的其他人,并请他们将此件翻译出来送给蒋介石委员长。宋博士和王博士非常不安地来到我的房间。宋博士立刻说:"你受共产党的骗了。国民政府绝不会满足共产党提出的要求。"然后他指出了他在建议中所发现的所有缺陷。在我看来,他所提的只有一条有意义,那就是共产党的真实意思是说他们希望一个联合的行政机构,而实际上他们却要求改变中国政府的名称。这在我看来是小事一桩,很容易被纠正。我坚持说,共产党提的建议至少勾画了一个可以达成和解的基础。宋、王二人在我之前去见了委员长。他们已经使他确信,在共产党提出的基础上进行和解是不切实际的。委员长的观点是,他如果同意成立联合政府那就等于承认他的党被共产党彻底击败了。他还说,这个计划和孙中山先生在遗嘱中为中国制定的计划背道而驰。他说,接受这个计划将会对战争的努力产生严重的影响,而且会在中国已经处于严重危机的时刻引起论争。我对他当然深表同情,因为我深知国民政府必须维持下去,国民政府的崩溃将会引起混乱。

委员长还好心地说,在他看来,我从共产党那里得到的和解的基础,在华盛顿或在伦敦都可以作为解决类似论争的基础而被接受,但是,由于中国人的特殊心理,这将意味着他和他的党的彻底失败。我建议委员长修改共产党的建议,将其结果称为两党或多党或代议制政府,以避免使用"联合"一词。我相信,国民政府和中国共产党之间的协议将会从政治上和士气上使政府得到加强,并可以防止其崩溃,那时人们广泛预言政府会崩溃,一些消息灵通人士甚至认为似乎是指日可待的事。我的争辩以及陪同我从延安飞回重庆的中共中央副主席周恩来将军的争辩没有任何作用,政府最后明确地拒绝了共产党提出的解决方法。政府制定了一个三点的反建议,政府提出的三点对案于 11 月 21 日交给了我。我将它交给了周将军。政府的三点对案全文见大使馆 1 月 31 日下午 8 时发出的 143 号电报。

王博士在会见中说,政府的三点反建议是由我准备的,代表着我关于公正和解的想法。对于这种说法我公开答复说,对案中没有一个字我认为是我的,我并没有把它做为我的一个公正想法提出。我没有谴责过三点,但我也不承认这是我写的。当然,三点建议没有被共产党接受。我的确就三点建议和周恩来将军辩论过,并试图说服他,共产党方面接受三点并和国民政府合作,促成国民政府及中共军事力量的统一以战胜敌人,这样做是明智的。我指出,政府的三点建议确实准备承认中共是中国的合法政党。这时,讨论中中共开始指责中国政府不讲信用。他们说,政府并不希望实现中国的统一,并说,政府与日本有勾结,在拥护帝国主义的东南亚政府的支持下,想继续让中国分裂下去。那一段时间的谴责和反谴责不计其数,不能在这里一一列举。国民政府代表把中国内战时期的种种暴行及抗战期间的许多暴行都归咎中共。周恩来在与政府的谈判没有取得任何明显的进展的情况下返回了延安。

当结束我这份关于共产党谈判的报告的第一部分时,我想说,在我和共产党的所有谈判中,我一直坚持,美国不会对中共这样一个武装政党,这样一个反对国民政府的造反组织提供物资或给予其他帮助。美国给予中共的任何援助都必须通过中国国民政府才能送到该党。中共从没有向我指出,他们想要控制国民政府,但如果或有朝一日他们通过政治选举而获得对国民政府的控制,则另当别论。共产党要求结束国民党的一党政府,中共愿意让国民党仍拥有大部分政府官职。中共为它自己、同时也为其他抗日政党要求在中国、在政府决策部门拥有代表席位。如果中共在国民政府内得到适当的代表席位,该党同意将其军队置于国民政府的控制之下。

另一方面,国共两党内部都有反对中国军事力量统一的势力。中共内部反对与中国国民政府统一的人认为,政府是无能的、腐败的和危害中国利益的。国民党则列举出下列事实:他们是孙中山创建的党,是中国的改革之党,他们带领中国经历了一场革命,经历了8年抗战。他们相信自己是成功的。他们相信他们一直在很好地为中国效劳,自然不愿放弃对中国的一党统治。

反对还来自我们自己的一些军官,他们认为武装的共产党比国军强大。我们应该绕过国民政府,直接与共产党打交道。我认为,这种反对是建立在错误的和不牢固的基础之上的。

除了这些因素,东南亚的"帝国主义"殖民地国家的所有代表都反对统一。帝国主义诸国的政策看来是想让中国保持分裂。

### 格鲁①致赫尔利

华盛顿,1945 年 2 月 1 日

我仔细地研究了你的电报,我欢迎这份报告,因为它对你通过国共谈判努力促成中国军事力量统一所做的一切,做了比较充分的介绍。……长期以来,我们一直把重点放在这种统一上,这种统一和更有效地进行抗日战争有密切关系。我将怀着极大的兴趣等待你对有关进展的进一步的报告。

从你的报告中得知,你一直和中国对立的双方都保持着友好的关系,双方都非常明确地希望得到你有效的斡旋,这令人非常满意。在这种气氛中,我们感到你可以在此事中继续发挥作用。

考虑到目前的环境,我完全同意你在 141 号电报的倒数第二段中所表达的观点。

我还细心地注意到关于你缺乏人手帮助你做你正从事的重要工作的意见。在接到你上一封关于此事的电报时,我们就立即研究了此事,在几天之内我们会和你进一步联系。

FRUS,1945,Vol.7,pp.197-198

### 周恩来提交关于党派会议协定草案

1945 年 2 月 2 日

一、党派会议应包括国民党、共产党及民主同盟三方代表。会议由国民政府负责召集,代表由各方自己推出。

二、党派会议有权讨论和决定如何结束党治,如何改组政府,使之成为民主的联合政府,并起草共同施政纲领。

三、党派会议的决定和施政纲领草案,应通过于将来国民政府召开的国事会议,方能成为国家的法案。

---

① 时任代理国务卿。

四、党派会议应公开进行,并保证各代表有平等地位及来往自由。

《张治中回忆录》(下),第710页

## 王世杰提交赫尔利关于政府咨询会议草案

### 1945年2月3日

为增强本国对敌作战之力量,并促进中国统一起见,吾人同意国民政府应邀国民党代表、其他各政党代表及无党无派领袖参加一协商会议。此会议定名为"政治协商会议",其会员不得超过若干人。

此会议之任务在考虑:

(一)从事结束训政时期,以建立宪政政府之步骤;

(二)将来共同遵行之政治决策及军队之一元化;

(三)国民党以外各党派参加国民政府之方式。

如政治协商会议获得全体一致之结论,是项结论将提交国民政府考虑并执行。惟于政治协商会议进行期间,各党派必须停止一切责难。

《中美关系资料汇编》第1辑,第148页

## 赫尔利致斯退丁纽斯

### 重庆,1945年2月7日

180号。接1月31日下午6时的第141号报告。

### 第二部分

如第一部分中所述,在与政府的谈判没有取得明显进展的情况下,周将军返回延安。与此同时,我一直在与委员长、宋子文、王世杰及张治中将军讨论共产党和中国政府之间的关系问题。宋博士至少已经成为和共产党谈判的全国委员会的非正式成员。我经常和委员长在一起,或是在重庆,或是在江对岸山上他的住所。我终于使委员长相信,如果不和共产党达成和解,那我们既不能希望看到中国有一支统一的武装力量,也不能指望通过战争会出现一个强大的、自由的、团结的和民主的中国。我使委员长相信,为了取得对中国统一的军事力量的控制,对他来说,做出某些政治上的让步是必要的。他开始做了一些让步。首先是在他的内阁人选上做了某些改变,这已经改善了中国政府、中国军队、美国军队和大使馆之间的关系。共产党、美国公众及其他人士对这个行动的批评是,蒋在此事上走得还不够远。当然,这种批评是正确的。但我们这些最了解情况的人都认识到,他已经走了长长的一段路,并将继续走下去。

在我 1945 年 1 月 14 日发给总统的电报中,我概述了委员长、国民党和国民政府在与共产党的争议中准备做出的让步。委员长准备做的让步大致如下:

(1)政府内将有共产党代表的席位;

(2)成立包括共产党及其他非国民党成员在内的战时内阁(实际上而不是名义上的联合战时内阁);

(3)建立一个由政府代表、共产党代表和一名美国军官参加的三人委员会,以制定把共产党部队收编进国军的细节;

(4)一名美国军官拥有对共产党部队的全部指挥权(在接到美国政府的指示之前,我不能同意这一点,但我把它包括进去,因为双方都同意);

(5)承认共产党为合法的政党;

(6)在战争结束之前,召开一个蒋在其新年祝词中许诺的国民大会。

我已向委员长指出,他对这件事的态度有一个不足之处:据我看来,他正在做出共产党希望的让步,而他却没有得到对等的让步,即把共产党军队交给国民政府,而这是谈判的主要目标。共产党只在一份文件中宣布过他们把军队交给国民政府的条件,这就是在第一部分中提到的他们提交给我的那五点建议。

委员长和政府是在不同的时候做出这些让步的。现将这些让步综述如下。

现在让我回到周恩来返回延安的那段时间,他回到延安后的第二天寄给我一封日期为 1944 年 12 月 8 日的信……

12 月 11 日,我复电毛主席,称我正通过包瑞德上校给周将军带去一封重要信件,表示希望在接到信之前不要采取任何准备公开那些条款的行动(所有我发送给延安的函电无一例外地都事先告知国民政府的高级官员并得到他们的同意。这些高级官员是委员长、宋子文、王世杰和张治中)。这封相同日期的信的主要内容如下……

(应该说,我个人并不反对公布这五点建议,也不反对公布我至少是五点建议的作者之一及曾同毛一起在上面签名这一事实。但国民政府反对将其公开。)

周将军 12 月 16 日答复如下……

在我 12 月 21 日(20 日)答复周将军的电报中,我说我相信,如果他再来重庆,共产党建议中主要原则取得成功的前景,要比以往任何时候都光明得多。

12 月 24 日我收到毛主席一封电报,电报是由军队译码并发送的。毛主席在电报中称,周将军正在忙于"一个重要会议的准备工作",这使他很难离开延安。毛还说,国民政府没有表现出足够的诚意保证谈判在五点建议的基础上继续进行。他建议在延安举行会谈。如果可能,让包瑞德上校也参加。接着周恩来又来了一封日期为 12 月 28 日的信,这封信是包瑞德上校带到重庆的。信中说,由于译码的错误我显然误解了前一封电报,并说包瑞德上校会向我提供更多的情况(包瑞德上校口头告诉我说,他们既没有建议在延安举行会谈,也没有要求包瑞德上校出席会谈。但是接下来和临时负责延安观察组的美国军官的联系结果表明,最初接到的电报对毛的电报的译码实质部分是准确无误的)。接着周将军说,共产党不愿意对是否接受他们关于联合政府的建议这一问题继续进行毫无意义的讨论。相反,他提到了补充的四点建议,他要将这四点传达给有关当局"看其是否决心实现民主和团结"。这四点是……

周继续说,执行这四点将意味着最终可能会废除一党专政并建立一个民主的联合政府。

在一封日期为 1 月 7 日的信中,我对以上做了答复……

在 1 月 11 日的答复中,毛主席说,共产党的五点建议已为国民政府拒绝,要让共产党同意国民政府的三点反建议是相当困难的。他说,我们要求国民政府首先自动实行包括释放政治犯在内的四点建议,是想以此证明政府是真诚地希望在民主基础上解决国家问题的……

我在 1945 年 1 月 20 日曾给毛主席写了一封信,并由德·帕斯上校带到延安。我在信中说,我相信国民政府准备做出一些重要和具体的让步以便使解决办法切实可行;政府还决定建立一个拥有广泛权力包括非国民党成员在内的"战时内阁";共产党的代表将被邀请参加这一重要的决策机构。我建议毛主席再次派周将军到重庆来,甚至来几天也可以,以便与政府就有关事宜进行会谈。

正如上面所提到的,周将军于 1 月 24 日和德·帕斯上校一同回到重庆,目前正开始新的谈判。有关这些谈判的情况将作为第三部分的内容随后用电报向你报告。

在结束第二部分之际,我想说,在这令人不快的颇多争议的一章中,有两个最基本的事实:(1)共产党实际上不是共产党,他们正在为实现民主原则而努力;(2)国民党的一党、一人的个人政府实际上不是法西斯,它正在为实现民主原则而努力。不论是共产党还是国民党,他们都有一条漫长的路要走。但是,如果我们知道路,如果我们有清醒的头脑,能够宽容,具有耐心,我们将会起很大作用。但是,目前我们的战争努力急需中国军事力量的统一,在这个时刻具有耐心是最困难的。

FRUS,1945,Vol. 7,pp. 205-212

## 王世杰在外国记者招待会的声明①

### 1945 年 2 月 14 日

半个月以来,政府代表(我是其中之一)曾与共产党代表周恩来先生在重庆会谈。政府方面曾提出若干重要的让步,下列各项亦在其内:(一)承认共产党为合法政党;(二)在军事委员会委员中容纳共产党高级人员;(三)为构成一种战时的内阁起见,在行政院内容纳共产党及其他政党代表;(四)组织一个三个人的联合委员会,以考虑改组共产军及他们给养的问题——在该委员会内,政府及共产党代表有同等地位而可能由美军官任主席。但共产党觉得这些提议并不是他们所能接受的,他们拒绝了,共产党提出召开一个各党派的会议,政府之所以允许再次召开一个国共代表及各党各派的领袖会议,以考虑国民大会开会以前关于政治及军事团结的过渡办法,就是接受这个提议的一般的意见。周先生已带了这个提议返延,征求他的党的意见,至于结果如何,则非我所能预料了。过去数月中,美国大使赫尔利将军对两党谈判,努力相助,吾人表示感谢。

《新华日报》1945 年 2 月 15 日

## 赫尔利致斯退丁纽斯

### 重庆,1945 年 2 月 17 日

238 号。第三部分,国共谈判。

……

3. 同时从共产党收到了上述的第二份文件,现简述如下:

目前中国大约有 90 万伪军,其中包括 41 万正规军和 49 万地方军。1944 年共产党部队争取了 34167 名伪军士兵(大约占中国伪军总数的 3.8%),缴获了 20850 支长枪及短枪、迫击炮、野战炮等。据估

---

① 1945 年 2 月 15 日周恩来于离开重庆前,针对王世杰的声明,就国共谈判情况亦发表声明,声明全文已收入第三卷第六部分,故略。

计,在美国的财政帮助下,1945 年争取伪军的数字还会增加到 9 万人,即伪军总数的 10%。预算分为两个部分:(1)用于为收买伪军官兵及其武器而采取的政治和财政措施的花费;(2)留出一笔资金用于收买伪军在日军战线后方进行破坏和爆破活动。(摘要结束)

朱德将军在 1 月 23 日写给魏德迈的说明信中,要求美军为这个行动借给共产党部队 2000 万美元,并说他的军队承担在打败日本后偿还这笔钱的全部责任。

4. 这两份文件之间显然有着真正的联系,第二个文件中提出的向共产党提供一笔 2000 万美金借款的建议,是以我们接受第一份文件中提出的对国民政府信誉不高的指挥为前提的。中共给美军司令部的电报中,要求不给我看这些文件和其他建议,这清楚表明,共产党的领导人害怕我看穿他们的计划。它还清楚地表明,共产党希望绕开美国大使馆及国民政府,通过我们的军事机构得到财政援助,而不让中国政府和大使馆知道。

尽管最终可能证明,朱将军所要求的财政援助的方式,比起从美国直接进口同样数量的武器和弹药来要经济得多,但我还是坚定地认为,这将无异于向武装的共产党提供武器,因此,这将是一个危险的先例。接受共产党的计划,满足朱将军提出的租借和金钱援助的要求,这意味着美国阻止国民政府崩溃,和维护蒋介石作为政府首脑和军队统帅的既定政策的失败。

魏德迈将军和我本人一直在此问题上进行最密切的合作。他最后指示他的下属们不要参与政治讨论,至少在我们对目前存在于武装的中国共产党和中国国民政府之间的争执做出决定之前不要参与。

刚才提到的文件将邮寄给你。

FRUS,1945,Vol.7,pp.220—223

### 赫尔利致斯退丁纽斯

重庆,1945 年 2 月 18 日上午 11 点

242 号。第四部分。以下是一份关于目前正在举行的中国国民政府和中共之间的谈判的报告,参加这些会谈的有:代表国民政府的行政院代院长、外交部部长宋子文博士,宣传部部长王世杰博士,军事委员会政治部部长张治中将军,代表中国共产党的周恩来将军和应双方邀请参加会议的我本人。1 月 24 日我们第二次会谈结束时,王世杰博士提出以下建议供考虑……

(注意:当然我必须声明,我的政府没有授权我同意像计划中所说的那样派一位美军军官参与。)但是,周恩来将军在全部领会了这份文件之后对我说,王世杰先生或者是有目的地在文件中回避这一问题,或者是他没有完全理解中国共产党的主要目标。他说,尽管委员长在新年讲话中讲到尽早通过宪法和还政于民的必要性,王世杰博士提出的文件也声称完全是以国民党做出让步为基础的,但国民党仍然控制着政府。周恩来重申了毛泽东和他自己在延安与我会谈时所采取的明确立场,这也是他们想在共产党的五点建议中宣布的立场。……周恩来那时进一步宣布,他同意应任命一个军事委员会对中国武装力量进行改编和统一,但他不会同意允许这样一个委员会只对共产党的部队进行改编。他坚持主张,中国全部军队都应被改编,他赞成美国参加该委员会,委员会将为改编拟定计划,并进行指导。

在有委员长、宋子文博士、王世杰博士和我本人参加的一次会议上,我把共产党的这一立场转告了委员长。委员长指出,他准备在 5 月 4 日召开一次会议,来贯彻孙逸仙博士的遗训,贯彻蒋的新年讲话,采取步骤起草宪法,还政于民,废除国民党的一党统治。在这一点上,委员长做出了明确的表示:在他看来,包括国民党在内的中国所有政党只占中国人口的 2% 。他相信,还政于任何一个政治组织或几个政治组织的联合体,都不符合中国的最高利益。他相信,他的责任是召开一次由全体中国人民而不是仅仅由政治上组织起来的少数人参加的国民大

会,由其通过一部中国的民主宪法。他表示相信,中国共产党实际上不是一个民主政党;他们自称民主只是为了取得对国民政府行政当局的控制。他特别强调指出"共产主义"这个词并不意味"民主";他说,如果共产党真像他们自己宣称的那样民主,那他不明白为什么他们还把自己称为共产主义者。我向委员长暗示说,他正在丧失宝贵的时间,我再次劝说他做出一些政治让步,缩短过渡的时间,以取得对共产党军队的控制。我说,此时此刻委员长最重要的目标是把共产党的军事力量和国民政府的军事力量统一起来。这将是实现中国主要的目标的第一步,这些主要目标是:(1)统一所有军事力量战胜日本;2)统一中国以防止外国势力继续使中国保持分裂;(3)防止在中国发生内战;(4)在一部国民大会通过的民主宪法的基础上建成一个统一的、自由的和民主的中国。与此同时,周恩来在会谈中用全部时间倡议在重庆举行一个有国民党、共产党和其他政党参加的友好的政治咨询会议,他还建议邀请一些无党派人士参加这个会议。在此之前,我曾经建议成立一个双边的小组,该小组将为统一制定计划,行使一个程序筹划委员会的职责。在一人、一党政府向拥有宪法及相关法律的至少可从理论上讲是民有、民治、民享的政府过渡的时期,它还负责指导所有政党的行动。

在每一次辩论中,相当多的内容是学术性的。……

接着,任命王博士和周将军组成一个委员会起草一份使行动成为可能的文件,2月3日王博士将下面这份草案交给我:……

那天下午,我见到周。他通知我说,他将把草案送到延安。他第一次感到,我们正在寻到一个我们都可以合作的基础。第二天我和宋子文一起与委员长讨论了这个问题。委员长说,他已经同意了建议中所提到的计划。但是他感到共产党已经得到了他们一直努力想得到的东西。我非常坦率地告诉他,在此之前,他可以和共产党一起讨论的惟一文件是五点协定。如果在协定提出时他对其进行修改,那么我认为共产党会接受某些合情合理的修改。现在它仍然是共产党签署的将其武装力量控制权交给国民政府的惟一文件。

　　的确,在上一个建议中,共产党同意执行一项政治计划,但是武装力量的统一仍然要以国民党将来采取的政治行动为基础。另外一个因素是,所建议的政治咨询会议必须达成一致意见,然后再由国民政府采取行动。这种限制看来会减少达到成功顶点的机会。

　　这份最后的文件已被送往延安。委员长现在对我说,如果共产党接受文件中所提的建议,他们将愿意把这些建议包括进五点建议文件中去。但是,所有涉及联合政府的地方都得从五点建议文件中删去,而关于共产党部队应由国民政府控制的条款及所有关于民主的建议及目标都将被保留。

　　种种论据和我提交的所有文件会向你表明,中国共产党是不民主的,它的目的是在尚有机会通过宪法和在民主的基础上还政于民之前打破国民党对政府的控制。政府代表们说,中共党的真正目的不是废除国民党的一党统治,而是要推翻国民党的控制,建立中共党对中国的一党统治,这在中共的所有策略中都可以看出。包括委员长在内的政府代表们宣称,共产党对民主原则的支持,仅仅是借以掩饰他们企图在共产党一党统治下取得对政府控制的一种伪装。政府进一步争辩说,不管是偶然的还是安排好的,在一段很长的时间里,动乱期间总是国民党负起领导中国的责任。国民党的目的是通过一部民主的宪法和还政于民。在这动荡不定的时期,它不会把它的权力交给一个所谓的联合政府中某些政党的一伙人。它将任命一个拥有决策权力的两党战时内阁,但将保留对政府的控制权,直到在一部民主宪法的基础上还政于民。他们宣称,还政于政党组织并不是还政于民。委员长说,他要共产党接受政府最新提出的建议,这个建议是真诚的。

　　其中对中共武装力量不受破坏或免遭歧视提供了种种保证。他特别提请注意,希望各个政党在商定过渡时期各党行动步骤的时候,应避免相互指责。过渡时期是指政府正由一党政府向人民民主的宪法政府转变的时期。

　　……周恩来将军2月16日动身去延安。他相信他的党会同意举行上面所引用的文件中提到的政治咨询会议。但是他的意见是一党统治应立刻结束,建立一个联合的行政机构以引导中国在国民大会通过的宪法基础上建立一个民主政府。

我曾指出,所有这些都非常令人鼓舞,但它却没有立刻完成中国武装力量的统一,我曾说过,我感到如果中国不能显示出比现在更高程度的统一,那么在即将来临的旧金山会议上,中国的处境将会不妙。

我相信,我国政府支持国民政府和蒋介石领导地位的决策是正确的。我从未同意过或支持过任何在我看来会削弱国民政府或蒋介石领导权的原则和方法。相反,在许多场合,我曾劝说过委员长和宋子文博士,中国必须拥有自己的领导,制定自己的决策,并对它自己的对内和对外政策负责。

我们一直让魏德迈将军随时和完全了解谈判的进展情况,他看过这份报告。他说他认为这份报告对事实做了十分出色和逻辑性很强的叙述。

### 第四部分　结语

新的题目:我曾准备了一份对你2月16日200号电文的复电,但我没有发出,在你的电报中你好像把我在谈判中的作用降低到只提出建议而不履行建议的地位。这是高斯大使在他去年9月9日传达总统和国务卿的电报时所采用的方法。正如你所知道的,那封电报毫无结果,因为没有予以强有力的贯彻执行。但我决定不发那封电报,因为我希望见到你,和你进行更充分的讨论。我真诚的愿望是服从国务院的每一个建议,即使是在我相信由于没有强有力地贯彻建议,我们的作用正被削弱、事情的完成被延迟的时候,仍然是这样。谈判的这种延缓和我对国务院的访问,可能会在远离谈判的地方使我头脑清醒。我将能够通过劝说或强制手段达到中国军事力量的统一,实现能协助我们打败日本的力量的合作,从而改善我们的战争努力。

## 4. 赫尔利反对与中共合作

### (1)赫尔利反对军方向中共提供援助

**谈话备忘录(摘录)**

重庆,1944 年 12 月 19 日

出席者:陈诚将军,麦克卢尔将军和恩格中尉。

麦克卢尔:

计划:我这里有一个秘密的试验性的计划要和你们讨论,在提出这个计划时我想要绝对保密。我代表魏德迈将军和我自己,做为军人我们不想介入中国的政治和经济派别斗争。这个计划的提出是出自于一个讲求实际的军人的观点,即美国有权利在世界任何一个地方和它的敌人进行战斗,这是国家自卫行为。同时我们也十分愿意尽我们的能力来援助世界上所有愿意抗日的人。概括来说,这个计划涉及在共产党地区与美国军官指挥下的部队及美国人一起打日本。在我们将这个计划披露给委员长、军政部长和整个国民政府时,应有一个先决条件,即一定要相信我们的品质和正直。该计划如下:

细节:在共产党地区部署训练有素的空降部队去摧毁敌后的交通线。a、破坏江南的铁路和桥梁。b、组织、领导和指挥共产党游击队向日本人的碉堡发动进攻并歼灭日军。c、经常地有力地对敌人发动进攻,使敌人不得不从华南及其他地方调遣部队。

其他细节:这个计划的细节尚未全部拟定,但它们必须绝对秘密。在我们把该计划披露给总司令之前,我请求军政部长给予认真考虑。到目前为止这个计划只有五个人知道,宋博士、陈诚将军、麦克卢尔将军、赫尔利将军和恩格中尉。自然不必对委员长保守秘密;在陈将军从军事角度、宋博士从文官角度对其进行研究之后,应尽早向委员长报告这一计划。在今天和你们会见之后,我将为向委员长报告而拟定一份详尽的计划,在陈将军和宋博士看过它之后,我将向委员长报告。

为了执行这一计划,我们将需要一支约有 7500 名美军官兵的部队,配备大量的信号设备、爆破设备和用于运输的飞机。

共产党的作用:1.可以利用他们来修筑机场,我们需要大批工人。2.当向导、并为各种爆破部队提供保护。3.从基地机场向外围部队运送物资、爆破器材和食品。4.在美国人的指导下对日本的碉堡发动夜间进攻。5.对日本军队的活动情况、物资的运送情况和驻地等情况进行侦察并提供情报。

指挥:每一支部队或每个个人,不论是中国人还是美国人,都将归美国军队指挥和控制。如果魏德迈将军和委员长允许,我将亲自前往,亲自督战。这次行动可用最少的兵力而进行得非常成功。

一般情况:所有的武器、爆破器材和弹药都是美国的财产并处在美国的绝对控制之下。所有这些东西都只用于抗击日本人的军事行动,对此将有绝对保证。以上各点应向委员长报告。我们将不允许与我们协同行动的任何中国部队或个人,在这次行动中趁机储备军火或建立军火库,以备日后在内战中使用。准备动用的武器总量,与委员长控制下的武器相比是微不足道的。

我希望你们相信我们。没有任何军事人员会反对进攻那些戒备不严的目标。日本人已经丧失了他们在海上的通道,现在我们想要看到他们也将丧失他们的陆上通道。作为一名军事人员,我愿意看到所有的派别能团结一致,但我是很现实的,这不是我们的事,我们只对把强盗赶出家门感兴趣。作为中国的朋友,我相信只有美国才有兴趣看到战后有一个强大的中国。

陈:非常感谢。我感觉到了你强烈的真诚。这个计划非常有意义,但还要反复考虑。我们必须研究,哪支部队部署在哪个地区,我将向你提供有关的背景材料。

京汉路、津浦路和陇海路是敌人最重要的交通线,我们需要研究在这些铁路线范围内什么地方可以修建飞机场。

麦克卢尔:我感谢你对这个计划的兴趣。这个计划可能涉及到需要从欧洲调来一些训练有素的部队。目前还没有确定的安排,但是现在有一些爆破小组已经动身来这里了。我很高兴你准备研究这个计划。但我希望你们能尽早决定,因为我希望明年初的某个时候向委员长提交一份完整的计划。

陈:我会这样做的。

FRUS,1944,Vol.6,pp.741-743

### 克罗姆利①致魏德迈

延安,1945 年 1 月 9 日

现有毛泽东和周恩来所提出的一项建议,他们请求将该建议送交美国最高层官员:延安政府希望派遣一个非官方的团体前往美国,向美国有关公众和官员解释中国目前的局势和问题。以下是他们绝对保密的建议:如果罗斯福总统表示愿意在白宫将其作为一个中国主要政党的领导人来接待,那么毛和周即愿一同或单独一人前往华盛顿举行探讨性的会谈。他们希望,在罗斯福的邀请信目前还未到达的情况下,他们愿前往华盛顿一事要绝对保密。这样做是为了保护他们的政治对手蒋介石。以上是毛、周建议的全部内容。下面我多说几句。我对这一信息的背景观察所要作的说明是:1.最近几日有证据表明,此地中国共产党的主要领导人举行了至为重要的会议。2.联络官的坦率陈词表明,中共已作出决断,蒋介石不会同共产党妥协。3.从当地下级官员的坦率陈词看,延安政府正在为一场即将来临的大规模内战作积极准备,但是最高官员们则闭口不谈此事。4.联络官在此公开声称,不出 6 至12 个月,整个华南和东南处于日军敌后的地区将完全落入共产党人之手。5.联络官向我报告说,共产党的组织干部和军事指挥员目前正离开延安,奔赴上述第 4 条中所列地区。6.联络官向我报告说,到今年年

---

① Raymond A. Cromley.

底,担负此类行动的红军总人数将达 100 万。7. 对延安最高领导人显然完全充满信心的马大夫①说:"在蒋介石和共产党之间作抉择的时刻到了,我们不是提供选票,就是提供子弹,如果美国以武器装备和经济援助来支持蒋介石,那么我们美国不但要对中国国内的最后结局承担责任,而且还会危害到我们未来的对华关系。"8. 我确认,最近几天来,随着当地报纸陆续刊登措辞激烈的反蒋社论,延安对蒋介石和美国的口气强硬起来。9. 关于日本人将进攻延安一事,从联络官的讲话和总参谋长对此保持缄默来看,我认为这可能只是一种推断。在西安的当地人相信,蒋介石不久将一道参加进攻,这也只是推断,因为这些不断送给我的警告中没有任何证据表明进攻即将发生。10. 联络官今天向我建议,魏德迈或是麦克卢尔立刻来这里一趟。

最新情况:周恩来请求,如果接到邀请,希望乘飞机前往美国。

最新情况:包瑞德建议我乘下一班飞机回国复命,如果情况有变化的话。我希望回国报告有关这里未来行动的建议,并按预定计划启程,除非你想要我留在此地担任如上所述的可能的联络工作。

RG332,Wedemeyer Papers(NARS),Box 20

## 克罗姆利致魏德迈
### 延安,1945 年 1 月 10 日

今天早上 10 点 30 分,我被紧急约见同周恩来会晤。周恩来特别强调,他今天告诉我的情报只能让魏德迈一人知道,魏德迈应独自决定美方的处置意见。周恩来特别指出:"一定不要让赫尔利将军得知此事,因为我不相信他的判断力。"随后,周恩来向我清晰准确地叙述了我们的盟军和敌人就有关出卖美国在华利益而进行的谈判一事。该事件的部分情况可由有关最高当局来往函件的影印件证明。参加谈判的人涉及到亚洲的许多军政要员。周恩来称,此消息不能用无线电发出。

---

① Doctor Ma,恐系马海德。

他同时提出,希望魏德迈来延安了解事件的真相,或是派像包瑞德这样可信的官员或者是命令我带着有关事件的详细资料去重庆。我问周恩来:"你个人相信这一消息的准确性吗?"他回答说:"我绝对相信。"周恩来称,消息昨晚才到延安,但谈判在12月中旬就已经开始了。这一消息是迄今为止从可靠人士那里听到的对可靠的盟军最严峻的指控。期待你的指示与忠告。

RG332,Wedemeyer Papers(NARS),Box 20

### 赫尔利致罗斯福

重庆,1945年1月14日

……

在此之前,我曾向你列举了反对中国统一的一些因素。这里再次简述如下:

1.国民党内的顽固分子;

2.共产党内的强烈反对;

3.所有帝国主义政府的代表的反对;

4.开始宋博士不太赞同,但现在他全心全意地赞同与共产党达成一个协议,他想得到制止内战和统一中国的好名声;

5.除了这些,我还经常遭到我们自己的外交和军事官员的反对,他们由衷地相信蒋介石政府一定崩溃。

当共产党背离我们之前,我们已经克服了所有这些反对的因素。从1月1日起直到现在,我们一直在寻找破裂的根本原因。原因就在这里,在魏德迈将军离开司令部期间,他手下的某些军官制定了一个计划,准备在共产党控制地区调用美国伞兵部队。这个计划设想使用美国人领导的共产党部队进行游击战。计划是以美国和共产党之间达成协议为基础的,完全绕开了中国国民政府,并要将美国物资直接提供给共产党部队,将共产党部队置于一个美国军官的指挥之下。当然,我的指示是防止国民政府的崩溃,维持蒋介石的领导地位;统一中国的军事力量,并尽可能协助改革政府,为促成一个自由、统一、民主的中国创造有利条件。但这个军事计划已为共产党得知,它要向他们提供的正是他们想要的一切:对他们的承认,提供租借物资和破坏国民政府。如果共产党这个武装起来的政党得以成功地与美国军队做出这样的安排,那么我们为挽救中国国民政府所做的努力都将付之东流。在我对这个计划刚刚略知一二的时候,我不知道它已经被提交给了共产党。在共产党请求魏德迈为毛泽东和周恩来准备秘密途径去华盛顿和你会谈时,这件事才明朗化并为我所知。他们要求魏德迈把拟议中对你的访问一事对国民政府和我保密。这里我想插一句,我信任魏德迈,他也信任我,我们毫无保留地相互合作。共产党还没有意识到,我已知道他们为要避开我直接与你接触而做的努力。我们目前和共产党之间的困难是由一份美国计划造成的,这份计划旨在进行美国和共产党军队的联合而不通过中国国民政府。在魏德迈的有力协助下,我们正在收拾这个局面,但是我们还没有通知共产党,我已经获悉那个军事计划,或者他们要绕过中国国民政府和我直接与你接触的企图。在发现了共产党对于与国民政府的谈判和对于我的态度发生变化的真正原因之后,我将尽一切努力去继续谈判,直到我们再次使共产党相信,他们不能利用美国来达到他们取代中国国民政府的目的。尽管出了这些事情,我仍然赞同我们要使国民政府作出每一个让步,以便使共产党能参加那个政府。

……

FRUS,1945,Vol.7,pp.175-176

### 马歇尔致魏德迈

重庆,1945 年 1 月 16 日收到

总统接到一份赫尔利发来的电文,其中说道:……①

---

① 马歇尔援引了赫尔利 1945 年 1 月 14 日报告中"从 1 月 1 日起直到现在……提供租借物资和破坏国民政府"一段。

你能否即刻就此事提供一份报告,并就将采取何种适当行动提出建议?

RG332,Wedemeyer Papers(NARS),Box 20

## 魏德迈致马歇尔

### 1945 年 1 月 22 日

由于在密支那开会和巡视前线,故未能及时答复陆军部 2108 号电文。过去的 3 个月间,赫尔利在有关共产党、蒋介石和他本人间所进行的谈判进程上一直与我保持着联系。在谈判期间,他使用了美国军官做使者,前往延安共产党总部。我对中国战区的所有军官所发布的命令再明确不过,命令强调:我们必须支持中国的国民政府,未经蒋委员长认可或批准,我们决不与其他的中国的活动和人员接触或为其提供任何形式的援助。为赫尔利将军作密使的官员们都知道这项命令。我相信,他们都忠实地遵守这项命令。

在中国战区司令部内曾讨论过几项计划,计划涉及用共产党的军队,前提是蒋委员长同意这样做。在几项计划中最为出色的当属麦克卢尔将军的计划。他分别与宋子文博士、赫尔利将军、军政部长陈诚和包瑞德上校讨论了该计划。他向我保证,他不再与其他任何人讨论该计划。赫尔利给总统的电报中说:"在魏德迈将军离开司令部期间,他手下的某些军官制定了一个计划,准备在共产党控制地区调用美国伞兵部队。"接着,他大致概述了一下计划的内容,包括武装共产党游击队,归由美军军官指挥,支持美军的行动等。赫尔利在电报中进一步称:"这项军事计划已为共产党得知。"在此,应特别注意这样一个事实:赫尔利并未指控本指挥部的任何一名军官向共产党人透露了该计划。赫尔利告诉我说,他从一名干练的共产党代表那里获得了一手情报,情报表明延安的共产党人对该计划了如指掌。共产党是可能知道了该项计划,但依我之见,计划并不是本指挥部内的某个军官透露给他们的。泄露情报的很有可能是其他有利害关系的人员。因此,宋博士和陈将军泄露给共产党的可能性必须要考虑在内。鉴于宋博士在中央政府和共产党人的谈判中所扮演的角色,这种可能性尤其存在。麦克卢尔将军和包瑞德上校曾在不同场合讨论过若获蒋委员长批准利用共产党的军事潜力问题,但是,他们从未向我提出过什么建议或暗示,也从未打着我的旗号绕过蒋委员长去获取共产党的合作。

鉴于赫尔利并未指控本司令部的任何一名官员将有关该计划的情报透露给共产党,鉴于证明本司令部任何军官犯有泄密罪的证据不足,并且鉴于泄密事件的发生有可能是通过其他途径而不是美军,我建议,目前暂不采取任何进一步的行动,除非是随着形势或事件的发展无可辩驳地表明,确实是美军方面向共产党泄露了该计划。赫尔利将军阅过此文并同意我的建议,然而,赫尔利将军和我在有关事实的陈述上并未取得共识。

RG332,Wedemeyer Papers(NARS),Box 20

### 马歇尔致魏德迈
重庆,1945 年 1 月 23 日收到

关于你 1 月 22 日 CFB31726 号电所提之事,望就以下几点进一步提供详情,以备参考。1. 你指挥部中是否有美方人员拟定出一项旨在绕开蒋总司令而动用共产党军队的计划? 如果上述情况属实,计划是谁制订的? 其立场又何在? 2. 如你前电最后一句所示,你与赫尔利将军在事实的陈述上存有异议,望就此事提供更为详尽的情况。3. 依你之见,总统就此事与蒋委员长联系是否明智之举? 如果这样做,总统的电文应如何措辞?

RG332,Wedemeyer Papers(NARS),Box 20

### 魏德迈致马歇尔
1945 年 1 月 27 日

本报告的主题是关于赫尔利发给总统的电文,有关具体内容请参

阅 1 月 27 日陆军部 24256 号电报①。

接着要谈的是时下调查所揭露出的所谓与共产党的谈判一事。

我给中国战区的所有军官所下达的命令再明确不过了,我在命令中强调,我们必须支持中国国民政府,未经蒋委员长的认可或批准,我们决不同其他的中国人的活动和人员接触或为其提供任何形式的援助。作为密使,随同赫尔利将军谈判的美军官员们也都知道这项命令。

在我的司令部中曾就有关动用共产党的军队一事讨论过几项非正式建议,但是这些建议不带有任何官方色彩。我手下的官员就有关动用这些军队一事向我提出的每一项建议都基于这样一个前提,即:在与共产党人讨论或是实施此类建议前,必须事先征得蒋委员长的同意。12 月份,麦克卢尔将军亲笔起草了几项建议,其中包含动用共产党的军队一事,这些建议如下:

1. 我们不希望卷入中国的政治和经济局势。

2. 作为一种国家自卫的手段,美国应当要求在世界上任何一个地方打击敌人的权力。

3. 我们同时希望为一切能够打击日本的人们提供援助。

4. 我们希望派遣某种特别部队到共产党控制下的地区去:

①扰乱日军通讯线路。

②组织和领导游击队。

③歼灭日军的前哨部队和小分队。

④炸毁铁路、桥梁和隧道,破坏铁路设施。以同样的方法破坏公路设施。

⑤要经常猛烈地袭击日军,以迫使其从华南撤军来对付我们的行动。

5. 该项计划的具体细节尚未确定,须高度保密。在这样的军事行动中,我们将需要众多机场,特别部队将通过他们自己的空中补给线自

---

①　原件有误,应为“1 月 23 日陆军部 25246 号电报”,即前面马歇尔的电报。

行解决后勤供应问题。

6. 计划中使用共产党人的方面有：

①建造机场。

②在摧毁日军通讯系统及设施的行动中提供向导和军事援助。

③为前沿的部队从距其最近的机场运送补给品、爆破器材和食品。

④从事侦察和搜集情报的工作，报告日军的人员、军火和补给品的动向。

7. 指挥权。

所有由美军和中国人参加的特别部队均受美军军官的指挥。

8. 总则。

所有武器弹药和军事装备要置于美军官兵的绝对控制之下，它们只能用于打击日本人的军事行动。有关所有这些军火的情况，我们要报告给蒋委员长并对他做出积极保证。我们将不允任何中国人囤积或是贮存这些后来可能会被用做打内战的武器弹药。对此我们有充分的把握。

麦克卢尔将军随后把这些建议拿给赫尔利将军看，赫尔利则要求麦克卢尔将军在建议书的第一页上方写上一则声明，大意是这些建议须经蒋委员长批准。麦克卢尔将军说，他这样做了，在建议书第一页的上方用铅笔亲手写下这样一则注释："中央政府与共产党须先达成协议。"

麦克卢尔将军通知赫尔利将军说，他打算将上述建议拿给军政部长陈诚将军和委员长看。赫尔利将军说，从军事观点来看，此计划听起来不错，但如果在谈判期间共产党人就知道这一计划的话，那麻烦就大了。赫尔利将军建议他等魏德迈将军回来后再将该建议提交给中国人，但是如果他必须做点什么，他应首先跟宋子文博士讲，因为他敢肯定会有人对这一想法提出异议。麦克卢尔将军对宋博士谈了他的想法，宋博士说该计划很稳妥，且非常现实，他补充道，如果国共双方在政治上达成协议，这项计划就更加有效了。麦克卢尔将军同意这一看法。

12 月 19 日,麦克卢尔将军将建议提交给了军政部长陈诚。查看此次会谈的记录,我们就可以看出,陈将军的答复如下:"非常感谢,我感到你很有诚意。这项计划意义重大,但还需要慎重考虑。我们必须研究一下该在什么样的地区动用哪支队伍,我会给你一些这方面的背景材料。平汉、津浦和陇海铁路线是敌人最重要的交通线。我们需要研究在这些铁路沿线的什么地方能建造机场。"根据记录,麦克卢尔这样答道:"感谢你对这项计划的兴趣,目前该计划还没有获得官方的明确承认,但我们已经组织了几个爆破小组。很高兴你将研究该计划,不过,我希望你能尽快做出决定,因为我打算在明年初的某个时间把这一完整的计划提交给蒋委员长。"

1945 年 1 月 15 日,赫尔利将军再次将建议的内容提出讨论,并声称他已得情报,说共产党已经知道美国提出一项不经国民政府的同意而给他们提供援助的计划或是建议。赫尔利将军说,他向麦克卢尔将军指出,倘若共产党知道了这样一项计划,那么美国促成国民政府与共产党力量团结的政策将毁于一旦。

麦克卢尔将军称,美国人从未将这样一项计划交给过共产党。我对你的 1945 年 1 月 15 日陆军部 21084 号电报的答复便是依据这一信息的。当去年 12 月包瑞德上校奉命去延安为赫尔利将军捎信时,他在访问过程中同时也讨论了麦克卢尔的建议。麦克卢尔将军派战略情报局的伯德上校与包瑞德随行,并且命他与共产党军事当局探讨在其势力范围内美军投入特别部队作战的可行性。包瑞德上校称,他先是告诉共产党人切记:他所说的一切都不是官方的承诺,都必须高度保密。之后,他确实同共产党当局讨论了在共产党控制区内动用美军部队的可能性。他告诉朱将军,不论共产党与国民政府是否达成政治协议,对美国军队来说,到共产党控制区内作战是完全有可能、而且充满希望的。

我不知道战略情报局中国处副处长伯德上校也去了延安。麦克卢尔将军称,他派伯德去是为了预先打探一下即将来华的多诺万①将军所提出的一项提议,即他和他的随从能否获准去那里,下面便是伯德就有关其使命所作的陈述。

为便于完整概述我此行 1944 年 12 月在延安与中共领导人的会谈,我想引录一下我发给华盛顿电文的第一部分:

有关迪克西使团所制订的各项协议是尝试性的,它有赖于我们政府对该项计划的批准。战区指挥官已同意最大限度地支持共产党,并认为这是一种战略情报局式的计划。如获政府批准,下面便是该尝试性协议的内容:

1. 派遣我们的战略情报局部队,协同他们(指中共)的队伍,摧毁日军的通讯设施、机场和碉堡,将日军彻底搞乱。

2. 全面武装这些(中共)队伍,以便其在破坏行动中援助和保护我军。

3. 袭击的目标大体由魏德迈选定,但在具体细节上要与该地界上的共产党取得合作。

4. 除粮食、衣物外,为 2.5 万名游击队员提供全套的武器装备。

5. 建立一所学校,以指导其使用美式武器、爆破技术和通讯设备等。

6. 与第十八集团军合作,建立无线电情报网。

7. 供给民兵至少 10 万支沃尔兹单发手枪。

8. 如果战略上需要,魏德迈可以获得 65 万中共军队和 250 万民兵的全面合作。

在抵达那里的当天早上,我与朱德将军举行了首次会谈,包瑞德上校当时讲道,我是应驻重庆的美军参谋部之请,来此探讨如果我国政府批准此项计划,我们该做和能做些什么。经过热烈讨论,当天下午,我们与担任总参谋长的叶将军举行了会谈,讨论有关计划。

---

① William J. Donovan,美国战略情报局局长。

　　下午的讨论持续了差不多5个小时,讨论的内容在我的电文中概括为八点。

　　在正式讨论结束后,叶将军闲聊谈起我们的计划获政府批准有无把握,并且他怀疑蒋介石是否会同意该项计划,他问我的意见如何。我推测道我们大有希望。他还问我,我是否认为我们的政府将会批准此项计划。我答道,许多人都力荐这样一项计划,认为如果可能,我们应在华北提供援助,以消灭日本人。但是,鉴于华盛顿对中央政府的承诺,我还不能说他们是否愿意或是否能够这样做。我记得叶将军随后说,假如美国政府批准此项计划,而中国、中央政府不同意的话,我们将采取什么样的立场。当谈到这一问题时,在场的每个人包括叶将军本人都笑了。我接着讲了一番话,大意是,军人以服从命令为天职,我国政府命令我们做什么,我们就会去做什么。在这方面他们还提了许多问题,但都纯属猜测性质的。所有人都很清楚,整个计划必须要经美国最高当局的批准后,才能付诸实施。

　　在谈话结束时,叶将军称,不管我们能否给他们一枪一弹,华北的人民都将把美国视为他们最好的朋友,并将魏德迈将军视为他们的最高指挥官,只要他一声令下,他们定会遵从。

　　以上所述包含了我就此案所能获得的基本事实,不用说,对于我的人卷入这样微妙的局势我甚感遗憾。我不相信这件事是导致谈判破裂的主要原因,但是,我也充分地意识到,赫尔利将军满怀诚意使用的我手下的这些军官,不经官方允许随便与共产党进行了商讨,这肯定会对以后解决该问题造成极大困难。

　　我同赫尔利将军就此事坦率交换了意见,我们就以上陈述的事实取得了共识。我们在处理中国的问题上步调完全一致。即使我们之间出现意见分歧,这些分歧也是充满诚意的,我们彼此将忠诚地、完全地互相帮助。

　　我相信以上所提供的情报足以回答你所提出的第1、2个问题。至于第3个问题,我不相信总统会与蒋委员长讨论此事,尽管陈诚将军或是宋博士有可能提请他注意此事,但是我还没看到有任何迹象表明他在关注此事。

RG332,Wedemeyer Papers(NARS),Box 20

### 赫尔利致斯退丁纽斯
重庆,1945年2月7日

......

我在1月14日给总统的电报中曾说,魏德迈将军离华期间,美军司令部制定了一个军事计划,其中指出,哪些美国部队将被用于共产党地区,共产党部队在游击战中该如何组织,它们如何得到物资。我说这个计划已为共产党得知,并使他们得出这样的结论:他们可以绕过国民政府和我,通过美国军事组织直接与华盛顿接触。

马歇尔将军发给魏德迈将军一封电报,其中引用了我报告中的一段话,并要求魏德迈将军向他报告前面提到的事实。魏德迈立即就此事做了调查,并答复说,在发出报告之前,事先征得我的赞同。我补充说,我同意魏德迈将军的建议,但我不同意他所说他的下属军官并没有把那个军事计划透露给共产党。魏德迈将军暗示说,这个计划可能是通过陈诚将军或宋子文透露给共产党的,因为他们都知道这个计划,而且后者正在和共产党进行谈判。马歇尔将军在给魏德迈的复电中要求他做进一步调查。调查表明,包瑞德上校(我的信使,而且他曾把我的信件带给毛主席)曾在我不知道的情况下和共产党详细地讨论过这个军事计划。还有伯德上校,他也是美军司令部的下属人员,曾去过延安,不但详细地讨论了这个军事计划,而且还向司令部提交了一份报告概述讨论的性质。

然后,魏德迈将军要求包瑞德上校和麦克卢尔将军讲清事实。他们以及伯德上校的陈述证实,这个军事计划是通过这些军官们透露给共产党的。

结果是毛主席和周将军直接向魏德迈将军提出下面两条建议,并将其通过军事渠道于1月9日以电报的形式发来,这可说是第二次"严禁发表"的电报:(1)延安政府迅速派出一个非官方团体到美国,去向感兴趣的美国民众和官员"说明并解释"中国的问题。(2)如果总统表示希望在白宫把毛和周当作中国一个主要政党的领袖接待,毛和周将马上动身去华盛顿进行一次探索性的会谈。毛和周还特别要求,如果罗斯福的邀请不能很快到来,对他们要去华盛顿的意愿应保守秘密,以便保护他们和蒋介石的对等政治地位,还有一封电报可以看出共产党希望绕开国民政府和我本人。但是那封电报主要与另一情况有关。该情况将在以后报告。

如果包瑞德和伯德在麦克卢尔的指示下对共产党提出的建议得到美国的批准,如果刚才毛泽东和周恩来所提的要求获得满足,那么其结果就等于承认中国共产党是武装起来的交战一方,所有这一切都是以麦克卢尔所坚持的建议为基础的,那就是:〔美国〕保留不论何时何地只要发现敌人就不惜采取任何手段与之战斗的权利。有些时候,这个理论是行得通的;但在这一事件中,人们是假定美国军队而不是文官政府拥有决策权的。文官政府可以决定在这些前提下选择要采取的行动,可以把军队作为政府执行政策的工具。但是在这种情况下,军方所建议的行动和政府的政策是背道而驰的。它将使美国扶持中国国民政府的政策遭到失败。我的看法是,通过军队承认中国共产党是武装的交战一方将会立即引起混乱和内战,并导致美国对华政策的失败。一想到这种情景,我的反对就更加坚决了。这一反对无懈可击,结果表明是成功的。

魏德迈将军在致马歇尔将军的一封电报中彻底澄清了这种情况,并对过去所发生的事情表示道歉。魏德迈的意见是,军方和共产党之间的谈判并不是造成共产党、国民政府和我本人之间谈判破裂的唯一原因。我当然同意还有其他的因素。但是,共产党确实把军方的计划及其会谈当作一种证据,以为他们可以绕开国民政府和我本人获得美国政府对他们地位的承认,而无需首先和国民政府达成协议。

有人建议我进一步进行军事调查,同时魏德迈的参谋长麦克卢尔将军和包瑞德上校已经被调到野战军去了。我决定我们最好不要陷入我们自己的内部争斗中去,而应当让事情有一个了结。当我们考虑到以下情况时,更觉得应该是这样。在我开始让武官德帕斯上校作为我和共产党谈判中的使者时,并没有向共产党或国民政府对所发生的事情做任何解释。而我们却可以立刻和共产党领导人重开谈判。以后的信函会表明这一点。而且,周将军现已回到重庆,我们正在友好地进行谈判,而没有提及我以上简要概括的我们内部出现的插曲。我建议国务院对有关把军事计划透露给共产党一事不要再采取任何行动,因为这样做只会使我们之间的矛盾继续下去,并会偏离我们的主要目标——统一中国所有军事力量。我相信魏德迈,他也相信我,我们正进行充分的合作。

我注意到,有一些与国民政府对立的势力利用各种场合与美国政府的这个或那个代表进行接触,要求得到美国军队的特别关注;他们或要求美国政府尽快派代表到他们控制的地区去,或要求得到美国的〔武器〕和装备。看起来只要中国的统一不完成,这种接触很可能还会继续下去。我建议,除非得到国民政府和美国政府批准,在得到这种批准之前,不管这些要求看起来多么合情合理,都应一概拒绝。在中国能真正拥有一个统一的军队或统一的政府之前,所有武装的军阀,武装的党派和中国共产党的武装力量都必须无例外地接受国民政府的控制,这是我们坚定不移的立场。

……

FRUS,1945,Vol. 7,pp. 208–211

### 赫尔利致斯退丁纽斯

重庆,1945 年 2 月 18 日

下面是魏德迈 2 月 15 日记者招待会有关部分的记录。

问:你对国共两党谈判的失败有何评论?

答:我一直力图不过问政治。我曾听到过谣言说他们走不到一起,但都不是官方的消息。我一点儿也没有涉足到这些谈判中去。我认为我是一名军人,我在海外的工作是从事战争。在必要的时候我曾偶尔地牵扯到政治事务中去。我没有办法。我曾力图避免,但我没有办法避免。

确切地说,我认为他们并没有完全破裂。我听说他们准备继续举行这些会谈。我不相信这是最终结局。那是我所听说的谣言。我没有听到官方的任何消息。美国方面负责这些谈判的是美国大使。我不负责,我根本没有被要求参与此事。

我愿意让你们所有的人都了解我的想法。这个问题是具有强烈政治色彩的事务。我曾要求每一位军官签字保证理解我对中国战区的有关政策。每一位美国军官都被要求在这份命令上签字,说明他已经读过并理解了其内容,我的政策是:我们军事人员,我们美国军官,我们美国不会给中国战区内的任何个人、任何活动,或任何组织以任何援助。这是我的命令,而且我准备执行这些命令。很显然,我们不时地从各方面收到向我们要求援助的请求,但是我被命令支持中央政府,而且我准备尽我最大的能力去执行这一命令。中央政府是我国政府承认的政府。

我只想补充这一点想法——我全心全意地希望中国人能走到一起,在战争结束以前解决他们之间的分歧。现在他们正在抗击共同敌人,我觉得这正是他们走到一起的极好机会。我希望他们会做到这一点,因为这将极大地增强军事实力。我觉得这丝毫没有问题。

FRUS,1945,Vol.7,p.233


(2)赫尔利与职业外交官之间的分歧

### 范宣德致格鲁

华盛顿,1945 年 1 月 29 日

格鲁先生:

关于你要求得到有关情况用以答复国务院、陆军部和海军部就对华政策的询问之事,答复如下:

美国政府的近期目标是,帮助中国动员所有的人力物力把抗日战争进行到底。我们正在运用我们的影响力,以在政治和军事上实现更大程度的统一,在战争物资的生产方面进一步提高效率,增加产量。我们正在向中国提供直接用于军事行动的物资和与战争行动有关的工业生产用物资。

我们在中国的长期目标是,帮助中国发展成为统一的、民主的、进步的和提供合作的国家,使她能够为远东的安全和繁荣做出贡献。

我们认为,我们驻华军事当局的任务目前应集中在实现上面所说的近期目标上。无疑,"遏制"日军以及与中国人合作的各项措施,会使中国军队得到一定程度的重新武装,但是,我们认为目前就采取措施重新武装中国,使之成为亚洲强国的做法是行不通的。

我们希望把中国重新武装到所有的中国军队都愿意抗击日本的程度,因为这也许是可行的,但是,由于中国政府和中国共产党目前的关系不太令人满意,采取措施重新武装中国共产党是不明智的,虽然大家都承认,中国共产党能够最有效地使用数量有限的武器弹药和爆破物资。然而,如果战事沿中国海岸展开,建议我们的军事当局,应该准备武装据信能够有效地抗击日军的一切中国军队,且应在适当的时候向中国军事当局提出此项建议。

如上所述,我们的目的是利用我们的影响力实现中国的统一,这既是我们的短期目标也是长远目标。我们不必拘泥于中国必须统一在蒋介石的领导之下。然而,说到近期目标,蒋似乎是目前能够统一中国的惟一领袖。不支持蒋而选择别人以实现我们的近期目标可能会引起混乱。至于我们的长期目标,我们的目的是保持一定程度的灵活性,使我们能与任何最有可能把中国建成统一、民主和友好的国家的中国领导者进行合作。这方面的任何进展当然与在和平时期帮助中国重新武装的计划关系极大。

我们认为总统对香港问题的态度可能是：英国应将香港归还中国，中国应即宣布香港为中国主权管辖之下的自由港。关于可能发生的针对香港的军事行动，我们认为从政治角度来看，不宜动用美军攻占香港或邻近的九龙租借地。

FRUS,1945,Vol.7,pp.37-39

### 艾切森致斯退丁纽斯

重庆,1945 年 2 月 28 日

中国的形势看来正以某些既无益于有效进行战争，也无益于中国将来的和平与统一的方式发展。

1. 美国最近试图通过外交和劝说手段来帮助中国各方进行和解，这是处理这一问题的首要步骤。统一被正确地认为不仅是中国最有效进行战争的关键，也是和平地、迅速地建立一个强大、统一和民主的中国的关键。

但是日军进攻的暂时休止，通往中国公路的开通，我军关于重建蒋的军队的计划的迅速发展，对战时生产局等其他方面援助的增加，对国民政府将在旧金山参与重要决策的估计，认为我们会坚定不移和明确无误地仅仅支持和加强中央政府，并把它当做对其他组织进行援助的惟一通道的坚定看法——所有这些都极大地使蒋感到他的力量的增强，使他盲目乐观，并使他不愿意去进行任何和解。

这种态度的反映之一是在与共产党的问题没有解决的情况下，蒋就希望尽早与俄国和解；现在，除了提出建立一个在政府内既无权又无地位的党际咨询委员会外，没有任何建树。在最近军事政治任命中，在重要的战略地区安插了强硬的反共分子，如提名反动分子陈策海军上将（戴笠部下）为广州市长和贺国光将军（前宪兵总指挥）为台湾主席。

2. 共产党方面则得出这样的结论：我们明确表示只支持蒋，所以我们不会迫使蒋采取行动去援助他们或与他们合作。为了进行他们认为的自卫，他们积极采取行动（去年夏天共产党领导人已经就假定他们继续被排除在考虑之外的举措作了预告），他们积极增强兵力，并将其区域迅速向南扩展直到中国东南部，而不理会国民党名义上的控制。国务院可参阅我们 2 月 24 日上午 9 时的电报，其中报告说，中共军队有大规模的调动并已与中央政府军队发生冲突。共产党想利用日本人控制粤汉铁路造成的华东的隔绝状态，在蒋在云南正在建立之中的新军做好准备之前，就使自己尽可能地处于不可战胜的地位。这样，当我们的部队在中国沿海的任何一个地方登陆时，他们都会使我们处于一种要么接受要么拒绝他们帮助的进退维谷的境地。中共领导人周围的人员正在谈论寻求苏联援助的必要性。中共正在广泛呼吁，要求给与共产党及其他非国民党人士参加旧金山会议的代表权。它还在积极考虑建立一个各个独立的游击区政府的联合委员会的问题。

3. 结论看起来很清楚，虽然我们的愿望是好的，虽然我们拒绝与中央政府以外的任何组织打交道和拒绝援助他们的作法，从外交上讲是正确的，但如果这种形势继续下去，如果我们对此所做的分析是正确的，那么中国的动乱就将不可避免，灾难性的内战的爆发就会加速到来。即使在目前，单纯从军事观点来看，这种形势也是不令人满意的，会造成妨碍的，这一点很明显。因为我们被褫夺了与大批具有很强战斗力并占有很好战略位置的军队合作的机会，被褫夺了与共产党地区中组织起来的人民合作的机会，被褫夺了与像东南地区的李济深、蔡廷锴部队合作的机会。上面已经说到，从长远观点来看这种形势对美国的利益也是危险的。

如果不加以遏止，这种形势会以加速度向前发展，因为中国的战事以及整个远东地区的战事的进展都在加快。对中国内部冲突的解决将会变得更加紧迫而且不可避免。时间短促，任随事情发展将十分危险。

4. 如果我国政府的高级军事当局认为，与中共及其他已经证明愿意抗日并正在抗日的组织进行合作是必要的或是我们应谋求的，那么，我们认为，立即并主要考虑军事需要，应当成为下一步美国政策的基础。魏德迈将军及赫尔利将军目前都在华盛顿，这是讨论这个问题的一次极好的机会。

假定军事方面的需要的确存在,我们建议考虑采取的第一个步骤是,由总统以明确的措词通知蒋委员长,军事上的需要要求我们向共产党及其他能帮助抗日战争的有关组织提供物资并与之合作(在目前条件下这不包括像四川军阀那样实际上不可能进行抗日的军队),我们将采取直接的步骤完成这一目标。我们可以向委员长保证,我们并不打算削减我们对中央政府的援助(由于运输困难,我们给予共产党或其他组织的任何援助起初都必定是小规模的,而且可能比运进中国的物资的自然增长还小)。我们还可以在我们的声明中说明,我们将让中央政府随时了解这种援助的范围和种类。我们还可以告诉委员长,我们将能利用我们的援助和合作做为一种政治手段,来限制他们的独立的和过分的行为,把他们限制在他们目前的地区里。我们可以指出让共产党得到我们的帮助,而不让他们寻求俄国人直接或间接的援助和干涉的好处。

在我们向委员长通报这一切时,如果认为可行,我们还应告诉他,虽然我们试图说服各个团体,但进行联合的努力失败了;为了最有效地推进战争,我们不能再拖延采取行动了。我们认为,我们以军队的统一和军事指挥的协调为基础对所有团体实行军事援助,这显然是符合我们愿望的。我们准备继续为此目的在适宜的地区和需要的时候提供我们的斡旋;自然,提供斡旋的建议应当来自委员长。但我们倾向于支持:(1)建立一个实质上是最高国防委员会或战时内阁的机构,在此机构内共产党和其他组织将拥有有效的代表权,并共同负责制定和执行联合作战计划;(2)名义上把共产党和其他选定的军队合并到中央政府军队中去,这支军队将由委员长根据魏德迈将军的建议指定的美国军官指挥作战;所有各方还应达成协议,这些部队只能在他们目前的区域或特定的扩大的区域内活动。但是,有一点应该说清楚,我们关于与任何有能力帮助战争的军队进行合作的决定,将不会由于这种中国内部安排的完成而被延宕或改变。

　　我们相信,这种作法将会打破目前的僵局,并可以作为彻底解决最后完成统一这一问题的最初步骤。最近谈判产生的一个结果是,首要的和最重要的问题已经变得清楚了。委员长及其政府这时将不会主动采取任何前进的步骤,因为那将意味着丢脸、丧失威信及个人权力。共产党在没有得到他们所相信的保证的情况下,也不会采取任何会导致其军队的解散直至被消灭的进一步的步骤,他们目前的力量和将来的政治上的生存都有赖于军队。我们建议采取的步骤将对双方都施加一种能够打破僵局的必要影响。这两个建议中提出的做法应该能推动具体的军事合作,并必须导致政治合作,从而为今后向着统一的进一步发展提供基础。

　　上述建议并不排除政治咨询会议计划,如果这个计划被采纳,它可以向国防委员会和政府一同发挥作用,实际上,我们应该预期这会大大加强政治咨询会议。

　　当然,对蒋通报上述内容应在私下进行。但是如果蒋拒绝接受,那就应符合逻辑地采取一项更为激烈的步骤,即公开宣布政策,如同丘吉尔对南斯拉夫事件所做的那样,这是可以被清楚地理解的。

　　然而,即使不公诸于众,我们对共产党及其他军队进行援助这一事实也将很快地传遍中国。我们相信,这将在中国产生深刻的和我们所希望的政治效果。现在,在中国存在着一种巨大的内部压力,要求在与共产党进行合情合理的和解,在目前受压制的自由团体有机会表达其意见的基础上实现统一。但是,在最近的谈判中,这些自由团体,甚至国民党内部的团体如孙科派,以及小党派都被国民党所忽视,而没有被共产党忽视(他们和共产党一起组成了统一战线),他们觉得美国对目前国民党反动领导仍持支持态度,因而感到幻想破灭和心灰意冷。通过我们所建议的步骤,我们将证明我们并没有这样做,我们将极大地提高这些自由团体的士气和声望,而且我们还会通过这些内部的力量施加最强大的影响,来迫使蒋把他自己的事情管好,并为统一做出必要的让步。

这个政策将受到绝大多数中国人民的欢迎(虽然不会受到控制国民党的一小撮人的欢迎),这一点毫无问题。而且它还会提高美国的威信……。大多数中国人相信,中国内部问题的解决仅仅是双方让步的问题,不像国民党本身的改革那样复杂。他们还有充足的理由宣称,美国在中国的"不介入"实际上只能是对目前保守的领导层有利的一种介入。

我们认为这个政策切实地顾及到了中国的实际情况。通过这个政策,我们可以期待保证战争中中国所有力量的合作,我们可以把共产党拉到我们这一边来,而不是把他们推向俄国人的怀抱(否则,一旦俄国介入抗日战争,这种后果是不可避免的);我们可以使国民党相信,它目前准备最终打内战的计划是不受欢迎的,我们可以期望促成统一,即使现在不能立即达到完全的统一,这个政策也将为今后和平地向真正民主的方向发展提供一个基础。

5. 这份电报是在大使馆所有官员的同意和帮助下起草的,并经魏德迈将军的参谋长格雷斯①将军过目。

FRUS,1945,Vol. 7,pp. 242–246

### 范宣德备忘录
华盛顿,1945 年 3 月 1 日

在中国早日实现政治和军事统一的前景很不乐观。蒋业已宣布了在 9 月份召开制宪会议以建立民主政府的计划,但他同时又明确表示,在过渡时期(它可能对军事行动极为重要),绝无"国民党放弃其最终决定权和最后责任"之可能。他建议共产党员参加国民党政府,但表示反对建立联合政府以统一指挥中国抗战并使之更有效力。除非相对公平合理地考虑蒋的地位和中共地位,否则在近期就不可能实现统一指挥。鉴于今年要在中国采取军事行动,我们必须找出一个办法,解决

---

① Walter Gross.

如何有效地使用中国所有抗日力量的问题。

　　在上海以北沿海地区登陆的美军极有可能遇到附近的中共部队。最近的报告显示,中共部队也正在向上海以南的浙江省沿海地区推进。访问中共控制区的美国文武官员似乎都认为,只要给他们提供军需品,中共部队不但有助于美军的登陆行动,而且有助于华北的抗日行动,特别是在切断交通线方面。

　　因此,我们在施加影响促成中国政治和军事统一的同时,也应做好准备,在美军军事行动得到中共部队的合作的援助的情况下,为他们提供武器弹药。

　　不存在在蒋和共产党之间作出选择和收回对蒋的支持的问题。但我们无疑应该使用我们的特权(在军事上需要的情况下),利用在抗日战争中能与我们并肩作战的所有中国军队。蒋没有实现军事上的统一,我们应告诉他,他已失去独享美国支持的权利。

　　蒋最初的反应可能是表示反对,但这不会有实际效果,因为人们不难预料他会积极反对援助中国共产党。另一种可能性是,鉴于我们就我们的立场和意图发表了明确声明,蒋也许能实现(在军事层面上)我们一直在追求的目标——军队的统一。

　　(在准备本备忘录的过程中,我阅读了艾奇逊 2 月 28 日的第 324 号电报,我认为应对它加以认真考虑。)

FRUS,1945,Vol.7,pp.247–249

## 庄莱德①备忘录

华盛顿,1945 年 3 月 2 日

美国对华政策

　　目标:美国政府长期对华政策的主要目标之一是建立一个强大、稳定、统一及和平的中国,其政府的性质是民主的,能代表中国人民愿

---

　　①　Everett F. Drumright,国务院远东司中国科官员。

望的。

美国政府的短期对华政策是最大限度地调动中国的军事和经济力量,把它们投入到抗日战争中去。为奉行这项政策,美国正在努力加强中国的战斗力量,促进中美军事合作和中国内部的统一。

实现目标的障碍:实现美国对华政策的最大障碍在于中国在政治和军事上继续处于分裂状态。早日解决这个问题是实现我国短期和长期对华政策的先决条件。如果中国要把最大限度的能量投入到战争中去,如果要避免自相残杀的内斗和严重的国际纠纷,就必须实现内部统一。

无法实现内部统一的原因:国共两党在威胁国家生存的战争中仍不能实现内部统一的原因,主要在于两党为在政治和军事上控制中国而进行的斗争。争斗不休的两党关系的特点是彼此缺乏信任。共产党担心,国民党的政策即使不是要消灭共产党的话,也是要共产党处于从属地位。国民党则担心共产党的政策是要全面控制中国。国共两党都想打败日本,但他们互相间的这种担心超过他们对日本的担心。

在与共产党的谈判中,国民党总的原则是坚持要共产党承认国民党控制的政府是主权政府。为实现这个目标,国民党一直要求把中共的行政和军事组织置于国民政府的领导之下。因与他们的生存愿望水火不容,共产党拒绝了这些要求,并提出反建议,要求废除国民党一党政府,代之以"民主联合政府",建立"联合司令部",召开"党派会议"。为与共产党达成和解,国民党最近同意召开国民党、共产党和无党派人士代表会议,以"考虑(国会召开之前的)政治和军事统一的过渡措施"。就目前所知,共产党尚未对国民党最近的这项建议作出答复。

政治和军事统一的前提条件:中国统一的重要前提是建立一个能广泛代表中国人民并对中国人民负责的政府,一个奉行自由主义原则,致力于提高中国人民的福利,保护他们的自由、权利和利益的政府。国民党和共产党都公开宣称,其目的是建立与孙逸仙博士的原则一致的这种政府体制。但是,国民党拖延放弃一党政府(国民党把这归因于日本侵略的紧迫环境），使人们相信国民党打算永远把持权力。人们认为，国民党承诺尽早放弃一党政府将大大有助于内部统一的实现。

最近来自中国的报告称，国民党第六次代表大会将于1945年5月在重庆召开，会议将考虑召开国民大会（可能会在1945年11月召开），制定永久性的中国宪法、修改有关组织法律、修改国民党党章和政策等的建议。这些措施的通过既能满足中国共产党的公开要求，又有可能导致一党政府的废除，满足中国人民通过民主程序建立有代表性有责任心的政府的愿望。同时，它还能为国民党提供修改有关组织的法律和进行机构改革的机会，以便适应立宪政府成立后变化了的局势。

实施美国政策的措施

1. 关于短期政策

a. 为了最有效率地把战争进行到底，我们应提倡中国所有的军事力量都团结起来或者至少可进行协作。为实现这个目标，我们应该提出如下主张：①建立一个类似于最高战争委员会的军事机构，共产党和其他一些非国民党军事组织在其中都具有同样的权利和责任，共同制定和实施互相协作的军事计划；②把共产党和其他非国民党军队，编入蒋委员长按中国战区美军总司令的建议组建的由美军军官指挥的国民政府军队中去。

b. 美国还应鼓励国民党实施拟议中的计划，召开一次由国民党、共产党和其他党派以及一些无党派知名人士参加的大会，商讨国民大会召开之前的政治和军事统一的过渡措施。这一措施将彰明国民党的信义和意图，能确保谈判继续下去。它将避免谈判公开破裂，使共产党找不到拖延谈判的借口。

2. 关于长期政策

a. 由于蒋介石在一定程度上愿意接受美国的建议，愿意全心全意与美国合作以打败日本，愿意实施旨在进行内部改革和促进国家统一的措施，支持他和他的国民党政府看来是符合美国利益的。但是，在这方面对蒋保持灵活政策显然有利于美国，原因有二：第一，在蒋政府衰败到极点时,美国也许要撤回对蒋的支持;第二,美国可以自行决定是否给予蒋支持和援助,所以美国拥有可以用来促使蒋进行合作、改革政府行政和把中国国力最大限度地投入抗战的有力手段。

b. 美国应该利用国民党召开第六次全国代表大会的机会,使蒋和国民党其他领导人充分认识到以下各点的必要性:①进行党的改革;②尽早建立广泛代表民意的宪法政府;③国民党积极倡导制定一部自由、民主、能保护种族和政治团体以及个人的权利的永久性宪法。很显然,如果国民党要适应日益变化的形势,满足中国人民要求建立有代表性、有责任心的政府的愿望,它就必须得按上述各点进行改革。上文的实质性内容应该由最高层尽早转告蒋委员长,应该坦率地告诉他,由于坚决把战争进行到底具有极为重要的意义,我们认为有必要既给予他的部队以军事援助,又给予我们的军事当局认为不能被有效地投入具体的抗日战役的那些部队以军事援助。

c. 关于共产党和其他团体。美国应该动用一切手段,使共产党和其他非国民党团体认识到,实现政治和军事的统一以进一步促进中国抗战的急迫性和必要性。应该向那些团体指出,美国一直在敦促国民党采取进一步强化中国内部统一的政策,我们同样希望非国民党团体采取相同的措施。

关于中国共产党,我们认为美国敦促他们采取更为和解的态度,而不是最近的那种拖延与国民党达成协议的态度是合情合理的。美国有必要敦促共产党继续与国民党谈判,并派代表参加国民党提议在重庆召开的旨在商讨实现政治和军事统一的过渡措施的多党会议,也有必要敦促共产党为利于内部统一而克制对国民党进行的激烈批评,克制某些军事行动,特别是在长江以南地区,在这个地区采取军事行动很可能造成与国民党军队间的冲突。

我们应该时刻想到盟军可能会在中国沿海登陆,我们也许会发现,我们在这些地区采取军事行动时,与可能在该地区出现的中共和其他非国民党军队进行合作并给予他们援助是很有必要的。

d. 关于其他国家。美国似乎有必要停止充当中国和联合国家之间的主要联系者。英国和俄国对中国的事态发展极为关注。我们应该让英国和苏联了解我们政策的实质和在中国的目标。在实现那些目标的进程中，我们应寻求那些国家的合作，因为建立一个和平、统一和繁荣的中国对那些国家和美国来说是同样重要的。我们应该努力促进中国与英国、苏联以及其他联合国家之间的协作和友谊。我们应该特别让苏联政府充分了解我们的对华政策。也许可以期望俄国鉴于其在中亚和东北亚的利益，而在欧洲战争结束以后对中国的事态发展产生越来越浓厚的兴趣。俄国参与远东战事甚至进入满洲和内蒙古的可能性都是存在的。

在俄国介入远东战事并把苏军投入战斗的情况下，他们必定会与目前正在华北大力扩展的中国共产党军队建立联系。因此，国民党和中国共产党显然需要就内部统一和统一军事指挥权问题达成一项协议。我们认为，美、苏两国就中国问题达成一项谅解，将大大有助于国共矛盾的解决和东亚及世界和平的确立。

FRUS, 1945, Vol. 7, pp. 249-253

## 格鲁致罗斯福备忘录
华盛顿, 1945 年 3 月 2 日

现呈上一封来自重庆的有关中国局势的电报副本，请审阅。在这封电报中，艾切森先生非常清楚地阐述了由于国民党和中国共产党未能达成协议而带来的危险。显然，促成政治统一的努力继续受挫一定会给强有力地推进抗日战争带来不利影响。这种挫折使人们十分有理由担心，这两个集团的基本分歧如不解决，最终会引起内乱和国际纠纷。

尽管在过去的几个月中取得了一些令人鼓舞的进展，我们却一直越来越关心目前的一些迹象，这些迹象表明委员长对这一生死攸关的重要问题持一种不妥协的态度。事态的发展使我们在执行对华政策时更加需要灵活性。赫尔利大使和魏德迈将军即将回华盛顿,这将提供一个机会让我们和他们一起检讨一下整个局势,特别是大使馆关于考虑在为蒋委员长提供战争物资的同时,也为中共提供战争物资的建议。

FRUS,1945,Vol.7,p.254

### 包兰亭备忘录

华盛顿,1945 年 3 月 6 日

赫尔利将军打电话给我说,由于有些事情要做,所以他今天不来见我们了,他希望明天进一步和我们交谈。他意指继续昨天和我们的谈话①。在昨天的谈话中,他强烈地反对我们给他看的艾奇逊 2 月 28 日电报的内容。他问我,我们是否明白他对这封电报的看法,我说我们明白,但我们想就此事和他进一步交谈。因为我们觉得他从电报中读出的言外之意和我们对电报的理解不相一致。我说,如果艾奇逊的建议被采纳,我看不出怎么会涉及到承认共产党是武装的交战一方,或怎么会和我们承认国民政府为中国政府相矛盾。然后,他又和我一起谈了他的根据。他说他认为发这封电报是他的下属对他不忠的一个表现。这封电报又重新提出了他以为早已决定了的问题,重新提出了承认共产党是武装的交战一方的问题,而史迪威将军正是由于这个问题被召回的。他说,在中国他曾和共产党进行会谈,他已经打破了国共之间的僵局。他说,不论是高斯还是艾切森,都从没有见过共产党。而且他们也从来没有使共产党和国民党走到一起。他觉得这封电报的发送使他有必要重新和国务院、国防部及白宫就电报中提出的问题进行争辩。他说他对此并不介意。但是,他认为,在我们有如此之多的其他事情要做的时候(包括要讨论我们将来应采取什么政策),再重新去争辩一个已经决定了的问题这可就太不好了。

我向他表达了我的观点:我认为艾切森对最近的事态发展及大使

---

① 在国务院档案中没有这次谈话的记录。

馆的有关看法进行估计,只不过是在履行他的职责。我尽力想使他改变态度,但是没有成功。赫尔利大使说,通过把顽固分子调离的方法已经消除了军队中对他政策的反对,但是在他看来,好像他仍然不得不去和国务院的职业外交官进行争论,这些人互相支持,反对赫尔利大使的政策。他说,这封电报的惟一效果是破坏他的努力,因为如果共产党认为他们将从我们这里得到物资,他们将不会愿意和解。我问赫尔利将军,他是否读了蒋介石3月1日的宣言,他在宣言中采取了一种使得与共产党和解更为困难的立场。他说他读了。他非常了解蒋介石的立场。他认为蒋介石采取一种更强硬的路线是很自然的,因为他的地位变得更加巩固了。

　　赫尔利大使说,明天他将与我们一起再讨论一下原因。我说,我们将很高兴这样做,但任何决定都必须由高层人士做出,他应想方设法见到邓恩①先生和格鲁先生。他说他会这样做的。

FRUS,1945,Vol.7,pp.260–262

## 范宣德谈话备忘录②

### 华盛顿,1945年3月12日

　　今天下午,我拜会了魏德迈陆军中将,与他讨论了和一些派在他司令部工作的使馆人员有关的问题,并提及了和这一讨论有关的国共两党的关系问题。

　　魏德迈将军解释说,他一直不介入中国的政治,而且他也指示他下属的军官这样做。但是他说,尽管他只尽心于他的军事使命,可他却不得不考虑一些政治问题。

　　我告诉他,目前,从军事角度看,国共关系是最重要的。比如,如果得到我们的物资援助,共产党部队能否被有效地用来打日本人就是一

---

① James Clement Dunn,助理国务卿。
② 备忘录是写给代理国务卿格鲁、助理国务卿邓恩和远东司司长包兰亭的。

个只有我们的军队才能作出判断的问题。

魏德迈将军提到了艾切森最近自重庆发来的电报,并对艾切森鼓吹一个和赫尔利大使相反的政策表示惊奇。但是他说,他不想判断艾切森立场的是与非。我对魏德迈将军说,艾切森关于向共产党部队提供物资援助的建议很清楚是以假定他们可以被有效地用来抗日作为前提的。如果艾切森的假定不正确,那么对他的建议也就无需再作进一步考虑了。我补充说,鉴于赫尔利大使正在努力促成的政府与共产党的和解,在政治和军事上的好处是非常明显的,我看不出在中国没有统一的情况下能从援助共产党中取得什么政治上的好处。

魏德迈将军说,共产党曾要他接受对他们部队的指挥权,并把这些部队组织和装备起来打日本人。他明确表示他不赞成我们在中国建设一支共产党军队。

我告诉魏德迈将军,除了考虑能否利用共产党部队让他们继续起到他们目前所能起的作用(即作为一支游击部队),并考虑只为他们提供他们可以有效地用来发挥游击部队作用的物资比如爆破器材和所缴获日军的轻武器,我们没有考虑更多的东西。

魏德迈将军说,他正在等国务院的"绿灯",以决定是否在我所说的有限的范围内向共产党提供援助。我再次告诉魏德迈将军,这种有限的物资援助能否被有效地用来打日本从而推进战争,是一个只有从我们军事当局的立场上才能解答的问题,而且他们的决定应完全建立在军事考虑的基础之上。如果回答是否定的,那实际上就不存在需要国务院决定的问题了。如果回答是肯定的,那么国务院就会面临一个问题,即确定军事上的好处是否能够超过可能产生的政治上的不利,如对蒋介石和国民政府的影响。我告诉他,我不能预言国务院会做出什么样的决定。我向魏德迈将军回忆了代理国务卿在回答陆海军部长的问题时所表示的意见,"如果战事在中国沿海地区进行,建议我们的军事当局应该为所有他们认为可以被有效用来抗日的军队提供装备,在适当的时候我们还应劝告中国军事当局这样做"(1月29日备忘录)。

我说,如果在其他地方提出关于援助中国共产党的问题,国务院可能得依据当时的状况给予回答。

魏德迈将军说,他得到很多关于华北共产党军队的信息,但他不认为有任何信息能证明,如果有了美援物资,共产党的游击队就确实有用。他说,我使他从新的角度看待这个问题。他说,刚才他提到等我们给他"绿灯"时,他认为事情是取决于国务院的。而现在他觉得他应该得到有关共产党部队更详尽和更可靠的信息。由于心中有了这个想法,他觉得他一回到中国就应亲自访问共产党占领区。

最后,我们简要地讨论了,一旦俄国介入远东战争,局势可能出现什么变化。魏德迈将军似乎确信,如果俄国人的进攻线的推进使他们和中国共产党接触,他们会独立地和中国共产党一起行动,而不理会中国那时的军事指挥权或者政治形势。除了促成中国军事上的统一这一紧迫问题外,我还提到,采取积极措施(如美国对中国军队的全面指挥权),以避免让那种会导致俄国人和我们之间产生分歧的形势在中国发展,这也是至关重要的(实际上,防止这种分歧的惟一可行的方法是沟通我们与苏联之间的直接理解)。

FRUS,1945,Vol.7,pp.270-272

## 5. 赫尔利与中共关系的破裂

### 赫尔利记者招待会记录稿
华盛顿,1945年4月2日

赫尔利大使:我非常高兴与华盛顿的新闻界各位见面。除了我在海外俱乐部和新闻俱乐部所做的几次非正式讲话之外,这是近三年来我第一次公开地向新闻界发表讲话。所谓公开,就是国务院新闻处不会加以干预,因为我并没有就我要讲的内容同他们协商。他们可能觉得事情不太令人愉快,或许别的部门也会这样想。

首先,我想对新闻界说,我在中国得到的总印象是中国对美国十分友好。中国人对美国所给予他们的所有帮助都十分感谢。八年战争之后，中国人感到厌倦、受到挫伤、心情悲痛。然而，我看中国人会继续战斗直到取得胜利。

我想对你们说的第二个问题是我们一直参与的为中国军事力量的统一所做的努力。我们尽了最大的努力利用我们的影响来指出一条可以导致军事力量统一的路，这种统一将使中国能够充分发挥她的军事实力打败日本。在这方面已经取得一些进展，我们仍预料会有更多的好结果。每一位熟悉中国事务的人都清楚，只要存在着武装的政党和军阀，并且他们的力量仍很强大足以向国民政府挑战，中国就不会有政治上的统一。说到这里，我想补充说，在我看来，武装政党和军阀的力量在美国被高估了。在中国，比所有军阀和武装政党都强大的军事力量，最强大的军事力量，仍然是中国国民政府。中国军队、美国军队、中国国民政府和驻重庆美国大使馆，现在都同心协力为了实现一个目标——打败日本。美国人和中国人合作得非常圆满。有人向我问起有关蒋介石的特点和抱负。我的印象是，在中国长期的抗日战争中，蒋介石使用了他所能使用的所有力量。然而，他并没有法西斯思想，他的抱负是把他所有的权力转移给一个民有、民治、民享的政府。目前他正在采取步骤为在中国建立一个以民主原则为基础的政府打下基础，他认为在中国建立一个民主政府是他事业上的真正目标。我想我还是到此为止，请各位先生向我提你们要提的问题。

问：大使先生，你讲到军阀力量，你是指什么军阀或者派别？

答：嗯，我是指——你是说武装政党不是武装派别吧？

问：对。

答：我是指中国共产党和中国南方的一些军阀。

问：你说这些较小团体的力量在这个国家被高估了。你自己能否为我们估计一下中共部队的力量？

答：我认为由我在这个时候对共产党的军事力量做估计是不适宜的。由军事当局做出估计更为合适。

问:谈到军阀,将军,你是否看到支持蒋介石的军阀?

答:是的,我看到了。据我所知,掌握着昆明周围地区军事力量的军阀最近就同意效忠,可能不是效忠蒋介石本人,而是效忠中国国民政府。

问:大使先生,几星期之前,我记得《纽约时报》曾登出一则发自中国某地(我想是重庆)的电讯。这则电讯说,中国共产党要求美国向他们提供一些缴获的武器——从日本手中缴获的、现在美国人手里的武器。这样,他们可以更好地和日本人作战。先生,我不知道你能否证实一下关于这个请求的报导,或是谈谈此间的政府对这个请求的态度,或两者都谈谈?

答:当然,我既不能证实也不能否认新闻界的报导,我不知道这则报导的根据是什么。我不知道共产党曾以一个政党的身份要求美国为它提供武器。我的一贯看法是——我也一直这样说,向一个武装政党提供武器无异于承认该党是交战一方。正如你们所知道的,我们这个国家已经承认了中国国民政府是中国的政府。而且,自从赫尔国务卿在 1941 年 11 月 26 日(也就是进攻珍珠港的几天之前)致函日本代表后,我们一直从经济上、军事上和政治上坚定不移地支持中国国民政府。据我看来,这个政策已在我们和中国政府间的互助条约中得到确认,在国务院其他各种的政策表述中得到确认。所以,我们确实承认了中国国民政府,而没有承认中国任何武装军阀或任何武装政党。

问:大使先生,你能否就莫斯科在共产党和重庆政府的关系中所扮演的角色这一问题谈一谈你的看法?

答:关于这个问题,我宁愿让苏联政府自己来讲。但我还是想说,在我参加的在莫斯科的会谈中,俄国对中国的态度总的说来是公正的。俄国曾表示希望与中国建立更密切更和谐的关系。关于中国共产党,我还是讲得不要太详细为好。诸位先生想必都知道——我相信你们确实都知道,中国共产党拥护孙中山博士的主义,这是个常识问题。这通常指三民主义,三民主义也就是指民有、民治、民享的政府。共产党提出的所有要求都是以民主为基础的。这导致一种说法,说中国共产党实际上不是真正的共产主义者。中国共产党所拥护的主义和中国国民政府公布的主义完全一样,这些主义也被承认是国民政府的目标。

问:先生,我不大理解最后那句话。你是否说共产党和国民党拥护相同的主义?

答:对。

问:你能否告诉我们,他们之间的差异是什么呢? 他们如何不同?

答:实际上,这两党之间的差异并不在所希望达到的目标上,他们都宣称,他们是为了在中国建立一个非集权的奉行民主路线的政府。他们的差异存在于为达到这个目标所采取的步骤上。再多说一点,共产党想让国民党立即进行某些改革,并为此建议成立一个两党联合政府。国民政府(也就是国民党)说过,它有一部由中国的解放者孙中山制定的纲领。根据这个纲领,中国政府的权力应该根据宪法回到中国人民的手中,而不是回到一些政党的手中。中国国民政府坚决主张,在下月 5 日举行的会议中要制定一个计划。根据这个计划,将把对政府的控制权还给人民。国民政府宣称,还政于任何组织或政党或任何政治家的联合都是不恰当的。国民政府的态度是把对中国的控制权归还人民,让人民选择他们自己的领导人。

问:将军,请问中国共产党与美国、英国及其他地方共产党的真正区别是什么?

答:我知道俄克拉荷马的共和党人和民主党人之间的区别①,但你让我描述出外国政党之间的区别,这的确给我出了难题,对这个问题我确实有我自己的意见,但我不想介入对此问题的辩论中来。

问:先生,你能否讲一讲你预计在将来会有什么样的有利进展?

答:我很愿意。你们可能会记得,我们自己在我们军队和中国军队之间也曾经存在过一些分歧,这些分歧已被消除了。对中国内阁的某

---

① 赫尔利是俄克拉荷马州的共和党人。

些成员,我们自己也曾有过分歧,这些分歧已被消除了,已经任命新的人选去担任重要的内阁职位。现在,当中国国民政府承认了所有的政党,我们所希望看到的结果就会到来,例如,任命不同政党的成员作为代表出席诸如旧金山之类的会议,那就是我们希望看到的进展。我们相信,中国的武装政党正在走到一起。他们都认识到了,只要在政府之外还存在着强大到足以向政府挑战的武装政党,那么,就不会从这场战争中出现一个自由的、强大的、团结的和民主的中国。我相信,现在这些事实已被认识。而且,我不想让诸位离开这里时,认为我有一些乌托邦的计划。因为从童年一直到现在,我一直是一个现实主义者,我始终相信人是会根据人类本身的特点来行事的。因此,我不会指望中国一夜之间出现乌托邦,正如你和诸位先生不会指望在世界其他部分出现乌托邦一样。中国的形势是严峻的,但是中国正努力实现中国军事力量的统一以打败日本,而军事力量的统一,将有助于实现政治的统一。

问:将军,听说几天前有一则重庆发来的电讯,一名共产党人被任命为出席旧金山会议的代表团成员。你认为这个任命是否会使延安政府满意?

答:对这个问题的回答是,有几分满意。它是国民政府对中国共产党的一种承认。毫无疑问,中国共产党希望不只给他们一个名额,可能还希望有几名助手。关于这一点,请想一想,当美国的共和党对它出席旧金山会议的代表很满意的时候,我们通常不会对民主党所做的事情很满意。在中国,你会发现事情也是这样。共产党将不会承认国民党是正确的,不承认它在某件事情上是完全正确的。但是,我要说,这是迈向正确方向的第一步,这也表明中国武装力量的统一是有可能的,中国政治统一的目标也是有可能实现的。

问:就你所知,这个被任命为中国代表团成员的共产党代表是否是一个真正的共产主义者?

答:我认为他是。我确实知道他是他们在重庆的代表,现在他在延安。我曾和他交谈过多次。现在要说,根据你们所了解的共产主义,他是不是真正的共产主义者,这我不敢说。我不敢说是因为这里面有一个问题:是否中国共产党中任何人都是真正的共产主义者。但我确实可以说,他的确属于共产党而且确实和那个党合作,为那个党服务。但要确定是多大程度上的共产主义,是什么类型的共产主义,我不能给你下一个定义。

……

## 斯坦顿①备忘录

华盛顿,1945 年 4 月 28 日

我相信你们一定想知道有关赫尔利大使处理一些会影响我们对华关系的政策性问题的情况,以及想了解已引起我们深切关注的他对驻华外交官的态度,为此,我们准备了这份备忘录。

(1)对影响我们对华关系政策性问题的处理。在一段时间里,我们极为关注地注意到,赫尔利将军以一种不变通和不灵活的态度处理中国非常复杂的政治问题。我们曾经希望,在赫尔利将军回到华盛顿时,将有可能就政策问题与他自由地坦率地交换意见,使他对国务院官员提出的要完全灵活地和现实主义地处理这些问题的极端重要性予以重视。但是,和赫尔利将军所进行的几次谈话是不令人满意的,毫无结果的。刚从重庆归来的有经验的外交官和其他政府部门的负责官员和我们一样,对赫尔利将军所宣布的政策十分关注。这个政策被明智的中国政治形势观察家们描述为"毫无益处"地支持委员长及他的一党(国民党)政府。在我们看来,赫尔利将军的"政策"正在鼓励蒋介石委员长在处理国内统一问题上采取不妥协的态度。这一政策愚蠢地限制了我们,只能把对中国的军事援助毫无例外地给委员长的军队,从而阻止我们利用其他很可能被有效地用来抗击日本人的中国军队。我们相

---

① Edwin F. Stanton,远东司副司长。

信,他的政策正在破坏我们可以促使委员长进行军事、经济和政府改革
的影响力,而这种改革对建立国内团结和稳定是至关重要的。简而言
之,赫尔利大使在发展我国政府对华关系中,正在奉行一条我们不赞同
的路线。我们恐怕这条路线将会把中国引向内乱,并导致严重的与外
国的纠葛。

(2)对驻华外交官的态度。赫尔利将军回华盛顿期间,他的言谈
话语明显表示,他极端怀疑驻华外交官,对他们很不喜欢。这种反感已
从自重庆返回的官员们那里得到证实。他们还指出,这种反感对他们
自己的士气,对其他驻重庆外交官的士气,以及对在中国其他岗位上的
人的士气造成了严重的影响。结果,动员那些曾在赫尔利将军手下服
务的外交官重返中国变得越来越困难。另外一件同样严重的事,是赫
尔利将军对驻华官员所做政治报告的严格限制。我们有明确的理由相
信,赫尔利将军曾经命令,只有对中国国民政府有利的政治报告才可以
送往国务院,这意味着国务院只能得到关于中国事态发展的被限制了
的和不完整的信息。显然,我们不能再指望收到关于形势的全面、真实
和客观的报告,而如果国务院要明智地和成功地处理外交关系,这种报
告是必不可少的。勿庸赘言,这些限制已极大地败坏了士气,而且在对
中国事务富有经验的外交官中间造成了这样一种感觉:我们和中国的
关系正在严重地被错误地处理。

FRUS,1945,Vol.7,pp.348–350

## 中共中央关于配合盟军登陆问题给林平①的指示
### 1945 年 3 月 13 日

林平:

寅微电悉。你们现处之环境最复杂,英国对(巷)〔港〕九绝不放
手,且视广东为其势力范围,而美国则又易于先在广东登陆。美以扶蒋

---

① 时任东江纵队政治委员。

为主,英在拉拢地方实力,对我均有顾虑,对你们则较轻视,而英尤狡猾。英美在华南,一方面有矛盾,一方面也必须求得妥协,闻蒙特巴顿至重庆亦为此事有所商洽,且曾言美国将在广州湾、大鹏湾两处登陆,但时间未说出。国民党不会放松这个机会,必在南路和东江有所布置,可以断言。闻其在南路已将张炎杀死,不知确否? 在东江及广九一带,除收买伪军外,戴笠特务系统还与英美两方进行破坏工作的合作,戴之破坏方向对我重于对敌,尤注意我与英美关系,且已得到若干情报。凡此种种均应放在你们考虑的问题之中,这是一方面;另一面我们华南力量不仅没有像华北、华中那样大的主力和根据地,并且与华中根据地也还隔得很远,而城市工作在短期内的发展也有一定限度,一旦盟军登陆,你们会〔遇〕到种种复杂而矛盾的情况。你们现在就应预(备)〔计〕到并作种种准备,务使你们在盟军登陆的配战中不将自己放在各种矛盾的尖端上被攻击受损失,反而能利用矛盾,壮大自己,准备应付坏的条件,争取好的条件,以便进退有据。因此,你们的工作方针,应尽量运用统战关系联多数,反少数,依靠群众,扩大武装,好立于不败之地。本此方针你们对盟国军登陆事,应有下列的看法和布置:

(一)盟军所要登陆的情报,可以给他,但他说的登陆地点不要完全信他,如大亚湾即可以登陆,其西之墺头,有公路通惠州,再西之大鹏湾,则可迂回广九线,而大亚湾以东之地形并不甚好,是否有意将我们注意力引至东边,并便牵制敌人,望注意侦察。

(二)在谈情报时,你们可正式与欧乐义谈具体配合问题,并提出武装我们的要求,看他如何答法。

(三)英军服务团如亦向你们提出此问题,可以同样方法处之,但不要打通。

(四)你们对配合盟军登陆的可能准备和布置望告。

中央

寅元

### 谢伟思、毛泽东谈话备忘录

延安,1945 年 3 月 13 日

（前略）

美国不认识它在中国的影响力和它决定中国事态发展的能力。蒋介石依赖美国的援助。如果他不是得到美国的支援,他或者早已崩溃,或者已经被迫改变了他的政策,以团结全国并博得人民的支持。没有这回事:美国不干预中国! 你们是作为中国的最大盟国呆在这里的。你们在这里的存在是巨大的。

美国的本意是好的。赫尔利大使到延安并同意了我们的五条基本意见时我们认识到了这一点。如果不是他知道罗斯福总统有同样的想法,他不可能赞同这些意见。

我们不明白,为什么美国的政策在有了良好开端之后看来又摇摆了。毫无疑问,蒋的动机和不光明正大的花招是清清楚楚的。他的"战时内阁"和"党派会议"建议不曾解决任何基本问题,因为它们完全没有权力;它们毫无像联合政府那样的东西。他的"改组共产党军队"并"把它们置于美国统率之下"的建议具有挑拨性,是企图在我们(共产党人)和美国人之间制造误解。我们乐于接受美国的指挥,如像英国在欧洲有指挥权一样。但是必须指挥一切中国军队。

蒋不断设法制造好像共产党人应对谈判失败负责。他通过召开虚伪的国民大会答应今年立即实行"民主",玩弄了一套很巧妙的宣传骗术给外国人看。我们不愿相信美国人会这样轻易受骗。

极其重要的是,美国要认识到召开国大是蒋正在玩他的"最后一张牌"。它将关闭谈判之门,一旦会议召开了,木已成舟了,因而妥协也就不可能了。假如有必要的话我们愿意战斗,我们不仅愿意为现在解放区一亿人的民主权利而战,而且也为中国其余地方群众的民主权利而战。

当半个中国被敌人切断了或被敌人占领时,当除了国民党以外所有党派的合法性都得不到承认时,不能召开国民大会。形势所需要的和能够挽救它的唯一的一件事,就是成立一个联合政府。我们希望美国将运用她的影响帮助实现它。没有它,美国一直为之努力的一切都会化为乌有。

《在中国失去的机会》,第 323—324 页

## 毛泽东:论联合政府
### 1945 年 4 月 24 日

目前的国际形势是怎样的呢?

目前的军事形势是苏军已经攻击柏林,英美法联军也正在配合打击希特勒残军,意大利人民又已经发动了起义。这一切,将最后地消灭希特勒。希特勒被消灭以后,打败日本侵略者就为时不远了。和中外反动派的预料相反,法西斯侵略势力是一定要被打倒的,人民民主势力是一定要胜利的。世界将走向进步,决不是走向反动。当然应该提起充分的警觉,估计到历史的若干暂时的甚至是严重的曲折,可能还会发生,许多国家中不愿看见本国人民和外国人民获得团结、进步和解放的反动势力,还是强大的。谁要是忽视了这些,谁就将在政治上犯错误。但是,历史的总趋向已经确定,不能改变了。这种情况,仅仅不利于法西斯和实际上帮助法西斯的各国反动派,而对于一切国家的人民及其有组织的民主势力,则都是福音。人民,只有人民,才是创造世界历史的动力。苏联人民创造了强大力量,充当了打倒法西斯的主力军。苏联人民加上其他反法西斯同盟国的人民的努力,使打倒法西斯成为可能。战争教育了人民,人民将赢得战争,赢得和平,又赢得进步。

这一新形势,和第一次世界大战时代的形势大不相同。在那时,还没有苏联,也没有现在许多国家的人民的觉悟程度。两次世界大战是两个完全不同的时代。

法西斯侵略国家被打败、第二次世界大战结束、国际和平实现以后,并不是说就没有了斗争。广泛地散布着的法西斯残余势力,一定还要捣乱;反法西斯侵略战争的阵营中存在着反民主的和压迫其他民族

的势力,他们仍然要压迫各国人民和各殖民地半殖民地。所以,国际和平实现以后,反法西斯的人民大众和法西斯残余势力之争,民主和反民主之争,民族解放和民族压迫之争仍将充满世界的大部分地方。只有经过长期的努力,克服了法西斯残余势力、反民主势力和一切帝国主义势力,才能有最广泛的人民的胜利。到达这一天,决不是很快和很容易的,但是必然要到达这一天。反法西斯的第二次世界大战的胜利,给这个战后人民斗争的胜利开辟了道路。也只有这后一种斗争胜利了,巩固的和持久的和平才有保障。

　　……

　　中国共产党同意大西洋宪章和莫斯科、开罗、德黑兰、克里米亚各次国际会议的决议,因为这些国际会议的决议都是有利于打败法西斯侵略者和维持世界和平的。

　　中国共产党的外交政策的基本原则,是在彻底打倒日本侵略者,保持世界和平,互相尊重国家的独立和平等地位,互相增进国家和人民的利益及友谊这些基础之上,同各国建立并巩固邦交,解决一切相互关系问题,例如配合作战、和平会议、通商、投资等等。

　　中国共产党对于保障战后国际和平安全的机构之建立,完全同意敦巴顿橡树林会议所作的建议和克里米亚会议对这个问题所作的决定。中国共产党欢迎旧金山联合国代表大会。中国共产党已经派遣自己的代表加入中国代表团出席旧金山会议,借以表达中国人民的意志。

　　我们认为国民党政府必须停止对于苏联的仇视态度,迅速地改善中苏邦交。苏联是第一个废除不平等条约并和中国订立平等新约的国家。在一九二四年孙中山先生召集的国民党第一次全国代表大会时和在其后进行北伐战争时,苏联是当时唯一援助中国解放战争的国家。

　　在一九三七年抗日战争开始以后,苏联又是第一个援助中国反对日本侵略者的国家。中国人民对于苏联政府和苏联人民的这些援助,表示感谢。我们认为太平洋问题的最后的彻底的解决,没有苏联参加是不可能的。

我们要求各同盟国政府,首先是美英两国政府,对于中国最广大人民的呼声,加以严重的注意,不要使他们自己的外交政策违反中国人民的意志,因而损害同中国人民之间的友谊。我们认为任何外国政府,如果援助中国反动分子而反对中国人民的民主事业,那就将要犯下绝大的错误。

中国人民欢迎许多外国政府宣布废除对于中国的不平等条约,并和中国订立平等新约的措施。但是,我们认为平等条约的订立,并不就表示中国在实际上已经取得真正的平等地位。这种实际上的真正的平等地位,决不能单靠外国政府的给予,主要地应靠中国人民自己努力争取,而努力之道就是把中国在政治上、经济上、文化上、建设成为一个新民主主义的国家,否则便只会有形式上的独立、平等,在实际上是不会有的。就是说,依据国民党政府的现行政策,决不会使中国获得真正的独立和平等。

我们认为在日本侵略者被打败并无条件投降之后,为着彻底消灭日本的法西斯主义、军国主义及其所由产生的政治、经济、社会的原因,必须帮助一切日本人民的民主力量建立日本人民的民主制度。没有日本人民的民主制度,便不能彻底地消灭日本法西斯主义和军国主义,便不能保证太平洋的和平。

我们认为开罗会议关于朝鲜独立的决定是正确的,中国人民应当帮助朝鲜人民获得解放。

我们希望印度独立。因为一个独立的民主的印度,不但是印度人民的需要,也是世界和平的需要。

对于南洋各国——缅甸、马来亚、印度尼西亚、越南、菲律宾,我们希望这些国家的人民在日本侵略者被打败以后,能够得到建立独立的民主的国家制度的权利。对于泰国,应当仿照对待欧洲法西斯附属国的方法去处理。

《毛泽东选集》,第 1031—1086 页

## 毛泽东:愚公移山

### 1945 年 6 月 11 日

美国政府的扶蒋反共政策,说明了美国反动派的猖狂。但是一切中外反动派的阻止中国人民胜利的企图,都是注定要失败的。现在的世界潮流,民主是主流,反民主的反动只是一股逆流。目前反动的逆流企图压倒民族独立和人民民主的主流,但反动的逆流终究不会变为主流。现在依然如斯大林很早就说过的一样,旧世界有三个大矛盾:第一个是帝国主义国家中的无产阶级和资产阶级的矛盾,第二个是帝国主义国家之间的矛盾,第三个是殖民地半殖民地国家和帝国主义宗主国之间的矛盾。这三种矛盾不但依然存在,而且发展得更尖锐了,更扩大了。由于这些矛盾的存在和发展,所以虽有反苏反共反民主的逆流存在,但是这种反动逆流总有一天会要被克服下去。

《毛泽东选集》,第 1103 页

## 中共中央军委指示

### 1945 年 7 月 7 日

(甲)从美大使赫尔利公开发表全力扶蒋不与中共合作以后,我党对美国态度是反对美国现在对华的错误政策(扶蒋、反共、防苏),反对美国政府中的帝国主义分子(如赫尔利等),支持其中进步的对中共同情的分子(如被捕六人等),批评美国政府的扶蒋反共政策,而要求其加以改变,特别要抓紧美军对日作战如无我军配合则不能缩短战争减少牺牲这一点,逼迫美国政府重新考虑其政策。

(乙)在延安已公开向美军观察组表示,在美国未与我方确定军事合作以前,不许他们派人到前方去,特别不准在敌后我区建立通讯机关(现在晋绥、太行两电台已交我们代管)。我们拒绝了美军如下的要求:(一)在灵邱、阜平、沂水等地建立机场;(二)在各军区分区建立通讯网;(三)派人到山东降落;(四)在敌后增加地上救护及气象工作人员;(五)在晋绥增加气象台;(六)在(烂)〔南〕泥湾建立对日的侦察电台等等。目的在警惕其反动阴谋,增加美军在敌后行动得不到我军配合的困难。

(丙)最近美蒋合办之特种突击队(在西安及各地训练的),已陆续派往敌后活动,有一批在新乡降落,如进入我区,你们要先解除其武装,禁止其通讯,监视其行动,但仍招待其生活并报告延安请示。

(丁)不得我许可擅自降落在晋察冀的五人,早已解除武装,停止活动,并不许其通电。现留在晋绥、太行的美军各一人,只能给予少数的一般的敌军情况材料,凡属机密性的情报停止供给。望各地注意执行。

军委
七月七日
《中共中央文件选集》第 15 册,第 179—180 页

### 毛泽东:评赫尔利政策的危险

1945 年 7 月 12 日

以美国驻华大使赫尔利为代表的美国对华政策,越来越明显地造成了中国内战的危机。坚持反动政策的国民党政府,从它在十八年前成立之日起,就是以内战为生活的;仅在一九三六年西安事变和一九三七年日本侵入中国本部这样的时机,才被迫暂时地放弃全国规模的内战。但从一九三九年起,局部的内战又在发动,并且没有停止过。国民党政府在其内部的动员口号是"反共第一",抗日被放在次要的地位。目前国民党政府一切军事布置的重心,并不是放在反对日本侵略者方面,而是放在向着中国解放区"收复失地"和消灭中国共产党方面。不论是为着抗日战争的胜利,或是战后的和平建设,这种情况均须严重地估计到。罗斯福总统在世时,他是估计到了这一点的,为了美国的利益,他没有采取帮助国民党以武力进攻中国共产党的政策。一九四四年十一月,赫尔利以罗斯福私人代表的资格来到延安的时候,他曾经赞同中共方面提出的废止国民党一党专政、成立民主的联合政府的计划。

但是他后来变卦了,赫尔利背叛了他在延安所说的话。这样一种变卦,露骨地表现于四月二日赫尔利在华盛顿所发表的声明。这时候,在同一个赫尔利的嘴里,以蒋介石为代表的国民党政府变成了美人,而中共则变成了魔怪;并且他率直地宣称:美国只同蒋介石合作,不同中共合作。当然这不只是赫尔利个人的意见,而是美国政府中的一群人的意见,但这是错误的而且危险的意见。就在这个时候,罗斯福去世了,赫尔利得意忘形地回到重庆的美国大使馆。这个以赫尔利为代表的美国对华政策的危险性,就在于它助长了国民党政府的反动,增大了中国内战的危机。假如赫尔利政策继续下去,美国政府便将陷在中国反动派的又臭又深的粪坑里拔不出脚来,把它自己放在已经觉醒和正在继续觉醒的几万万中国人民的敌对方面,在目前,妨碍抗日战争,在将来,妨碍世界和平。这一种必然的趋势,难道还看不清楚吗?在中国的前途这个问题上,看清楚了中国人民要求独立、自由、统一的不可阻止的势力必然要代替民族压迫和封建压迫而勃兴的美国一部分舆论界,对于赫尔利式的危险的对华政策,是感到焦急的,他们要求改变这个政策。但是,美国的政策究竟是否改变和哪一天才改变,今天我们还不能说什么。可以确定地说的,就是赞助中国反人民势力和以如此广大的中国人民为敌的这个赫尔利式的政策,如果继续不变的话,那就将给美国政府和美国人民以千钧重负和无穷祸害,这一点,必须使美国人民认识清楚。

《毛泽东选集》,第 1115—1116 页

## 毛泽东致徐冰等人电报

### 1945 年 7 月 30 日

美大使馆前曾劝告我们不要批评蒋介石,这一点现在他们不说了,却来劝告我们不要批评赫尔利。美国报纸经常批评外国元首,去年曾激烈批评蒋介石,为什么中国人不能批评赫尔利?赫尔利曾经批评中共,把中共和军阀并列,并且是当作整个党来批评的,为什么中共不能

批评他？我们的批评是将美国政府与美国人民分开,又将美国政府中决定对华政策的人物与其他人员分开,又将美国政府一部分错误政策与其他正确政策分开。只要美国政府的现行扶蒋反共政策有一天能改变,我们就将停止批评这个政策,否则是不可能停止的。以上意见,请向有关方面给予解释。

《毛泽东外交文选》,第50页

## 毛泽东:抗日战争胜利后的时局和我们的方针
### 1945 年 8 月 13 日

我们的方针要放在什么基点上? 放在自己力量的基点上,叫做自力更生。我们并不孤立,全世界一切反对帝国主义的国家和人民都是我们的朋友。但是我们强调自力更生,我们能够依靠自己组织的力量,打败一切中外反动派。蒋介石同我们相反,他完全是依靠美国帝国主义的帮助,把美国帝国主义作为靠山。独裁、内战和卖国三位一体,这一贯是蒋介石方针的基本点。美国帝国主义要帮助蒋介石打内战,要把中国变成美国的附庸,它的这个方针也是老早定了的。但是,美国帝国主义是外强中干的。我们要有清醒的头脑,这里包括不相信帝国主义的"好话"和不害怕帝国主义的恐吓。曾经有个美国人向我说:"你们要听一听赫尔利的话,派几个人到国民党政府里去做官。"我说:"捆住手脚的官不好做,我们不做。要做,就得放开手放开脚,自由自在地做,这就是在民主的基础上成立联合政府。"他说:"不做不好。"我问:"为什么不好?"他说:"第一,美国人会骂你们;第二,美国人要给蒋介石撑腰。"我说:"你们吃饱了面包,睡足了觉,要骂人,要撑蒋介石的腰,这是你们美国人的事,我不干涉。现在我们有的是小米加步枪,你们有的是面包加大炮。你们爱撑蒋介石的腰就撑,愿撑多久就撑多久。不过要记住一条,中国是什么人的中国? 中国绝不是蒋介石的,中国是中国人民的。总有一天你们会撑不下去!"同志们,这个美国人的话是吓人的。帝国主义者就会吓人的那一套,殖民地有许多人也就是怕吓。

他们以为所有殖民地的人都怕吓,但是不知道中国有这么一些人是不怕那一套的。我们过去对于美国的扶蒋反共政策作了公开的批评和揭露,这是必要的,今后还要继续揭穿它。

《毛泽东选集》,第 1132—1133 页

# 七、中苏关系（1942—1945）

说明：抗战前期，苏联一度是中国最主要的外援国，苏德战争爆发后，苏联援华逐渐减少。另一方面，随着中国国内国共矛盾的加剧，国民政府与苏联的关系更加冷淡。太平洋战争爆发后，中苏之间虽然是战略上的同盟国，但中苏关系并未因此而好转。苏联利用地缘优势，利用盛世才向新疆进行渗透，侵犯中国国家主权。盛世才与苏联关系恶化后，国民政府趁机消除了苏联在新疆的势力与影响，恢复了中央对新疆的控制。为促使苏联参加对日作战及安排战后世界的秩序，1945 年2 月，苏、美、英三国举行雅尔塔会议，在斯大林的要求下，此次会议背着国民政府达成了侵犯中国主权的秘密协定。雅尔塔会议后，中苏之间以雅尔塔秘密协定为基础展开了订约谈判，国民政府被迫订立了有损自身主权的《中苏友好同盟条约》。

本章主要资料来源：

中国国民党中央委员会党史委员会编，秦孝仪主编：《中华民国重要史料初编——对日抗战时期》第三编《战时外交》（二），台北"中央"文物供应社，1981 年（以下简称《战时外交》第 2 卷）

李嘉谷编：《中苏国家关系史资料汇编》（1933—1945），社会科学文献出版社，1997 年

台湾"外交部"编印：《苏联对新疆之经济侵略》（白皮书），台北阳明山庄，1959 年

United States Department of State, *Papers Relating to the Foreign Relations of the United States*（《美国外交文件》，以下简称"FRUS"），1942，China；1943，China；1944，Vol. 6；1945，Vol. 7

林美莉编：《王世杰日记》（上），台北中研院近代史研究所，2012 年

原新疆省档案等转引自李嘉谷编:《中苏国家关系史资料汇编》
(1933—1945);《美国外交文件》的英文资料由天津市政协文史馆翻
译;部分俄文资料由陈春华翻译。

其他资料来源文中说明。

# (一)新疆问题与中苏关系

说明:新疆边防督办盛世才长期统治新疆,依靠苏联的支持,与中
央保持若即若离的关系,但二者之间亦存在矛盾。苏德战争爆发后,二
者之间矛盾凸显,盛世才考虑调整对苏关系,重建新疆地方与中央的关
系。国民政府确定了扶植盛世才,促其内向的方针。经过努力,国民政
府消除了苏联在新疆的影响,并将盛世才调离新疆,最终重新控制了
新疆。

## 1. 新疆地方当局与苏联关系突变

### 盛世才致蒋介石书
#### 1942 年 7 月 7 日

委员长钧鉴:

此次朱司令官、翁部长、毛总指挥三兄莅新,带来手示,敬聆训诲,
至深感佩。复蒙格外垂及关于公私诸语,与朱长官开诚详谈各节,仰见
钧座对于新疆及职个人关怀之殷,无微不至。感念厚德,毕生难忘。职
惟有遵照钧座训示,关于新疆一切问题与一民兄竭诚相谈,所有详情,
并恳其回渝面报。钧座当可将新疆实际情形,处境之困难以及职竭诚
拥护钧座与中央之赤诚,谅蒙鉴察。

(一)缘职对马克斯主义凤具信仰,而苏联国家既系马克斯主义执
行者,并相信其坚决执行马克斯主义,努力援助落后国家与民族,是以

职主持新疆省政伊始，即树立反帝、亲苏两大政策，又复在一九三八年赴莫斯科就医时，曾加入联共党，使苏联国家竭诚援助新疆，加速建设国防后方，增强抗战建国实力。由于以上关系，是以对于中共不能不表示亲切，用以共同携手抵抗暴日，以争取抗战建国之最后胜利。十年来，职亲苏亲共之意即在此。然而此种真诚，不但未换得相等代价，反而利用职与彼等之关系，对于新疆到处施以破坏。例如历次阴谋暴动案发生，虽经破获审讯，结果均系受苏联暗中所策动，一波未平，一波又起，尤以计划本年在四一二大会时所举动暴动为最毒辣，实亦职最感痛心者也。查此次阴谋暴动案，计划异常周详，吸收军政界干部较历次为多，所有苏联在新工作人员，领事、顾问、教官等，以及中共在新各部门工作人员，均行参加在内，组织异常庞大，届时刺杀职本人而外，所有军政各机关忠实干部，一律刺杀，推翻现政府，成立在苏联与中共卵翼下，脱离中国版图，树立苏维埃政权。此种丧心病狂，甘愿为虎作伥之举动，尤堪痛恨。此种阴谋计划，在四一二之先，因机械化旅长盛世骐被刺身死，遂将全案破获，未及成事，亦可谓不幸中之大幸也。根据以上之各事实，职现已彻底觉悟，苏联国家确实离开马克斯主义，走上帝国主义侵略道路。尤有甚者，即挂着马克斯主义假招牌，以援助落后国家与民族为名，暗中进行其侵略伎俩，其用心较之其他帝国主义者尤为毒辣！至中共不但与苏联采取同一步骤，而又复借新疆与其亲近之关系，从而进行破坏，发展其自己势力，意图掠取新疆，扩充为根据地。以职十年来身临其境所经过之事实考验，证明确无丝毫虚伪之处。

（二）前者职弟世骥赴渝，蒙钧座延见，并荷诚挚招待，感激莫名。回新道及钧座曾谓民生主义亦即社会主义，敬聆之余，异常感奋。查职拙著六大政策教程第二分册上，亦曾提及中国革命之第一步应实行三民主义，第二步是社会主义，更可证明职之思想与钧座理论，适相吻合。

（三）查职过去实由学识与经验之不足，致被挂着马克斯主义假招牌的人们所愚弄欺骗，而该等又复变本加厉，使用各种方法，离间职与钧座之感情，挑拨新疆与中央之亲密关系，从事于进行破坏，以达成其侵略领土之野心。是以职今后绝对不能再与此类假的马克斯主义者相合作，誓以至诚，拥护钧座与国民党之领导，效忠党国，诚如钧座所谓，当此国家绝续存亡之交，更为吾人安危成败相共之时者是也。

（四）职远在抗战开始，中共驻苏联代表王明偕同康生、邓发返回延安，路过新疆，彼时职以信仰马克斯主义关系，向他们提出愿意加入中共，他们当时答复，将职的意思转达中央政治局。以后中共中央政治局要员任弼时赴苏联，路过新疆，答复关于以上问题谓：职入党业经毛泽东、朱德、陈绍禹、康生、彭德怀、任弼时等通过，将职加入党籍。同时，职之加入中共，他们认为异常光荣，不过以职地位关系，不能即时入党，曾经中共中央报告第三国际，而第三国际批示盛督办早已经具备入党资格，新疆文化落后，恐被英帝国主义及中国国民党所知悉，于新疆有所不利，不能成立党部，应暂缓介绍入党等语。

嗣职于一九三八年九月间赴苏，面见史大林，请求入党，他们赞成先入联共，后再入中共，彼时我很希望和确信能转入中共，因为职系中国人，愿为中国革命努力。后来总没有人来给职办转党手续。彼时我有些怀疑，不料想到一九四〇年十一月间，苏联派员秘密到新疆来，给我一个绝对秘密文件，系租借新疆锡矿条约。内容异常荒谬与不合理，完全带侵略性质。彼时职要求修改内容，以及缩短租借年限，苏方来员答复谓：你一个字都不能修改，你系联共党员，应该服从党的命令，更应该为苏联的利益作斗争。彼时阿山正在事变，职又身体有病，虽勉强在条约内盖章，迨盖章时，又让职加盖省、督两关防，当时经职予以拒绝。同时该项条约，原系苏联政府派人持条约向职来租借矿产，惟其在条约上，则写新疆政府同意，苏联是项举动，职认为与事实不符，应予修改。苏方来人谓：就这样作，以后你见史大林就知道了。时职又要求开采是项锡矿，需要苏联与新疆合办，苏联来人谓：你一方面是联共党员，一方面马仲英、马虎山变乱时期，苏联在新疆流过很多的血，我们没有得着什么代价。

以后苏联又继续送来一封秘密文件，为的合办独山子油矿问题，又来令我签字,经职拒绝了。

由以上事实,证明苏联拉拢我入党,为的是签订密约,对新疆便于进行侵略,已属毫无疑义。

（五）此次苏联外次来迪,亲自向职送交苏联政府重要文件一封,其内容不但荒谬绝伦,而且包含着其他不良之恶意,例如:盛旅长被他们苏联的煌煌外交代表和军事顾问策动下的刺客刺杀了,而他们反说盛旅长与职竞争新疆事业而致死。这种毫无道理之言词,充分的显示出来他们的无赖和卑鄙。

然而他们的无赖和卑鄙,尚不止此。在该文件内所称,"一九三四年职曾与苏联政府建议在新疆施行共产主义"一节,其实该项建议,乃系马匪仲英围困迪化时之不得已处置,尤其被当时苏联驻新疆总领事阿布列索夫胁迫之下,而不得不如此办理,因为彼时马匪受日本帝国主义之嗾使,在北疆抱着组织回教国的野心,新疆汉族人,有被马匪屠杀净尽危险,阿比特大毛拉受英帝国主义之嗾使,在南疆抱着组织东土耳其斯坦的野心,新疆整个的领土,有脱离中国的危险,新疆孤悬塞外,如向中央求援,不仅鞭长莫及,而且迫不及待,只有向苏联求友谊之援助,该阿布列索夫于此危急状况之下,曾试验职的态度,同时不公开的提出,如果求得苏联援助,需要对苏联有极诚恳极明显的表示。职在此险恶局面之下,为了国家民族,为了保持国家领土,不能不出此通权达变之措施,以维持当时之局面。

至于该文件内所谓一九三六年西安事变发生后,职曾"赞成并拥护了张学良"一节,更属一种企图恶意挑拨之言词。查西安事变发生之后,职不仅电达南京张代表元夫说明"既不参加亦不同情"的态度,而且与张学良的复电也是公开的表示了"不参加不同情"的态度。往事昭然,均有电文可资证明。该文件中所以提此之用意,无非意图借此挑拨感情与恫吓职之与中央接近耳。本来西安事变,乃系中共得到第三国际的同情而策动的。据职所知,西安事变能以得到迅速平息的原因,是他们"中共和第三国际"不能不放弃他们的预定的阴毒计谋。

　　又在该文件内所称,一九四一年曾"建议苏联政府在新疆成立苏维埃政权"一节,其实并非职之真意请求,而正是职借以测探苏联政府对新疆是否有领土野心和是否真正执行马克斯主义。原因在一九四〇年和一九四一年之间,曾破获了新疆维吾尔族、塔塔尔、归化族、回族的大阴谋暴动案,该案之目的,是要把新疆脱离中国,成立维吾尔斯坦。该案之参加者,均系新疆各族中最有名望之人物,而该案之策动者,则系苏联前任驻迪化总领事欧杰阳克。该案破获后,所有刺客十数人,参加者百数十人,均经就捕,而予以平息。惟该案背景,究系托派所组织,抑或出于苏联国家之阴谋,当时尚未能明白其真相。因此职为了测验该案背景,是否苏联政府之行为,所以去了上述的信件,以观苏联政府如何答复。他们已识破了是职之试探,所以迄今未得答复。

　　综合以上情形,可以看出苏联政府所送达之文件,一面是恫吓,一面是挑拨,而另一方面是防止职与钧座之接近,已昭然无疑矣。

《苏联对新疆之经济侵略》,第 54—59 页

## 蒋介石接见潘友新谈话纪录

重庆,1942 年 7 月 9 日

　　时间——三十一年七月九日。

　　地点——曾家岩官邸。

　　潘友新:今天余奉斯塔林①之意旨,代表苏联政府,有一事必须报告委座,即苏联政府对于新疆盛督办之态度颇为怀疑。在不久以前,盛督办对于苏联驻新疆工作人员,提出完全无理由、无根据之话,作出对于他们很不友谊,令人很不满意之事,盛督办认为苏联在新工作人员完全是反对新疆的,其实这都是谣言。苏联政府就此事为向盛督办说明苏联政府对盛督办之态度起见,特由莫洛托夫、斯塔林与提摩盛科②复

---

① 即斯大林。

② С. К. Тимошенко,苏联元帅,西方向总司令和西南方向总司令。

盛督办一函,意在劝请盛督办不可作错误之事。苏联政府认为贵国政府对于此事必甚明了,故特将此函递呈委座,函中所述盛督办之作法,对于贵国政府固属错误,对于苏联政府亦属错误,而察其用意似非偶然,且可证明盛督办过去对于贵国政府种种作为,与今日对苏联政府之态度,似皆有敌人为其背景,其左右更不无敌人所派之间谍,今莫洛托夫、斯塔林、提摩盛科之复信已送致盛督办,谅盛阅此函后,必可获一结论,即由于此函之劝告,对于彼之工作,必有许多裨益。

委座:盛督办种种表示是否已详具此函中?

潘友新:此函内容所举各事皆描写盛督办之行为与态度。

委座:贵国政府对于凡关新疆之事应与敝国中央政府交涉,不可与盛督办径行谈判。对于大使今日所述之事,俟余详阅此信后再行办理。

**附:苏联外交人民委员长莫洛托夫致新疆边防督办盛世才书(译文)**

盛督办阁下:五月十日大函收到。斯达林委员长及本人均已拜读,沃罗希洛夫及提摩盛科两元帅现均在前方,已将来示暨附件转致渠等察阅矣。

来件及大示中,对我国驻迪化总领事巴古宁、军事总参事拉托夫将军,以及大示中所开列之其他我国驻新工作人员极致责难,此类责难之词,洵属闻所未闻而毫无根据者,其发生此类责难之由,殆皆基于某种挑衅性之谣诼,贵督办不加察究,致为此类谣诼所惑,此固为苏联政府所了然者也。如谣诼诚足信也,则近在新疆与莫斯科两地流行谣诼,竟谓杀盛世骐者乃督办也,并称督办之所以杀盛世骐者,以其为阁下统治新疆之竞争者也。阁下将何以自解乎?然苏联未之轻信如阁下然。至于本案之侦讯及其实际领导者——李蒲林与李应祺(译音)①,皆并不足以取信于吾人,其在另一起诉书中,又罪及于留居沙拉苏迈地方之苏籍人民某君,经查明毫无确证。而为阁下所敦请之两位显要中国人士,

---

① 即李溥霖、李英奇。

亦因此而拒不签署于起诉书,此则为人所共知者也。

查巴古宁、拉托夫①及其他苏联工作人员皆为历经考验、忠实可靠之人,向为苏联政府所信赖且仍将信赖之,渠等一本忠贞,长期致力于新疆与中苏友善之事业。今所加诸于渠等之罪状,均系毫无根据且意存污陷,苏联政府断难承认。至阁下建议由我方派员至迪化参与侦讯一节,苏联政府认为案件之侦讯,乃新省之内政,故无派员干与之必要,且认为所列诸被告既确无罪行,自不能根据此类污蔑之控诉而即置彼等于法也。

阁下之压制政策在新省继续不断进行,对新省重要人员,非撤即捕,其性质已极为广泛而危险,此类行为正当与否,亦不能令人无疑,盖此类行为殊有消灭新省大部分行政与军事干部之危险也。

就吾人推想所及,阁下左右似有仇视贵国之帝国主义奸细匿迹于其间,彼等固极欲破坏中苏关系及新省现状而变阁下为其工具。

忆昔日阁下行为,亦曾累犯严重错误,致为亲者痛而仇者快,料即受秘密奸细之影响所致,然予阁下以援手以纠正此类危险之错误者,非苏联政府乎? 此为阁下所熟知也。

尚在一九三四年时,阁下曾建议苏联政府速于新疆境内实施共产主义,并以次及于甘、陕,并认为推翻蒋委员长所领导之中央政府为救中国、救新疆之唯一途径,苏联政府当即认阁下立场为错误而有害,并向阁下声明,苏联政府断不能同意在落后之新疆迅予实施共产主义之政策,且认为阁下对中国中央政府之态度绝对不正确,而谆谆劝告阁下对中央政府应矢诚拥戴,并与中央政府统一战线以与帝国主义奋斗。

其次,当一九三六年十二月时,张学良在西安举兵作乱,蒋委员长蒙难于是地。阁下当时力主无条件的援张,且欲公开宣言,新省尽力支持张学良之暴行,苏联政府当即对张学良之挑衅暴行表明自己之态度,严斥张氏反对中国政府之暴乱行为,与围困中国人民领袖蒋委员长,徒

---

① Ратов.

为日本之侵略为虎作伥，而有损于中国人民之利益，故劝告阁下电复求援于阁下之张学良氏，不同意其所为及不能与彼结合作乱，惟经苏联政府坚持之后，阁下始放弃援张及支持其反对中国中央政府暴动之意念。

最后当一九四一年一月时，阁下向吾人建议，使新疆叛离中国而成立新疆苏维埃共和国，并加盟苏联，谓"时机已成熟，英帝国主义者及蒋委员长皆无能干与新疆事"。又谓"苏维埃之新疆将推动全中国踏上苏维埃化之道路"，苏联政府仍一本数年前之理由，有如阁下所已知者，对阁下之建议坚决反对。苏联政府顷甚盼阁下能就上述各节作出必要之结论，并求得问题之正当解决，以期预防吾人关系之恶化。尚此，顺祝健康。外交人民委员长莫洛托夫奉苏联政府之命手启。一九四二年七月三日。

《战时外交》第 2 卷，第 435—437 页

## 2. 国民政府控制新疆

### 何应钦致蒋介石

重庆，1942 年 7 月 13 日

委员长钧鉴：关于苏联与新省问题，职于昨（十二）日约集程副总长、徐部长、张部长、贺主任及周主任至柔等详细研究，结论如附件。至盛世骐被暗杀一案，现对苏方似以不必提及为宜，当否？统乞钧核，并叩崇安。职何应钦谨呈。卅一年七月十三日。

**附：收复新疆主权方略**

第一 新疆现势之判断

一、苏联有吞并之阴谋，及足够之武力，但在国际现势上，如公然以武力占领新疆，暴露侵华态度，在政略及战略上均属不利。现将致盛函抄送中国之目的，在对我表示无领土野心，及过去爱护之种种事实，并挑拨离间盛世才与中央之关系，迫其铤而走险，以孤立之，并嫁以罪名，尔后将不择任何卑污手段，设法铲除之，以便扶植另一傀儡，以维护在

新疆既得之权益。

二、盛世才外惧苏联威胁,内怵奸伪暴动,势必依附中央,并望予以所要之支援,使苏联有所顾忌,不敢公然发动暴力行为,以苟延残喘。

万一丧失新疆政权,殊有被奸伪取而代之之可能。

第二　方针

为巩固西北边防之目的,应乘此中苏同盟之时机,收复新省主权。惟中央对新,过去既鲜充分准备,现又尚无确实控制之余力,故目前依政略之运用,一面利用盛之地位及力量并扶〔植〕之,使其逐渐中央化;一面敷衍苏联,迟缓其对新之策动并尽速加强我甘、青、藏边军备,及一切必要之准备,俟机再确实控制之。

第三　实施要领

第一期　现在过渡时期

一、对苏仍本睦邻政策,并运用政略,遏止其对新采取断然之行动为主眼。

甲、此次苏方仅将致盛之函抄送我方,另无其他正式函件,故对苏方只宜予以口头答复,其答复之大意如下:

1.对于苏联将致盛督办函抄送我方,表示谢意。

2.上项苏方致盛督办函,盛督办亦已抄呈中央。

3.说明苏联与我新省间演成复杂不快之现状,系由于以往苏联与我新省间直接交涉所惹起。今后关于我新省与苏联间之问题,我中央政府当随时予新省以指示及监督,并说明现中苏系同盟国家,一切外交,均应循正轨。

附记:若苏方询及我中央今后对盛督办态度如何,最好避免答复,或答以正在研究中,若苏方不问此点,即不必提及。

乙、设法使英、美基督教徒深入新疆传教,使苏联行动多所瞻顾,稍加敛迹。

二、对盛以维持并利用其地位为主眼,在政治、经济、外交上,多方面以善意之扶助,俾增进其对中央之信赖,使逐渐中央化。目前实施要端如左：

甲、随时派遣军政大员前往新疆，与盛保持密切之连系，使苏联对新阴谋有所顾忌，并对盛宣达中央德意，巩固其内向之信念。

乙、于征得盛之同意后，逐渐改组新疆省政府，并派遣优秀军政干部及特务人员，密入新疆工作，助盛加强组织。

丙、经济上与以所要之援助。

丁、派遣外交特派员驻迪化，以减轻苏联对盛直接之压力。

戊、其他盛所希望之扶助。

三、军事上之准备

甲、以保护油矿区名义，加强河西尤其玉门附近之兵力（约精练之一师）。

乙、增辟南疆机场，以保护机场之名义，适时派遣中央军一部（一师以下）于该地。

丙、以柴达木屯垦名义，催促骑五军尽速进驻该地，并在经费上与以所要之协助。

丁、迅速进行控制西藏方案，奠定西南边防，以策应新疆。

戊、适时划南疆为一师管区，从事军备之建设。

第二期　收复主权时期

乘日寇北进攻苏，或苏对德军事惨败，或其他我之国际地位更有利时机，向苏联提出解决两国外交悬案。（取消承认伪满、伪蒙，不得支持中共，撤退驻新之红军第八团及空军、战车等部队，及其他一切非法案件之要求。）

中央军有力部队开入新疆各要点，以武力确实控制之，肃清新省一切不稳分子，收复主权。

附　注

谨按目前局势，苏联虽未便公然以武力吞并新疆，然尚有应付事变之余力，顾盛之地位，则岌岌不能自保，我又以鞭长莫及，尤以素鲜准备，暂时不能与以直接之支援，故右述外交要求，暂时未便提出，否则彼将置之不理。至于武力进入,亦属不利,盖我之余力及增援速度,均相形见绌,难期奏功,反有促成新疆现局迅速崩溃之虞,故以俟前述有利时机,乃能断然实施,以策万全。

《战时外交》第 2 卷,第 438—440 页

## 蒋介石接见潘友新谈话纪录

重庆,1942 年 7 月 16 日

时间——三十一年七月十六日午后五时。

地点——黄山官邸。

潘友新:委座官邸清凉有如另一世界!

委　　座:大使住处尚适意否?

潘友新:近日炎热,晚间不能入睡。

委　　座:汪家花园大使故居,尚为保留,请即移居山上。

潘友新:委座隆情,至深感激,内子获此佳音,更不知其如何欣感矣。谨代向蒋夫人请安。

委　　座:谢谢! 前获大使面交莫洛托夫等复盛督办世才一函,内容余已详悉,对于贵国政府此番好意,敝国政府深为领受而感动,关于此事,盛督办世才亦已有文件报告。我中苏两国本同为革命国家,更为同患难之友邦,若论现时处境,情势尤属如是,今承以关系两国邦交之重要缄件相告,无论公谊私交,余对贵国政府与贵大使此举,均为之特别感动。

潘友新:余前此奉呈斯塔林、莫洛托夫等复盛督办之函件,即希望委座明了敝国政府之好意,与敝国政府对盛督办之态度,今蒙明察,甚为感激! 谨当将委座所示意旨,立即电呈斯塔林与莫洛托夫先生。

委　　座:大使电告贵国政府时,请将余对此事之意见,一并转告,即敝国新疆省当局过去既有此不合理之情形,为改正起见,今后两国凡有关新疆省之事,深盼能由贵国中央政府直接与敝国中央政

府洽商协议,不可再与新疆省当局径行交涉,以免发生误会。尤其当此贵我两国共同反抗侵略作战之时,两国一切交涉,更应守此精神,积极敦睦盟谊。

潘友新:上次晋谒时已承委座面示此意,余并已转告敝国政府矣,今既承重行提示,谨当再度转告。

委　座:此次余派翁部长文灏前赴新疆,即为与贵国洽商石山子煤矿〔独山子油矿〕订约事,以后两国间凡有关新疆省经济事项,贵我两国政府只要一秉公平之精神,开诚商讨,无不可解决之事。

潘友新:委座所示,余甚欣感! 敝国政府对于贵国向抱诚恳之态度,亟盼贵国经此次抗战克服此最大危难之后,能成为一更强盛进步之国家。此为敝国举国一致之祈望,谅为贵国之所深悉。翁部长此次赴新,余当电告敝国政府与之进行协商,以期圆满成功。

委　座:我中苏两国既属同盟反抗侵略,即有共同一致之利害关系,故凡事皆可公平商议,无不可和洽解决者。

潘友新:委座此意,余当立即一并电达敝国政府,余亦深信贵我两国无不可公平解决之问题。尚有一事请示委座,既余前曾与贵国外交部傅次长谈话,拟请应允敝国外交飞机航渝访问,承傅次长答复,意恐其将飞延安,遂借口于未获军事当局之允诺,拒绝余之请求,其实敝国外交飞机,决不致赴延安,亦未敢任意前往他处,因彼等携有许多文化宣传资料,现无法航寄来此,故亟盼能随机带来。

委　座:此事余可为一查。

潘友新:提及飞机,尚有一事须呈明委座者,即前次敝国顾问所乘飞机一架停落兰州,一般宣传谓事先未通知贵国政府获得允许,故被扣留。余闻之,殊为愤慨,已电告负责人员加以查究。惟此机停在兰州已逾月余,拟请早日解决。

委　座:此乃小事,请勿过虑,实则贵我两国间关于航空,已订有条约,只因下面人员不守条约规定,以致发生此项误会,以后两国政

　　府督饬办事人员严守条约规定，履行正式手续，即可避免误会。

潘友新：余绝对赞同委座此项意见，今两国间航空，既有条约规定，即应绝对遵守，否则，何贵乎订此条约，余当本余大使之职权督饬敝国办事人员严守条约，如有违反，即须由其负责。今事实上既发生错误，即不能不予以纠正，如其无意违反条约，则又何不谨慎将事，遵约履行，此点余当转达敝国政府，严为告戒。

委　座：关于航空之事，贵我两国政府，诚不能不特别谨慎戒备，否则一有疏忽，如遇敌人雇用白俄冒充苏联飞机侵入敝国领空或城镇，岂非绝大危险之事！

潘友新：委座之所顾虑者，余绝对接受。但有一语必须奉告者，即贵国顾问事务处卜处长盼能与敝国顾问发生更密切之关系，盖敝国顾问此来，必能诚恳为贵国服务，故盼予以充分之信赖也。以上办事：（一）敝国外交飞机访渝（此机二三月始来一次），（二）对敝国军事顾问勿生误会，敬盼委座指示。

委　座：余可为查明办理。关于新疆省事，余尚有一点意见请转达贵国政府。即新疆问题，完全为敝国内政问题，此次承莫洛托夫以复盛督办世才之函件告余，足见贵国政府尊重我国内政统一之盛意，余甚感激。余为此事现已特派朱长官绍良前往新疆省调查，并督促盛督办世才以后对于新疆省与贵国交涉之事，必须秉承敝国中央政府之政策与法令办理，与贵国和善相处。惟莫洛托夫复函中所述盛督办左右有敌人之间谍潜伏一节，余敢确实保证盛督办决不致如此，请贵国方面释念。总之，对于新疆省经济事项与贵国之交涉，余已派翁部长前往负责办理，对于政治调查与督察事项，刻已派朱长官赴新负责主持，此意请一并转达贵国政府。

　　至关于石山子煤矿〔独山子油矿〕事，亟盼能与贵国政府及早签订条约，以便积极开采，借供战时需要。

潘友新：尊意谨当立即电告敝国政府。今日蒙委座召见，至谢，再会。

委　座:再会!

### 盛世才致蒋介石电(摘要)

迪化,1942年7月23日

(1)朱长官返迪带下钧座亲笔谕示,以及嘱朱长官面达各项事宜亦已聆悉,钧座对于新省关怀提携及对职个人爱护关切之意,铭感无既,所有关于新疆一切事宜及朱长官面达其他一切事项,正与朱长官秘密交换意见商谈中,一俟商讨结束后,即由朱长官报告。

(2)蒙发新疆轻重机枪一百挺,实深感激,如何领运,亦正与朱长官研究中。

(3)关于苏外次戴康诺卓夫,此次来新所带来莫洛托夫文件二件,一系关于独山子油矿问题,一系关于苏籍人员在新策动四一二暴动,及刺杀盛旅长世骐问题之反驳,并认为职系诬告,此案经过详情及其来文二件,前经朱长官转呈钧座矣。至于此次职与戴次长谈话及答复苏方文件,俟最近用专禀秘密报告钧座。

### 高斯与傅秉常谈话备忘录

重庆,1942年9月28日

今天下午走访外交部,说明与拜访目的有关问题后,谈话转向一般寒暄,有机会询问调整新疆局势方面是否取得新进展。

傅先生答复:一切进行顺利,苏联态度比较理智,新疆省政府主席盛世才将军合作得也很好。外交部特派员吴泽湘已抵达新疆。全省外交事务在中央政府直接控制之下,目前已由吴特派员全部掌握。据说全省将进行改组,内政以及党务均将更严格地受国民政府监督。

当问及所谓"俄国旅"是否仍在哈密? 军队问题是否遇到难题?该旅成员是"白俄"还是"赤俄",以及是否属于地方军队? 傅回答说,俄国人属于省军,已由"白"变"赤"。他继续说,和苏联政府讨论的全部问题当然是一件很细致的工作,必须非常小心地对待。但是截至目前,苏方态度还比较通情达理。

我提到这样一些事实:新疆毗连苏联领土,和中国内地商业中心距离较远,苏联和新疆进行相当数量的边境贸易是很自然的事。大概俄国人把新疆看作紧邻领土,对开发新疆可能特别感兴趣。傅回答说,他认为在新疆的开发中,俄国人的利益太重了。他微笑地补充说,甚至可以将英国人和美国人都请到新疆来(大概是为了抵销俄国势力)。我利用这个机会提出开采新疆油田问题,探询是否主要由苏联开发。傅略为迟疑后回答说,关于开采油田问题有必要和苏联政府进行一些讨论,他估计这种讨论即将开始。说完这些话后,显然他感到这个消息最好请我绝对保密,仅限于我们两人之间,不要外传。我认为这个问题谈得已差不多,于是转到另外的话题上。

FRUS,1942,China,pp.242–243

## 吴泽湘①致外交部代电

### 1942 年 9 月 28 日

关于解决新省交还苏联边境五领馆办法,经四次会商已于本日解决,原办法四条,兹谨抄呈如下:(原办法四条,原件略。——编者)前项解决办法,如经核准,除请新省府照第一条后列办法,电知各该领馆遵照外,应请钧部电知驻苏大使馆知照。自十月一日起,各该领馆完全受该大使馆管辖。至于第三条原意,是在分期将各异党分子借词调训,到渝后再定任免,以免苏联方面将来责难或遭拒绝发给新任人员执行任务证书。应密列名单一纸,拟俟盛兼主席送到后再行密陈。据悉,各该领馆首长及所属职员多系中共或苏共党员,影响所及,自必甚巨。将来各员受训先后及其任免似应由驻苏大使馆派员密查,抑或由职就近

---

① 时任外交部驻新疆特派员。

前往密查后呈部定夺,均乞详密电示祗遵。……

原新疆省档案,第 420 页

## 吴泽湘提议解决五领馆办法

一、根据盛兼主席前上委员长蒋电,愿将外交权交还中央原则,新省府同意将苏联边境五领馆(塔什干总领事馆、阿拉木图领事馆、斜米领事馆、宰桑领事馆、安吉延领事馆)行政权交还中央,自本年十月一日起实行,并先期电知各该馆遵照。

二、自本年十月一日起,所有各馆经费改由外部径发。十月一日以前所有收支仍由新省府负责。

三、各该馆首长及所属职员,如系隶属异党,请盛兼主席密列名单交由吴特派员转呈外部,分期调渝受训,其他忠实首长、职员,经由外部使领馆人员资格审查委员会审定资格后予以加委。

四、前项调训人员,如苏联方面探询理由,省府与公署方面均不予加以解释。

原新疆省档案,第 421 页

## 吴泽湘致外交部电

### 1942 年 10 月 6 日

……盛兼主席昨日面交全省公安管理处报告一份,内容涉及苏联在新省各地诱引我各族公民入苏联国籍,两年以来情况严重,有增无已。苏联领馆对此类取得苏联国籍公民庇护备至,且进而主张类似裁判权利,显系违约举动。此案以及独山子油矿案,农具制造案,苏联坦克车借词擅入我国国境案,驻苏五领馆收回后,异党馆员处置案,与驻疏勒英总领略请恢复中英贸易案,均属重要。航邮报告单程动辄近月,专电报告亦难尽详,本月十号左右,由新有便机来渝,拟请返都一行,面向钧座请示机宜,并已与盛兼主席洽妥在渝逗留一周,即仍回新。……

原新疆省档案,第 421 页

### 范宣德①致高斯备忘录

重庆,1942 年 10 月 7 日

在委员长和蒋夫人招待威尔基②(十月三日)的晚宴上,我有机会和外交部政务次长傅秉常作了一次长谈。关于最近新疆省局势的进展,傅表示俄国对中央政府向该省扩大权力的反应尚属令人满意。他认为俄国采取目前的态度原因有二:苏联政府认识到向新疆渗透的政策是错误的。他们甚至发现二十年代支持和鼓励鲍罗廷和共产国际在中国的活动也犯了错误。(值得注意的是三十年代俄国渗透到新疆时,新疆省基本不存在中央或国民党政府势力。渗透的性质主要在经济和商业方面;由于新疆和内地的商业关系以及内地的投资差不多等于零,所以渗透对中国内地毫无损害,而且对当地居民和经济发展都有好处。)另一个原因是,苏联政府明白,万一日本进攻西伯利亚,中国的友好非常有用,所以通过友好方式消除可能发生摩擦或误解的根源不失为上策。(关于这方面最好回顾一下威尔基对最近几周斯大林不再特别关心日本进攻西伯利亚问题的评论。)

我问傅,有没有可能将新疆的良好开端带到解决现有问题和战后关系上,从而达成总的基本谅解——类似关于日本进攻西伯利亚的英俄协定。傅博士说,有一个那样的协定当然有利,他表示,他一向赞成中俄两国应该更进一步了解。不过看起来很难做到。(可能他已经想到保守派和军方流行的坚固信念,他们认为陕西省中共受莫斯科支持,而莫斯科是不会取消这种支持的。)他表示的意见和几个星期前孔博士向我表示的一样。美国有可能施加影响,促成中俄取得谅解。他同意谅解应在召开停战会议前。

傅博士接着作出了惊人之谈,他有一些感觉,认为英美联合对中国不够坦诚,在计划和目的方面必需保持完全信任。我告诉他,我感到美

---

① 时任美国驻华使馆参赞。
② W. Willkie,温德尔・威尔基,1940 年共和党总统候选人。

国的目的完全光明正大，但不能负责向英国说明。不承认英美之间背着中国存在任何谅解。

后来，谈话又转到外交部最近向大使馆提出一件抗议的问题上，抗议内容是关于美国杂志上批评中国的一些文章（主要针对埃德加·斯诺在星期六晚邮报八月八日发表的一篇文章）。我告诉傅，美国政府不对报纸上发表的意见加以控制，这样做不合适，相信他也会赞成我的意见。我们对新闻自由评价很高；新闻有批评美国政府一切活动的自由。除有关军事战略和作战问题外，无论对国内或国外事件，都可发表意见，实行限制是不明智的。他说，遗憾的是美国报纸在珍珠港事件以后几个月里过分地捧中国，使中国人忘乎所以。许多人感觉现在的批评突如其来。他说，中国需要和希望的既不是赞扬，也不是批评，而是美国对中国军队的空中支援。

FRUS,1942,China,pp.245-246

## 彭吉元[1]致外交部电

### 1942 年 10 月 18 日

……奉新疆省政府通知：据报于八月十七日，有苏联坦克三辆，甲车二辆，至新车二台并继续向迪化方面行进。当经督办派督署参谋长汪鸿藻向军事顾问瓦西力也夫[2]询问，当答以新来之坦克二辆，系补充哈密第八团车辆缺额，其余运至哈密拆卸零件，配备其他甲车需用等语。复以苏联向新疆运送军用器材，事先未得新疆政府许可，擅将坦克、甲车开入新疆境内，其次在从前重庆来人，对于新疆哈密所驻机械化部队，曾谓：哈密不适宜于训练此种军队，应调至迪化训练。彼时答复谓：谣传马部军队，时有扰害新疆企图，是以暂缓调回。现在马部军队，业经调往他处，所遗防务，均由中央军接防，如果再增加哈密驻军武

---

① 时任署外交部新疆特派员。
② A. B. Васильев，西北战线军事顾问。

器,更恐引起误会,并且以前第八团团长来省,曾对督办报告谓,该团编制以及各种器材,均甚完备,似乎勿须再补充。同时苏联正在抗德时期,需用以上军用器材甚急,移至后方,莫如开往苏联,更较为有力。

根据以上理由,复派汪参谋长鸿藻向军事顾问瓦西力也夫提出,并请求彼制止坦克车继续前进。该顾问答复谓:上项武器过境,因接得苏联军器配备机关通知较晚,故未事前通知,至坦克车来新,系军部命令,我无权制止,等语。当以该顾问此项答复,未能认为满意,咨请省政府,转给外交特派员向苏联领事馆正式提出交涉等因。

职奉命之后,即行根据以上理由,向苏联领馆总领事巴库林提出交涉,其答复各节,与瓦顾问答复汪参谋长情形大致相同。最后仅云,将新疆政府希望停止坦克车前进,允为转请苏联政府〔等〕候指示等语。

查苏联军用坦克、甲车,随便过境,未便任该总领事等推诿卸责,即置不问,及复向苏联领事提出如下之意见:

1. 贵总领事答复总结,已经传达新疆省政府,认为贵总领事系苏联驻新疆全权代表,谓为无法制止此次开来之坦克、甲车前进,不甚诧异。如贵总领事无权制止其前进,因该项坦克、甲车在新疆境内,新疆政府,能设法停止其前进,贵总领事对于此项直接劝告停止前进办法,以为如何?

2. 请贵总领事可将详细情形,报告苏联政府,并请将此次所来坦克、甲车如数调回,以免误会。

3. 本人以外交特派员资格,愿将此事报告中国外交部。因本人虽系新省公务员,但对外交部系直接负责者,如不事先报告,将来事件扩大,本人难负责任。

4. 新疆政府希望由贵总领事停止该项坦克、甲车前进,较为方便。

苏联总领事巴库林答称,立即电请苏联政府,发布停止坦克、甲车前进命令,大约在明日(十九日)晚间,即可得苏方回电,至此事全部问题解决,须三二日后方能决定等语。

查此项坦克、甲车□如□□□日接得停止前进的回电,即可作为地方事件,在当地予以解决。

倘该项坦克、甲车仍继续前进,不能在当地解决时,再电请钧部提向苏联驻中国大使交涉……。

## 外交部致蒋介石代电

### 重庆,1942 年 10 月 21 日

(一)对苏方针应本中苏友好精神,以中苏现行条约,及中俄各界约暨我国各种涉外法令为与苏方谈判之根据。

甲、关于中苏国境部分,"以霍尔果斯为例,依照民国十三年中俄解决悬案大纲协定第七条规定,两缔约国政府允将彼此疆界重行划定,在疆界未行划定以前,允仍维持现有疆界。"因此依照光绪八年《中俄伊犁界约》第一条"以霍尔果斯东边为中国地,西边为俄国地",足证霍尔果斯为中苏合法国境,毫无疑义。

乙、关于军事、政治、经济各部分,除独山子油矿业由中苏商订合办合同外,如迪化农具制造厂即飞机制造厂,并无中苏合办之约定,现在该厂早经成立,全由苏联人员主持,似应早日收回或与苏联合办。新、甘省内苏联所设无线电台需要已成过去,似应令其拆撤。闻新疆本有归化军,本由白党俄人组成,但其后苏联即派兵混入,现在实际上已成苏联军队,如现在苏联承认其为苏军,而并未取得新省政府书面同意时,我方自可请其全部撤出;如苏联认为系我国之归化军,我方自可分部调防,化整为零,予以遣散。至新苏商务经济协定,现在已否满期,或仍继续有效,似有查明之必要,以为交涉之准备。其苏联人民在新省所受特殊待遇,苏联飞机、车辆入新境不受检查各事,亦应予以纠正。至中苏航空站似应由华人主持或由中苏两方人员合办。

(二)实施步骤:新疆为我国领土,我对苏联虽不宜操之过急,但仍须把握时机,规定计划,次第实行。其步骤:

甲、关于苏方在新取得之合法利益,如有地方协定而其失效期间尚

早时,应由中央与之商订。

乙、如无协定根据而无关主权时,应分别予以调整。

丙、无论有无协定之根据,其所得利益妨碍我主权时,应分别予以调整或取缔。

丁、关于国境检查,我国应在霍尔果斯及其他新边要地派驻军队,布置防务,作为中央恢复新疆主权之一种表示。

戊、苏联飞机入新省境内,须先依照外国航空器飞行国境统一办法,及检查暂行办法办理,否则以非法越界论。其经中国核准飞航入境之苏机,应在霍尔果斯施行检查,在霍尔果斯未设机场以前,暂以伊宁为办理检查入境手续地点。

己、苏联车辆未经中国政府许可,不得擅自入境,其经核准入境车辆,应在霍尔果斯施行检查。

庚、苏联人民未持有我国合法出入境签证者,不得擅自出入新疆省境,违者以非法越界论。(将来苏联代我自阿拉木图运输物资之车辆出入境办法,应会同有关各机关另行商定之。)

苏方在新非法行动相沿已久,兹予矫正,自感不便,但在现在国际局势之下,我方进行调整与之提高,苏方似不致公然表示拒绝,惟难免有色取行违情形,我方似应选派精明干练之负责人员执行之,并先派兵入新,以为我决心处置之表示,但在实际上不可过于操切,以免影响邦交。是否有当?理合电请鉴核。

《战时外交》第2卷,第445—446页

## 吴泽湘致蒋介石、外交部代电

### 1943年1月5日

……苏联驻华大使潘友新已于上月三十日由苏抵此,当晚曾由盛督办于督署设宴洗尘,翌日及元月一日均在馆与苏方有关人员会商。二日潘大使即偕普总领事及其他领馆人员乘车前赴独山子油矿视察。

曾于陷、东两日电呈有案。潘大使事前通知,谓去矿指示苏方人员与我经济部所派估价人员合作等语。惟抵矿后，潘对于前项工作人员估价阅账，均表拒绝。……旋与盛督办兼主席商定由渠电话答复，借病不便出门为由，婉词拒绝。两小时后该馆又用电话请盛督办约定时间，潘大使拟偕随员前往督署面谈，当由盛督办约定明晨（六日）十一时会晤，并电约职届时参加。查苏方人员近来举动奇离，时有发现，居心何在，殊难臆断。为谨慎计，当赴督署与盛督办商定：（一）如谈话有涉及我国主权、经济利益或原则问题，请潘大使径向中央洽商。（二）如所谈有关新省商务及侨务问题，应由苏领馆向职署商洽，呈部核办。（三）如谈话在解决独山子石油矿问题，应请向中央提出，但谈话为解决上项停工纠纷问题，新省府愿与苏总领馆公平处理。（四）如谈话仅为交换无关前三项问题意见，愿以个人身份行之。以上四项办法，意在防止驻在我国使节擅与地方当局进行任何外交性质谈判，致紊乱我中央集权外交之定策。但类此谈话本可据理拒绝，第以新省过去及目前情形较为特殊，不得不因地因时权宜处理，一俟谈话完毕，当续呈报。……

原新疆省档案，第 426 页

### 盛世才致蒋介石电

1943 年 1 月 7 日

苏联驻华大使潘友新于本月六日上午十一时偕同驻迪化总领事普士肯[①]顾秘书到督署与职会谈，我方在座者有吴特派员泽湘，全省公安管理处长李英奇，国民兵训练处处长盛世骥，自十一时起至下午二时止谈话历三时，谨将经过情形列陈如次：

一、潘首谓，我以朋友身份很诚恳地和督办谈谈，我感觉迩来新苏一般情况不大好，如逮捕苏联人民和独山子油矿等问题。

职答谓，我亦愿以朋友资格答复大使，新省现在一般情况及苏新关

---

① 即普式庚。

系与过去完全一样,并无变更,因中苏两国均系属盟邦,且在并肩作战,国民政府对苏政策向主亲善,苏联对于新疆以及我国均有很多援助,所以新疆对于苏联是很友好的。同时新疆与苏联已有十年友好关系,这种友好关系,新疆极为重视,且事实上仍然继续。独山子油矿停工以及逮捕几个犯法苏联人民,不过一二特殊事件,不能与一般情况相提并论,就认为新疆对于苏联放弃了友好关系。

二、潘谓对于很多苏联人加以逮捕与二三年以前情形不同,这种情形就是不友好表示。职答谓,因为少数苏民有不法行为始予逮捕,但逮捕后经合法审讯后,认为情节较轻者均已完全释放,现在管押的只有三名,俱是中国人,并非苏联公民。我已将总领事来文移交外交署,将来由吴特派员答复。此外尚有数名潜行越界苏民被押,经审问后当送回苏方。

三、潘谓本人回到重庆即将开始与中国政府讨论独山子油矿问题,在中苏未签订合同以前,新疆不应有不合法的行为。由现在所发现之不合理行为观察,新疆似乎不愿有此油矿似的,如逮捕苏民、怠工、破坏机器等,因何径有此类不好行为呢? 实由在新疆政府领导下存在着不了解中苏现在关系而进行破坏友好工作,我说此话是有以下的根据:独山子文厂长晋省时,政府曾指示他一切改善方式,但他回厂之后,仍旧没有改善,如破坏油厂,破坏井子,窃取文书等事在文厂长回厂后发生的,由这可以证明。

职答谓,独山子油矿新省投资在四百万元以上,数目甚大,并且新疆所需汽油全赖独山子供给,同时此项油矿将来归中苏两国合办,对于中国抗战颇有关系。根据以上三点,新疆希望油矿发展与苏联有同样心理,然所以有如贵大使所说逮捕工人、怠工等情事发生,纯因该厂厂长与苏方总工程师职权未经划清,工作常生摩擦所致,并非新疆政府不希望该厂发展。至关于破坏油井、怠工等事,前由普总领事提出,当经组织委员会前往调查,结果事实与乜总工程师所报不符,昨天已由李处长回复普总领事。至贵大使所提关于文厂长有破坏情事一节,前派财政厅彭厅长、建设厅李厅长会同洛副领事前往调查时,召集文厂长及乜总工程师听取报告所得,并未发现文厂长有不法情事,如果有破坏情事,不仅撤职,且要惩办。再贵大使所说独山子工作人员有破坏工作情形,因该厂工作人员甚多,难免不有一二不肖之徒混迹其间,如经查出定予严加惩办,决不姑息。

总括起来,望贵大使到重庆迅速签订中苏合办独山子油矿合同,在正式合同未签订前,如关于该厂厂长与总工程师职权亟应划分清楚,油量如何分配等问题,均应解决,一经解决,自无摩擦可能。

四、潘大使谓,本人到伊犁时,当下机后乘汽车赴领馆途中有警察阻止,要求检查护照,经说明我是苏联大使,他仍然要看,我将护照给他看了,贵督办对此意见如何?

职答谓在贵大使未来以前,由吴特派员转据我驻苏大使来电,当即电令伊、哈各航站不检查,惟因以往飞机多系直达迪化在伊犁不着陆,故当日未令伊犁各机关到场欢迎,以至贵大使在途中警察不知,要按一般情形查验护照。稍经贵大使说明,警察仍请查验,这是警察错误。我要电令伊犁查明,加重惩办,希望贵大使原谅。

潘谓你不必处罚警士,他是执行职务奉有命令的。职复答谓,贵大使来新,我已有命令不准检查的。……

原新疆省档案,第426—428页


## 吴泽湘致普式庚[①]函

### 1943 年 1 月 21 日

……顷准新疆省政府秘字一二三七号公函内开:"顷准苏联驻迪总领馆十二月十六日第三四号公函,以新疆公安当局对居住新疆之苏籍公民,施以无礼及妄为行动,加以追究及逮捕,且用蛮横手段,迫使苏籍公民缴销苏联公民证,退出苏籍等,苏联政府不能容许,并要求将所

---

① 时任苏联驻迪化总领事。

有苏籍公民,立予释放等由过府,请查照径行答复"等由;准此,本特派员当即调集各项有关卷宗,详加研究,除吴国林,苏林,柏林诺夫等三人,均为中华民国公民,历在本省各机关任职,填有履历均称归化籍民,有案可稽,免予置议外,查马克沁木、喀马里、牙科夫列夫暨伊里仁等四人,或因造谣生事,或因煽动工人,均依法逮捕,予以适当审讯,新疆省政府为顾及中苏睦谊计,从轻发落,业于一九四二年十二月八日及十二月二十四日分别取得开释去讫。至热黑木等四人,据公安管理处报称于逮捕审讯后,因情节较轻,早经释放。本特派员复查该民等均因有犯罪行为,经当局依法逮捕审讯,事实俱在,决不能称为无礼及妄为行动;至贵总领事谓"公安局以蛮横手段,迫使苏籍人民缴销苏联公民证并退出苏籍"等语,多系揣想之词,并无证据及根据。本特派员敢向贵总领事郑重声明,本国政府民及人民,决无迫使苏籍人民领取中国公民证情事,对于苏联公民在新疆省境内合法居住生活,决予适当保护,良以本国政府尊重贵国住新侨民依现行协定所享有之合法权益,与我国政府希望贵国政府尊重我国主权完整之心,初无二致也。……

原新疆省档案,第428页

## 外交部致外交部驻新疆特派员公署电

### 1943年2月22日

……顷奉委座代电,以新省盛督办电间苏籍顾问所称,苏联常川驻留哈密陆军人员一百七十余人及飞机二十余架,系根据两国政府一九三八年之协定等语,是否由中央与苏联签订一案,饬切查议复等因。经本部查询结果,各关系方面均无此项协定。苏军人员驻留哈密之实情究如何?该苏籍顾问所称之协定,当地有无办法查询,又对此事件之意见如何,仰速电复为要。……

原新疆省档案,第429页

## 盛世才致蒋介石报告

### 迪化,1943 年 4 月 17 日

一、本年四月十日苏联驻迪化总领事普士庚①偕同该领馆中文顾秘书前来本署会见,当因吴特派员公出,职即通知外交特派员公署代理署务王秘书心纯参加接见,并有本省财政厅长彭吉元及中训团新疆分团教育长盛世骥在座,该领事向职面称,奉到苏联政府命令,通知新省府事件如次:(1)所有在新疆地质考查团(新锡)工作完全停止;(2)将所有考查团人员一律撤回及一切机器运回苏联;(3)在工作人员撤回及机器运回时,希望新省府予以便利与协助等语。职答复,自当通饬本省各地方官随时予以便利并协助(以上该领事用口头通知,并无文件)。

二、本月十五日,该总领事普士庚突然通知,谓有紧急通告须立刻来署会见,遂即偕顾秘书到署,当时由中训分团教育长盛世骥担任翻译,同时有本署政训处长邱毓熊在座,该领事称现奉到苏联政府命令,通知贵督办事件数则:(1)从前苏联政府接到贵督办通告将驻哈密第八团(苏联红军)撤回一事,现在苏联政府已决定将哈密第八团撤回苏联。(2)苏联驻扎哈密飞行队亦完全调回苏联。(3)飞机制造厂(农具制造厂)亦决定取消,并于最近将所有工人及技术管理人员、物资、机器等一并由新疆运回苏联等语。除将原俄文一件及译中文一件附呈外,谨此报请钧座鉴核。附呈俄文一件、译中文一件。职盛世才谨报。

**附:苏联驻迪化总领事普士庚致新疆边防督办盛世才书(译文)**

1. 前于一九三八年一月间,苏联政府应督办阁下之请,因哈密一带不安宁以及运赴中国之贵重货物缺乏必要的安全保障,乃决定将扩大骑兵团一团及空军一支队派往新疆哈密驻扎。当时督办阁下曾认为此乃巩固新疆局势及保证予中国以实际援助之措施。阁下曾经过苏联□□事向苏联政府发表过斯项精神的声明。

---

①　即普式庚,文件中常混用。

日下既如阁下向苏联上校军事顾问瓦西力也夫所称,□□如□□驻扎,仅能构成督办阁下之重荷,苏联政府已决定将第八团由新疆撤回苏联。

有关之命令,业已授予该团团部,此亦苏联政府命余通知阁下者。

2.苏联政府同时并已下令将一九三八年经中苏两国政府之同意,为保障由苏运华之军需品而派赴新疆驻扎哈密之空军队调回苏联。

有关之命令,业已授予苏方统率当局。

3.督办阁下知道,于一九四〇年应中国政府之请,并为中苏双方之利益,曾开始建筑飞机制造厂,并于去年完成。

至与中国政府所进行之关于建筑及经营飞机制造厂的谈判中,曾预计该厂应由中苏双方出资建筑,而其出品则应供中国需用。

但是,与中国政府所进行的谈判,由于非关苏联政府的原因,未能缔结协定,致使该厂之一切用费完全落在苏方。因为这种关系,同时并因为新疆官方予该厂之工作制造各种可能的困碍,苏联政府认为,此后再任该厂处于此种状态之中实为不宜,因此,苏联政府已决定取消该飞机制造厂,并于最短期间,将工人、技术管理人员以及该厂之物质、机械一律由新疆撤回苏联。有关此问题之命令,业已授予该厂之主管机关——航空工业人民委员会。苏联驻迪化总领事普式庚(签字)

《战时外交》第2卷,第447—448页

### 盛世才致蒋介石函
迪化,1943年4月23日

委座钧鉴:敬函者。前梁副部长寒操由新回渝,职曾托伊带呈钧座公文及密函各一件,谅已早呈钧览矣。查此次苏方自动声明放弃在新开采锡矿及将飞机制造厂(农具制造厂)所有机器、工人等尽数运回苏联,并允将哈密第八团驻军及飞行队调回苏联各节,固然由于国际间环境演变及苏德战争等关系,并美国派柯领事来新的原故,因而出此,实亦我中央政府暨钧座神威圣德之所感有以致之。为职数年来所最疾首痛心,此一旦解除,不啻如释重负,此不仅新疆人民之幸,实亦国家民族之福。除详情由吴特派员及舍弟世骥面陈,并请示方针外,谨函寸禀,敬叩崇安。职盛世才敬禀。

## 普式庚与盛世才谈话记录

### 1943 年 5 月 3 日

……

普:苏联政府叫我与督办声明以下的事:第一,近十年来苏联政府给新疆当局帮助很多,给新疆好多货物,新疆机关和人民所需要的,均系由苏联政府供给。在作战期间,苏联政府继续供给新省物资,但不知为什么新省当局对苏联贸易机关不进行工作,新疆省政府不准商家与贸易公司订合同,而且对于苏联贸易机关实行各种阻碍,使各种苏联贸易机关不能进行贸易。新疆当局不但对于他们施行种种阻碍,而且对贸易机关职员,阻碍交通。因此苏联政府决定在新疆缩小贸易范围。第二,苏联为帮助新疆发展工业,派地质考察团来实行考察工作,而且还组织两个汽油工厂,苏联方面供给汽油厂各种机器,保证施行汽油生产工作,能够出产汽油,供给新疆需要。如像堪比那汽油厂,已经开始出产汽油,但是新疆省政府予以此种种阻碍,致不能出产汽油。新疆省政府不给钱领汽油,新疆当局不准苏联机关领汽油,不但封锁汽车,而且封锁工厂,实行各种阻碍,使苏联的机械和工厂不能工作。以上情形对苏联政府很为难,故苏联政府停止生产汽油,撤回机器及专家不作生产汽油了。第三,因为新疆省政府所需要各种专家顾问,苏联政府派来很多专家顾问,实行各种专门技术工作,新疆方面不只是一次说过,因为苏联派来各种专家,所以新疆发展很快。苏联派来医生大夫组织医院。而且帮助新疆不少:比方说公共汽车、水电灯公司、轻刀(此二字音有误)工厂、印刷厂、落木(此二字音有误)厂、并且养殖牛马兽畜,苏联专家帮助新疆干部,实行各种专门工作,苏联军事专家,帮助新疆组织军队。但是虽然如此,新疆当局对于他们工作,予以最大之困难,因此苏联各种专家,都感觉没有意思,所以苏联政府要召回一切专家,连顾问也在内,至于买马的事,苏联方面尚送有各种的货。还要补充的说:(此时声音很低)农具制造厂机器要召回国,第八团军队也要召回国。(说完了就把话稿交与督办)

督:你们政府对于这些事都是决定了的,不是讨论的性质。

普:是的。

督:不过第一点:关于省营贸易,可提出彼此交涉的,其中困难,彼此商讨,定能解决的。

普:照现在的情形,是不能施行的。

督:果有困难,是可以讨论的,如果缩小贸易范围是可以的,如果因为有了困难才予以缩小,我们的省营贸易办法,是可以讨论的。

普:各种困难是在新疆方面的。

督:土产公司与你们仍然是有来往的。

普:实在是已经停止了。

督:我们土产公司常与你们贸易公司进行贸易的。

普:对于新疆方面施行的困难,苏联方面有一个意见,就是新方不要与苏方作买卖,所以才有此困难,因为有此表示,所以苏联政府也帮助新疆不做买卖。

督:我们的省营贸易办法,不是为了苏联不作买卖而订的。

普:我们的意见不动的(意指不能变更)。

督:自然你们政府自有决定,不过我得声明:我们的省营贸易办法,不是与苏联为难的,(接着说)第二点说到独山子油矿有困难,我们没有不愿出油的事实。事实上,我们所用的油,都要靠独山子供给,我们怎会给苏联专家以困难呢?而且苏联将机器人员调回,不但苏联遭受损失,我们的损失也很大的。我们也拿出新币四百万来用的,我盼你和你们的政府商量一下,我认为把一切都运回去,彼此损失都是很大的。所以如果苏联政府需要油矿的话,这个油厂是应该要的。对于新疆地方政府，也是有好处的。除了与地方政府的关系，苏联政府曾经同意与中国中央政府合办的，如果你们又调回去，那就与合办的事实不合。你们通知我们地方政府，苏联正准备与中国谈判，所以这时候机器专家就不应该调回国，这自然是你们政府的权，我们地方政府也出有钱的。油厂是合办，所以撤回是应该向地方政府商量的。所以我们地方政府，对于你们撤回机器、专家这一点，还有考虑之必要。

普：督办所说的困难，不是由于总工程师与厂长不合作的缘故，这是有根据的。督办说是所有的困难，都是由他们两人不合作发生，这是不对的。我曾经说过，关于……（此数字系译音未听清楚）办法，是不合理的办法，督办也知道，因为封锁仓库，所以汽油厂的汽车都停止工作了，这不是他们二人不合作，这是新疆省政府的政策。这种办法，在中苏关系上是不合理的。比如有一次厂长在门口停了汽车，就有警察站在栏杆上监视考察，不但如此，有一个苏联贸易委员到伊犁去转来回到迪化时，准备回汽油厂，就有警察不让他过去，他是持有外交护照的，这表明这是新疆省政府的政策，而不是他们两人不合作。我并说，表明摩擦不是由于他们两人不合作，比方逮捕苏联专家这是新方造成的困难，不但反对苏联专家宣传，而且反对苏联的宣传，这种政策，当然是督办施行的。苏联政府为避免一切摩擦，所以决定召回专家和机器，这是一个根本解决的办法，至于两方面损失最多的，是苏方的损失，苏方投资在工厂，所以损失最大，新方较小，不过因为汽油工厂为摩擦的地方，虽有损失，仍然决定召回。

督：你所谓我们不想开油矿，都是不真的，现在我们政府还在用油，这个事实，证明我们不是不愿意用油，这个摩擦现在可以由中苏合办来解决的。提到合办已经有一年，在这一年中，要是早签字，我们中央政府派来了人，当不会起摩擦的，我希望将这意思转达苏联政府，第一、所有摩擦是起于厂长与总工程师，不是地方的政策。第二、如果为避免摩擦，最好与我们中央政府早日签字合办，这些摩擦不是一概避免了吗？所以就避免摩擦，就得与中央早日签字。

普：新方需要汽油，一切是由厂长与总工程师的摩擦，是不实在的。

督：新疆省政府需要汽油，这是事实，怎样不实在呢？

普：我现不能证实新方是否需要汽油，我所说的是新方实在的情形，是有根据的。

督：你说你的根据，是我们地方政府授意，所以我才提到这个问题，现在我们需要汽油，这是一个事实，这个事实，比什么证明都大。退一步说，我们地方政府不好，你们赶快和我们中央政府签字就好了，你们同意和我们中央政府合办已经一年了，要是早日签字，问题就没有了。我们地方政府不好，中央政府就好了。

普：至于说到中央政府已有联络，待你们中央政府和苏联政府决定。但是我不知道。

督：我就是叫你把这个意思和你们的政府说：地方政府有障碍，中央政府就没有了，同时我认为，就是在没有合办以前，这个问题也可以解决，开会就可以解决的。

普：这是苏联政府的决定，我不能变更。

督：关于第三点，你们政府要召回军事、机械和其他一切专家，我们建议这方面可以留下一部分，是不会妨害你们的需要的，至于你们政府说，我们对专家不好，这是不对的，我们政府的干部和他们处得很好，你们政府要将他们召回，我们是无权决定的，不过你们政府是不是可以留下一部分呢？如果愿意的话，这是可以的。

普：我来了以后，就天天考察他们的工作，天天得到根据，新疆当局对他们确有困难，而且是看不起的，不但各地方政府如此，新疆省政府也是如此的，譬如那史比上校开枪，督办组织一个考察委员会来考察，实在有几次是在汽车附近听着枪声。又有一次，工程师也维诺夫与公路局局长去到南疆东化（此二字译音恐有误），到东化的时候，也就扣留了他的汽车。

督：什么时候的事？

普：三个月前的事。

督：到东化了吗？

普：从焉耆到库勒。

督：谁要扣留他？

普：局长。

督：为什么不向我提出这个问题？

普：因为有好几个这样的问题，我知道提出了都是没有结果的。

督：这是没有根据的，如果是真的话，我们是要严办的。

普：苏联专家是很多的，因为新疆不要，所以苏联政府才召回的。

督：没有的事，如果你们提出，是可以立刻解决的，也许有一二干部对他们不好，你和我说，就可以改善的，你说苏联专家很多呀，也就可以留下我们需要的一部分的。

普：比方对于军事顾问，新疆方面还没有施行一个办法，我曾经抗议过，可是新疆省政府都说没有此事，所以他们的调查是主观的，而不是客观的。

督：我们调查得出来，就得办的，调查没有结果，是不能承认的，调查的结果是确实，就惩办的，如像库车、焉耆的官吏，都惩办的，记过、罚薪，在中国算最大的处分的。

普：现在督办说没有根据，督办明白，我们不是小孩，督办是政治家，我们都是政治家，我们要说公开的话，不要说秘密的话，秘密就不是政治家，苏联政府因为新疆省政府表示不要，所以一部分也不能留下，至于大夫们，因为病人关系可以多留二十天，其他所有的专家，从明天起都不来工作了。

督：好了，第一你们的政府要缩小贸易范围，第二，你们的专家实在不能留下，我们也没有办法的。第二个问题，我日内有一个书面答复来请你们转达你们的政府，关于独山子油厂，在未得我的书面答复以前，是不能停止工作的。第一个问题，我们政府希望和你们做买卖的，我们的货很缺乏，没有说苏联的货还不要的。第三个问题，是你们政府的权力，你们要召回去是没有办法的，至于医生，在二三十天以内，不一定是找得着的,在未找着以前,是应该好好的工作。最要紧的是第二个问题,在接到我的书面答复以后,你们政府应予以考虑的。

普:第一个问题已经说过了,第二个问题,苏联政府虽然决定撤回机器,召回专家,还没有计划,当然要照常工作。至于第三个问题,除大夫们新疆当局留他们一个月外,还有二个财政顾问,因为他们需要算账,也要留一短时间,此外,所有其他专家,明天都停止工作。

督:你说是你们政府的决定,当然是没有办法的。

普:还有一个问题,原则上不能详细的谈,想由□□委员与彭代主席详谈:就是哈密第八团军的牛马牲畜交还的问题,所有的牲畜数目就在伊犁交还,这对苏新两方面都有好处的。

督:牲畜数目是好多?

普:牛大概五百头,猪大概一千五百头,羊不知有好多? 一共大概有二千头,马是自己用的。

督:他们可以谈一谈的。

普:原则上督办是赞成吗?

督:赞成他们谈一谈,不过猪在哈密恐怕吃的人少,留下了这样多,看他们研究的结果怎么样? 在原则上是愿意帮忙的!

……

原新疆省档案,第431—435 页

## 吴国桢致潘友新备忘录

### 重庆,1943 年 5 月 6 日

迪化飞机制造厂原系议定由苏联代我建筑,本年一月间宋部长与贵大使会谈时,贵大使曾表示苏联政府准备与中国政府商订共同经营办法,当时宋部长曾面请贵大使提具草案,二月末余向贵大使催提此案,贵大使谓草案仍请华方提出,我方正在研究草拟该厂合作方案。

独山子油矿原系中苏双方共同投资创办,中国政府于其所提出之合办方案中,充分表现其愿在中国法律许可范围内,尽量与苏联合作之

精神,对于贵大使所提对案,现亦正在根据此种精神详细研讨中。

顷接新疆省政府报告,谓苏联驻迪化总领事向其声明,奉苏联政府令,准备将该飞机厂及该油矿一切设备及技工撤回苏联,在中苏双方正在谈判期间,有此报告,殊深诧异,若苏联为目下作战,需要此项机器及人员,我方可予同意,若无此必要时,则中国政府希望苏联政府能将飞机厂及油矿机件价让,在共同作战期间,关于技术方面之设施及人员之雇用,我方仍愿意与苏联合作。

《战时外交》第 2 卷,第 449—450 页

## 蒋介石致盛世才函

### 重庆,1943 年 5 月 7 日

晋庸同志老弟勋鉴:

关于对俄交涉独山子油矿与飞机制造厂二项,已令外交部向俄大使提出交涉,待其答复后再定区处。以意度之,如果国际或俄日无大变化,非万不得已,彼决不愿撤回此已装置之器材,故吾人不患其撤去之速也,再三考虑,乃提出交涉办法如另纸之备忘录,以为将来交涉之张本,至于其他各项,则静观其以后动作如何,若能早撤一日,则吾人应协助其早日撤回,不必强勉,亦不必有所顾忌,吾人所恃者,惟理与法而已,惟恐其对新锡机器不肯撤去耳,中意对新锡有关事件,总以根本撤消,不必以此区区机器而留一国家权利损失之病源耳。关于国际近情与此次交涉方针,已面属世骧弟转达,恕不赘述。并带奉总理与中石膏像一件以志纪念。顺颂政祺。中正手启。五月七日。（蒋纬国敬录）

《战时外交》第 2 卷,第 450—451 页

## 吴泽湘致蒋介石

### 1943 年 6 月 11 日

……兹谨将在哈、迪二处调查所得情形,分陈如次:

一、在哈密调查第八团撤退情形:

（一）第八团飞机现留哈密者,计有轰炸机十架,驱逐机十二架,练习机六架,通信机一架,共二十九架,飞行员、修理员共一百四十四名。据悉:前项飞机,准本月十七日全部飞返苏联。（二）第八团骑兵五百余名,马六百余匹,均已悉数撤退。（三）第八团步兵,原有二千余名,除已先后撤退者外,现尚有一千二百余名,据悉:现正俟汽车到哈后,陆续开拔。（四）第八团装备业已撤退者计有高射炮二尊,大炮四门,小钢炮十四门,坦克车十一辆,铁甲车五辆,拖拉机九辆,余如飞机炸弹、弹药、粮食、牲畜、机器零件、家具等件,共分五百六十五辆汽车装运出境,该团撤退秩序尚佳,并无骚扰情事,地方当局对于该团采购食粮用品均尽量予以协助,并已饬属严防不肖生事,免为该团有所借口。

一、在迪化调查独山子油厂及农具制造厂撤退情形:

（一）守卫独山子油厂之第八团士兵二百余名,据报:除警戒该厂各部门机器设备,并经日协助拆卸装运车辆工作,自上月底迄至现在,尚无有纠纷情事,该厂文厂长及省方警察八十余名,现均奉命暂时回避,免于该团士兵发生冲突。就目下情形言,尚属良好。（二）守卫农具制造厂之第八团士兵八十余名,除在厂外四周警备外,并无其他情形发生,据报:厂内机器尚在工作,或系正在配装其未完成部分飞机,该厂厂长最近曾向迪化县政府请求收买厂界以内自种青苗,就此一事观之,该厂撤退,为期恐在不远。

综合以上情形:苏方撤退第八团及该两厂机器人员,显无其他作用,除商请盛督办转饬所属在第八团士兵撤退沿途各县,对于该团所需用粮秣用品,准其尽量采购,务求保持和平态度,避免发生冲突,并严密防止不肖滋事并呈报委员长鉴核外,理合电请鉴核为祷。职吴○○叩。六月十一日。

原新疆省档案,第436—437页

## 盛世才致蒋介石代电

### 1943 年 6 月 11 日

据伊犁徐行政专员电报，地质考察团在温泉、博乐各地工作人员，已于五月上旬集中伊犁，并将工作地点之机器陆续运伊，至少须半月以上始能运毕，自五月十一日至二十一日共有地质专家、考查员及眷属等五十二人出境返苏。据阿山彭行政专员电报，在富蕴县工作之地质考察团人员四十名，已出境者十余人，其余约于二十天内陆续出境，至机器等件，已悉数运到布尔津，待轮起运，矿石一百五十吨已运尽。据和田李行政专员电报，和区地质考察团人员，押大小汽车五辆，装载该团各种器材等件于六月二日由和田起程赴喀什。

《苏联对新疆之经济侵略》，第 76 页

## 蒋介石致盛世才电

### 1943 年 6 月 23 日（24 日收）

……苏联大使潘友新本月十六日来见，面递节略如下：苏联政府命令本人将苏联政府关于新疆最近情形，不得已而采取之决定，详细报告阁下：关于新省当局对于苏联专家及机关活动之障碍，以及苏联政府因此而只得采取之个别办法，本人前已通知贵国外交部，但新省当局对于苏联商业机关之活动百般作梗，如禁止当地商人与苏联商业机关订定交易，实行法定价格，而对于（新苏贸易公司）商业周转资本课以重税，致使该公司之营业亏本而无法进行，并对此类商业机关在地方雇用之职员，毫无理由大批逮捕，对于商业各人员在新省之行动，故意造成困难等等。根据新疆省政府之请求，苏联政府对该省卫生、地方经济发展以及道路建设等曾予以多年之帮助，然而最近苏联各专家在新省所处之环境，实令人不能忍受，苏联政府不能同意新省当局类似之行动，故不得已而采取如下之决定：(1)撤销迪化飞机厂，将新省苏联工人、职员及技术人员以及苏联设备运回苏联；(2)停止独山子油矿之采油及炼油工作，召回各专家，并将自有设备运回苏联；(3)缩小苏联驻新省商业机关之活动；(4)召回在新省之其他苏联专家。新省当局对于苏联政府上项决定之实行有时采用无理及粗暴之手段，而新省当局此类非法的及仇视的行为之具体例证，本人已通知贵国外交部。据迪化来信谓，新省当局之仇视行为，现在虽已减少，但目前情形仍不能认为满意。故苏联驻迪化领事仍继续采取必要之措施。本人奉命陈明上述各情形，俾便阁下关于苏联政府所采取之措施及其促成之原因，获一正确印象等语。当时除告以苏联在新如有交涉事宜，应循外交正式途径商洽外，特转知照。……

原新疆省档案，第437—438页

### 吴泽湘致外交部

#### 1943 年 6 月 24 日

　　……关于苏军第八团驻哈密问题，过去我中央均佯为不知，自上月钧部照会苏驻华大使馆，有"中国政府不问该团士兵来源如何"一语以后，苏方如何答复祈详示。昨日苏驻迪总领事普式庚因他事来署面洽，亦提及第八团撤退事，职故作惊异并质问此项红军何时起驻哈，实有侵犯我领土主权，苏领答复此中详情，请询盛督办即知，现八团正撤退中，希勿究既往等语。查兹事既经中央明认，且该领已与职面告一切，此后自不能再采佯为不知态度，遇有该团事件，职可否直接与苏领交涉，或在呈请委座暨钧部核示后，始予办理。……

原新疆省档案，第438页

### 吴泽湘致蒋介石

#### 1943 年 6 月 24 日

　　兹谨将最近调查苏军第八团撤退所得情形，呈报如次：一、驻哈第八团士兵现尚有四百余名未退。二、驻哈第八团飞机暨航空人员，前据报定十七日飞返苏联，现仍留哈未去。三、第八团撤退后，所留营房，苏方请以新币二百六十万元让与省府。现正由盛督办与苏驻迪普总领事商洽中。省方嫌价过高,职为迅谋解决,曾劝省方优予给价,俾可使之早日撤退。四、日前由哈撤退至独山子守卫炼油厂之八团士兵二百余名,近无增减,据报该厂苏籍总工程师表示:"最近仍须炼油,并须继续采油,恐三五月内尚难撤尽"等语,并闻最近撤回机器均属不重要部分,如果系事实,职应如何应付,祈核示。五、守卫农具制造厂之八团士兵,现增至四百余人,该团于六月十一日在哈撤退之坦克装甲车等,现均停在厂内,职当如何应付,并乞核示。

原新疆省档案,第 438 页

## 吴泽湘致蒋介石

### 1943 年 6 月 25 日

……关于苏大使面递委钧座十六日节略,今早经盛督办交阅商后,已由盛督办以已有秘午电呈复,其中三四两项办法如蒙委座钧座核准,自当随时遵往该两地视察,以期促其早日离境而安后方。……

原新疆省档案,第 439 页

## 新疆督署秘书处报苏联驻新第八团撤退情形

### 1943 年 7 月 3 日

兹将外交部询问各项分条列下:

(一)第八团确已撤出新境者,计五月十六日由尼堪卡出口武装官兵四十名,汽车四十八辆,二十一日由尼堪卡出口官兵三百五十五名,乘中运车一百三十一辆,六月十六日及二十四日,由尼堪卡出口官兵九十九名,甲车三辆,汽车二十九辆,以上共计官兵四百九十四名,甲车三辆,汽车一百六十三辆。

(二)留驻哈密者,据报尚照五百人请为代购给养,实有官兵三百余名,另有飞机二十九架,航空人员一百四十四名,至该团重武器(除开拔者外),似无留哈者,内部详情实无法侦查。

(三)停留各地者:1. 骑兵队五百余名,附野山炮十余门,汽车九辆,马七百余匹,现已开抵伊犁霍城县属索伦营附近休息。(距尼堪卡六十华里)。2.开入迪化飞机制造厂武装官兵近查约三百名,附大小坦克及甲车共十七辆,各种汽车七十三辆。3.开入独山子炼油厂武装官兵二百余名,正协助拆卸工作。

(四)经过迪化八团官兵,并无整批返回迪化者,但因押运物品车辆,少数士兵确有往返情形。

原新疆省档案,第439页

### 艾切森①致赫尔电

重庆,1943年7月7日下午2时

大使馆文号1087,7月4日下午1时

(1)中国驻苏使馆参赞最近经新疆抵渝,向大使馆职员作过一次报告,以下为报告的主要内容:

从去年11月起,中央政府"接管"了新疆苏联边境五个领事馆。但仅仅调换了阿拉木图和斋桑二地领事。从去年开始,苏联陆续释放了"几千"中国人(中国驻苏大使馆无法得知确实数目),他们过去一直被拘禁在西伯利亚。可能还有一两千人在扣押中。此外,约还有20000人在苏联生活和工作。

(2)迪化传来消息表明,改变中国边境领事馆的地位是中国外交部主动做出的。

我们正向迪化询问更全面的消息。

抄至莫斯科

FRUS,1943,China,pp.276-277

---

① 时任美国驻华临时代办。

### 艾切森致赫尔电

重庆,1943 年 7 月 31 日中午

大使馆 939 号发文,6 月 16 日上午 10 时①

6 月 15 日迪化柯乐博②的报告中声称,新疆主席曾经通知他,过去省内苏联驻军大约有五分之三已到达苏联。五分之一正向新疆苏联边境移动中,其余五分之一暂时留在哈密。俄国空军飞机尚未离开,可能装载最后一批苏联军事设备后离境。盛主席还声称,全部苏联军事和经济顾问均已离开迪化,虽然其他地方还有一些人在等待交通工具,但已停止工作。

根据迪化外交部特派员方面的消息,苏联军队和顾问是苏联政府主动撤退的。特派员说,中国政府并未要求苏军撤走,事实上,听到计划撤退顾问时,并竭力劝说苏联政府让顾问继续在新疆工作。特派员还补充说,全省顾问总共 112 人,他们在新疆并不行使政治权力。

柯乐博报告随后发出。

抄至莫斯科

FRUS,1943,China,p. 274

### 周至柔致蒋介石报告

重庆,1943 年 8 月 2 日

关于苏联在迪化之飞机制造厂厂房让售我方案,经签呈意见奉钧座七月二十日侍秘字第一八五一四号代电开:"报告悉,希先往迪化察看情形再定可也。"等因,奉此遵于七月二十三日由渝转蓉飞兰,二十四日到达迪化,廿五日赴伊宁,廿六日返迪,廿九日由迪飞嘉峪关,三十日飞西宁转兰,八月一日返渝。谨将接洽情况,分陈如左:

一、关于苏联在迪之飞机制造厂事

---

① 请参阅 6 月 5 日迪化领事致驻华代办原文,第 249 页。

② O. E. Ciubb,柯乐博,美国驻迪化领事。

　　七月二十六日下午一时会同吴特派员泽湘前往离迪化省城四十一公里之头屯河畔该制造厂所在地,由该厂厂长叶师阔夫接见并参观各房屋设备等等(详附件1)。迄晚九时半返省城后,总合所得该厂现况加以研讨,于七月廿七日上午九时半与盛督办世才、吴特派员泽湘会商各点如下:

　　1.该厂各项机器已拆除搬回约百分之八十。

　　2.所留者仅制造氧气、木工、修理汽车工具、电气机器一部(原三部已拆回其二)、电线一条(余拆除)、电力只二○○启罗瓦特。

　　3.飞机场一,长二千五百公尺,阔为七百至一千公尺。

　　4.工人工作房、宿舍、办公房屋、厂房,规模较前在垒允之中航厂为大。

　　5.驻在厂内有自哈密撤退来迪之苏联第八团兵士约四百名,并有(唐)〔坦〕克车十七辆。

　　6.人员已有一部分开始撤退。

　　以上为该厂现况。

　　在本会立场而言,职对该厂处置,有如下之意见:

　　甲、恢复该厂为飞机制造厂,则现有之厂房等等是最适用。

　　乙、如改作修理厂或为训练机关,均觉勉强而不经济。

　　丙、若用为航空站,一则离城太远(四十一公里),二则房屋不能尽量利用。

　　丁、如用为三团制一师之练兵场比较相宜,惟内中住宅房屋亦不能利用。

　　照目前该厂之状况,苏方已有搬回之事实与决心(如电线亦已大部分拆除),总括而言,若恢复为制造厂,则机器苏方已拆回,当然不能供应,如能向美方交涉器材及原料,尚属可能。

　　而据吴特派员言,哈密苏军开始撤退时颇迅速,惟最近似不如从前之积极,而苏联领事曾表示,如我方收购该厂,则驻该厂军队,当然即行撤退,如我方决不收买,则所遗留设备,亦即继续拆回等语,但其真意何在,尚不能断言。

在外交及政治立场而言,该厂不问将来用途如何,不论价值如何,似以收买为宜,一则可促其撤退残留之兵,二则在此盟国抗战环境日有转变可能之时,亦以速即购买为宜。

故职等三人商讨结果,最后同意购买,至购买方式:

一、由中央购买;

二、抑由地方购买。

中央或地方购买,盛督办表示均可。如由新疆省政府购买,则省库无此大宗款项(一千八百万新币),拟分期还款。

三、一面由盛督办通知苏联领事,转告该厂暂缓拆卸,一面呈报钧座核示。职意拟请钧座先电盛督办积极进行交涉,购买款由地方或中央可作第二步办法。附拟致盛督办电稿一件,连同盛督办及吴特派员托面呈函各一件。当否? 敬乞鉴核。谨呈总长何,核呈委员长蒋。

此外,关于接收新疆航空队问题及视察伊宁空军教导队等情形,另案详呈。

附呈(一)迪化苏联飞机制造厂概况一件、附图二件。(二)致盛督办电稿一件。(三)盛督办及吴特派员函各一件。职周至柔。

**附:迪化苏联飞机制造厂概况**

一、查该厂位于头屯河畔,系为制造飞机而设,故厂房布置就制造飞机言,尚称适宜,其他附带条件如水源、燃煤均供应方便,员工住宅建筑完善,足供全部员工应用,并有飞行场一所,长二五〇〇公尺,东宽西狭约在一〇八〇至七〇〇公尺之间,坡度为六十分之一,可以试飞驱逐机及重轰炸机。

二、该厂房屋计有钢架装配棚厂一座,面积二一六方,钢骨水泥工场大小十一幢,面积六六三.二方,砖房二十四幢,面积五二三.六九方,土坯房四八幢,一三六四.二八方,共二七六七.一七方。此外尚有未定号数之房屋及二四、四〇、一〇六、一〇七、一〇八、一一五、一二一、一二三、一二四、一三三、一三四等房屋,因图上未绘面积若干,未能测出。

又有高约四丈底面一. 八方之压水塔一座,周围铁丝网三三二一〇公尺,直径一公尺之水泥管四〇〇公尺。

三、机器设备除尚存二〇〇KW之蒸汽发电机一具,制氧机一套,车床等项各一两部外(车床等亦在运走之列),余均拆运返苏。

四、水源系就河筑坝,用直径一公尺之水泥管通至厂门,颇称方便。

五、煤炭在离厂十八里之处可采煤炭。

《战时外交》第2卷,第451—454页

### 吴国桢致蒋介石(摘要)

### 重庆,1943年8月14日

八月九日苏联大使潘友新来部洽谈该大使馆专用机飞渝事,便中提询现在新疆情形如何。国桢当答以前为协助苏方安全撤退各项机器设备及人员起见,曾建议由本部派吴特派员协助苏方人员办理,尚未准答复。潘大使谓,接驻迪化总领事普什金报告,吴特派员已与该总领事取得常川联系,现苏方所留下之建筑,正由当地中苏两方人员磋商,由华方收买,在此问题未解决前,使苏方规定撤退日期,甚为困难,前者吴特派员等曾与苏方负责人作一度之商讨,旋又搁置,现撤退延宕,其咎不在苏方,须早日将收买建筑问题解决,始能完全撤退。国桢复告以我方亦常接到吴特派员及各地方官之报告,此事已由双方在当地洽商,前因贵大使屡次表示,地方官对于苏方撤退工作予以障碍,故建议派吴特派员协助苏方人员办理,以免除可能之误会,而使撤退事宜得以顺利进行,未悉近来贵大使有无接到关于新疆地方官对撤退工作仍予阻碍之消息。潘大使云,近来未接到此类报告。

《战时外交》第2卷,第454—455页

### 吴泽湘致蒋介石电(摘要)

### 迪化,1943年9月10日

据哈密梁科长报称,苏驻哈八团团长,昨下午与我方徐旅长在专署会商,经就职提出七项办法交换意见,决定双方同意原办法办理,即分令所属切实遵照。又七、八两日哈市上发现有着便衣苏联人携枪行走,当由职向苏领质问,据答或为航空站或中运会员工,已允转电严予取缔,业由职请督署转电徐旅长知照。日来哈市安谧如常,上项办法实行以后,必无他虞,当可稍释钧虑。现哈密营房售价,我方已还至二百万新币,苏领正电请核示中。理合将最近情形,电请钧核。

蒋委员长批示:抄知盛督办、何总长、外交部。

《战时外交》第2卷,第455—456页

### 高斯致赫尔电

重庆,1943年10月13日

驻迪化领事报告称,省主席10月9日通知他,大约400名苏联军人和7架飞机10月6日已退出哈密,其余100名军人和2架飞机将于向中国出售苏联设备合同签字后撤走。以前领事曾报告过,合同达成的金额为200万新疆币(合50万美元),但尚未付款。

FRUS,1943,China,p.351

### 高斯致赫尔电

重庆,1943年10月20日下午5时

驻迪化领事报告称,外交部代表10月16日通知他,苏联已将头屯河设备定价529.66万美元,但正式谈判尚未开始。从哈密撤退的200名军人已留在头屯河。独山尚保留同样数目军队。外交部代表已向当地苏联总领事提出抗议,苏联已从乌苏机场撤走,但未从伊宁和头屯机场撤走。领事推测苏联企图在做出向中国移交设备的最后安排之前,在头屯河和独山仍保留军队。

以上请参阅大使馆10月13日1935号发文和9月1日1532号发文。

抄至莫斯科

### 高斯致赫尔电

重庆,1943 年 11 月 18 日下午 2 时

驻迪化领事 11 月 11 日报告从外交部代表处得到的下列消息。

1. 参见大使馆 10 月 13 日 1935 号发文。向中国移交哈密苏联设备协定已签字并执行。最后一支苏联军队已于 10 月 29 日撤退,现已进入苏联境内。

2. 苏联飞机离开头屯河(大使馆 10 月 20 日 1989 号发文),但仍有 100 余名苏联军队留在该处。独山也留有同样数目的军队。中国对他们留在那里保护财产未表示反对。

3. 中国正在谈判购买独山的设备,要求苏方将当地的管道和建筑物保存完好(虽然大多数备用油管机械和其它设备均已运走,地下管道尚未开始撤走)。苏联从独山撤退的直接原因(大使馆 10 月 4 日 1852 号文第二节)是对控股比例问题双方意见不一致。苏方主张中苏各占 50%,中方主张中国 51%,苏联 49%。根据以前的安排,总工程师用苏联人,厂长由中国人担任。柯乐博说,企业显然是在 50% 控股和利润分配的基础上组成的。新疆的其余中苏合营企业(据说哈密——阿拉木图航线基本按独山同样基础经营)似乎尚未出现分歧意见。

4. 对于外交部代表 11 月 10 提出的希望恢复中苏贸易关系的新方针,苏联总领事回答,目前没有恢复这种贸易的可能性。新疆已从印度政府获得 3000 个轮胎,并且提出供给印度蚕丝和 150 吨葡萄干,说明几年前中断的贸易关系已重新恢复。

## 盛世才致外交部驻新疆特派员公署函

### 1943 年 12 月 21 日

贵署十二月十一日特字第九零零号公函节开:为中运会苏方在新省各地所设航空站,两年以来我国已无物质或器材经由航空运输,请饬中运会通知该会苏联顾问,将各地航空站于本年十二月底以内结束一案等由。准此,自应照办。除饬中运会通知苏联顾问,依限结束,务将办理情形报夺,并令各民航站检查所遵办外,相应函复查照为荷。……

中国第二历史档案馆藏原新疆省档案

## 宋子文致蒋介石代电(摘要)

### 重庆,1943 年 12 月 31 日

据新疆特派员吴泽湘电称,苏方前留驻哈密之飞机,均已先后撤离出境,现在境内已无苏联飞机。查以前中央运输委员会苏方在我迪化、伊宁、奇台、哈密等地设立航空站,近两年来已无物资内运,航空站已无存在必要,且该站电台仍继续工作,对我主权尤不无影响,故前于督办赴渝时,曾以苏方飞机既久未担任运输,拟俟八团部队撤退完竣,即予交涉撤退,请其就便签呈委座核示,奉批照办。现在苏机既已全部离境,兹已函请督办公署转饬中央运输委员会遵办,并经另函苏领,请其转知中运会苏方顾问,定于本年十二月内将新省境内各航空站一律结束,以后苏机入境即依照外国航空器飞航国境统一办法办理,请转呈委座备查等情。理合电陈鉴核。

蒋委员长批示:复。苏方之航空站电台,十二月内有否照限撤销,希查报。

《战时外交》第 2 卷,第 456—457 页

## 《中运会汽车通行规则》与《填发中运车通行证注意事项》

### 1944 年 2 月 1 日

当经外交部驻新疆特派员公署商同中央运输委员会迪化分会与督

办公署及省政府,拟定《中运会汽车通行规则》暨《填发中运车通行证注意事项》,订期于三十三年(一九四四年)二月一日实行,并函请苏联驻迪化总领事查照转饬遵照。兹录规则及注意事项如左:

中运会汽车通行规则

一、凡中运会苏籍汽车(以下简称中运车)在新疆省境以内通行,应照本规则之规定办理。

二、中运车于入境时,应由车队长、司机员、副司机及其他技术人员向入境处中运会负责人及检查机关分别请领:(甲)中运车通行证(以下简称甲证),(乙)中运车人员通行临时护照(以下简称乙证),(丙)中运车运货通行证(以下简称丙证,应由车队长请领),领证时,车队长、司机员、副司机或技术人员应将甲、乙、丙各证应填各项自行填明,送经中运会负责人、当地财税局及检查机关分别核对无讹并予盖章后,即发交车队长、司机员、副司机或其他技术人员。以上甲、乙、丙各证式样另定之。

三、车队长、司机员、副司机或其他技术人员领到甲、乙、丙各证后,应将甲证粘贴在车前右边玻璃板上,俟出境时,由检查人员撕下存查;乙证须由本人随身携带以代护照,于出境时,向原检查机关存根上签名后缴销;丙证应由队长保存,于到达前往地点后,即向中运会负责人暨财税局或检查机关缴销。

四、中运车于入境时,均应于车身前后悬挂自备号牌 CT……,否则不准入境行驶。

五、中运车车队长、司机员、副司机及其他技术员为自卫并保护运输物资,准每十车佩带手枪五枝,步枪两枝;单行车准带手枪一枝。每枪一枝准佩带子弹二十粒。此项枪弹应于行车时佩带,车停后应交车队长保存,不得随身随地佩带,其有超逾前项规定,其超出部分枪枝及子弹,应由车队长、司机员、副司机于入境时交由检查所出据代为保管,俟其出境时,全数发还。

六、每车队内有修理班之车辆,应将携带配件及工具等开列明细清单,当车队入境时,由车队长交由中运会负责人查对无讹,在原单上盖章证明属实,发还车队长存备稽查。

七、甲证之发给缴销,应由中运会负责人会同当地检查机关办理。乙证之发给缴销,由外交署委托检查机关代办。丙证之发给,应由当地中运会暨财税局负责人会同当地检查机关办理。

填发中运车通行证注意事项

一、中运车车队长、司机员、副司机或技术人员填送甲、乙、丙各证时,应注意有无谎报情事,如查有谎报情形,应立予纠正。

填送乙证时,应由司机员、副司机或技术人员先在临时护照上签名,其职务一项应填明为车队长或司机或副司机或技术人员。

丙证之发给,每一车队给予一证,应由车队长请领,如因车队中之车辆在途中发生故障,不能随车队出境,此项单车于到达边卡前,由该车队长声明车辆牌号,所运货物及其数量,经查对无讹后放行。

二、中运车出境时,检查人员应查明甲证所填各项是否相符,如属相符,应将甲证撕下,填明出境日期后存查。司机员、副司机、技术人员于缴销乙证时,应由检查人员查明号数,并嘱车队长、司机员、副司机、技术人员在存根上签名,填注缴销日期,签字,经核对无异后,即予放行。

上项乙证存根,应由检查机关按日检寄外交署存查。

三、丙证之发给应由当地中运会暨财税局负责人与检查机关共同负责,车队长缴销丙证时,应由中运会负责人查对件数无异,填注缴销日期后放行,并按月将存根检寄中运会存查。

四、中运会人员携带自卫枪弹入境时,应由检查人员切实查明,如所携带枪弹超过规定数目,应即饬将超出规定携带枪弹交出,留站代为保管。于出境时,并应注意所携带枪弹有无增多或减少情事,如有不符情形,应即询明原委电请核办。

五、发给及缴证时,经查有不符事实与重大嫌疑时,应将车辆扣留,立即电请督署核办。

　　该项规则自二月一日施行后,苏方大感不便,苏联大使潘友新迭次到部交涉,经部请示蒋委员长略予便通:(一)前定之甲、乙、丙三证,改用两证,即人证及车证。(二)准车队长先行过卡领取各证填写后,车辆入境时检查仅需一小时余。(三)运货车辆自卫枪枝,每十辆可增手枪三枝,计每十辆车准带手枪八枝,大枪二枝。同时于哈密、迪化、霍尔果斯三处成立水陆交通统一检查所,以资检查。及至十一月七日伊宁事件爆发后,交通为之断绝,所有苏方接收之物资积存于猩猩峡及哈密者约三千吨,雇用维吾尔十余人看守。苏方鉴于伊宁交通一时无法恢复,乃建议开辟居延海路线将存货运出,经我方婉词拒绝。

《苏联掠夺新疆纪实》(下),第98—102页

### 吴泽湘致航空委员会空军第十六总站函

1944 年 2 月 15 日

　　……新疆边防督办公署抄送伊宁徐专员丑元机电称:据报苏联驻迪化、伊宁、乌苏各航空站苏籍工作人员,已于本月十三日先后撤退出境返国者,计有四十三名,等语。又悉哈密站一二日内即可撤尽,除电呈委座鉴核外,相应函请贵站查照为荷。……

中国第二历史档案馆藏原新疆省档案

### 蒋介石致盛世才函

1944 年 7 月 2 日

晋庸督办弟勋鉴:

　　翁部长①、毛总指挥②本日由渝来迪,朱长官③亦在兰候机同行,明日当可到新面晤。凡公私诸语请与逸民长官开诚详谈。当此国家存亡

---

　　①　翁文灏,字咏霓,经济部长。
　　②　毛邦初,空军总指挥部总指挥。
　　③　朱绍良,字一民,亦作逸民,时任第八战区司令长官。

绝续之交,更为吾人安危成败相共之时,吾弟之事业即为中之事业,故中必为吾弟负责以解除一切之困难也。余托咏霓与邦初二兄面达,一一恕不赘焉。顺颂

戎祉

蒋中正手启　七月二日

台湾《传记文学》第 53 卷第 2 期,第 24 页

### 蒋介石致盛世才函

1944 年 7 月 17 日

晋庸督办弟勋鉴:

逸民长官回渝,接阅函件均悉,勿念。兹派逸民长官返新面详一切。此时惟望吾弟特加保养,为国自重。只要吾人能肝胆相照,推诚相与,则国家前途个人事业皆有无限光明。对外诸事中当负责主持,请勿过虑。余托逸民长官代达不赘。顺颂

政祺

蒋中正手启　七月十七日

台湾《传记文学》第 53 卷第 2 期,第 24 页

### 高斯致赫尔电

重庆,1944 年 8 月 15 日午

在 8 月 14 日晚社交聚会上,苏联陆军武官罗申①上校和参事谈话,他说中苏关系没有改善,并用刺耳的语言说起国民党的负责领导人。罗申不久就要去莫斯科请示,他是一位精明、友好而又坦率的人。关于所传蒋委员长想派宋子文去莫斯科执行特殊使命一事(见我们 7 月 27 日 1301 号电第三段),他说,中国政府采用的是一种不正当的、幼稚的提出建议的方法;外交部派了一位"级别很低的人"去见他,就派

---

① Н. В. Рощин,苏联驻华陆军武官。

一名其级别或许"高到"政府部长级的中国官员去莫斯科是否有益一事,征求他个人的意见。罗申随后发了一封"军事"电报去莫斯科,苏联代办也发了一封电报,但是斯大林和其他人一定是忙于战争事务,而无暇顾及这类几乎没有诚意的花招。

罗申在提到国民党与共产党的纠纷时,他说仍处于僵局,说时用语平静,伴有关心的表示,只是因为这类纠纷不能使大量军队去打日本。然而,对于新疆问题,他非常愤慨地说,那里的情况令人不能容忍,但他了解更换盛世才的困难,因而对蒋介石推迟实现8月9日向苏联大使所作要进行更换、中国不久一定要行动的保证,没有加以责备。他说盛对待苏联的一个"不能容忍的"例子是,曾为中国政府服务三年多的苏联顾问中一人在回莫斯科时,在迪化被捕并监禁一夜,原因是其所持证件稍有不符之处。关于哈萨克"叛乱",他说他认为已告平息,如果盛的部队不"压迫"哈萨克人,不逼迫他们在那里务农,就不会有动乱。

FRUS,1944,China,pp.804–805

## 高斯致赫尔电

重庆,1944年8月16日下午2时

1. 下面是根据截至8月13日为止的电讯和电报所作的最近新疆事态发展的概要:

(A)在紧接新疆省主席盛世才的6月26日大规模逮捕以后(见迪化6月27日电),驻新疆外交特派员吴霭宸去重庆向蒋委员长说明事态的发展,并得到蒋介石增加军事支援的指示和保证。先是哈萨克人的袭击队攻击了安西和哈密之间的军队和护送队,并且早在7月份在阿尔泰地区的哈萨克人就得到1000人的蒙古正规军的增援。

(B)约于7月3日,据说用苏联武器装备的哈萨克人,在靠近苏联边境的西阿尔泰地区开始暴动和大规模战斗,接着从7月9日起吉木乃受到攻击,塔城和承化受到威胁。据说,7月后期,在新疆天山以北的约300000哈萨克人中骚扰正在蔓延,据说用偷来的牲畜和羊越过苏联边境交换步枪、军火和棉布。苏联军事顾问的报告说,在攻击吉木乃时有几名哈萨克人和三名苏联士兵被打死。迪化的中国官员认为,哈萨克袭击者得到苏联的支持,其领袖乌斯满受苏联顾问鼓励要求自治。据报导 7 月 27 日 1000 蒙古人和 2000 哈萨克人向承化寺移动,相信此地是哈萨克袭击者的第一个主要目标。

（C）8 月 12 日,盛世才逮捕了 10 名重庆驻迪化的重要官员,包括国民党省党部人员以及教育厅长和建设厅长,监察院驻迪化监察使罗家伦表示希望被捕人员是由于被怀疑牵涉到共产党的反盛阴谋,但他深恐盛为保持他在新疆的位置而和苏联商议合作。

2. 驻迪化领事在其 7 月 19 日第 11 号电报中表示了下列看法:

（A）4 月份,确实有共产党推翻盛的阴谋。

（B）哈萨克人在苏联和蒙古的支持下将暴乱沿苏联边境蔓延到西阿尔泰山区。

（C）苏联没有改变他在新疆的图谋,即控制新疆省,获取矿产和其它资源,开辟通向共产党的走廊。这位领事说,他见过 1940 年的苏联地图,图中的新蒙边界远远在旧地图的边界以西,囊括了约 83000 平方哩新疆领土。他认为中国政府现在似乎不能派足够的军队去新疆征服哈萨克人,其结果将是失去对新疆的统治,并认为如果不使新疆在未来几个月内解体,必须"加紧行动"。

3. 大使馆获悉,蒋委员长派朱绍良将军于 8 月 14 日飞往迪化,由外交部特派员吴霭宸陪同,大概是劝使盛放弃他的职位,以改善中苏关系。

4. 如大使馆以前报告所说,将盛保留在新疆是改善中苏关系的一大障碍,我们非常怀疑盛和苏联恢复友好关系的可能性,也怀疑苏联会在此时开始他们对新疆实行积极控制的计划。

FRUS,1944,China,pp. 805-806

### 高斯致赫尔电

重庆,1944 年 8 月 19 日午

1. 在 8 月 13 日及 14 日电报中,驻迪化领事认为,盛世才因害怕国民政府将他抛弃以安抚苏联,于是逮捕重庆在迪化的官员,主要是显示他的独立性,并希望能以防止将他撤换,以及主张并保证地方自治而无意回到以前和苏联的联盟。关于 8 月 16 日 1419 号大使馆电报。领事声称,驻迪化监察院官员罗家伦仍然认为,除非定于 15 日到达迪化的朱绍良代表重庆作大量让步,否则盛准备转向俄国。

2. 苏联陆军武官曾在一次非正式谈话中暗示,盛逮捕官员是用作人质和国民政府讨价还价。一位去迪化访问 6 个月后于三星期前返回的可靠中国官员告诉我们说,他认为盛将他的最优秀可靠的下属从办公室逮捕入狱,最巧辩的解释即是苏联诡计的结果,亦即当地苏联官员会以其典型的方式向盛灌输这些官员阴谋反对他,希望挑起盛的疑心以致把他们逮捕,从而迫使中央政府采取有力行动将盛撤换。消息提供人说他的意见和在迪化的中国人的普遍意见是,因为盛世才和苏联一向相互猜疑憎恨,不可能恢复友好。此人和其它在迪化的中国人认为,哈萨克暴乱是苏联煽起的,具体目的是给盛造成麻烦,促使中央政府将他撤职。

FRUS,1944,China,pp. 809-810

### 蒋介石致盛世才函

1944 年 8 月 26 日

晋庸老弟督办勋鉴:

十九日手书及令弟转送梗亥电均诵悉,肝胆赤忱,无任感慨。吾弟十年艰苦,为国家保持边疆完整无阙,苦心毅力实难言喻,民国以来封疆功绩未有如吾弟之盛者也。兹既决心辞卸边政,为公为私亦皆不便强留,故特调弟任农林部长,俾能益展长才,助成国家整个之建设。至继任人选已内定为吴礼卿兄①，以其老成厚重，必能洽孚军民，继续吾弟之治绩。在礼卿兄未到以前由朱长官暂行兼代，以便弟可早日来渝就职，借副中央之殷望。此后一切公私各事，中必为吾弟负其全责，主持一切，请勿顾虑。明令拟于星期二日行政院例会发表，甚望吾弟省政交接之后，即来就职。俟举行就职之后，可再回新料理各事，期使内外皆臻完美，庶不负吾弟之苦心也。关于此次阴谋案犯（指八一一事变——原编者注），自当秉公处理。兹特派徐恩曾次长②来新调查，决不有所纵徇，请吾弟将一切情形详告恩曾同志，并与之切实研究为盼。余均托一民兄面达不尽。并颂

戎祉

中正手启　八月二十六日

## 高斯致赫尔电

### 重庆（未注日期）

1944 年 8 月 30 日上午 10 点 17 分收到

（1）国民政府 29 日宣布任吴忠信（蒙古事务委员会主席）为新疆省政府主席，接替盛世才，据说盛已辞职并被任命为农林部部长。在吴到任以前由朱绍良兼任新疆省政府主席。

（2）据外国新闻记者报道，新闻检查通过了外发电讯中关于中国政府为改善中苏关系作了人事变动的叙述。

（3）盛是否已经辞职或愿意离开迪化尚不清楚，被逮捕的重庆官员是否已经释放也没有消息。请参阅 8 月 16 日 1419 号电报。在 26 日电报中驻迪化领事报告说，盛又在捕人，包括他自己的三弟和叔父，还有一位来自重庆的国民党代表。

---

① 吴忠信，字礼卿，蒙藏委员会委员长。
② 交通部次长。

（4）此地观察家倾向于认为，盛不会公然反抗中央政府，因为据说中央政府有3个师在新疆，而由盛控制的军队为两万人，因此在一方面有苏联的反对，一方面有中央政府及其的军队的条件下无法立足①。

FRUS，1944，China，pp. 810–811

### 蔡斯②备忘录

华盛顿，1944年9月13日

关于重庆1944年8月17日2884号来文

迪化的11号电③提供了一份对苏联的长而不甚令人信服的控诉。除去承认确有共产党于4月份推翻盛世才的阴谋，以及哈萨克暴乱得到苏联和蒙古支持等事实以外，史密斯领事经过考虑的意见认为：苏联的意图一直是而且仍然是完全控制新疆；苏联所要实行的最终计划（在国际情况允许时）是想要把大部分新疆分配给外蒙古和其他拟议中的在苏联控制下的一些半自治州和苏联控制的甘肃走廊，以便确保和中国"共产党"的联系；最近苏联的阴谋涉及的是将新疆北部一块大如浙江省的土地纳入外蒙古；直到现在苏联未能实现他的意图，只是由于全神投入欧洲战争以及盛世才坚决保持（即使在所谓的合作时期中）其反对苏联阴谋的秘密系统；苏联的阴谋和方法是无所不为；如不想使新疆在今后6到10个月中解体，就必须加紧行动（包括中国或其

---

①　中国科科长范德在1944年9月5日的备忘录中作如下评论："重庆1475号来电中所报更换新疆省政府主席一事，是走向正确方向的一步。似乎没有理由怀疑，更换省主席是为了消除或至少缩小和苏联冲突的争端之一。盛从1942年起就故意执行一种刺激俄国人的政策；据了解，中国政府曾经同意俄国人的要求将他撤职。吴忠信是中国的一个旧政客，但是也温和而且明智。我们同意这种意见：盛不会公然反抗中央政府。对于新疆的发展要密切注视。俄国人不相信中国能为非汉族居民（超过总数90%）建立一种开明制度。现在该由中国来证明俄国人是错误的。本地人（哈萨克人和其它人）知道，在边境那边的外蒙古和哈萨克斯坦那里的政府远比新疆的政府更有利于他们的亲属的利益。"

②　Augustus S. Chase，时任美国国务院中国科职员。

③　7月19日，第807页。

盟国甘心和苏联进行战争）。

　　史密斯领事承认，这些结论是根据极细微的证据，加上直觉的判断。他提出的这样微不足道的证据，其来源都是中国。一方面显然认为中国来源可以信赖，另一方面他对他的苏联同事们的说法没有信心（第三页）。对于他的结论，大使馆"怀疑苏联是否会在此时实行一个恢复苏联积极控制新疆省的计划"。大使馆的看法似乎合逻辑，而且令人疑惑的是，为什么史密斯不论述苏联代理人最近要在新疆采取的行动，是想恐吓中国政府撤换盛世才和在别的方面满足苏联愿望的可能性，而不是一项处心积虑要夺取新疆的计划。

　　在两份来文中的信息已在重庆的 8 月 16 日 1419 号电报中作了充分适当的总结（附上副本）。有鉴于此以及所提供的大部分详细材料的可靠性未经核实，你读了大使馆的送件信，第一份简短附件（迪化第 10 号）和第二份有两页的长篇总结（迪化第 11 号）足敷应用。

　　关于新疆，还附上 8 月 8 日第 11 号兰州短信，其中提供了有关新疆局势发展的信息，应请注意的是，该文中没有像史密斯的消息提供者那样对苏联的猛烈指控。

FRUS,1944,China,pp.812-813

### 外交部致蒋介石代电

1944 年 12 月 22 日

　　……惟卜司长（道明）元电所称苏代总领事表示"过去新、苏贸易，除新疆土产公司外，尚有私人商业资本，大半由苏方分驻各地之商务代表办理交易"一层，查其用意似图恢复以前苏联在新省之特殊商务地位。在表面上，此固属商业范围，而实际含有政治作用。盖我若允许苏方在新省对于私人直接交易，则（一）苏方人员即可深入各民族之穷乡僻壤，自由宣传；（二）可直接操纵各民族之供求，致使各民族生活依赖苏联；（三）可假苏方贸易机关为护符，私运武器供给各民族，如是则隐忧潜伏，匪患恐将不止限于中、苏边境，而在新省内地，亦可发生，至苏方与各民族之直接交易,我方所受之经济损失犹其余事也。本部以为新苏贸易合作,在由新省对外贸易机关完全主持范围内,我方可与商谈。倘苏方坚决反对省营贸易,要求恢复新省境内各地之贸易机关并直接与私人交易,则我为满足苏方经济上之愿望,同时冀安定现时之中苏关系计,可向其表示,现时新境匪情尚未平靖,保护困难,俟匪乱平定后,我方极愿对苏方恢复在新省之贸易机关直接与私人交易一节,予以适当考虑。如苏方坚持目下必须直接与私人贸易,亦应订定限制办法,共同遵守,以资防范……

《苏联对新疆之经济侵略》,第 30 页

## 3. 中苏合办独山子油矿谈判

### 盛世才致莫洛托夫函

1942 年 7 月 17 日

接到你们一九四二年七月三日关于独山子油矿的文件,我愿将此事原委报告你们。中国中央政府在此抗战时期,关于独山子出油情形,早已获悉,并异常重视,所以派经济部长翁文灏来新商办。我因为在全世界反法西斯统一战线之下,中国抗战正值艰苦阶段,我认为独山子油矿不独有关中国抗战,同时对于争取国际反法西斯最后胜利上亦有很大的作用,中国政府为了抗战需要,提出此项要求,使我无词可以拒绝,因此,不得不向你们说明。前承来函谓独山子油矿仅由两方面管理才可以,即苏联和新疆或中国中央政府。我对于你们的意见完全同意。新疆是中国一省,此项企业,当以中国中央政府与苏联政府双方管理为宜。谨此敬复。

新疆边防督办兼主席盛世才

《苏联对新疆之经济侵略》,第 80—81 页

## 莫洛托夫复盛世才函（摘录）

### 1942 年 8 月 20 日

七月十七日关于"独山子石油康宾纳"①问题的尊函敬悉。苏联政府藉悉阁下认为，经营"独山子石油康宾纳"两方参加，即中国中央政府及苏联政府参加较为适当，苏联政府对此声明表示同意。

外交人民委员莫洛托夫

一九四二、八、二。莫斯科克里姆〔林〕宫。

《苏联对新疆之经济侵略》，第 81 页

## 外交部致苏联驻华大使馆节略

### 1942 年 9 月 3 日

（上略）中国政府决定与苏联合办开采新疆省独山子油矿，拟即与苏联大使馆在重庆开始商讨，以便早日订定合同而资进行。为此略请苏联大使馆查照转电苏联政府征询同意，由苏联大使馆派定负责人员，与外交部及主管机关所派人员开始商议，并盼见复为荷。

《苏联对新疆之经济侵略》，第 81 页

## 苏联驻华大使馆致中国外交部节略

### 1942 年 9 月 28 日

（上略）兹苏联政府证明，其向新疆省政府主席所提关于苏联政府与中国政府合办开采新疆省独山子油矿问题的声明为适宜。苏联政府兹授权与驻华大使潘友新及商务代表巴库林在重庆与中国外交部及主管机关进行商讨。相应略复，即希查照为荷。

《苏联对新疆之经济侵略》，第 81 页

---

① 康宾纳，俄文作 КОМБИНАТ，意即"联合工厂"。

## 苏联向盛世才提出的关于独山子油矿协定草案
### 1942 年 9 月

苏维埃社会主义联邦政府与新疆省政府协定。

苏维埃社会主义联邦政府兹派□□□为一方面,新疆省政府兹派□□□为另一方面,认为必须将新疆省独山子区域以苏联政府的力量所建筑的石油康宾纳之移交办法,以及是项企业之经营与管理办法,予以规定,兹特议定如下:

第一条　苏联政府愿将在新疆独山子区域用它的力量所建筑之石油康宾纳,计包括生石油矿,及预计每年可以提炼五〇. 〇〇〇吨生石油之石油提炼厂一座,移交于订约双方所组成之苏新经营独山子石油康宾纳合资公司,其条件由本协定规定之。

第二条　订约双方兹议定为建筑上项石油康宾纳所用去之费用,其建修价值之百分之五十,将由苏联政府出款支付之。

石油康宾纳之建修价值,计包括石油矿,及石油提炼厂的价值,将按照双方在此项建筑上所用去实际费用之总数,以美元(每一美元等于〇. 八八八六七〇八格兰姆纯金)计算之。

订约之双方,对于石油康宾纳将来之固定资本,及流通资本亦按照上项比例投资。

第三条　苏联政府予新疆省政府以三年之贷款,自一九四二年四月一日至一九四五年四月一日止,以便支付截至一九四二年一月一日为止石油康宾纳建修费内其所应负之部分。

上项以美元计算之贷款总数,在签订本协定时,实合截至一九四二年一月一日止建修石油康宾纳所需费用的实际价值百分之五十。

贷款应照下列期限以美元平均偿付之,一九四二年四月三十日,一九四三年四月一日,一九四四年四月一日,及一九四五年四月一日。

新疆省政府所未偿清之贷款尾数,应照美元付以百分之四. 五之年息,上项利息,所定各期偿付贷款时一并偿付之。

新疆省政府偿付贷款及贷款利息之款项,须以美元汇往苏联政府所指定之银行。

第四条　新疆省政府偿付贷款及贷款利息之款项，以及支付石油康宾纳苏方利息之款项，苏联政府有权用之在新疆省购买货品，以便向苏联输出黄金、牲畜（马、牛、羊）及羊毛，并免纳此项货款之出口税。

苏联驻新疆商务代办所，于每年阳历年初即将其本年度愿用本条第一节所指之款项购买黄金、马、牛、羊及羊毛之数目，通知新疆省政府。

新疆省政府负责将其所应缴之黄金、马、牛、羊及羊毛不加阻碍的按时按数依照下列价目缴给苏联政府。

甲、黄金：以偿付时当日的纽约市价计算之，黄金运往纽约之费用，须从中扣除之。

乙、牛羊及羊毛：按照本协定附件所规定之价目计算之。

丙、马：按照每次双方临时所议定之价目计算之。

第五条　为将石油康宾纳之建筑工程接交给石油康宾纳之管理局起见，订约之双方，得各派全权代表一人，由该等办理移交接收事宜。并至迟须于本协定签字后一月内将各项应备之证明书签订完毕。

第六条　为经营独山子石油康宾纳而成立之苏新"独山子石油康宾纳"合资公司，等量的隶属于苏联政府或新疆省政府提出之。

第七条　独山子石油康宾纳由经理一人管理之，独山子石油康宾纳之经理一人，及工程师一人，由苏联石油工业人民委员会任命之。

独山子石油康宾纳之副经理一人，由新疆省政府任命之。

第八条　新疆省政府须负责：

甲、保证不加阻碍，不索代价，并及时的拨给独山子石油康宾纳地基。

一、为进行测量工作及地质考察所必须者。

二、为调查及工业开采石油所需者。

三、为供给石油康宾纳建筑及营业上之需要而在当地获取及制造建筑材料时所需者。

乙、保证石油康宾纳的以当地建筑材料(砖、砂、木材、石灰等)劳动力及运输事宜。

丙、凡运入新疆境内以供石油康宾纳需用之机器、材料,得免征关税及任何捐税,同时独山子石油康宾纳之收入、利息及财产,亦得免现行及将征科之各种捐税。

第九条 苏联石油工业人民委员会在本协定有效期内须实行之事项:

甲、油矿及附属企业之设计事宜。

乙、技术方面之咨询及其他技术协助事宜。

丙、为独山子石油康宾纳编制适宜数量的苏联专家事宜。

丁、在当地训练必要数量的工人及技术干部事宜。

第十条 设计工作、技术咨询及其他技术协助之费用由独山子石油康宾纳管理局以美元支付之总财政会计处办理之。

第十一条 独山子石油康宾纳所需之机器仅得由独山子石油康宾纳管理局向苏联购买之。

第十二条 新疆省政府可按照本身价值再加以双方议定的百分附加数购买独山子石油康宾纳所产汽油、石油及其他石油产品半数。

独山子石油康宾纳所产之石油产品之其余的半数,由苏联政府以同价购买之。

苏联政府由独山子石油康宾纳购得之石油产品由新疆出境时,得免关税,及其他一切新疆境内现行或将来征科之捐税。

苏联机关及组织由独山子石油康宾纳购得并在新疆市场销售之石油产品,不得科以较重于新疆政府商业组织在新疆省内市场上销售产品时所应纳之捐税。

第十三条 由于出售自从石油康宾纳的地基上实际开始建筑工作以来,以及石油康宾纳建筑完毕,以及其他常态经营开始前为止时期内所产之石油产品,而获得之金钱,应列归独山子石油康宾纳管理局收入之内。

如油矿所出之生石油超过石油提炼厂之生产能力时，订约之双方，得以专门之协定上，追加节目，以规定处理余剩的生石油之办法。

第十四条　石油康宾纳之财产保险，计包括工厂和石油矿之财产，以及由苏联运往独山子石油康宾纳途中之货件在内，由独山子石油康宾纳管理局在苏联国家保险局办理之。

第十五条　订约之双方兹议定为保证途中及独山子石油康宾纳界内货件（材料和机器），以及该石油康宾纳之安全所必需之守卫事宜，将由苏联石油工业人民委员会派定护卫队办理之。

第十六条　为督察独山子石油康宾纳管理局之工作，及审定其年终报告书起见，由订约之双方，按平等原则，成立督察委员会，由代表二人组成之，每方各派代表一人。

第十七条　独山子石油康宾纳之纯利，每年于独山子石油康宾纳管理局之年终报告书审定后，由订约之双方平均分配之。

第十八条　本协定之期限为二十五年，于上述期限届满后，新疆省政府可得赎回苏联政府用于建修石油康宾纳之费用，以及继续对独山子石油康宾纳投资之部分。

赎价应按独山子石油康宾纳在赎回时实际价值的百分之五十以美元计算之。但无论如何，其数目不应低于苏联政府所用于建筑石油康宾纳的实际费用，以及其所继续投入之基本资本及流通资本。

在本协定有效期间终了时，新疆省政府如不将苏联政府在苏新"独山子石油康宾纳"合资公司中之股份赎回时，本协定继续生效五年。

在第二次五年之期限届满后，新疆省政府如不办理上项赎回事宜，则本协定仍继续生效五年，并以此类推。

新疆省政府在赎回苏联政府在苏新"独山子石油康宾纳"合资公司中之股份时，不得借用外国财政助力，并于赎回后，不得将其对独山子石油康宾纳所有之主权全部或部分的出售或转让予任何第三国家之政府、人民或团体。

第十九条　本协定一经签字立即生效,无须再经批准手续。

一九四二年　月　日签订于迪化,共二份,均有俄文及华文稿,俄文稿及华文稿均得为凭。

苏联政府与新疆省政府一九四二年　月　日关于经营及管理新疆独山子石油康宾纳办法协定之附件:新疆省政府缴给苏联政府牲畜之价格(上项协定之第四):

一、健康并且不在中等肥壮以下之牲畜在各地及各期运缴苏新边界之价格。

| 缴货时期 | 每头牲畜整批中平均重之公斤数 | | | 每一衬提聂尔①活称重量所值美金数 |
| --- | --- | --- | --- | --- |
| | 阿山区 | 塔城区 | 伊犁区 | |
| | 瓦鲁赫(即骟过的绵羊) | | | |
| 7 月 1 日—10 日 | 40 | 40 | 37 | 9—81 |
| 7 月 11 日—20 日 | 41 | 41 | 32 | 9—8 |
| 7 月 21 日—31 日 | 42 | 42 | 39 | 9—25 |
| 8 月 1 日—10 日 | 42 | 43 | 41 | 8—87 |
| 8 月 11 日—20 日 | 43 | 44 | 42 | 8—49 |
| 8 月 21 日—31 日 | 44 | 45 | 43 | 8—02 |
| 9 月 1 日—10 日 | 46 | 67 | 44 | 7—70 |
| 9 月 11 日—20 日 | 47 | 48 | 45 | 7—36 |
| 9 月 21 日—30 日 | 48 | 49 | 46 | 7—17 |
| 骟过的公牛 | | | | |
| 7 月 1 日—10 日 | 345 | 340 | 325 | 7—92 |
| 7 月 11 日—20 日 | 350 | 345 | 330 | 7—55 |
| 7 月 21 日—31 日 | 355 | 350 | 335 | 7—08 |
| 8 月 1 日—10 日 | 360 | 355 | 335 | 6—79 |

---

① 衬提聂尔为重量单位,在德国及瑞典按 50 公斤折算,而在英国则按一〇〇磅折算(译注)。

续表

| 缴货时期 | 每头牲畜整批中平均重之公斤数 | | | 每一衬提聂尔活称重量所值美金数 |
| | 阿山区 | 塔城区 | 伊犁区 | |
| | 骟过的公牛 | | | |
| 8月11日—20日 | 365 | 360 | 340 | 6—51 |
| 8月21日—31日 | 370 | 365 | 345 | 6—13 |
| 9月1日—10日 | 375 | 370 | 350 | 5—94 |
| 9月11日—20日 | 380 | 375 | 355 | 5—85 |
| 9月21日—30日 | 385 | 380 | 360 | 5—85 |

附注：每牛、每羊之价格比上列价格减低百分之十。

二、每头牲畜之平均活称重量如超过或低于上项规定时，羊按每一公斤起算，牛按每五公斤起算，应增价或减价百分之一。

三、八月一日以后所缴之剪了毛的（秋毛）羊只每只应扣价美元七分五厘。

四、骟过的公牛皮肤上如有伤害时，每遇未愈朱阿尔（溃伤）一处扣美元一角九分，每遇已愈朱阿尔一处，扣价一角四分，每遇深凹觝伤一处，扣价九分五厘。

五、在降雨及降雪的天气所缴之牲畜应由其活称重量中，将其蹄部积污及毛中水扣除，牛应扣百分之一，羊应扣百分之二。

苏联政府与新疆省政府一九四二年　　月　　日关于经营及管理新疆独山子区石油康宾纳办法协定之附件：新疆省政府将春剪羊毛（冷洗）缴给苏联政府（本协定第四条）在苏新边界交货之价格。

| 羊之种类 | 每净重一吨所值美元 |
| --- | --- |
| 游牧 | 293 |
| 蒙古 | 319 |
| 库车 | 357 |
| 巴楚 | 400 |
| 叶城 | 492 |
| 和阗 | 515 |

羊毛必须符合苏联对新疆贸易全苏联出进口总局即"苏联贸易公司"或其他苏联经济团体向新疆商号或商人购毛时所适用之条件。

致函一九四二年　月　日

先生

一九四二年　月　日之尊函已收到。其内容为

订约之双方,兹根据苏联政府与新疆省政府关于经营及管理独山子石油康宾纳办法协定中之第十二条议定,苏联政府及新疆省政府在独山子石油康宾纳所产石油产品出售价格之规定办法,表示同意。

先生　鄙人谨向阁下致深厚之敬意。

签字……

致函一九四二年　月　日

先生

敝人谨奉告阁下,苏联政府认为对独山子石油康宾纳所产石油产品之出售价格应依照下列办法规定之。

订约之双方,兹根据苏联政府与新疆省政府关于经营及管理独山子石油康宾纳购买石油产品,应由该石油康宾纳照本身价值,并在附加以百分之二十之本身价值售予之。

石油产品本身价值附加利润之百分数,如经订约双方之同意,将来可得变更之。

先生　敝人谨向阁下致深厚的敬意。

签字……

《苏联对新疆之经济侵略》,第82—90页

## 中国外交部复苏联驻华大使馆节略

### 1942 年 10 月 3 日

关于苏联政府与中国政府商订合办开采新疆省独山子油矿合同事,苏联大使馆本年九月二十八日节略,业经阅悉。现已由外交部转商

主管机关，俟商妥即行略苏联大使馆约期开会商讨。

《苏联对新疆之经济侵略》，第82页

## 中苏合办新疆独山子油矿协定草案
### （中方提出）

1942 年 10 月 15 日

中华民国国民政府，为开发中国新疆省乌苏县独山子油矿，经依照中国矿业法，设定国营矿权，委托经济部资源委员会经营。由资源委员会依照中国法律，与苏维埃社会主义联邦政府合组特种股份有限公司，办理该矿之产炼事宜。兹由双方政府议定条款如左：

第一条　公司定名为独山油矿特种股份有限公司，依照中国特种股份有限公司条例组织之。以经营该矿之产炼事业为目的。

第二条　公司资本定为中国国币………元，折合美金………元，每一美元等于纯金〇.八八八六七〇八公分。

第三条　公司资本百分之五十一，由资源委员会代表中国政府认缴。百分之四十九，由石油工业人民委员会代表苏联认缴。

第四条　前条苏联政府应缴资本，得以公司所需机器设备由双方公平作价抵充，不足之数，以美金缴付，如所供机器设备总值超过应缴资本数额时，其超出之数，由公司以美金给付。

第五条　第三条中国政府应缴资本，得以公司所需土地、建筑或其他当地器材由双方公平作价抵充，不足之数，以中国国币或依第二条所规定之汇率折成美金缴付。

第六条　公司设董事会，管理公司业务，由董事七人组织之。其中四人由资源委员会指派，三人由石油工业人民委员会指派，董事长由资源委员会就所派董事中指派一人担任之。

第七条　公司设监察二人，由资源委员会及石油工业人民委员会各派一人担任之。

第八条　公司设总经理、协理各一人，由董事会聘任之。总经理人选应以中国人民担任,协理应以苏联人民担任。

第九条　苏联政府得依照公司定价,购买公司所出石油产品,但最多不得超过购买时各项产品产量百分之四十九。但遇有特别需要,必须超过比项限额时,须先商得中国政府之同意,其条件由双方商定之。

第十条　自协定签定之日起,七年半后,中国政府得随时通知苏联政府,于六个月后,将苏联政府所认股份购回,由中国政府以苏联政府原付等额美金偿付,或经双方同意,以农矿产品抵付之。

第十一条　公司应依中国法律向中国政府登记。

第十二条　公司应遵守中国现行之一切法律、法令及条例。

第十三条　公司应即以本约附件(甲)所列之组织章程为该公司之组织章程。

第十四条　本协定自经双方签字之日起生效。

第十五条　本协定以中、英、苏文字各缮二份,如有疑议时,应以英文本为凭。

《苏联对新疆之经济侵略》,第 92—93 页

## 中苏协议合办新疆独山子油矿
## 第一次会议记录
### 1942 年 10 月 15 日

地点　　　外交部会议厅

时间　　　三十一年十月十五日上午十时

出席人员

（苏方）　潘友新大使　　巴库林商务代表

（中方）　傅次长秉常

　　　　　翁部长文灏

首由主席(傅次长)报告今日约请苏联政府代表商讨新疆独山子油矿合作事宜,深信双方能以友谊态度,开诚磋商,并以同盟国合作精神,使本案可以迅速圆满协定。

潘大使声称,甚愿以公开及友谊精神商讨此案,俾达共同合作之目的。

翁部长继谓,顷闻傅次长及潘大使宣称,愿以公开合作精神处理本案,至为欣忭。本案系奉委员长命协同外交部接洽。本人今春曾往西北考察,并经往新疆一行,因获悉独山油矿情形。兹经拟就合办协定及公司组织章程草案,请苏方研究检讨。目前先须确定公司资本数额,苏方现已有机器设备,故须派技术人员前赴独山与苏方技术人员商洽估价。

潘大使继称,闻翁部长顷言,已赴新疆,借知独山油矿情形,至为欣幸,苏中两方,当以诚恳合作互谅精神,共商进行。所拟协定及公司章程草案等,当携回研究,翁部长所言,将派员赴新疆办理估价事宜,苏方甚表同意,当即报告政府,电驻矿苏方负责人员,尽量协助进行。

傅次长表示我方所提草案,潘大使当报告苏联政府,似可俟接到苏联政府命令后,再为研究专门问题,或即由巴库林代表与我方专门人员先交换意见,俟有结果,再行召开下次会议。

潘大使即称,以后主要工作,在于技术问题之商讨,当俟政府命令到后,或须加派专门人员,如独山子油矿现在之经理来渝,再与中方专门人员继续商讨,并望将来苏方派人来渝时,中国政府方面能予以便利,本人即将离华,以后即由巴库林代表接洽。

傅次长表示中方对潘大使所提意见,可表同意。

《苏联对新疆之经济侵略》,第91—92页

## 中苏两方在独山子油矿投资情形
### 1942年11月2日

中苏两方投资合办独山子石油矿之一切钻井建筑设备等,其属于苏方部分者,经苏联驻新疆商务代办马克诺夫于十一月二日向吴特派员提议,让卖与我国方面,兹将马商务代办所提中苏两方面在该处投资情形表列如次:

（一）苏方投资：四三四六一七零元。（以美金为单位）

我方投资：一零二九四零零元。

（二）用于矿场上者：

苏方投资：二零一二六三零元。

我方投资：四六七六七零元。

华方所余资本应予转账者：五六一七三零元。

（三）矿场价格（包括油井工程建筑设备等）

二四八零三零零元。

其中我方投资：四六七六七零元。

应给苏方价为：二零一二六三零元。

原新疆省档案，第 470 页

## 经济部资源委员会致外交部公函

### 1942 年 12 月 31 日

查我国与苏联政府洽商合办独山子油矿一案，前经由贵部约集苏方代表潘友新、巴库林商务代表，及经济部翁部长，于本年十月十五日开第一次会议。会议时，我方曾将预行呈奉政府核定之中苏合办该矿协定及公司组织章程两草案，提交苏方代表，以供研讨磋商。同时翁部长并当场说明拟派专家前往该矿办理设备估价及查勘矿区之意见。苏联潘大使即席表示同意，并谓当即报告政府电驻矿苏方负责人员尽量协助进行云云。会议以后，本会即进行遴选人员赴新工作。计共派郭可诠，许鸿宾等五人，担任设备估价事宜，黄汲清、杨钟健等六人，担任矿区测勘事宜。该员等于十一月初先后出发赴新，当月均到达独山子矿场，地质查勘工作，遂即开始。惟设备估价工作，因须查阅苏方账目及各项有关资料，当时适该矿发生罢工风潮以后，苏联总工程师奉召即须赴迪化一行，我方所需各项材料，彼允即行准备，惟须俟赴迪返后再办。十二月十日，该苏籍总工程师返矿谓：奉苏联石油人民委员会令，以此事讨论地点及苏方代表人选尚未正式决定，暂难进行，图表数字，奉令缓给等语。本会接据报告以后，以苏总工程师所奉命令，与苏联潘大使于会议时所表示者不同，当即派员往洽苏联商务代表巴库林。巴库林允即致电政府，请转电矿方苏联人员对我方所派人员工作，尽量协助，并供给一切资料。兹续据巴库林代表面称：本月二十六日，彼接奉苏政府电告，已电饬油矿苏联负责人员尽量协助我方人员工作，亦经电饬本会派往新疆人员，即为接洽。尚未据复。关于独山子油矿合办交涉，截至最近为止经过情形，略如上述，至于该矿十一月间罢工情形，前准贵部傅前次长本月三日及五日函告各节，当即由会电询新疆盛督办请将有关交涉之重要事项，即为电告。旋接本月十五日复电谓：曾于十一月十九日停工一日，但翌日下午即行复工等语。近时新疆财政厅长彭吉元来渝面告油矿情形，略谓苏联方面不能出油，因此财政厅垫款及拨付粮食，曾暂停供给，以促进行，致停一日。……此为该矿中苏双方略有争执之情形，合并附及。

《苏联对新疆之经济侵略》，第96—97页

## 苏维埃社会主义共和国联邦政府与
## 中华民国国民政府对于开发新疆省独山子油矿协定
## （苏方提出）

### 1943年1月18日

苏维埃社会主义共和国联邦政府与中华民国国民政府为共同开发新疆省独山子油矿起见，双方议定条款如左：

第一条　苏维埃社会主义共和国联邦政府依照本协定所议定之条件，将其在新疆省独山子地方建筑之产油设备，及每年能制炼五万吨生油制炼厂，移交于两缔约双方所组之"独山子产炼石油厂"中苏混合公司，以下简称"公司"。

第二条　为编制依照本协定第一条内所移交之石油产炼厂财产清单，并为估定在协定签订之日以前，对于该石油产炼厂实〔际〕上所耗之用费数额起见，缔约双方各派代表一人办理，上述代表应于本协定签

字之日起,最迟不得逾一个月期限完成工作,并签署相当之文件。自各文件签署之日起,该石油产炼厂即认为已经移交"公司"所有。

第三条　缔约双方同意对于本协定签字之日以前,为该石油产炼厂实际所耗之用费全额百分之五十,由苏联政府偿还,其余百分之五十,由中国政府偿还。上述所称之用费全额以美金计算之。

本协定内所称之美金,每元应等于〇·八八八六七〇八格兰姆之纯金。缔约国双方以后对于该公司之固定资金及流动资金所担任之额数,亦照上述第一节之比例平等分摊之。

第四条　中苏两方对于石油产炼厂在本协定签字之日以前所耗之用费,经核定后,如新疆省政府已出之数额,不敷偿付中国政府所应偿还之部分(协定第三条之规定)时,则中国政府应于本协定签字之日起,二年期内偿清。并自本协定签字之日起,每半年以美金相等数额偿付之。其中国政府未偿清之差额,中国政府应付以百分之四又二分之一之年息。

偿付利息之期限,应以偿还石油产炼厂所耗用费部分之期限为标准。应偿之本息,由中国政府以美金汇交苏联政府所指定之银行。

第五条　苏联政府有权以中国政府所偿还之本息款额在新疆省境内购买黄金及牲畜(马匹、牛、羊)、羊毛,以便运往苏联,并免向中国政府或新疆政府所规定此项货品应缴之出口税捐。

每于西历一月一日前,苏联政府将下年内拟在新疆境内以本条第一节所指定之款项购置黄金、牲畜及羊毛之数量通告中国政府。

中国政府保障上项货品之按时交清,其黄金、牲畜、羊毛须依照下列价格交付。

(甲)黄金价格以付款之前一日,美国财政部公布之行市为标准。并除去自产金地点至纽约之运费。

(乙)马、牛、羊及羊毛之价值由双方代表共同协议规定之。

第六条　依照本协定所设立之"公司"为法人,其所负之责任,以其所有之财产为限。对于该公司之一切要求,应直接向公司提出,不得向苏联政府或中国政府提出。

第七条　公司之业务,由公司理事会指导执行之。理事会由代表六人组织之,缔约国每方各派三人,任期为一年,理事会得核准公司下届营业年度之业务计划,及上届会计年度之收支赢亏帐目。理事会最少应于每三个月召集会议一次,以表决现行案。开会时,由中苏代表轮流主席,表决案件时,其赞成与反对人数相等时,应取决于主席。

理事会之非常会议,得依照中苏某一方二人以上之要求,由最末次充任主席之代表召集之。公司之业务,由苏方所派之正经理依照公司理事会之全权委托管理之,副经理由华方派充之。公司之总会计,由苏方指派,副会计由华方指派,每年得组织中苏两方平均人数之监察委员会,以便稽核收支及赢亏帐目,于必要时,经中苏某一方之要求,得随时组织监察委员会办理之。

公司有权在中华民国领土内设立分公司、办事处、代办所及代理处,经营公司业务。

第八条　华方担负:

(甲)保障顺利按时拨给公司所需要之地段,以便测量及勘查地质与矿苗,并采发建筑材料及燃料为公司之用,其所拨地段并不取价。

(乙)为公司建筑之需要,供给当地之建筑材料(砖、砂砾、木材、石灰等)。

(丙)保障无须请领许可状;自由运入公司所需之设备及材料,并对该项设备及材料运入新疆境界时,免纳中国政府或新疆省政府所规定应缴之关税,及其他一切之税捐。对公司收入盈余及财产,免征中国政府或新疆省政府所规定之任何捐税。

(丁)对于在公司及其附属营业内工作之苏籍人民,豁免各种公共及个人之征役,并对公司之运输工具,豁免征用,或征收。

(戊)凡为公司业务入新疆省境之苏籍人民,或前往分公司、办事处、代办所及代理处所在地之苏籍人民,均赋予无阻入境或前往各该地之权。

第九条　苏方为公司保证如左：

（甲）油矿及其附属营业设计。

（乙）备技术上之咨商及其他协助。

（丙）供给业务上相当数额之苏联专门人员。

（丁）就地训练相当数额之工人及技术干部。

设计工作、技术上之咨商及其他技术上之协助，由公司以美金给予报酬。

第十条　公司之员工，以苏联籍及中华民国籍之人民为限，第三国人民不得派充公司之员工。

第十一条　公司所需之设备，均须由苏联购运。

第十二条　公司财产包括自苏联起运尚在途中之货物之保险，由苏联国家保险公司承办之。

第十三条　公司为本身营业之需要，有权建筑道路及支路暨房屋，并装设油管、电报、电话线路，暨利用无线电台，中国政府应予该公司必需之协助，以实施上述之权利。

第十四条　公司出产之汽油、煤油及其他石油产品，除公司本身需要消耗之石油产品数额外，其半数由中国政府及新疆省政府购买之，其余半数由苏联政府购买之。

上述石油产品之售价，以其原来成本外加百分之二之盈利计算之，以后成本所加利率数额之增减，得由双方协议规定之。

苏联政府所购公司之石油产品，得不领许可状运输出口。并于运出新疆省境时，免纳中国政府或新疆省政府所规定之应纳关税及各种税捐。苏联机关及组织，有权自由在新疆境内售卖该公司所出产之石油产品，不受限制。此外苏联机关及组织所购该公司之石油产品，于售卖时，其应纳之税捐，不得超过新疆及中国政府国营商业机关售卖石油产品所规定应纳捐税之额数。

第十五条　如公司之油矿生石油之产量超过炼油厂制炼之能力时，则缔约之双方，得会同议定利用生石油余额之办法。

第十六条　自建筑工作开始之日起，至本协定签字之日止，凡所出产之石油产品出售之价款，业经建筑石油产炼厂管理处收到之款额，或已售出，而尚未收到之价款，均算作公司之收入。

第十七条　公司所得之纯利，在每年决算核准后，由苏联政府及中国政府平均分配之。

第十八条　公司有关中苏两方款项之分配，经由驻新疆苏联国外贸易银行附设之中央财政计算科结付之。

第十九条　公司之业务依照本协定内之规定办理之。

双方之权利与本协定之条件或原则不符者，不得适用。

第二十条　本协定之有效期间定为二十五年。

此项期限满期后，中国国民政府有权将苏联政府为建筑石油产炼厂所耗之用费，及以后投于该公司之资本部分收买之。

收买价格，应以公司在收买时全部财产实际上所值百分之五十用美金计算，但无论如何不得少于苏联政府建筑产炼厂实际所出之用费，及以后投于该公司之固定资金及流动资金之数额。如中国政府在本协定有效期间满期时，未将该公司内苏联所参加之部分收买时，则本协定有效期间继续延期五年。

如在此五年有效期间期满时，中国政府仍未收买，本协定有效期间，再继续延期五年，以后仿此。

中国政府应不利用外资收买该公司内苏联参加之部分，并在收买后，不得将该公司所有之全部或一部售予或转让第三国之政府、人民或公司。

第二十一条　本协定自签字之日起即生效力，无须批准手续，本约以中、俄、英三国文字各缮二份，如遇解释发生疑义时，应以英文为准。

一九四三年　月　日

订于……

《苏联对新疆之经济侵略》，第98—104页

## 外交部关于苏方提出开发新疆省
## 独山子油矿协定所提出的书面意见

1943 年 1 月 18 日

查苏联对于独山子油矿协定所提之对案,无论在形式上实质上,除拟定双方各参加资本百分之五十似属平等(依照特种公司条例,外股最多为百分之四十九)外,余均无平等之表现,其内容虽较对于盛督办所提草案稍宽,但较之一九二四年中苏两方所订之暂行管理中东路协定,似反变本加厉,盖中东路理事会之理事长和及监察会之监事长均为华人,而此次苏联所提对案内独山子油矿公司理事会主席,中苏轮流担任,而正经理及总会计均为苏联人,是喧宾夺主,意在使我方实权旁落,未免有失公允。我国自抗战以来,国际地位增高,而取消不平等条约以后,签订任何条约及协定,更当持不骄不屈态度,依平等原则与之折冲,自不容再行接受不平等之条件。此次独山子油矿协定,乃为取消不平等条约后首次与友邦商订之合办事业,固不应希望过奢,但在主权方面,允宜特别注意,以免重开先例,留为各友邦将来与我商洽合办事业之借口。独山子油矿之出产品,并不甚多,尤应权衡主权与经济利益之轻重,予以慎重之考虑,兹谨将对于苏方所提对案之意见,分条陈述如左:

(一)苏方所提对案第三条"该石油产炼厂实际所耗之用费由双方平均偿付,即各付百分之五十。以后对方对于该公司之固定及流动资金之额数亦照此比例分担"。查依照中国法律,石油应归国有,如经特准组织公司则外股最多可占百分之四十九。且委员长三一年六月十四日致翁部长代电中亦明白指示:"外股只得以百分之四十九为限。"此次我方对于中苏双方资本之规定,似应坚持原案,即中国百分之五十一苏方百分之四十九。

(二)苏方所提对案第五条"规定以中国政府偿还之本息在新疆省内购黄金牲畜及羊毛,并免征此项货品之出口税,又中国政府保障上项货品之按时交清"。查中国应偿付之本息款额尚未核算,现在未便即行用以拘束中国政府加入协定之内。惟在新购买货品办法,似可在核算中国政府应偿数额后,另行商议,至运往苏联货品之出口税,仍应照章缴纳。

(三)苏方所提对案第七条规定"公司理事会开会时,主席由中苏两方代表轮流担任,公司之业务由苏方所派之正经理管理之,副经理由华方派充,其公司之总会计,亦由苏方指派,副会计由华方指派"。查该矿系在我国领土内,其矿业权依法属于华方,且照资本数额算,苏方仅占百分之四十九,其公司理事会主席、公司正经理应为华人,副主席及副经理由苏联担任似属公允,否则既有损我国主权,尤虑再蹈前此中东路在处理事务时不断发生之各种纠纷。如我方拟对苏方让步时,似仍坚持理事会主席及正经理均由华方分别推派,一面不妨详予规定:"将来公司对于处理一切事务所签署之命令及各项文件,均须由正副经理会签,否则不生效力。"至总会计及副会计之职权,似亦可以依照正副经理办法办理之。

(四)又该第七条末段:"公司有权在中华民国领土内设立分公司、办事处……"查该油矿所产油量并不甚大,仅足供新疆一地之用,似无在各处设立分公司、办事处等之必要,以免苏方假公司之名,暗为宣传主义或间谍之工作,或仅为苏方代售未运出石油产品之用。倘我方对此段拟予让步,似不妨加注"经中国许可后得在……设立之"。

(五)苏联所提对案第八条(甲)项"……其所拨之地段并不取偿",查我方为公司所拨之地段,系为公司营业之用,亦即为公司产业之一部,换言之与公司所有之房屋、机器等设备毫无二致,统应算入公司资本之内,似应由我方公平取偿。(乙)项"为公司建筑之需要供给当地之建筑材料"内"供给"二字改为"供售"。(丙)项"保障无须请领许可状自由运入……"拟改为"公司得照章运入……"以免苏方偷运军火及违禁品入境事件之重演。又所运入之设备材料等免征关税及其他一切税捐一层可添注"自本协定签字之日起,以后自苏联运入公司所需之设备及材料,如苏方免征出口税,则中国亦免征入口税,以示平等"。至对于公司之收入盈余及财产,均须明白规定,依照中国法律缴纳所得税,及营业税,以免重蹈中东路抗缴税捐之故辙。(丁)项"公司内之苏联人民豁免征役……"等,俟与主管机关商洽后,再行拟具意见。(戊)项"均赋予无阻入境或前往各该地之权"拟改为"均须按照入境手续办理"。

(六)第九条(丁)项末段"给予报酬",拟改为"按值予以酬报"。

(七)对案第十一条,原对案"公司所需之设备均须由苏联购运",拟改为"公司所需之设备,如中国或苏联之出产品其品质与价格与第三国之所出产者相等,得由中苏两国购运,倘中苏两国所产者,品质较第三国所出产者为劣,或虽品质相等,其价格连同运费超过购自第三国出产者,则该项设备,应自第三国购运之"。

(八)对案第十二条,原对案规定公司财产保险办法拟改为"公司财产之保险,由中国中央银行保险部,与苏联国家保险公司,按两方资本额数比例,分别承办之,其在途中之货物,在苏联境内,由苏联国家保险公司承办。自运入中国边境起改由中央银行保险部承办之。其第三国运购,而在途中时,由中苏两方保险机关承办之"。

(九)对案第十三条"利用无线电台"一句,应明白规定为"利用中国无线电台发报",以示限制公司不得另设电台。

(十)第十四条公司出产之汽煤油,及其他石油产品,原对案内各购半数,拟改为按双方所出之资本数比例,由中苏两方购买之。至苏联运油出口时,仍须照章办理,惟应否缴纳出口税,似须与财政部商洽后,再行规定。

(十一)对案第十五条"……双方得会同议定……"下,拟增改为"加增炼油设备,或利用生石油余额之办法"。

(十二)对案第十七条,"由苏联政府及中国政府平均分配之"拟改为"由苏联政府及中国政府按照资本数额比例分配之"。

(十三)对案第十八条,"公司有关中苏两方款项……计算科结算之",拟改为"……公司之款项应按资本额数比例分存新疆省内之中苏两银行,其纯利由公司会计处结付之"。

（十四）对案第十九条，"双方之权利与本协定之条件，或原则不符者，不得实施"拟改为"双方之权利与公司所在地之法律或本协定之条件或原则不符者，不得实施"。

（十五）对案第二十条，"本协定之有效期间，定为二十五年"。此项期限，应遵照委员长三十一年上六月十四日致翁部长代电内之指示，最多亦不得超过十年。

（十六）对案第二十条，末段"中国政府应不利用外资……第三国之政府及人民"应完全删去。

《苏联对新疆之经济侵略》，第104—108页

### 翁文灏致蒋介石代电（摘要）

#### 重庆，1943年8月17日

新疆独山子油矿苏联人员已在撤退，产炼机件设备亦一并拆除运回。近据甘肃油矿主管人员报告，与新聘美国工程师谈及此事，深恐苏方于拔去独山子油矿各井套管时，如不填以水泥，则地下水涌入油层，势将破坏油田，此事对于将来重开油矿颇有影响。现由职函致苏联大使，请其转知在矿苏人员注意此点，如缺乏水泥，可由我方设法供给，除俟接复再为陈报外，谨请鉴核。

蒋委员长批示：转电盛督办与吴特派员注意与苏方洽办。

《战时外交》第2卷，第455页

### 吴泽湘复外交部电

#### 1943年8月26日

（衔略）职泽湘经于二十三日前往独山子油矿视察，二十六晨三时返迪，兹谨将所得分陈如下：

一、关于保护油田情形，查该矿油井计有六口，均用铁盖封闭。沿边用螺旋钉紧固，且以锡烙妥，据苏方总工程师面称，井内套管均属完好未动，井中并未置有任何物件，封存各井留中苏双方日后交接等语。

查其情形,尚近实在。

二、关于拆卸情形:据职泽湘查估,约完成百分之七十,惟汽车运输量甚少,其已拆卸各件,尚有一半未予起运,照过去运输量估计,尚需三月始可全部运完,其水电设备,因厂内尚有中苏机工共五百余人,仍须供给水电。尚未拆卸。

职泽湘当嘱其缓拆,俾可由我方将来价购利用,除即与驻迪苏领商洽转饬暂留勿拆另电呈报外,理合电请鉴核示遵。

《苏联对新疆之经济侵略》,第 122 页

## 盛世才致外交部驻新疆特派员公署函
### 1943 年 11 月 4 日

……顷据独山子炼油厂长文自璇酉删电称:"(一)近来苏方拆运工作于半月前业已完成了,所有运输汽车亦多日不见来厂,原有工作之员工等均陆续返苏,惟乜工程师及少数职员和约百余名之红军等尚留厂内,于俭日由十九号井子至炼油厂附近,对迪、伊其余路方向开始构筑掩体和机枪阵地,刻仍继续构筑中,观其情形非但短期不能离厂,且有准备过冬之样。(二)关于给养方面,除彼方人员在厂食用外,仍有少数车辆经常装载米面牛羊肉和土豆等运苏如常继续,不但影响乌市米面奇缺和物价高涨,且造成奸商乘机取利和大批走私之现象,究其原因,在地方机关以政府有令,准予协助和供给,即漫无限制由商民直接与苏方买卖,在表面虽系少数交接,实则暗抬高价私售之数目不知超过几十倍以上,即如乌市磨户朱陈尧,不仅私购彼方石油及经常供给面粉,维商那四丁暗以牛羊易石油,普尔塔村私售彼方面粉等情事,而该处之各机关终不能设法制止,其问题难免有通融和行贿之行为。(三)以职之意见,如苏方有所需求时,应责成地方专一机关负责司理其事,不得于商民直接交易,如此不仅减少奸商捣弄黑市和非法利润,且亦制止彼方以石油易米面和暗中走私,所陈是否有当,谨电奉闻"……

原新疆省档案,第 487 页

### 吴泽湘致外交部电

#### 1943 年 11 月 4 日

苏领偕驻新商务委员马克诺夫于戌冬日（十一月二日）来署面称：拟将独山子油矿之一切钻井建筑设备等，其属于苏方投资于矿场者，让售我方，计数为美金二百零一万二千六百三十元等语。经商盛督办结果，以将来开采此项油矿，当由经济部办理。该矿苏方所有设备投资估价，其房屋建筑部分，可由省府就近派员查估，其钻井及技术工程部分，因无专家，拟请经济部迅电玉门油矿专家前来查估。期望及早洽购竣事，俾在明春进行开采。除双方投资数目已商定分别饬由该厂双方负责人重行核算具报外，将来估价完竣后，究应由经济部在渝与苏大使馆商购，抑由本署与苏领议购，统乞鉴核，迅电示遵。

《苏联对新疆之经济侵略》，第 122 页

### 吴泽湘向外交部报告签订购买苏方所留器材合同事

#### 1944 年 2 月

（衔略）查苏方让售本省乌苏独山子油矿事，自奉上年戌梗第四十一号电，即商省府先行派员查估房屋部分价格，至油井部分，因候资源委员会派遣工程师来新，迟至上年岁末，始行到迪，旋即出发前往估价。本年元月中旬估价竣事。计房屋值美金二十五万元，油井工程值美金一百廿五万元，共值美金一百五十万元。但据查估人员称，所估价格甚紧，较诸原建价格相差颇大。若现今依式修建，则需款可至数倍。初苏方索价：油井部分计美金二百零二万元，房屋计美金四十九万元，共计美金二百五十一万元。经与苏领谈判，苏方将售价减为一百七十万元美金，但声明此后决不再少，复应我方要求，允以书面说明封固油井手续以及启封步骤。俾将来略加清理，即可出油。并允将一切有关工程之纪录〔图〕表检送，以资参考。当商盛督办，佥以苏方让价甚大，或系急于撤退所致。亟宜把握时机，照价收买，经电翁部长核示，旋准电复可由资源委员会照价购买，并授职全权签订合同。嗣与苏领谈判，因该

矿苏方与省方互欠债务,纠缠不清,后由职派员会同苏副领事前往该矿协助核算清结,再与苏领数度折冲,合同条款乃定,兹已于本日(十六日)在署将商订合同中俄文本举行签字,除检同合同原本电送资源委员会查照,请即刻派员来新接收油矿,并照合同规定付给苏方价款,另由职署请督署转饬该厂我方厂长先行妥为接收保管外,理合抄同上项签订合同,电请鉴核备查。并恳转呈委座为祷。职吴泽湘叩。亚铣。印。附合同二份,俄文说明书一份。

《苏联对新疆之经济侵略》,第 123—124 页

### 中国政府外交部致苏联驻华大使馆函

1944 年 3 月 11 日

(衔略)关于中国方面承买苏联方面让卖在新疆省乌苏县内独山子油矿所有之全部油井建筑及设备等事,业由双方议妥,于本年二月十六日,由中国经济部资源委员会代表吴泽湘,及苏联对外贸易人民委员部代表马克罗夫,在迪化将合同正式签字,并由中国中央银行于二月十九日将全部价款共现款美金一百七十万元,汇付纽约有利银行,存入苏联国家银行户下。其苏联应移交之油井、房屋、机器等,均已于二月二十一日由中国方面接收完竣。相应将该项合同中俄文本各抄一份,随函附送,即希查照为荷。

《苏联对新疆之经济侵略》,第 125 页

# (二)雅尔塔秘密协定

说明:1945 年 2 月,美、英、苏三国首脑在苏联克里米亚半岛的雅尔塔聚会讨论战后欧洲问题、成立联合国的有关问题及苏联参加对日作战问题。会议达成的《关于苏联参加对日战争的协定》(即雅尔塔秘密协定),是苏、美两国背着中国进行的牺牲中国主权的一次秘密交

易,是大国强权政治的又一表现。协定为日后的中苏条约确定了蓝本。

# 1. 苏联提出对日作战的条件

## 德黑兰会议期间罗斯福、邱吉尔、斯大林在午餐会上的谈话

### 1943 年 11 月 30 日下午 1 时 30 分

在午餐的下一段时间里,谈话是一般性的,直到后来首相问斯大林元帅,他是否看过拟发表的开罗会议关于远东问题的宣言。

斯大林元帅回答说,他看过了,虽然他不能作出任何承诺,他完全赞同这个宣言和它的全部内容。他说朝鲜应当独立,满洲、福摩萨和澎湖列岛应当归还给中国,这都是正确的。不过,他补充说,必须使中国人打仗,而到目前为止,他们还没有这样做。

首相和总统对斯大林元帅的意见表示同意。……

斯大林元帅……接着问在远东能够为俄国做些什么?

首相回答说,正是为了这个理由,他特别高兴听听元帅对开罗宣言的意见,因为他对弄清楚苏联政府对远东和那里的不冻港问题的看法感到兴趣。

斯大林元帅回答说,当然俄国人有他们的看法,但是这也许等到俄国人积极参加远东战争的时候再说比较好些。不过,他又说,在远东没有一港口是完全不冻的,因为海参崴只是个部分不冻港,而且还被日本控制的海峡所包围。

总统说,他认为自由港的主张也许还适用于远东,并提到大连可作为一种可能性。

斯大林元帅说,他认为中国人不会喜欢这样一个方案。

对此,总统回答说,他认为他们会喜欢在国际保证下的一个自由港的主张。

斯大林元帅说,那将是不坏的,又说,彼得罗巴甫洛夫斯克或堪察加是一个极好的港口,而且是不冻港,但没有铁路联接。在这方面他指

出，俄国只有一个不冻港，即摩尔曼斯克港。

《德黑兰、雅尔塔、波茨坦会议记录摘编》，上海人民出版社，1974年，第57—61页

### 顾维钧致蒋介石电

华盛顿，1944年10月14日

蒋主席钧鉴：访晤参谋总长（李海上将），谈及远东军事，彼对我近月抗战能力不及往年，并以空军虽增加，我军械仍属有限，殊为焦虑，谓惟有设法在我国领海取得一二海港，俾根本解决我运输问题，为正当办法。又询以苏俄参加将来战争问题，彼答想必加入，但料苏俄愿在远东取得旅顺不冻港，英必赞成，美亦无反对之意，询我如何？钧言此与将来东方和平有关，使我全国人民怀疑。彼答另在朝鲜择一海港予苏俄如何？钧言亦非上策，五十年来东亚发生之中日与日俄两次大战，均以朝鲜问题为导火线，我主张朝鲜自主，亦因去除危险，苏俄应收回库页岛南部为得计，因今后日海军消灭，苏俄船只尽可自由，纵有日海军，实无取得不冻港之必要。彼云我国如愿监督朝鲜，美亦赞成云。知注谨陈。顾维钧。愿。

《战时外交》第2卷，第539页

### 蒋介石致顾维钧电

重庆，1944年10月23日

伦敦。顾大使：兄十四日来电称晤参谋总长所谈远东问题各事，其人是否为马歇尔参长，彼特于此时忽提及旅顺事，以兄当时察其辞色与推想此语之所由，其用意何在？请详告。中正。漾。

《战时外交》第2卷，第540页

### 顾维钧致蒋介石电

伦敦，1944年11月9日

渝。密。蒋主席钧鉴：钧座西月漾电，昨午奉悉，想系由美转递延

误。所云白宫参谋长,系指海军上将李海君。以钧推测,美方曾表示,希望苏联早日参加对日战争,俾促日寇之败,并探苏联之意。而苏联隐示,欲乘机取得旅顺,为参加条件之一,李海上将向钧提出此点,并将英、美态度见告,似欲探询我方感想。再闻苏联国内,近月来对旅顺港颇多关注之证,不但杂志著论,称旅顺为苏联之宝贝,一如其他苏联领土,且有专书出版,追述旅顺之失,视为遗憾云。前经电部报告,谅邀垂察。谨复。顾维钧。佳。

《战时外交》第 2 卷,第 540 页

## 哈里曼致罗斯福电

莫斯科,1944 年 12 月 15 日

哈里曼致总统亲收,绝密。

昨晚我同斯大林谈话时,我说你(罗斯福——译者注)急于想知道,他在 10 月份提到的政治问题中有哪些是同俄国参加对日作战有关,应该予以澄清的。他走到隔壁房间,拿出一幅地图。他说:千岛群岛和萨哈林岛(库页岛——编译者注)南部应归还俄国。他解释说:日本人现在控制着符拉迪沃斯托克的入口,我们认为俄国人有权保卫通往这一重要海港的交通线,而"通往太平洋的出口目前都在敌人手里,或被敌人卡断了"。他在包括旅顺港和大连在内的辽东半岛南部画了一个圈说,俄国人希望再次租借这些港口及其周围地区。

我说,我记得你和他在德黑兰曾讨论过这个问题。如果我记得不错,事实上是你主动提出这个问题的,认为俄国需要有通向太平洋的一个不冻港。不过,另方面,我想你所设想的是一个国际自由港,而不是由俄国人租借这个地区,你认为,这个办法将为苏联提供它所需要的保障,并且也更符合当前妥善处理这类国际问题的想法。他说:"这可以讨论。"斯大林进一步说,他希望租借中东铁路。我请他说明,他所关心的究竟是哪条路。他指出是从大连到哈尔滨,再向西北到满洲里,向东到符拉迪沃斯托克这条铁路。当我问到,他所关心的在满洲的铁路,

就只是这些铁路吗？他的答复是肯定的。在回答我的问题时,他特别重申:他无意干涉中国对满洲的主权。当然,随着对铁路管理的控制,以及俄国军队可能护路,苏联的影响毫无疑问将会很大。他说,唯一在德黑兰没有谈到的问题,就是承认外蒙古的现状——保持外蒙古共和国作为一个独立的实体。

这后一点并不使我吃惊,许多月以来,我已深信这将是苏联的态度,因为他们渴望保卫他们西伯利亚南部漫长的边界。

除了在海港问题上说了一些话以外,我没有发表意见。我不拟再提这个问题,除非你指令我这样做。我觉得,如果你希望得到更详细的消息,那么在你来开会以前由我去探听,也许是有益的。

《德黑兰、雅尔塔、波茨坦会议记录摘编》,第233—235页

### 赫尔利致斯退丁纽斯电

重庆,1945年2月4日下午2点

2月2日与蒋介石和宋(子文)会晤时,他们再次告诉我,苏联政府表示愿意接待宋以委员长个人代表的身份于2月下半月或3月1日访问苏联。会谈的议程暂定如下:

(1)中、苏之间建立更密切更协调的关系;

(2)建议在欧洲取得胜利后,苏联立即加入对日战争;

(3)友好地讨论战后朝鲜的地位问题以及苏联利用东北港口问题;

(4)中、苏战后的经济关系;

(5)讨论保证维持中、苏双方边界和平的方案。

此项建议的议事日程是绝密的。我奉告如上,并且请你若对上述议程希望有任何改动之处或提出某种建议,即行通知。

蒋和宋以极坦率的态度和我讨论这个即将到来的中苏会谈问题。他希望我国政府的合作与建议。

关于此事,我牢牢记得去年9月初哈里曼、纳尔逊[1]和我与莫洛托夫商讨苏联对中国共产党的态度的那次会谈[2],并且我相信对其加以理解,与解决中国共产党和国民党政府的争持至关重要。莫洛托夫粗略地陈述如下:(1)所谓的中国共产党事实上根本不是共产党;(2)苏联政府没有援助中国共产党;(3)苏联不希望中国内部出现分歧或内战;(4)苏联不满意中国人对待在华苏联公民的作法,但是坦率地表示愿与中国有更亲密和谐的关系。

在以前向总统和国务院发出的电报中已概括地论述了苏联的态度。中国渴望证实苏联的态度是否仍和去年9月莫洛托夫所略述的那样。在这点上我不能提出任何具体保证,理由很简单,因为我不知道。

FRUS,1945,Vol.7,pp.851–852

### 格鲁[3]致赫尔利电
华盛顿,1945年2月6日下午8点

下述试探性的说明是答复2月4日下午2点你发来的167号电报:关于你的电报所概括的论题,我们觉得也相信你的意见会与我们的一致,虽然我们一直热衷于援助中国政府,但我们不应使中国政府得到那样的印象,认为在中苏关系中我们准备承担它的"顾问"的责任。去年夏天,前副总统华莱士回答蒋介石的建议时清楚地指出,不要指望美国在中国与苏联之间扮演"调停者"[4]。随后得到总统的赞同。而且,总统通过大使馆7月14日955号文件给委员长发出一份电报,指出如果在中苏代表会谈之前,中国政府与中国共产党对于有效地贯彻抗日战争达成切实可行的协议,将极有利于这次会谈的顺利进行。在9月9日下午4点发给高斯转达蒋介石的1196号电报中,总统与国务卿都

---

① D. M. Nelson,罗斯福总统派去见蒋介石的个人代表。
② 见1944年9月5日电报3328号,半夜,发自驻苏大使,FRUS,1944,Vol.6,p.253.
③ 时任美国代理国务卿。
④ 关于副总统华莱士的使命见FRUS,1944,Vol.6,p.216以下各页。

强调了达成"可行的协议"的重要性。

关于对拟议中的议程提出个别参考意见，我们觉得中国人必须自己作出决定应和苏联人讨论什么问题，或不讨论什么问题。我们不能对任何个别问题加以阻止或支持进行谈判。

你当然很容易察觉到，预先透露中国方面希望在与苏联政府的会谈中包括拟议议程的第二项，将不利于会谈的成功。我们十分怀疑提出这个问题是否明智。如果这样做真是明智，这个问题也应精心准备后以极微妙的方式提出。我们之所以做出以上评论，是因为我们不清楚拟议的议程是否全部提交给苏联政府，还是只作为宋子文在谈判时的受权范围的指导，由他见机行事。

关于拟议议程中其它项目，我们想不出什么建议。

关于你的最后和倒数第二段，我们没有和你提出的四点相抵触的具体情报。

我们感谢你关于此事的报告，希望通知我新的发展。你当然最了解在与中国人讨论这个问题时如何掌握多少能有助于他们而无损于我们的立场。

FRUS,1945,Vol.7,pp.852-853

## 2. 美苏磋商及协定的签订

### 罗斯福—斯大林会晤(节录)

雅尔塔,1945 年 2 月 8 日下午 3 时 30 分

远东:俄国的要求

讨论了某些涉及远东的军事问题之后，斯大林元帅说，他想讨论苏联参加对日作战的政治条件。他说，他已经就这个问题同哈里曼大使谈过。

总统说，他已收到这个谈话的报告，他觉得，关于库页岛南部和千岛群岛在战争结束时归俄，无论如何是不会有困难的。他说，关于苏联

在远东的不冻港,元帅会想起他们在德黑兰曾讨论过这个问题。他又说,他当时曾建议给苏联使用南满铁路终点的不冻港——大概是关东半岛的大连。总统说,他还没机会同蒋介石元帅讨论此事,因此,他不能代表中国人讲话。他继续说,俄国要获得这个港口的使用权有两个办法:(1)干脆向中国人租借;(2)使大连成为某种形式的国际委员会管理下的自由港。他说,他赞成后一种办法,因为这关系到香港问题。总统说,他希望英国把香港的主权交还给中国,然后使它成为一个国际化的自由港。他说,他知道丘吉尔先生定将强烈反对这个建议。

斯大林元帅说,另外还有一个涉及俄国使用满洲铁路的问题。他说,沙皇曾使用从满洲〔里〕到哈尔滨,再从那里到大连及旅顺港的铁路线,以及从哈尔滨向东到尼科尔斯克——乌苏里斯克(双城子——编译者注)的铁路线,在那里同哈巴罗夫斯克(伯力——编译者注)到符拉迪沃斯托克(海参崴——编译者注)的铁路线连接。

总统又说,虽然他还没有同蒋介石元帅商谈这个问题,但是又有两种办法来解决这个问题:(1)通过租借,由苏联直接经营管理;(2)置于由一个中国人和俄国人组成的委员会管理之下。

斯大林元帅说,显然,如果这些条件不能得到满足,他和莫洛托夫就难于向苏联人民解释,为什么俄国要参加对日作战。他们清楚地理解到,对德作战是由于德国威胁到苏联本身的生存,但他们不理解为什么俄国要同一个同它没有重大纠纷的国家作战。他说,如果这些政治条件能得到满足,人民就会理解,这是涉及到国家的利益,而且非常容易将这项决定向最高苏维埃解释。

总统回答说,他还没有机会同蒋介石元帅会谈,同时,他觉得同中国人讲话的困难之一是,同他们讲的任何事情二十四小时内全世界就都会知道。

斯大林元帅表示同意,并且说,他认为现在还没有必要同中国去讲,而且他可以担保最高苏维埃会保密的。他接着又说,最好在我们离开这里时,能由三大国书面写下同意提出的这些条件。

总统表示，他认为这可以办到。

斯大林元帅继续说，关于中国人方面，宋子文预期在四月底要到莫斯科来，还说，他认为，当能够从西线腾出一些苏联部队，调二十五个师到远东，那就可能同蒋介石谈这些问题。

斯大林元帅说，关于不冻港问题，俄国人不会使你为难，他将不反对（使大连成为）一个国际化的自由港。

《德黑兰、雅尔塔、波茨坦会议记录摘编》，第 160—163 页

## 范宣德①致斯退丁纽斯的备忘录
### 华盛顿，1945 年 2 月 8 日

国务卿先生：参阅 1945 年 2 月 4 日赫尔利大使的 167 号电报，报告宋子文博士计划访问莫斯科与苏联官员们讨论某些中苏政府都感兴趣的问题。

关于暂定议程的第一项即在中苏之间建立更密切和谐的关系问题，前副总统华莱士在总统的批准下，向蒋介石强调改进中苏关系的重要性。随后，总统在给蒋介石的电报中说，如果在中苏对话之前，中国政府与中国共产党能达成可行的协议将大有助于促进会谈。蒋主席和蒋夫人与华莱士先生谈话时，建议由苏、中、美各派代表组成三方会谈，在讨论中苏问题时，美方代表担任类似调停者或"中间人"的角色。华莱士先生指出不要指望美国扮演这样的角色，改进苏中关系最好由双方政府的代表直接对话来完成。

议程的第二项是建议苏联参加远东的战争。即使完全不考虑直接提出这个问题是否明智，这样的建议也要求采取非常微妙的手腕去处理。

第三项建议讨论朝鲜的未来地位和苏联使用一个东北的港口问题。我们认为苏中代表们的双边会谈，如果可能的话，应避免谈及朝鲜

---

① 时任中国事务部主任。

未来的地位，即使要谈，也应该是纯属试探性的。美国和英国都对朝鲜的未来有明确的兴趣，因此应参加任何有关该地区的讨论。此外，关于影响朝鲜的未来的各种问题，英、中、美三国政府代表已在技术层次初步交换意见。去年夏天蒋介石对华莱士说，他在开罗已经告诉总统，倘若中国主权充分得到尊重，他愿把大连辟为自由港口。

关于讨论战后苏中经济关系，即议程的第四项，大家认为探讨这个问题是非常有益的，尤其看到在战争期间苏联在亚洲部分已开始工业化，而中国为战后重建急需重要物资。

议程的第五项，建议讨论保证中苏双方边疆和平的方案，这就要引起涉及外蒙古、东北北部和新疆省的问题。苏联虽然承认中国对外蒙古有宗主权，但实际上它是按苏联保护下的"独立"国家来对待外蒙古的。直到两年前，苏联对新疆省还有深远的影响，近几个月来新疆与外蒙古和哈萨克斯坦（苏联）的边疆地区时常有非汉人的队伍与中国军队发生冲突。中国人怀疑这些队伍得到苏联人的支持。在东北北部没有民族问题，但涉及苏联十年前卖给"满洲国"的原俄国的中东铁路的未来地位时，就可能出现问题。

宋在莫斯科的会谈能取得多少实际成果决定于某些因素。如果宋博士没有得到蒋介石相当广泛的授权，他只能取得少许实质性的成就。另一项很重要的因素将是国共关系的状况。除非是宋出访之前两个政党之间能达到某种形式的和解，他可能发现苏联人只愿意谈一般的问题。当然，还有另一个因素，即宋能在多大程度上使俄国人相信，中国政府领导人对苏联一贯表现的敌对和怀疑态度近几年来已达到不复存在的程度。而俄国人对于参谋总长何应钦将军以及很多中国军事指挥官的怀疑也是根深蒂固的。

俄国人不顾中国的利益，在远东有领土野心是经常提及的问题。不管怎样，人们认为中苏关系问题的症结，政治方面多于"疆土"方面；也就是，苏联对于国共问题的态度。如果俄国人决定支持中国共产党，毫无问题他们可以在中国造成分裂和动乱的局面。目前俄国人与中国有不干涉中国内政的协议,但是未来的发展可能使他们放弃这个政策。反苏联的中国政府对中国共产党采取军事行动是可能使苏联改变态度的一种事态发展。战后反苏的日本的迅速发展可能促使苏联在华北和东北地区扶植一个卫星政权以寻求安全。这是围绕着中苏关系的一些潜在危险,它们不仅与中苏有关,也与我们和整个联合国有关。

FRUS,1945,Vol.7,pp.853–855

### 赫尔利致斯退丁纽斯
重庆,1945 年 2 月 8 日下午

在与委员长和宋子文会谈时(参阅 2 月 4 日下午 2 点大使馆 167 号电),他们告知,蒋收到苏联政府来电,苏方将宋访问莫斯科日期推迟到 3 月下旬或 4 月 1 日。理由是目前欧洲的战况。苏联希望在欧洲战争结束后再与蒋的代表举行会谈。

FRUS,1945,Vol.7,pp.855–856

### 关于苏联参加对日战争的谈话
1945 年 2 月 10 日下午

波伦①收集

哈里曼谈话的备忘录

绝密

### 第一次谈话
出席人:哈里曼先生、莫洛托夫先生、巴甫洛夫②先生

日期:1945 年 2 月 10 日

时间:下午 2 点

地点:科列兹

---

① C. E. Bohlen.

② Павлов.

## 第二次谈话

出席人:总统、哈里曼先生

日期:1945 年 2 月 10 日

时间:空白

地点:利瓦季亚宫

## 第三次谈话

出席人:总统、哈里曼先生、斯大林元帅

日期:1945 年 2 月 10 日

时间:下午 4 点半

地点:利瓦季亚宫

主题:远东——政治

按莫洛托夫先生的要求,我在下午 2 点到科列兹①去拜望他。他交给我一份译成英文的斯大林的苏联参加对日战争的政治条件草稿,如 2 月 8 日和总统讨论的那样。

我向莫洛托夫解释,我相信总统希望修改三点之后才能接受:

2、B. 斯大林应表明欣然接受总统提议的旅顺港和大连应是自由港和 2、C 应包含选择由中苏委员会管理铁路。这两项斯大林元帅都同意了。此外,我能肯定总统不希望这两件涉及中国利益的事而未得到委员长的同意,即作出最终决定。

莫洛托夫先生指出,斯大林元帅已同意前两点,可是我向莫洛托夫解释最后一项的理由却费了些时间。我同意交给莫洛托夫一份总统建议的修改意见。

我回到利瓦季亚向总统呈阅已修改过的包含已谈到的几点(附上修改的副本)的提议草稿。总统批准了并允许我把它们送回给莫洛托夫先生,我照办了。

下午在总统、首相、斯大林元帅和他们的同仁们的正式会议结束

---

①  优素波夫宫。

后,斯大林元帅过来向我们解释,他想对协定做进一步的修改。他说他非常愿意让大连成为国际控制下的自由港,不过旅顺港不一样,它要成为苏联的海军基地,所以苏联需要一份租约。

我向斯大林元帅建议,他利用机会立即与总统讨论这件事,他于是立即照办了。

总统同意了斯大林修改过的关于上述有关港口的建议。

斯大林然后解释说,他同意东北地区的铁路由中苏委员会来管理更恰当些。他进一步同意在这些事上需要取得委员长的同意,但是说委员长也应该同意在外蒙古维持现状。

总统问斯大林元帅,在宋子文抵达莫斯科时,他(斯大林)愿不愿意和宋谈这些事,也许斯大林愿意让总统与委员长谈。

斯大林元帅说,因为他是有利害关系的一方,他宁可让总统代办。

总统想到了保密的问题,于是问这个问题应该在什么时候和委员长谈。

斯大林元帅说,当他准备好着手办时即通知总统。

总统说,为了保密,他将派一位陆军军官带着向赫尔利大使的指示,从华盛顿经过莫斯科去重庆。

在这时首相打断了讨论。不过后来我有机会问斯大林元帅,是否会从事草拟进一步修改,对此他做了肯定的答复。

哈里曼

**附件一:斯大林大元帅提出的苏联参加对日战争的政治条件的草案**

苏联、美国和英国三大国领导人同意,在德国投降,欧洲战争结束后两三个月,苏联将加入同盟一方共同对日战争,条件是:

1、维持外蒙古(蒙古人民共和国)现状;

2、恢复 1904 年日本背信弃义进攻所破坏的俄国以前权益,即:

A)库页岛南部及邻近所有岛屿须归还苏联。

B)恢复租借旅顺、大连港。

C)恢复日俄战争前俄国对通往出口港大连的现中东铁路和南满铁路的管理权,条件为承认中国在东北地区的全部主权;

3、千岛群岛应交给苏联。三大国首脑同意在战败日本之后应切实地满足苏联的这些要求。

苏联方面表达它愿意与中华民国政府缔结一份中苏之间友好同盟的条约,以便用它的军队支援中国,达到把中国从日本的奴役下解放出来的目的。

**附件二:哈里曼先生对斯大林元帅的苏联参加对日战争的政治条件草案的修改建议**

第二项、B):恢复租借旅顺和大连港口地区,或这些地区应在国际控制下成为自由港。

第二项、C):在本段的后边"东北地区"等字之后加上如下字"或者这些铁路应由中苏委员会来控制管理"。

第三项:最后加上一段:"我们应该充分理解,以上谈判的有关港口和铁路的协议,要取得蒋介石委员长的同意。"

FRUS,the Conference at Malta and Yalta,pp.894–897

## 三大国关于远东问题的协定①

### 雅尔塔,1945 年 2 月 11 日

苏联、美利坚合众国及大不列颠三大国领导人同意,在德国投降及欧洲战争结束二至三个月内,苏联将参加盟国方面对日作战,其条件是:

1、维持外蒙古(蒙古人民共和国)现状;

2、恢复 1904 年日本背信弃义进攻所破坏的原属俄国的各项权利,即:

(甲)将库页岛南部及其全部毗连岛屿归还苏联;

---

① 参阅该协定英文本:《雅尔塔文件》,第 984 页。

（乙）大连商港国际化，并保证苏联在这个港口的优惠权益，恢复租借旅顺港为苏联海军基地；

（丙）设立中苏合营公司，共同经营通往大连的中东铁路及南满铁路，并保证苏联的优惠权益，而中国保持在满洲的全部主权。

3、千岛群岛须交予苏联。

经谅解，有关外蒙古及上述港口与铁路的协议尚需征得蒋介石委员长的同意。根据斯大林元帅的建议，总统将采取步骤以取得该项同意。

三大国政府首脑同意，苏联的这些要求应在战败日本后毫无条件地予以满足。

苏联方面表示准备和中国国民政府签订一项苏中友好同盟协定，以期用武力帮助中国达到从日本枷锁下获得解放的目的。

约·斯大林

富兰克林·罗斯福

温斯顿·丘吉尔

1945 年 2 月 11 日

[苏]萨纳柯耶夫、崔布列夫斯基编：《德黑兰、雅尔塔、波茨坦会议文件集》，三联书店，1978 年，第 258 页

# （三）中苏友好同盟条约

说明：雅尔塔会议后，中苏开始谈判。在第一阶段谈判中，由于苏联坚持外蒙古独立，谈判陷入僵局。虽然国民政府力争获得美国方面的支持，但美国不想卷入中苏的争论中。国民政府甚至提出了让外蒙古高度自治的方案，承认外蒙古有军事、外交自决权，中国只保留宗主权，但仍遭斯大林拒绝。中国被迫做出让步。在第二阶段谈判中，双方围绕旅顺军事基地、大连自由港及东北铁路、外蒙古疆界等问题展开。1945 年 8 月 14 日，中苏双方在莫斯科签订《中苏友好同盟条约》及所

附照会，以及关于东北铁路、旅顺、大连等问题的协定。

## 1. 中苏谈判前有关各方面的磋商

### （1）美国向国民政府透露雅尔塔协定内容

#### 魏道明致蒋介石电

华盛顿，1945 年 3 月 12 日

渝。密。主席钧鉴：顷谒罗总统，谈话情形如下：伊首谓晤哈尔雷①大使及魏德迈将军，虽未及详谈，然已知其随钧座甚好，至为欣慰。中共问题虽困难，或尚有可为之处，现时似仍以保持情感为宜，言下似有望勿过于刺激之意。职谓现时政府对中共态度，至为严肃镇静，惟中共专事诬蔑政府，近且益甚，如伊等目前反对国民大会之宣言。罗询何故出此？职答当由于伊等见战局好转，内心益为焦急。总统乃点首微笑。嗣职询其在耶特尔（雅尔达）时与史太林所谈与远东局势有关之事，内容如何？总统谓伊避免正式提及此事，以免敌人注意，但史太林对远东战事态度，较在太赫兰②时为肯定，关于远东问题，史提三点：（一）维持外蒙古现状。（二）南满铁路所有权属中国，但业务管理宜有一种委托制度。（三）苏联希望在海参崴以南，获得一温水军港如旅顺或其附近之港。罗总统意见谓：（一）维持外蒙古现状，主权仍属中国，似无问题。（二）南满铁路要在主权属于中国，业务管理在增进效率。职询所谓委托制度若何？伊答大约由三方组织之，一为中国代表，一为苏联代表，一或为美国代表，均当为铁路专家。关于第三点军港问题，伊谓此完全为一新问题，而在前所谈大连办法之外，伊当答复史氏，谓此为将来之问题，无须太急，伊可与钧座商之，中国态度向极合理想，当

---

①　即赫尔利。
②　即德黑兰。

不难获得适当解决。伊并云,闻宋部长将赴莫斯科,似不妨与之先谈云云。总统之意,或以旅顺长期借与苏联,主权仍属中国。职嗣询苏联是否将参加远东战事?伊答俟时机成熟,一定参加。复询是否欧战后即行参加?总统谓即行参加,但坚持需要相当时期运送西方军力至远东,并巩固其海防,此事须极端严密,以免敌人增加防范。伊未与史氏谈及中共问题,但觉史氏对远东一般态度尚好。总统复谓欧洲军事形势虽佳,但难谓即时可以结束,其延长数月,甚且一年,亦未可知。谨陈。职魏道明叩。文。

《战时外交》第 2 卷,第 542—543 页

### 赫尔利致杜鲁门电

重庆,1945 年 5 月 10 日上午 11 时 42 分

我知道你一定承受着巨大的工作压力,我不愿把我们在这里面临的问题来麻烦你。我上次和罗斯福总统会谈时,他在我的驻华大使职责之外,交给我两项特殊任务。

第一项任务是使丘吉尔和斯大林同意美国在中国推行的政策,即(1)采取一切必要的行动促使所有中国的抗日武装在中国政府领导下联合抗日,(2)赞同中国人民建立一个自由统一民主的中国政府的愿望,(3)继续强调中国选择他们自己的领导层,自己做决定,为她自己的政策负责,从而按她自己的方法努力实现她自己的命运(预定目标?)。

无疑国务卿已告诉你,上述计划我已获得丘吉尔与斯大林的同意。英方声称他们现在同意的政策,从来就是英国的政策。这个说法不正确。罗斯福知道它是不正确的,所以才派我去伦敦。在这点上我们有真凭实据,既然已获得同意,好像就不必再提了。所有东南亚的帝国主义国家的政策是让中国人分裂、互相敌对。现在英苏已同意罗斯福的对华政策,这些国家的政策似乎转变了。见我向国务卿的报告 P–28255 号,日期是德黑兰 13〔14〕1945 年 4 月与 1212 号,日期是莫斯科

24〔17〕1945 年 4 月。

新题目：

上次我会见罗斯福总统时，他派给我的第二项任务是，关于在雅尔塔会议中影响中国的一项决定。我上次去华盛顿之前，在总统告诉我雅尔塔会议关于中国的决定，特别是包括最重要的序言之前，委员长和我讨论了中国对那些在雅尔塔会议上决定的问题的立场，并告诉我他对那些问题的态度。当时他交给我一份备忘录，总结了他在某些问题上的立场观点。当然，在雅尔塔决议之前讨论的问题他不知道。就我而言，这件事还没有告诉他。

自从我回到此地，我们曾继续讨论那些将涉及促进未来与苏联的友谊与和平的问题，未谈到雅尔塔会谈本身。除了序言中的第一项，所有决定了的问题，委员长都一一提出和我进行充分地讨论。我相信他除了不赞成使用"优越的"与"租约"这两个词之外，他会同意每项要求。这两个词在中文中有不好的涵义，它们涉及治外法权的争论。这两个字好像侵犯了中国领土完整及主权独立的原则。

罗斯福与斯大林都通知我，他们两人商定，在我未得到斯大林的信号之前，不要向蒋介石提起雅尔塔决议的事。斯大林说，他将赋与我全权委任，由我自己决定在什么时候，用什么方法提出这个问题。但是，哈里曼和我都认为最好推迟提出此事，因为有可能泄密，那就会带来不良后果。我向斯大林说明了这点，最后决定直到我们通知斯大林，我们认为到了合适的时刻，还要等到我们收到他的回音之后，我才向蒋介石提出这件事。

我想提请你注意。在我最近赴华盛顿之前，当我和蒋介石都不知道雅尔塔协定的内容时，我曾与蒋介石讨论了中苏问题的各个方面，我回重庆后，我们又彻底地讨论了同样的问题。没有提到第一项问题。所以我们已准备好传达雅尔塔协定之事，只要授权一到，即可递交委员长。

我写这份报告的目的，是为让你对上述局势有一个简要而概括的了解,同时通知你,委员长已经收到中国驻华盛顿大使的电报,该电概述了雅尔塔决定的一切条款,只有主要的一条除外。中国大使叙述的各项不完全正确,虽然他说,各要点都是他和罗斯福总统谈话时得到的。中国大使指出在已提到的各个问题上,美国作为第三者参加中苏协议。在雅尔塔决定中没有谈到美国参加。

此外,昨天中国政府收到驻瑞士的代表来电,报告我们已经知情的军队调动情况,它表明苏联的意图。中国政府从其它渠道也得到军事调动及计划的消息,他们从中得出结论,雅尔塔协定的序言中所提到的目的预料肯定会出现。在这个问题上,中国人现在所收到的报告和他们已经知道的情报,得出一个大体正确的结论是合乎情理的。

最重要的是,在恰当的时刻美国应以其特有的坦率作风正式通知最关切此事的国家元首——委员长。若不是因为中国的保密工作不完善,此事大概老早已经告诉他了。现在似乎是你和联合参谋部与国务卿讨论这个局势,以决定我在什么时候去请斯大林同意我去正式通知蒋介石的适当时刻了。将此事告诉蒋介石并请他严格保密,他一定会尽力而为的,我相信,这要比让中国人继续从其他途径得到的消息公开猜测更能保密得长远一些。美国战区司令已获悉此电内容。

FRUS,1945,Vol.7,pp.865–868

### 杜鲁门致赫尔利电

华盛顿,1945 年 5 月 12 日下午 3 点 30 分

你的 101142 号来电已收到①。请继续努力完成罗斯福总统向你述说的意图。

我已知悉你以前关于在中国的专制政府态度的报告,并且希望你报告中所说的丘吉尔和斯大林达成的谅解可以导致中国建立一个自由民主统一的政府。

---

① 5 月 10 日上午 11 点 42 分。

关于雅尔塔协定的"序言"在太平洋战争方面未来的行动,目前尚不宜由你向中国政府透露任何消息。

在适当的时刻,当对共同目标有利的时候,将会通知你把那时可能实行的具体安排的细节照会中国政府。

我们将力图通过你,尽快在切实可行的时刻,把关于这个问题能透露出来而又无损于全局的一切消息告诉蒋介石。

FRUS,1945,Vol.7,pp.868–869

## 王世杰致宋子文电

重庆,1945 年 5 月 22 日

宋部长子文兄勋鉴:密。关于苏联对东北及外蒙等问题态度,委座属代致详电如下:兹将赫使谈话摘录如下:在雅尔达会议时,史达林曾向罗斯福作次列表示:(一)库页岛南部及千岛划归苏联;(二)朝鲜独立;(三)旅顺口租与苏联;(四)大连辟为自由港;(五)中东路及南满铁路之股权,中苏各享其半,苏联对各该铁路并应享有特殊利益(Eminent Interest);(六)外蒙之现状不变。予曾先后亲与罗斯福及史达林面谈此事,并曾亲阅雅尔达会议记录,故对苏联态度知之甚确。又在雅尔达会议时,史达林曾与罗总统商定,苏联当于参加远东战事之前夕,就以上诸事,与中国订一协定,届时苏联当密请罗总统代向委员长提出以上诸款。惟史达林坚持须俟彼认为时机已到时,始可如此提出,以此之故,罗总统当时未向委员长报告,美政府迄今亦尚未便向委员长正式报告。予今日之报告,纯系私人性质,意在请委员长速为准备,但非受史达林或美政府之嘱托而向委员长报告,故甚盼委员长不向苏联方面或美政府方面说出。又予此次过莫斯科时,史达林并谓此事在未经苏联密请美政府转告委员长以前,则即宋部长赴莫斯科,彼亦不拟向宋部长提出云云。以上均系赫使谈话。特闻。弟世杰。

《战时外交》第 2 卷,第 546—547 页

### 蒋介石致宋子文电

重庆,1945 年 5 月 23 日

宋代院长:俄对东北及外蒙问题之态度,日前哈雷①曾向中详告,其内容已属雪艇另电,希与少川、亮畴兄等缜密研讨应付方案,兄赴俄以前,必须先返渝与哈雷及俄大使作初步探讨。又杜鲁门总统在最近期内或与史大林晤面,中甚盼杜能向史剀切表示,美国必坚持其对远东一贯政策,使中国之领土、主权与行政完整不受损害,凡在华领土之内,不能再有任何特权之设置也,希将此意酌向杜总统面述为要。并望兄至迟能于六月初旬回渝,勿延。中正手启。元午。

《战时外交》第 2 卷,第 547 页

(2)中苏谈判前有关方面的磋商

### 史汀生致格鲁函

华盛顿,1945 年 5 月 21 日

亲爱的代理国务卿先生:关于你在 5 月 12 日的涉及苏联在远东问题的备忘录,陆军部的意见如下。

1.陆军部认为,苏联是否参加对日战争将以其本身的军事与政治利益为依据,与美国采取的任何政治行动没有多少关系。陆军部的观点是,虽然苏联会寻找并接受美国提出的任何政治诱饵作为参加对日战争的条件,但实际上,如果苏联参战的话,这些政治诱饵不会影响它决定何时参战。苏联参战,在军事上将起重要的影响,几乎可以肯定将大大缩短战争,从而减少美国的伤亡人数。

所以在苏联参加太平洋战争之前,军事方面的考虑不妨碍美国政府试图在远东从苏联获得有利的政治目的。

---

① 即赫尔利。

2. 在雅尔塔会议上向苏联作出的远东事务方面的让步是一般的事物,这些都是苏联军力所及的事,即使在战争中没有美国的军事行动配合,它也能达到目的。陆军部相信,苏联在军事上可以打败日本,在美军能够占领南库页岛、东北地区、朝鲜和华北之前占领这些地区。只有在千岛群岛美国比苏联占上风。如果美国抢先一步占领这些岛屿以阻止苏联的野心,那么它将单独付出代价来打败日本,这会带来令人无法接受的美军伤亡。再说,苏联还可以选择等待美国差不多已完全摧毁日本军事力量的时候,再攫取它渴望的猎物,这样他们所付的代价要比提前加入战争少得多。

由上所述,在远东问题方面我们对苏联能施加的军事压力是很小的,除非我们选择使用武力。从军事观点看,与苏联在远东问题上达到完全谅解和协议是有利的。如果有人相信重新考虑雅尔塔协定能有助于这样的彻底谅解和协议,那么陆军部赞成这样的做法,但是有人不信在这个时候重新讨论协定会有什么好结果。

3. 关于苏联参与军事占领日本本土,陆军部认为,这应由政治方面来决定。从军事方面的一种观点看,这样的参与似乎是可取的,因为它将减少美国为占领所需的军需。另一方面,从占领德国我们与苏联人打交道的经验看,也许将来会使我们相信,考虑由我们单独军事占领是明智的,目前苏联尚未进入对日作战,似乎不必在此时来讨论这个问题。

陆军部同意国务院认为要从苏联政府取得我们想得到的四项保证和说明是有利的。如果中国目前的分裂状况继续下去,同时苏联军队进入与中国共产党紧密毗邻的地区,我们目前的中国问题将变得更为复杂,除非事先与苏联达成令人满意的谅解。但是,在这之前,中国共产党与委员长之间关系正常化是首要的。

至于在千岛群岛获得民用飞机的紧急着陆权一事,如果打算和他们谈论这个问题的话,也许最好就这个问题向苏联提出具体建议,但是,苏联的军力可以单方面履行雅尔塔协定(也许千岛群岛在外)。既然如上指出,要说服苏联同意国务院备忘录中列出的四点必须在美国军队帮助之外另找办法。

### 福莱斯特①致格鲁函

华盛顿,1945 年 5 月 21 日

亲爱的代理国务卿先生:您 1945 年 5 月 12 日来信及所附备忘录,关于苏联加入太平洋战争后所引起的政治影响,和雅尔塔协定与此事的关系,要求海军部表示意见,现答复如下:

我已见到并研究了陆军部长对这个问题写给您的信。我同意陆军部长复您的信中所表达的观点。我和他一样,认为关于远东方面您在 1945 年 5 月 12 日的备忘录中提出的国务院应试图从苏联政府获得保证和说明的做法是可取的。

### 格鲁致福莱斯特函②

华盛顿,1945 年 5 月 21 日

亲爱的吉姆:关于苏联在远东未来的地位和行动,我们应采取什么样的态度的问题,兹附上非正式的简短阐明我们观点的研究报告。这份文件将由查尔斯 · 波伦③在后天赴莫斯科时带走,供指导哈里曼大使用。如果可能的话,在波伦出发之前,你能让我知道这份分析是否与海军部的观点一致,我将感到高兴。如果你希望有较多的时间来仔细研究,我们可以在他抵达莫斯科后发电报给哈里曼大使,告诉他需要更

---

① James Forrestal,美国海军部长。

② 代理国务卿于同日向陆军部长助理麦克洛伊(Mccloy)写了一封类似的信。

③ 查尔斯 · E. 波伦(C. E. Bohlen),国务卿驻白宫的助理,他将陪同哈里 · L. 霍普金斯(H. L. Hopkins)赴苏联执行特殊任务。

动的地方,但是我们特别希望在他与斯大林第一次会谈之前,把文件送到他手中。

**附件**

国务院起草的文件

在远东建立并保持一个和平、稳定与经济繁荣的局面,相信苏联和美国一样都真诚地深感兴趣。苏联政府和美国政府在有关影响中国与朝鲜的各种问题上达成坚实肯定的谅解,将对双方有利。

中国

1. 中国统一起来,建立一个能代表中国民意、强大、稳定的政府,有效地履行对内与国际责任,对于建立和保持远东的和平与稳定是至关重要的。当前较为重要的目标是动员中国的人力与资源,有力、有效地进行抗日战争。

为达到这些目标,我们继续努力影响蒋介石委员长和国民政府的领导们来执行下列政治、军事与经济措施:

政治

(A)解决长期以来国民党与中国共产党之间的争论。为完成这项任务,双方必须作出重大的让步。国民党必须放弃单独统治政府,必须对中国共产党和其它中国政党给予合法的承认,必须允许其它政党正当选出的代表参加完全以比率为基础的中国政府,必须与其它政党一起共同创建一个有代表性的、强大稳定的政府。另一方面,中国共产党在准备接受国民党提出的能达到统一稳定的任何真诚建议,必须准备让他们的当地政府机构与中国政府合并,而且必须准备遵守联合政府的法律与政令。

(B)立即召开有国民党、共产党与其它政党的代表,以及某些无党派领导人参加的会议来决定将于 1945 年 11 月 12 日国民代表大会之前的政治与军事统一的临时措施。

(C)保证国民代表会议是真正代表人民和各政治党派的,由他们共同商定并公布宪法,规定为代议制政府,保证人身不受侵犯,言论自由,信仰自由和集会自由。

(D)正式公布将于 1946 年 3 月 12 日,孙中山博士逝世纪念日之前建立立宪政府。

(E)立即执行彻底的行政与司法改革。

(F)允许言论与出版自由。

(G)释放所有的纯政治犯,废除国民党的秘密警察。

军事

(A)实现统一所有中国军队,办法如下:

(1)建立一个最高军事委员会,中国共产党和其它非国民党军事集团在其中有公正的代表权,共同制定并执行协调作战计划以及作战方针;

(2)在对日作战期间,将所有中国武装力量,包括国民党的、共产党的或其它军事集团的都由一位美国司令官统一指挥军事行动,并由中国、苏联和英国军官组成的参谋机构协助;

(3)保证由美国、苏联和英国对一个这样统一的中国军队提供一切可能的军需品,并且向各单位公平分派。

经济

(A)立即制定财政机关与税收改革方案。

(B)立即采取强有力的措施打击囤积者和奸商。

(C)立即制定措施在食品和其它必需品方面实现公平的分配。

(D)由美国、苏联和英国的技术顾问及专家们帮助协调和完善战后的复兴和重建。

(E)颁布新商业法和条例,包括公正的商业与经济方针和政策,并保证向各国实行"门户开放"和同等的商业机会。

2.美国希望苏联积极合作和支持,不仅使中国实现政治上和军事上的统一,还要保证它的发展和承认中国是太平洋的主要大国之一,也是远东的和平与稳定的堡垒。

(A)为了努力实现中国的政治与军事统一,我们争取苏联政府的积极合作,同意下列各点:

（1）承诺说服中国共产党，为了建立一个真正有代表性和统一的中国政府接受国民党提出的合理建议，在以往通过与国民党谈判已取得的可观成果的基础上，继续谈判来完成这样的统一。

（2）承诺说服中国共产党同意把他们的部队并入统一的中国军队，由一位美国军官指挥，配备中国、苏联和英国参谋人员及其他军事人员进行协助。

（3）苏联政府承诺在东北、华北和朝鲜对日采取军事行动时只使用统一的中国军队的部队。

（4）苏联、美国和英国共同承诺，在中国、日本和朝鲜的战事停止后三个月内，从东北地区、华北撤出所有武装力量，包括空军与海军，撤销战争期间在被解放地区所成立的各种临时行政机构。再者，承诺在那时把所解放地区的管理权完全归还中华民国政府。

（5）同意选派苏联军官参加行将设立的指挥统一的中国军队司令部的参谋处（见 1 军事部分）。

（6）同意选派苏联经济与技术顾问，协助中国政府设计和综合规划战后复兴重建计划。

（7）同意向统一的中国军队提供苏联可以供应的军事装备和军需品。

（B）为了保证中国的发展和获得承认中国是太平洋地区的主要大国，我们寻求苏联政府同意下列各项：

（1）完全并继续尊重中国的领土完整，其中包括东北地区、新疆与西藏等地区。（但是，我们不反对中国与苏联通过友好交涉，或通过公正的边界委员会的中间作用达成确切的中苏边界划分。）

（2）完全承认开罗宣言关于应将台湾和澎湖列岛归还中国的规定，而且应该在对日战争结束后正式确立中国对这些岛屿的统治权。

（3）应继续维持中华民国政府目前在国际事务中享有的威望和影响。

# 宋子文致蒋介石电

旧金山,1945 年 5 月 26 日

　　主席钧鉴:极密。梗午电敬悉。雪艇电亦已收到,经约少川、亮畴详细研讨,顾谓美国在罗总统时,原期中国陆军对击溃日本能负大部责任,但以去年我国军事失利,罗感觉我国力量不够,美国舆论又不愿见大部美国士兵牺牲,故罗转而盼苏联能参加远东战争,苏联因深悉此情,故提此要求,苏联亦知此项要求不合世界潮流,不敢即提,而盼在相当时间由罗总统提出。顾意苏联此时亦未必敢提,我国最好佯装不知,尽量拖延,苏或不致提出。此时应否由第三者美国参入讨论,似须考虑,此次国际会议,苏联甚感孤立,而觉中国态度公正,并非事事附和美国,对我国甚有好感,如我国对苏表示可以合作,苏或不致提出东三省之要求云云。王则谓苏联在欧野心已达,正转向远东,其欲望超过日俄战事前俄在东三省之地位,但对具体应付方案,顾、王均无意见。查霍布金①在赴苏前,职曾托彼应向苏方郑重表示,美国坚持东三省土地完整,彼表示同意。彼赴苏主要使命,系奉杜总统命,严重询明苏方是否真正愿与美国合作,因过去数月美方所得印象并不如此。职告以东三省问题,可为表示苏是否可与美真正合作之试金石。昨史国务卿由华府返此,职与谈东三省问题。彼愿赞助中国立场,并允由国务(部)〔院〕专电霍布金,应将东三省问题特别向史太林提出,谓美认为此为美苏合作根本问题之一。霍安抵莫斯科一周,史主张俟霍返美,当由杜总统约职与霍、史会谈,俾明了苏联真意所在,并商中美应付方针。史继谓三头会议邱相原拟即开,现因国内政潮,恐须俟七月大选后举行,预计约在八月等语。谨密陈。职子文叩。宥。

《战时外交》第 2 卷,第 548—549 页

---

　　①　即霍普金斯。

## 会谈备忘录查尔斯·E.波伦先生记录(摘要)

克里姆林宫,1945 年 5 月 28 日下午 8 时

出席人:霍普金斯先生

查尔斯·E.波伦先生

斯大林元帅

莫洛托夫先生

巴甫洛夫①先生

霍普金斯先生说,他认为今天或许可以开始探讨远东和对日战争的问题了。他说那天晚上他曾对斯大林元帅说,如果马歇尔将军和金海军上将能知道苏联大约什么时候参加太平洋战争,对他们将非常有益。

斯大林元帅回答说,在雅尔塔会议上已商定在德国投降后两三个月苏联军队就可准备就绪,他说苏联军队大体上到 1945 年 8 月 8 日将充分做好准备并进入阵地。但是,至于具体作战的日期,他感到取决于实现雅尔塔协定中苏联的要求。他说为了要在苏联人民眼中证明,参加太平洋战争是正确的,必须有这些承诺。所以,如果中国同意这些要求,苏联可以在 8 月开始行动。

霍普金斯先生说他记得雅尔塔协定,是罗斯福总统,当然现在是杜鲁门总统,要等待斯大林元帅的回话再与中国进行商讨。

斯大林元帅回答说这是对的,因为在苏联的主力调往远东的时候,他们希望推迟与中国人讨论。他说,他认为也许当宋子文到莫斯科进行预期中的访问时,他们可以直接向他提出这个问题。

霍普金斯说,他认为在莫斯科直接向中国人提出这个问题比较好。他加上一句,我们必须记住,中国人是不够谨慎的。

斯大林元帅同意了,他说也许 7 月上旬是提出这个问题的最好时刻,因为显然苏联军队的调动不能再瞒过日本人了。

---

① 苏联翻译。

为了回答斯大林元帅的问题,莫洛托夫先生说,宋先生将在旧金山会议后立即来莫斯科。

霍普金斯先生说,那么我们同意雅尔塔协定的问题,应该由苏联政府在宋子文来这里访问时向他提出,同时赫尔利大使可以在重庆讨论这个问题,但是我们要等宋到莫斯科后才采取行动。

为了回答霍普金斯的问题,斯大林元帅说,远东的气候无疑对军事行动的时间有关系,因为他认为,秋天有雾会使军事行动困难。他不能肯定有雾的月份。

霍普金斯于是说,在雅尔塔还讨论了一些其他远东问题,如中国的统一等等。

斯大林元帅回答,关于远东问题必须认真地讨论,尤其是关于日本,包括军事行动的范围和占领日本的区域这些问题。他说也有必要讨论日本无条件投降的问题。

霍普金斯先生说,关于中国统一的问题他完全同意。他知道他的政府对中国能够实现统一,深感兴趣。可是他不知道有什么具体计划。元帅也知道赫尔利大使在这方面曾做过努力,他很想知道元帅对中国统一前景的看法和如何着手进行。

斯大林元帅回答说,他没有什么具体计划,不过他感到大家都同意中国统一是可取的,那样中国可以成为一个整体的稳定的国家,而不像 19 世纪的德国那样,一个由独立的政权结合在一起的集团。他然后说,可以对中国逐渐形成一个切实可行的政策,给与它所需要的经济援助,这种援助只能来自美国。他补充了一句,我们大家都应该从事帮助中国取得统一。

哈里曼大使说,他希望继续谈远东问题,特别是苏联的要求。他说斯大林元帅无疑知道杜鲁门总统曾在华盛顿告诉莫洛托夫先生,他准备执行罗斯福总统在克里米亚允诺的事项。

斯大林元帅说,他知道并对此表示感谢,不过这也决取于中国人。

哈里曼大使继续说,显然苏联会在远东恢复它的历史地位,因此有关远东的政治与经济方面的问题,美国和苏联相互意见一致是重要的,在其他地区也是一样。例如,他提及我们在中国门户开放的传统政策,并且询问元帅,是否认为中国不久将在合理的时期内成为一个工业国。

斯大林元帅回答说,他不相信中国会很快就工业化,因为他们缺乏必需的经验与工业人员,他说在帮助中国站稳脚根方面,美国必须扮演最重要的角色;苏联将忙于自己内部重建,而英国将忙于别处。

霍普金斯先生说,他希望元帅明白我们在中国或远东都不想独霸一方,我们不希望任何其它国家被排除在外。

斯大林元帅说,他完全明白这些,不过他的意思是,美国是唯一有足够的资金和人员在战后能立即真正帮助中国的国家。

哈里曼大使于是说,如果苏联军队进入东北地区时赫尔利大使帮助中国统一的努力未获成功,苏联将采取怎样的态度。在那样的情况下,元帅是否会考虑可能与委员长达成必要的协议。

斯大林元帅回答说,他们并没有打算改变中国对东北地区或中国任何地方的主权。他强调说,苏联对于中国没有领土野心,不论是在新疆或其他地区。他说关于外蒙古,在雅尔塔曾同意这个共和国将保持现状,即不是苏联的一部分,向一切国家开放。他说在蒙古不存在苏维埃制度。他加上一句,苏联人民不会以任何方式成为阻止中国统一的因素,反而要帮助中国取得统一。关于委员长,元帅说他对任何中国领导人所知甚少,但是他感到蒋介石是其中最好的,将是完成中国统一的人。他说他看不出还有能完成这项任务的其他领导人,而且,例如中国共产党的领导们,他不相信他们有那么好的本事,或有能力统一中国。

哈里曼大使问,当苏联军队进入东北时,元帅是否有意请蒋组织市政。

斯大林元帅回答他会的,在东北或在中国的任何地方,苏联军队开进的地方都由蒋设立市政。蒋可以派他的代表到苏联军队到过的地区去建立国民党政权。

霍普金斯先生说,他认为蒋果真要统一中国,必须采取某些步骤,进行某些改革。

斯大林元帅表示同意,接着说除非蒋理解这些改革的必要性。如果他不理解,他觉得这些不能由外部来决定。他重复说苏联政府准备和中国人谈,如果他们要在红军到达的地区派驻代表,红军已准备承认他们。

哈里曼大使说,元帅很清楚地并坦率地回答了所提出的问题,非常亲切。他还想说,罗斯福总统对日本已决定采取无条件投降的原则,据他所知,我们这方没有改变这条原则的意图。

斯大林元帅说,他很高兴听到这一点,他也同意。

霍普金斯先生说,他认为在下次在三个政府的首脑会议时应该讨论所有这些问题。

斯大林元帅同意了。

FRUS,1945,Vol. 7,pp. 887–891

### 杜鲁门致霍普金斯电
华盛顿,1945 年 5 月 31 日

我已收到你发来极其重要又令人感兴趣的第 291150 和 300930 号①电报。

我们将通知宋,斯大林希望于 7 月 1 日之前在莫斯科接见他,我们将提供所需的空中交通工具。

我将在宋抵达莫斯科时,与蒋谈雅尔塔会议上商定的条件,和你的 291150 号电报的详细说明。

FRUS,1945,Vol. 7,p. 891

---

① 5 月 29 日两份电报的原文见罗伯特·E·舍伍德:《罗斯福与霍普金斯》(1948),第 902、903 页。

## 傅秉常致蒋介石电（摘要）
莫斯科，1945 年 6 月 1 日

美大使哈利门①新自美返苏，职与晤谈，据告近日欧洲政治问题英、美、苏间颇有误会，苏联对英、美尤多怀疑之处。哈氏因对美总统建议，派贺蒲金斯②访苏商讨一切，因贺氏曾对于供给苏联物资努力，史太林对之颇有好感。

贺氏到苏后与史氏已晤谈五次，彼此以坦白态度交换意见，结果甚佳，苏方疑团大释。关于管理德国问题、特里雅斯特问题，均有解决途径，波兰问题亦稍有希望。至关于我国问题，史氏态度甚佳，对贺表示者，仍与以前对赫尔利大使所商者大致相同。对于远东战事，则未谈及，因贺氏任务不涉及军事。关于英、美、苏三国领袖会议，亦有成议，但日期未定，预料最近期内不致举行。哈氏个人意见以为宋部长访苏，最好在三领袖会议之前，以六月内为宜云。职问近日谣传日本向苏联活动甚力，且有托苏联向英、美转达和议之传说，究竟如何？哈氏答称绝对不确，伊个人相信，苏联决不致与日本有何勾结，盖明知日本必败，日方所许之权利于战败后亦无法实践，苏联何单独支持一必败之国开罪盟邦云。最后哈氏介绍贺氏与职相见。伊两人均请职转向钧座致敬云。

《战时外交》第 2 卷，第 405—406 页

## 蒋介石在重庆接见彼得洛夫③谈话纪录
1945 年 6 月 3 日

时间——三十四年六月三日午后五时至六月四日上午八时一刻
地点——黄山

---

① 即哈里曼。
② 即霍普金斯。
③ А. А. Петров.

主席：最近因为召开六全大会及中央全体会议，本人工作颇忙，未与大使细谈，现在比较得闲，可与大使详细谈谈，请大使不拘外交仪节，随便谈话。

大使：谢谢主席。本人当能遵照主席的意思谈话，因本人任外交官尚不久，非系不能摆脱外交仪节拘束之外交官也。

主席：大使这次来华，关于中苏关系问题，贵国所已商讨过的意见，有否带来？

大使：没有。不过敝国政府对于中国政府关于加强中苏关系的任何具体建议，预备接受考虑。

主席：本人希望苏联早日参加对日作战，以便缩短战争时间，提早获得胜利。需要吾人共同致力解决之问题，有日本问题、朝鲜问题及我国东三省问题。希望对此类问题，中苏两国事前有个商议。

苏联自革命以后，帮助我国争取独立、领土主权完整及废除不平等条约，已于民国十三年先于其他国家，正式宣布取消帝俄与中国所缔结之不平等条约，及放弃其一切特权，我政府及全国人民对于苏联此种友好的态度，永远铭感。本人认为此乃中苏友谊合作之历史基础，并认为现在仍有恢复民国十三年时代中苏合作之可能。

本人希望苏联能帮助中国的独立、行政与领土之完整，希望恢复东三省领土主权完整与行政独立。盖我全国人民咸认不平等条约、领事裁判权及租界等事为国家的耻辱，一致痛恨，吾人为革命党人，自应注意人民之心理与要求，而期其要求之实现，香港问题虽尚待与英国商议，但九龙必须收回。若苏联能首先帮助我国恢复东三省主权完整、行政独立，则中苏两国人民的感情，必大增加。

凡帮助我国收复失土之友邦，将来中国领土内，如为远东和平有建筑海、空军基地之必要时，中国愿与各友邦共同使用，当不加拒绝。如苏联能帮助我国恢复东三省领土、主权完整及行政独立以后，东三省的铁路和商港，当与苏联以便利，如有军港需要，则军港亦可为苏联共同使用，决不致于苏联有不利之措施。

我认为东三省问题是中苏合作的第二个机会,使苏联能再度先于其他国家,表示帮助中国独立、行政与领土之完整,那时中苏两国人民之感情,必更加巩固,而成为中苏两国永远合作之基础,同时对于挑拨中苏感情的各种谣言,必能彻底消除。国际情形变化无常,但中国对于国际上各种反苏运动,向采严厉摒斥的态度,如过去对日本的阴谋,即其一例。不仅如此,苏联帮助中国恢复东三省领土完整及行政独立以后,我国四万万五千万人的心理,必皆同情于苏联,如此不但东三省的人力和物资,即我全国四万万五千万人民以及所有物资,亦将为苏联与中国之合作互助关系所利用。

吾人若为东三省或其他一块小地方,使两国感情有所损失,那是最不值得的,想史大林委员长亦有同感。

中苏之间,今后无论成立谅解或协定,当可以本人上面所讲的意思作基础,并事前互相有所商讨。总之,在此时解决东三省问题是增进中苏友好关系的一个绝好机会。

大使:本人对于主席刚才所讲的意见,自当从速报告本国政府,现在个人有两点意见,拟向主席陈明:

(一)苏联帮助中国独立,放弃不平等条约,曾载于一九二四年《解决中俄悬案大纲协定》,苏联对于中国为争取独立自由的斗争,曾予以精神上及物质上的援助,本人相信苏联政府一贯友好的帮助中国的政策,迄未变更。

(二)苏联政府对于中国政府加强中、苏友谊合作之任何具体建议,均所欢迎,而且预备考虑。

主席:大使对于旧金山会议有何意见和感想?

大使:这会议似乎开得太久一点,直到今天,对于重要的问题,尚未获一致协议。

请问主席,宋院长在旧金山会议闭幕前离美,抑在闭幕后离美?

主席:如会议能在十一日闭幕,他可于闭幕后回来,然后起程赴苏。

大使:宋院长先回重庆吗?

主席：是的，他将先回重庆，拟与大使面谈以后，再访苏联，且他预备将赴苏所谈之问题，先与大使在重庆作初步商洽。

大使：这很好，苏联政府亦想预先知道宋院长赴苏将提出之问题与意见。

主席：我们亦想预先知道苏联政府的意见。

大使：请问主席，宋院长赴苏同行人员的名单，已经决定否？

主席：尚未决定，不过本人以为到苏联，不比到其他国家，最好少带外交官，有一两个好翻译就行。

大使：是的，对于这种有实际任务的访问，可不必多带外交官。

×××　×××

大使：主席事忙，而能于百忙中抽暇承如此恳切谈话，本人十分感激。

主席：希望大使不拘外交仪节，今后随时坦白的交换意见，大使若有电报给史大林委员长，请转达本人对他的敬意。

大使：谢谢主席，主席所谈各节，自当从速报告史大林元帅。

《战时外交》第 2 卷，第 549—552 页

## 蒋介石就中苏关系问题致宋子文①电
### 重庆，1945 年 6 月 4 日

宋院长：据傅大使来电与吾兄电相同，惟其另有语霍与史大林此次谈话关于远东问题之大意，亦如史与哈雷在莫斯科所谈者无异等语，甚堪注意。但中与俄使昨日在黄山详谈东北问题，明白表示我国之态度，务须达成我抗战目的，即求得东北领土主权与行政之完整，惟语气甚委婉。据彼间接表示，中之所谈意见与彼由苏来华前所知之方针并无多大出入，不难友好解决云。彼甚望兄能于旧金山会议完毕后，即由华访苏，务期在六月底或最迟于七月初到俄云。关于对美借款，应积极进行，但

_____

① 时任国民政府行政院院长。

不可延误访苏之期,最迟须于本月内回国为盼。中正手启。支申。

《战时外交》第2卷,第552—553页

## 斯退丁纽斯致格鲁函

旧金山,1945年6月4日

代理国务卿亲启。我并没有收到你6月2日13号来电里提到的关于斯大林邀请宋一事的电报。我将立即传达此项邀请。但是据我看,尤其是关于我在5月30日写给你的信中①提及的鉴于我与宋的谈话,最后在宋离开美国之前告诉他雅尔塔三方协定的内容,如果我们让他到莫斯科之后才知道这份协定,他肯定会觉得我们对他不坦率。能不能请你问问总统,在这点上是否与我有同感,如果是,不知他是愿在华盛顿亲自告诉宋此事或是由我在这里转告他。

FRUS,1945,Vol.7,p.893

## 格鲁致斯退丁纽斯函

华盛顿,1945年6月5日

致国务卿亲启。出于安全起见,总统感到不宜于此刻告诉宋协定的事(你的2号电报,6月4日)。当宋途经华盛顿去莫斯科时,总统将概括地向他阐明我国政府所处的立场,以及我们如何理解斯大林希望和他谈的问题。

FRUS,1945,Vol.7,pp.893–894

## 宋子文就苏租借旅顺问题致蒋介石电

旧金山,1945年6月6日

主席钧鉴:昨详询魏大使与罗总统最后谈话情形。据魏云,罗曾提

---

① 部里的资料中无此文件。

及苏联意欲以旅顺为其海军根据地,魏答此事有关中国主权,罗谓或可用租借方式,似与主权无损。职追问罗当时语气及态度如何? 魏云罗并非提议,不过随意谈及而已等语。职推测罗总统或已默许苏联赞成租让,一如美方在此次会议中,允维持苏联之要求多加二票,如此则情形更见复杂矣。谨呈备考。职文叩。鱼申。

《战时外交》第 2 卷,第 553—554 页

## 斯退丁纽斯致格鲁电

旧金山,1945 年 6 月 6 日

今天下午和宋博士谈话,我告诉他,斯大林元帅曾和总统联系,希望宋博士能在 7 月 1 日之前到莫斯科去与他会谈。我接着说,我们将为他准备一架有卧铺的陆军高速飞机送他到重庆,然后去莫斯科,再回华盛顿。我向宋博士说明,总统希望在他赴重庆之前与他作一次私下会谈。宋博士说,他得知这消息深为感激,尤其是我们为他准备了陆军飞机,他并希望向总统表示,在他赴重庆之前愿会见他表示谢意,宋博士说他极希望霍普金斯从莫斯科回来后和他谈谈,今天他从他们驻苏大使处获知,哈里曼先生曾告诉大使,霍普金斯先生约一周后抵达华盛顿。宋博士特别地问我,总统会不会谈苏联参加抗日战争的事,还有我能不能给他一些暗示,总统是否曾在旅顺港方面向斯大林元帅有何承诺。我重复说,我不能在旧金山讨论这些事,必须等到他去华盛顿见过总统之后才能和他讨论这两点。

今天下午宋博士与我第一次谈话时同意在旧金山多住一个星期,然后去华盛顿用大约两天的时间会见总统与霍普金斯;然后赴重庆,他说他需要和委员长在一起呆一个星期,然后于 7 月 1 日抵达莫斯科。

第一次谈话是在下午 4 点半进行的。6 点 15 分宋博士又来访,说他经过考虑,认为最好是他在这个周末去华盛顿见总统,然后返回旧金山,参加下周我们的审议,在霍普金斯先生回到华盛顿时再去见他。我

告诉宋博士，我将立即询问总统什么时候能够接见他，在这个周末之前还是下周初，在这次谈话中我告诉宋博士，我很高兴将能为他接洽到一架陆军派给我们使用的 C-54 型飞机。它就停在旧金山，可以载他往返华盛顿。

请急速电告何日何时总统能接见宋，谢谢。

FRUS，1945，Vol. 7，pp. 894—895

### 哈里曼致杜鲁门电

莫斯科，1945 年 6 月 8 日

现在哈里（指霍普金斯——编译者注）已经离开，我想你也许需要我对他的来访向你作一个扼要的报告。

毫无疑问，当我们第一次见到斯大林时，他对过去三个月中我们两国之间的关系的不利发展表示深切关注。罗斯福总统生前和你在某几个问题上所采取的坚定立场已经发生了效果。然而，他表现出没有充分理解困难的基本内容。在谈话之初，他采取攻势，抱怨我们做错了事，而挑衅地表示，如果我们不愿在友好的基础上对待苏联，苏联完全有力量照顾自己。他显然很高兴看到哈里，他毫无疑问地接受了这样一个事实，即你派他来是作为你想同他（斯大林）合作的一种表示。哈里干得非常出色，表达了你的意见和说明了最重要的问题，特别是引起我们关心的波兰问题。

……

关于远东的谈话，我觉得是有实际价值的，特别是斯大林同意首先向宋子文提出处理雅尔塔协议中影响到中国的政治问题。还有，他同意蒋介石的代表去满洲和俄国军队共同建立中国国民政府的行政机构。

……

总之，我感到哈里的来访比我所希望的更为成功。虽然同苏联政府存在而且将继续存在很多没有解决的问题，我相信他的来访已为你和斯大林的会谈造成了一个好得多的气氛。

《德黑兰、雅尔塔、波茨坦会议记录摘编》，第 444—446 页

### 蒋介石致宋子文电

### 重庆，1945 年 6 月 8 日

宋院长：鱼与鱼申电悉。见杜总统时，商旅顺处理方案，可预定步骤如下：第一、旅顺愿交国际安全机构为国际海空军根据地。第二、中、美、俄共同使用。第三、如以上二项俄仍甚反对，则至少限度必须中、俄共同使用。但以上三项无论何项，其主权与行政必须完全归我国自主，各国不能干预，若俄提归其独占或租让，则我必反对到底，决不许可也。请以此意与其切实协商，并得其赞同为要。又对华租借武器，据美军总部称，今年最多补充二十三个师，实属太少，前总统在开罗已允供给我武器共为九十个师，如今年不能全数供给，则亦望其能补充五十个师。而其去年所允四发动机之运输机卅架，及一万五千辆汽车，至今皆未运华，此乃经济困难与物价不定最大之原因，务请其饬各主管机关负责，定期拨给也。又中、美、英三国战地行政权协定，亦必须于兄访俄前订定为盼。中正手启。齐午。

《战时外交》第 2 卷，第 554 页

### 蒋介石致宋子文电

### 重庆，1945 年 6 月 8 日

宋院长：前电谅达。对杜总统商谈旅顺等问题，应注重技术，以语气之轻重与前后极有关系也。最好先问其当时罗总统与史大林谈旅顺问题之方式，以及其内容之经过与最后结论。如果罗允史之要求旅顺归其占有，则此为中国主权所在，我国自可加以拒绝，不能承认也。并问其雅尔达当时关于我东北问题之谈话录或备忘录，最好抄交兄一阅，以便我方研究今后对案之重要参考也。另有一事，即美军将来有否在朝鲜与南满洲沿岸登陆之计划，亦应问明，如杜不便答复，则可否请其

介绍于马歇尔与金面商,以此事亦于我对俄交涉方针有极大关系也。中拟致马歇尔一电,请其与兄〔及商启予〕商谈关于今后对日作战之战略与运输等问题,何如? 本电密本只用一次即作废,兄之复电须用另一密本为要。中正手启。庚亥。

《战时外交》第 2 卷,第 555 页

### 格鲁致赫尔利电

华盛顿,1945 年 6 月 9 日

白宫第 285 号。总统指示我送上以下通知:

你已知道 2 月里达成的协议,总统将采取措施使蒋介石赞同苏联政府的下列承诺。

斯大林希望于 7 月 1 日之前在莫斯科与宋直接讨论他的提议。

1. 斯大林曾向我们做出明确的声明,他将竭尽全力促成在蒋介石领导下的统一。

2. 战后将继续由蒋领导。

3. 他需要一个统一稳定的中国,全东北地区由统一的中国控制。

4. 他对中国没有领土要求,为对日作战而进入一切地区的苏联军队,将尊重中国的主权。

5. 为了便于中国在东北地区组织行政机构,他将欢迎委员长派代表到进入东北地区的苏联军队中去。

6. 他同意美国在中国的“门户开放”政策。

7. 他同意朝鲜由中、英、苏、美四国托管。

苏联参加对日战争的条件如下,如果同意这些条件,苏联将于 8 月发动进攻。

(以下为雅尔塔协定条款,略)

通知蒋介石,罗斯福总统在雅尔塔同意支持苏联的这些要求,如果他参加对日作战。我也同意这种安排。

已告知宋子文此则消息。

兹指示你在6月15日向蒋提出此事,并竭尽全力取得他的同意。

FRUS,1945,Vol.7,pp.897-898

### 宋子文致蒋介石电

华盛顿,1945年6月9日

主席钧鉴:极密。今晨由旧金山抵此,即谒见总统,李海、格鲁二人在座。总统径将备忘录交职,并告已将备忘录由彼径电赫雷面陈钧座,有何意见请径告赫雷。嘱职勿再将备忘录另电钧座,以免泄漏,因彼对中国电本机密性甚表怀疑也。职在离美前,当遵照钧座叠电指示各点与总统等密商一切,俟返渝面陈。职文叩。佳酉(九日)。

**附:行政院长宋子文与美国总统杜鲁门第三次会谈纪录**

时间——民国三十四年六月九日

与李海及格鲁两人晋谒杜鲁门,略谈有关会议情形片刻,余询其余之赴苏日期。(渠未谈到史达林已有电来,仅谓七月一日以前,余须到达苏联。)杜鲁门出示罗斯福、邱吉尔与史达林在雅尔达所订协定,并谓罗斯福总统曾作支持该项协定之诺言,"余将拥护罗斯福总统所同意之协定",吾人亟需苏联参加作战,请勿将协定内容交由报纸发表。格鲁亦谓在余与史达林会谈之前,最好不予发表,余当表同意。

余对史达林同意在蒋委员长领导之下促进中国统一,并尊重中国主权,特别表示欣慰。

(一)暂予搁置,亦即目前暂不讨论①。

(二)大连国际化问题,所谓国际化者,是否即系自由港之意?杜鲁门认为,国际化即系使之成为自由港。如系自由港则其主权当然属于中国,行政当由中国控制,此点杜鲁门表示同意,渠谓如美国有一自由港,并不是说该港之主权属于任何其他国家。

(三)旅顺租借问题,亦即困难之症结,杜鲁门总统同意此乃最困

―――――――――

① 指外蒙古问题。

难之问题。余(一)(二)(三)之可能性加以叙述,倘主权属于中国,即不能称为租借,但杜鲁门一再声称,渠对罗斯福总统所签订之协定,决予支持。

(四)询问有关同盟条约之性质,究系暂时同盟,抑为永久同盟?李海认为系对日作战同盟。杜鲁门称渠已令赫尔利以备忘录一份送呈蒋委员长,望余毋向重庆报告,因消息在任何地方稍一泄露,日本即有提早进攻苏联之可能。

与李海晤谈,渠认为许多问题之全面谅解尚未趋于明朗化,余须与史达林共同研究解决,余必须与苏联觅取解决途径,盖无论如何,苏联必须参加作战。

与格鲁晤谈,格鲁除以上所述各节外,一无所知,渠称目前许多尚未确定之问题,可能有待于行将举行之三巨头会议决定。余谓吾人所付代价甚高,如何决定乃系吾人之事,因此吾人之意见必须为决定一切之准绳。余谓南满铁路乃系实业公司之组织,其所经营之范围不只铁路而已。

戴维斯①谓邱吉尔痛恨苏联,邱氏每于无意之中表示其深恶痛绝,邱氏于三周前与莫洛托夫谈话之后,情形更为恶化,不过目前的情形略见好转。史达林原不拟参加会议,第一次世界大战结束后,为处理勒慕那岛问题,威尔逊②总统建议由俄国召开会议解决,但由于邱吉尔反对,计划未能实施,因为此种不快之史实,彼此均怀芥蒂。关于波兰问题,所争议者并非协议本身,而其整个历史背境最为重要。英国要求美国在若干问题获得解决之前,暂不撤退其在苏联境内之部队,但遭美国拒绝,七月十五日左右将在德国南部召集会议。

《战时外交》第2卷,第555—557页

---

① Davies.
② W. Wilson.

## 格鲁记录的会谈备忘录

华盛顿,1945 年 6 月 11 日

中国行政院院长兼外交部长宋子文博士今晨来访,他说希望就雅尔塔协定中关于远东未来的发展的几点进行讨论,总统已于 6 月 9 日将协定的内容亲口告诉了他,我也亲自在同日下午到他的寓所交给他本人一份副本。他说,象他答应总统的那样,他没有把原文用电报发到重庆,仅仅电告委员长,文件已用电报发给赫尔利大使,他将送交委员长提请注意。宋博士说,他希望澄清协定中的几点。这些是:

(1)外蒙古的现状,宋说这个字眼可以有不同的解释,他希望不要提及现状这个字眼的意义问题。事情就让它那样吧。

(2)他完全赞同关于库页岛的协定。

(3)关于在大连建立自由港一事,宋博士说,中国的主权应予承认,港口的行政管理应归中国。

(4)关于租借旅顺,宋博士指出,前日本租界仅仅以 25 年为限,虽然日本强要延长至 99 年,但从未实行。

(5)关于南满铁路,日本人控制铁路时坚持也要控制铁路两侧的一定地带。宋博士表示,希望苏联人不要求控制铁路两侧类似的地区,并开进军队。我说,达成的谅解是由苏中联合控制铁路,如果中国愿意的话,大概也可以在这些地区内驻军。宋博士回答说,中国反对任何外国在东北地区驻扎军队。

(6)宋博士问我,应该如何理解雅尔塔协定中规定应在东北地区给予苏联优越的利益。

我对宋博士说,我没有参加雅尔塔会议,因此没有资格解释协定中的各点,我设想这些事将在下次三巨头会议之前见斯大林元帅,在那时有机会讨论这个协定。我说,罗斯福总统已代表美国政府承诺支持这一协定,我国政府必须按原议支持它,对此宋博士回答,"问题在于你们同意支持的究竟是什么"。

宋博士说,他迫切希望和霍普金斯取得联系,想知道何时何地能见到他。我说霍普金斯先生于明天下午抵达华盛顿，我认为宋博士马上可以和他约定次日会面。宋先生说，他将直接与霍普金斯先生通电话订定约会①。

部长然后问我，是否可以订立一份协定，假设我们能在中国登陆，所占领的任何地区，我们将承认那里的中国政权。他提醒我说，星期六他曾向总统提出这个问题。我说这主要是军事方面的问题，我们的军事当局已考虑这个问题，我认为在他们在中国登陆的计划达到完善之前，他们不大可能愿意订这样的协定。宋博士企图坚持这件事，但是我未加以鼓励。

我于是对宋博士说，孔祥熙博士过去曾与摩根索先生交涉有关付给中国支援美国在华军队的费用问题。摩根索将乐于知道他是否应继续与孔博士交涉，还是他，宋博士作为行政院院长兼外交部长，宁可自行交涉。宋博士说他在华盛顿所余时间不多，他怀疑是否有时间办此事，不过他很快就将见到摩根索先生，会与他讨论此事，在此期间，他希望保留他的意见。

FRUS,1945,Vol.7,pp.898-900

## 蒋介石致宋子文电

重庆,1945 年 6 月 11 日

宋院长：佳酉电悉。哈雷大使亦已相晤，此事已略知大意，但其未将全文交阅，以杜总统嘱其至十五日方得告中也。此事罗、杜既皆赞同，则中前电各种步骤其第一、第二步骤不必与杜再商，惟中国今后决不能再见租借地名义，今后只要俄国尊重我主权与行政之完整，则中国可允其对军港共同使用，但不能再用租借名义。关于此点非坚持不可，否则所谓东北领土主权与行政仍不完整，仍非独立也。兄可于此点加以表示，但此点可由我国与俄直接交涉为宜，不必再托美国转达。而原

---

① 见代理国务卿格鲁记的 6 月 14 日会谈的备忘录,第 901 页。

定第一与第二步骤切勿与任何人再提为要。中正。真午。

### 蒋介石致宋子文电

重庆,1945 年 6 月 11 日

宋院长:昨夜电谅达。关于俄国备忘录案,暂以兄个人意见对美表示,"租借"地名称为我国之历史耻辱,今后不能再有此污点之发现,非设法除去不可,其他铁路、军港等问题,只要无损于我国行政与主权,自可洽商之意示之。至于整个方案须待兄回国详商,方能提出,故此时不作肯定为妥。俄使今约请见,谅亦为此,中已定明日约见也。在俄方间接表示,愿中俄两方直接商谈,必易解决云。推彼之意,东北有关问题最好不牵涉第三国,或国际关系愈少愈好,故吾人不能不审慎计议也。中正。尤申。

### 蒋介石在重庆接见彼得洛夫谈话纪录

1945 年 6 月 12 日

时间——民国三十四年六月十二日下午五时

地点——曾家岩　主席官邸

主席:上次与大使的谈话,大使报告莫斯科否?

大使:本人今天来见主席,即在上次谈话中,主席曾经说到苏联参加对日作战及帮助中国恢复东三省领土完整问题,而且说到中苏两国间,似应签订一种谅解或协定,本人曾向主席表示,中国方面关于增进中苏友谊合作的任何具体建议,苏联均所欢迎。本人今日拟继续谈谈这个问题。苏联准备开始关于缔结中苏友谊互助条约之谈判,但有几个先决条件,拟先提出讨论。(大使先口诵已书就之五条件,译文见另纸。)

主席:这几个条件,可以记录下来吗?

大使：当然可以。

主席：（命卜司长用俄文记下，先读给大使听，校对无误后，再用中文译呈主席。）关于大使所提各条，俟考虑后再谈，本人现在想说几句此问题以外的话。本人在上次谈话中说过，租借地一类的名义，我中国人民认为是国家的耻辱，我们不好再用这种名义，中苏友谊互助条约是一种光荣的条约，如有租借地一类的名义，则将失去条约的原意。如上次我说军港亦可与苏联共同使用，那是与苏联友好的合作，对两国均有利益。

大使：但是此项中苏友谊互助条约之缔结，即等于苏联对日作战。

主席：本人当然欢迎苏联对日作战。我们希望与苏联友好合作，希望苏联人民在中国随时随地受中国人民的欢迎，我中国全国的物资，将来皆可为两国的共同利益而使用。如果为了一个小问题而丧失两国人民的感情，那不是苏联的意思。

大使："租借地"与"租界"不同，"租界"的意思包含着领事裁判权等等的特权，"租借地"却不包括这样的特权。

主席：这些名义同样不好用，而且问题不仅在苏联一国。

大使：问题当然不在乎"租借"一名词，苏联如果租借旅顺，自应规定租借的时期，而且领土主权完全属于中国，并无损害。

主席：既有租借地，便是领土主权的不完整，因为中国的军港，自己不能管理，不能使用，便是领土主权不完整，所以租借这种名义，切不可再用，不用这种名词，对苏联是有利的。

大使：主席的意思，本人当报告政府。

主席：请大使报告政府，在历史上，一八九八年中国旅顺被帝俄租借之后，继之有青岛之租借于德，威海卫之租借于英，广州湾之租借于法，那是中国人民所最反对的，认为是民族的耻辱，所以租借旅顺问题，不仅是苏联一国的问题，其他国家亦可援例要求，这样便失去中苏两国友谊互助条约的原意了。

大使：在讨论此问题时，中国应看苏联是一个太平洋沿岸的国家，苏联在太平洋需要有不冻港。

主席：当然，苏联在太平洋要求安定，中国亦然，而且我们的利益都是彼此相同。

大使：关于上面所提出的几个基本条件，邱吉尔首相和已故罗斯福总统都晓得的。

主席：是不是在雅尔达会议谈过的？

大使：是的！是在雅尔达会议谈过的。苏联如果租用旅顺，相信决不会用以反对中国，因为问题是在共同使用武力以反对现在的侵略国或将来可能的侵略国。

主席：当然不会反对中国，但不可因此使中国变成不平等的国家。（上楼后回到客厅说）我刚才看了一看历史的纪载，就是一八九八年旅顺租借于俄后，不久德国即索租青岛，英国索租威海卫，法国索租广州湾，这段历史是从俄国租借旅顺起，造成了中国不平等的地位。到一九二四年苏联先于其他国家放弃对华不平等条约，此后其他国家亦才逐渐放弃对华不平等条约，这历史前段是帝俄的历史，后段是苏联的历史，这种史实是很重要的。

大使：本人认为这两段历史是完全不同的，从前中国所处的环境与现在不同，从前是帝俄与中国所订的不平等条约，现在是商讨中苏两国的友谊互助条约。

主席：从前中国的环境，现在尚未完全消失，现在还可能变成这样的环境。所以条约无论在名义和内容上，都不好用租借地一类的意思，以免在中国和外国引起不良的印象。希望将本人这点意思郑重的报告贵国政府。

大使：本人自当遵照主席的意思，报告敝国政府。本人今天所提出的只是几个基本的条件，在谈判进行时，自然还需要详细说明。

主席：宋部长约可于本月二十一日回到重庆，月底可以赴苏。关于阁下所提各条，与宋部长商谈后，当同阁下再作商讨。

**附:缔结中苏友谊互助条约的先决条件**

一、恢复旅顺港之租借,建立苏联海军根据地。

二、大连商港国际化,并保证苏联在该港有优势的权利。

三、为保证苏联与租借港之联系起见,在保持中国在东三省主权完整条件下,组织中苏合办公司,共同使用中东铁路和南满铁路。

四、关于蒙古人民共和国问题,应保持现状,即蒙古人民共和国为一独立国家。

五、库页岛南部及与其接壤诸岛,以及千岛群岛,应归苏联。

如主席同意上述诸基本条件,则苏联准备即刻开始关于缔结中苏友谊互助条约之谈判。

《战时外交》第2卷,第558—562页

## 赫尔利致斯退丁纽斯电

### 重庆,1945年6月13日

我收到你发来的白宫6月9日第285号文件,命我于6月15日送呈蒋介石。6月12日下午5点苏联大使进见蒋介石,提交苏联准备采取行动的条件。条件是列在总统文件的下半部分,包括一至四条。总统的信中的上半部分包括一至七条的条件,苏联大使未向委员长提及。

我按照指示不到6月15日不把总统的文件送交委员长。我知道送呈蒋介石的安排有些变动。罗斯福总统告诉我,他曾答应斯大林元帅此事将在适当的时候由我呈送蒋介石并向他解释清楚。斯大林元帅同意罗斯福总统的意见(见我在4月17日下午7点发出的电文1212号),与蒋介石讨论此事的时刻来到时将由我着手进行。

5月12日总统给我的指示说"我们将尽力尽早通过你把所有消息告诉蒋介石"。6月9日你在白宫第285号电文中说"斯大林希望在莫斯科与宋直接讨论他的提议",下面又说,"已告知宋子文此消息"。

委员长在与我讨论全部条件。今晚我将在他乡间宅第里度过,但是由于限定我在6月15日呈递文件,所以不到那个日子我就不呈递白宫第 285 号电文,不过在那个日子之前,我将与委员长讨论他提出的一切问题。我不知道有关 6 月 15 日的重要性。因为我们现在知道内容的大部分已呈递委员长,不过我要你知道,我将按指示的日期呈递文件。

FRUS,1945,Vol. 7,pp. 900~901

### 宋子文会见霍浦金斯谈话纪录

华盛顿,1945 年 6 月 13 日

时间——六月十三日四时二十分至五时四十五分

霍浦金斯曾就美国在华利益向史达林有所说明,并谓许多美国人士相信苏联进入满洲之意向,且将利用共产党间接控制满洲,若干中国人士当亦有此观感。史达林表示据其个人所知,具有统治中国之能力者,中国尚无其人,共产党内当亦无此人选,苏联不愿与一分崩离析之中国办理交涉,但愿与一强有力之中国政府建立正常关系,且正准备支持蒋委员长及国民政府。史氏表示愿见中国控制满洲,且将自动邀请中国政府指派代表协同苏军进驻满洲,组织政府管理民政。渠对外蒙及新疆表示毫无野心,“余之军事专家,曾无一人根据战略原因,认为苏联必须取得新疆”。过去虽曾发生种种事件,若干错误或应归咎苏联,若干错误或应归咎中国,但苏联并不需要新疆。

对于中共的看法,认为并非共产党,无疑的确有若干事情蒋委员长可以去做,但此均系其政府所可倡导办理者,殊与苏联无关。

深望宋子文于七月一日以后前往坦白商讨,直接谈判,同时美方人士或正与蒋氏在重庆洽商,宋氏可与哈里曼一见,但最切要者,宋须至莫斯科与余一晤。

关于大连究系国际化抑为自由港,渠尚不知其详,但无论如何,渠不愿大连交由国际共管,倘由中苏共同管理,甚或由中国单独管理,均属可能。谈到旅顺及铁路问题时,渠要求长期租用旅顺,渠为何不拟在韩国获得港口,而坚持租用旅顺,霍浦金斯确不悉其理由。渠拟以四十一个师兵力准备进攻日本，惟军事行动不能保持秘密，日本防务自有其弱点，然苏军将在何处攻击殊难保持秘密，苏军将于八月十五日前准备完成，其兵员数字之庞大，空军以及炮兵之力量，均在日军之上，且日军可能增援之部队不多，但就满洲现有之日军而论，实力尚甚雄厚。

日本刻正向苏联试探和平，故揣测日本必正向英国试探，甚至可能正与美国谈判。

渠虽知获取无条件投降之代价甚大，但仍坚持无条件投降，然而要求无条件投降，日本必战斗到底，日军勇敢善战，双方死亡必多，但无论如何，吾人之和平条件，先应彼此取得同意。

日本自知必败，但如听其拒不执行吾人在开罗宣言中所作之要求，而仅毁灭其城市，摧毁其人力，期其在一百年内不再威胁和平，则日本必于数年之内，降低其生活水准，从事战争准备，三十年内必再发动战争。现在日本之秘密工作人员，多系出自贵族，日本提议和平之实际内容，渠愿告知盟国，同样盟国如有所知，亦请随时告彼。

史达林谓苏联甚穷，除制造消费物品、办理国内善后工作外，势无多余力量援助中国，英国之情形亦然，恐亦不能大量帮助中国，故真能帮助中国者，厥为美国之金钱，"汝辈资金即将流入中国"。

余曾强调苏联代表在渝之谈话，颇与史达林所谈者不符，渠谓史氏今日所谈为一事，迨与政治局会商之后，明日所谈可能为另一事，惟遇有重大事件，政治局之十二三个委员，史氏均能控制。

莫洛托夫常在彼处，讨论否决权问题时，曾受打击，鲍勒姆于听取莫氏解说三刻钟之后，表示赞同霍浦金斯之主张。莫氏希望余与史达林会谈至多不超过七天，否则或将有人误解进行受阻，假使每晚商谈，一周约可竣事。

杜鲁门总统认为欧洲势趋没落，亚洲——尤其中国——渐告复兴，故美国利益应在太平洋。

霍氏不拟在政府任职，最晚在二十五日渠将启程前往柏林。

不赞成偕同顾维钧前往，惟必须自带译员，史氏认为顾维钧只系一职业外交家,其所代表委员长之权力远不若余,故其期望与余相晤。

若干重大问题均须余详加考量,此行任务实属艰难,但政治家不得不处理者,莫非艰巨问题。

斯大林曾数度论到我,意颇友善。

《战时外交》第 2 卷,第 565—567 页

### 格鲁记录的会谈备忘录①

华盛顿,1945 年 6 月 14 日

与会人:总统

宋子文博士

代理国务卿格鲁先生

查尔斯·E. 波伦先生

今天早上我去见总统,在与总统和奇普·波伦作预备性谈话后,宋博士被引进入,进行了以下谈话:

总统说,在看过霍普金斯先生在莫斯科谈话的纪录后,他可以告诉宋博士,斯大林保证中国在东北地区和其它地方享有统治权,比他上次看见宋博士时所告诉他的要更为明确。总统说,斯大林元帅说他对于中国没有任何性质的领土要求,而且他打算与蒋介石和中央政府合作,因为他认为蒋介石是唯一可以实现中国统一的中国领导人,共产党领导人中没有能使中国统一的;苏联政府准备帮助中国实现统一,他又说,斯大林元帅进一步说,他已充分准备让中央政府派代表到苏联军队可能在中国或东北作战的地区,以便在已解放地区立即设立中国行政机构。

宋博士对此消息表示高兴,然后说他有几个问题希望和总统澄清一下。他说,总统告诉他关于雅尔塔协定的内容中,谈到要重新建立由于 1904 年日俄战争而失去的俄国在东北地区的权利。他说这些权利

---

① 原文注释:"波伦先生带去旧金山交国务卿的副本——45 年 6 月 16 日。"

的范围极广，是根据 1895 年中日战争后中国向俄国作出的让步。宋博士于是指出 1924 年苏中条约中和（1925）〔1924〕年与张作霖签订的苏联条约中，苏联政府主动明确地放弃所有这些特权、租借权和特殊地位，包括治外法权，他说在他去莫斯科时需要和斯大林澄清这几点，和苏联在大连有"优越利益"这个词的意义。他补充说，对中国而言，苏联的要求中最困难的是租借旅顺，因为中国政府和人民在这场战争中经受了一切苦难之后，非常反对在中国重新建立特别租借港口的制度。

在总统允许之下，宋博士于是问波伦先生，是否认为苏联打算当他在莫斯科时与他签订一份明确的协定，特别是雅尔塔协定中提到的友好互助条约。波伦先生说在这个具体问题上他没有获得什么消息，他认为这当然要看宋博士在莫斯科会谈的进程。他又说，不过他认为如果苏联参加对日战争，应该是在中国完全同意的基础上加入的。也应获得中国同盟国英国和美国的同意。

然后宋博士问，关于日本投降的条款，总统有没有打算和太平洋战争的主要同盟取得一般性的一致意见。总统说投降的条件将由盟军强加给日本，他认为有必要也希望得到一些这类一般的一致意见，但是他认为应该在苏联参战以后再进行此事。他又说现在他最感兴趣的是设法让苏联早些参加远东战争，可以帮助缩短战争的时间，从而减少美国人和中国人的伤亡。他说这虽然是令他全神贯注的事，但他希望让宋博士安心，他不会做任何损害中国利益的事，因为中国是美国在远东的朋友，总统继续说，就和在欧洲一样，美国最希望看到这些不论是欧洲的还是远东的战后问题，按照一种能消除任何引起未来纷争和战争根源的方法来解决。他说，例如我们在波兰就没有私心，然而，设法让波兰问题按照能保证平静和稳定的方式来解决，我们是极感兴趣的。

宋博士对总统的言论表示同意，他说，中国认为世界上没有其他国家比美国更友好的了。他问总统，除了那些已经交给他转呈委员长的信息外，还有其他消息没有。总统回答，只不过他可以告诉委员长，他希望某天可以和他见面,面对面的谈话。

FRUS,1945,Vol.7,pp.901-903

### 赫尔利致斯退丁纽斯电

重庆,1945 年 6 月 15 日

赫尔利大使致总统。今早 10 点我把总统的通知呈递蒋介石。委员长说,在宋抵达之前对此通知他不作正式答复。他非正式地和我讨论了全部内容,他初步提出三个问题。他说这些问题的答复能帮助他在宋抵达时快些做出决定。问题如下:

(1)美国政府会不会为维持太平洋的和平参加共同使用作为海军基地的旅顺港?

如果美国认为共同使用是可取的,中国在答复苏联的提议时将按这种意思提出建议。委员长说,如果美国决定共同利用旅顺为海军基地,如果美国不反对,他将建议让英国也参加使用,这样使中国、苏联、英国和美国——战争中的"四巨头"共同参加使用旅顺为海军基地。

(2)委员长迫切希望美国参加中国与苏联的协定,他相信有第三方在场,肯定可以使最后签订的条约更符合协定的条款。根据这同一理由,如果美国认为,美国和英国双方都应该参加中国与苏联的协定,他不反对。

(3)委员长建议讨论有关转让库页岛和千岛群岛一事,似乎应由联合国或至少由中、英、苏、美四国进行,而不由苏联与中国单独进行。

委员长坦率地希望美国参加中苏条约,如果美国同意,就让英国也参加。他指出,置朝鲜于中、英、苏、美共管之下的协定表明,四方一直一致是得当的。

在委员长的建议之下,我在给他的官方信件中删去以下两句,"斯大林希望在 7 月 1 日之前与宋子文在莫斯科直接讨论他的要求"和"宋子文已获悉此消息"。委员长说,他不想让这两句话载入官方文件,并不表明他不希望由宋来为中国进行交涉,不过如果美国采纳以上的建议,那么美国和英国很可能希望在讨论问题和商量协定时派代表参加。

### 杜鲁门致斯大林电

华盛顿,1945年6月15日下午3点3分

宋子文今日乘机途经重庆赴莫斯科。他将在7月1日之前抵达莫斯科讨论安排苏中协定的细节。

已指示赫尔利大使①于6月15日将苏联的条件通知蒋介石,并尽量设法同时取得委员长的同意。已指示赫尔利通知蒋介石,美国将支持雅尔塔协定。

### 格鲁致赫尔利电

华盛顿,1945年6月18日下午8点

如你所知,总统完全支持实现在雅尔塔签订的协定,其条件如通知你的那样。这份协定规定旅顺港租借给苏联作为海军基地。

因此,我认为你会理解本政府难以参加共同使用旅顺港为海军基地或加入中苏协议中来。无论怎样,看上去苏联不见得会同意一项三方或多方的条约,因为这项条约的目的是为调整中苏关系。

格鲁

### 宋子文致赫尔利函

重庆,1945年6月25日

大使阁下:

---

① 6月9日,电报第285号,897页。

余奉蒋主席谕代复阁下,阁下本月十五日奉杜鲁门总统命,陈述其建议之中苏协定纲要之函,业已收到。余并告阁下,根据洽定步骤,余即将往莫斯科,于七月一日以前到达,与苏联政府谈判,关于谈判之进行情形,无论何时,均将通知美国政府。余请阁下将此函内容转呈杜鲁门总统。

宋子文。六月二十五日

《战时外交》第2卷,第569页

## 蒋介石在重庆接见彼得罗夫谈话纪录

1945年6月26日

时间——三十四年六月二十六日十七时至十八时

地点——曾家岩官邸

主席:本人想在贵大使动身回莫斯科以前,将个人的几点重要意思说一说。首先,是关于本月十五日美国驻华大使送来的一件备忘录。本应由美国大使送给贵大使一份,但因贵大使就要动身离渝,恐来不及得到。故本人现以友谊的关系,将此备忘录交大使一阅。

大使:(接过备忘录细阅)请问主席可否将此备忘录要点摘录下来?

主席:可。

大使:(命伊山克秘书抄录备忘录全文)。

主席:大使对此备忘录的内容明白了吗?

大使:明白了。此中主要内容,即本人于本月十二日与主席谈话时所说的意思。

主席:美国方面曾说,在此备忘录中所提的许多问题,曾在黑海会议中讨论过,并谓美故总统罗斯福曾经同意,而且杜鲁门总统亦表示赞成。本人认为中苏两国有关的事情,应由中苏双方直接商议,美国同意与否,没有关系。本人希望宋部长抵莫与史大林元帅谈话,能不拘外交形式,开诚商议中苏两国密切合作的根本问题,尤其是关于政治问题,希望能彻底商谈。宋部长此次赴莫,商订中苏密切合作的条约之后,彼此皆能彻底了解,则将来中苏之间的国界上,甚至可不设防,像美国和加拿大之间一样。

大使:请问主席对于本人在上次谈话中所提各条,有何意见?

主席:本人的意思,大致已告诉宋部长,可由其到莫斯科后详细再谈。关于南库页岛、千岛及朝鲜诸问题,我们相互的意见没有多大不同之点;关于旅顺问题,本人应将个人的意思,再郑重告诉大使,即"租借"一类的名称切不可再用,因为用这种名义,对中苏两国于事实都是有害的。

大使:主席的意思,是否除旅顺不宜用租借名义外,对于其他各条的意见,同我方没有多大的出入。

主席:其他各条都可以在莫斯科商议。关于外蒙问题,苏联于一九二四年在条约中,曾经承认外蒙的领土与主权是应当属于中国的。吾人决不会用前清时代的武力政策来压制外蒙的,本人解决外蒙问题的方针,是赋予外蒙的高度自治领,即其外交、军事均可独立,而宗主权则应属于中国。但此系将来的事情,现在对外蒙问题,最好不提,同时亦不提一九二四年的中俄条约,以免引起双方的误会。同时外蒙问题与西藏问题,有相互的联带关系,所以目前对外蒙问题最好是不提。

以上纯系个人友谊关系的谈话,在外交上就不能这样说了。

大使:此次随宋部长访苏人员,大部分都是未曾到过苏联的?

主席:是的,并且大都不是外交官。贵大使见史大林元帅和莫洛托夫外长时,请转致本人的敬意。

大使:谢谢主席,本人抵莫后第一件事,即当转达主席的意思。

（完）

### 蒋介石致斯大林函

重庆,1945 年 6 月 26 日

史达林元帅阁下:

余兹派行政院宋院长访问贵国,晋谒阁下,商谈贵我两国间各种重要问题。余对于宋院长完全信任,凡彼所陈述之意见,均能代表本人。余深盼宋院长此行能获阁下开诚赐谈,奠定中苏两国长久友谊合作之密切巩固基础,不胜企幸。专此。顺颂

勋祺

蒋中正。中华民国三十四年六月二十六日

《战时外交》第 2 卷,第 571 页

### 赫尔利致斯退丁纽斯电

重庆,1945 年 6 月 27 日下午 1 点

自宋子文回国后,我每天和委员长、宋和王①开会。他们好心坦率地和我谈有关你白宫 285 号②电文的一切事宜,宋与彼得罗夫今日一起乘飞机赴苏。

中国依然希望和苏联的协议最终将成为多边的并置于联合国的监督之下,我相信苏联与中国会很快达成协议。

雅尔塔决定中仍然引起最多争议的两个字,是我 5 月 10 日向总统发的电报 101142 号中提到的那两个字。中国会努力使条件合乎苏联的意愿,但是按照明确的定义而不是按一般的措辞,中国希望避免使用与边界完整、主权独立有矛盾的词,但是同意这些条件。

行政院宋院长今日送来下列来信,日期是重庆 1945 年 6 月 25 日:

“亲爱的大使:蒋介石主席令我转达已收到你本月 15 日来信。该信是奉杜鲁门总统命,为中国政府和苏维埃社会主义共和国拟议中的

---

① 中国宣传部部长王世杰,1945 年 7 月 30 日任外交部长。

② 6 月 9 日的电报,897 页。

协议提供一个大纲。再者按照预定计划,我将于7月1日之前抵达莫斯科与苏联政府进行交涉,并将随时将交涉的进展情况通知美国政府。请阁下将此信转达杜鲁门总统。你的真诚的宋子文。"

FRUS,1945,Vol.7,pp.907-908

### 哈里曼致杜鲁门电

莫斯科,1945年6月28日上午10点15分

我从此地的中国大使得知,宋子文可望于6月29日或30日抵达莫斯科,如能告知委员长对于雅尔塔协定中需要他认可的部分的反应,将对我极为有用。我敢肯定,宋会随时通知我他与俄国人会谈的内容,如果我能获得有关下列几点的情报将极为有用:

(1)国民政府与共产党之间交涉的现状。

(2)苏中打算签订的军事条约中我们可能特别感兴趣的任何方面。

(3)我们是否希望俄国人对委员长和国民政府作出特别承诺。例如,你会记得当哈里①和我与斯大林讨论此问题时,他自己允诺国民政府派代表和红军一起进入东北地区以便成立中国行政机构②。协定中苏联在铁路和港口拥有特殊利益将影响中国在东北地区的主权,我设想那是必然要讨论的问题,也是我们感兴趣的问题。

在过去18个月里,我与斯大林的多次谈话中谈到日本的战争,中国、苏中关系,他一再地说,他认识到在很多中国问题上我们想要采取引导地位的意愿,并且表现出不论什么时候都愿意讨论苏中关系。宋在莫斯科出现将给我另一个机会,以便我在你与斯大林见面之前,和斯大林研究局势的各个方面,或者获得他最近态度的情报。

FRUS,1945,Vol.7,pp.908-909

---

① 即H.霍普金斯。
② 见5月28日的备忘录,887页。

## 格鲁致哈里曼电（意译）

华盛顿，1945 年 6 月 29 日

白宫 307 号。

1. 总统指示我向你发出（参见你的 281015 号电文，6 月 28 日）下列今日收到来自赫尔利大使发来的信息①：

"自宋返回后，我每日与委员长、宋和（唐）〔王〕开会。他们好心坦率地和我讨论有关你的传达雅尔塔协定的白宫信息中的一切事宜。"

"中国希望与苏联的协议最终将成为多边的并置于联合国的监督之下。我相信苏联与中国会很快达成协议。"

"雅尔塔决议中'优越的'与'租借'两字仍然引起最多的争论。中国将努力使条件合乎苏联的意愿，但是按照明确的定义而不是按一般的措辞。中国希望避免使用与边界完整和主权独立有矛盾的词，但是同意这些条件。"

2. 下面是赫尔利大使于 5 月 20 日报导蒋的政府与共产党交涉的现状：

"我们终于成功地使用国民政府任命一位中国共产党人作为国民政府在旧金山的代表，从而承认武装起来的中国共产党是一个政党。共产党接受了这个任命，也就承认了国民政府。由共产党领导人陪同我们访问了他们的区域。我们促成了在共产党和国民党领导人之间的会谈，他们似乎消除了他们之间的一些争执。在政府与共产党的争论中，我们有两个主要的目的。（A）避免似乎是一触即发的内战，以及，（B）使共产党和国民党政府军队联合起来，在一个司令官的指挥下对日作战。"

"苏联赞成统一中国的武装力量，蒋介石也正在着手进行统一，这一事实表明了有圆满解决的可能。但是，拥有武装的共产党仍在争论，依照我的看法这有一定的道理，他们不会把他们的军队置于中国国民

---

① 见驻华大使 6 月 27 日下午 1 点发出的电报第 1058 号，907 页。

政府的指挥之下,除非在国民政府之下安置一位美国或别的盟军军官来统率所有的中国军队。"

FRUS,1945,Vol.7,pp.909-910

## 2. 中苏第一阶段谈判

### (1)外蒙古问题上的僵局

#### 宋子文率代表团抵莫斯科谈判

#### 1945 年 6 月 30 日

(塔斯社莫斯科一日电)中国行政院长兼外交部长宋子文,外交部次长胡世泽,以及沈鸿烈、钱昌照、蒋经国、张福运、卜道明、刘泽荣以及他们的随员,已于六月三十日抵莫斯科。苏联驻华大使彼得罗夫同时抵莫斯科。在中央机场上欢迎贵宾的有:苏联人民委员会副主席兼外交人民委员部部长莫洛托夫,苏联外交人民委员部次长洛索夫斯基[①],苏联对外贸易人民委员部次长卡冈诺维奇[②],莫斯科苏维埃副主席雅斯诺夫,莫斯科市卫戍司令辛尼洛夫中将,苏联外交人民委员部礼宾司司长摩洛契科夫,苏联外交人民委员部第一远东司司长邓金,由中国大使馆傅秉常率领的中国大使馆全体馆员,英国大使卡尔,美国大使哈里曼,以及其他外国的大使、公使和代办,都来欢迎贵宾。欢迎时,仪仗队列阵致敬,奏中华民国国歌和苏联国歌。机场上中国国旗和苏联国旗交相辉映。

在莫斯科机场上,宋子文在扩音机前致辞如下:我已到了我们的伟大邻邦苏联的首都,感到极大的喜悦,我代表中国的人民和政府,向苏联的人民和政府,谨致热烈的敬礼,我特别荣幸,能够在这儿,向苏联的

---

① С. А. Лозовский.

② Л. М. Каганович.

军队、人民和政府,庆祝对法西斯德国争取到的辉煌的胜利,并且表示我对于他们在斯达林元帅领导下,在这次世界大战中所表现的绝顶的英雄气概的最深切的赞美,我表示无可动摇的信念:中国和苏联之间真诚的友好合作,对于稳固的普遍的和平的确立,必将有极大的贡献。

(塔斯社莫斯科一日电)苏联人民委员会主席斯达林,于六月三十日接见中华民国国民政府行政院长兼外部长宋子文。接见时在坐的有:苏联外交人民委员部部长莫洛托夫,中国外交部次长胡世泽,苏联驻华大使彼得罗夫和中国驻苏大使傅秉常。

(中央社莫斯科三十日专电)随宋院长访苏之一行名单如下:胡世泽、沈鸿烈、朱光沐、蒋经国、钱昌照、刘泽荣、卜道明、张福运、万异、倪光华、吴兆洪等十四人。苏联驻中国大使彼得罗夫及参事、秘书等亦同行。

重庆《中央日报》1945 年 7 月 2 日

## 宋子文致蒋介石电

莫斯科,1945 年 6 月 30 日

密。主席钧鉴:今日抵莫,苏联欢迎礼节极为隆重,与欢迎邱吉尔首相相等,莫外长、卫戍总司令、重要部长、及全体外交团,均来机场等候迎接。旋偕傅大使、胡次长晋谒史太林元帅,莫外长与苏驻华大使均在座。史首询钧座起居,职即将钧座函面交。寒暄后,史询中国最近军事情况,并询美国是否大量援助中国?职答以现有军械及技术人员协助。史又询英国有何援助?职答以无直接军事援助。史继谓随时准备与职商谈,莫外长谓今日系初次见面,拟先彼此认识。职即谓今拟以大意陈述,昔日总理在世,中苏合作密切,职亦亲历其境,现国人自钧座以下,亟盼恢复以往密切友谊关系,吾人以为中苏如无充分谅解与合作,中国建国前途不能进展,故不仅因历史关系,即以事实而论,亦须与苏彻底谅解与合作,钧座派职到苏,即望商谈如此重大问题,希望史能开诚商讨,最诚意交换意见,并不拘平常外交仪式,倘史能予职以此种信任,则极为感激。史谓余对阁下来苏任务及接洽方法,颇欲赞助,阁下所谓中国之处境,亦即苏联之处境,以往俄国与日本勾结,意图分割中国,现苏联新人执政,愿以中苏联盟挟制日本,吾人对中国态度,不少事实证明,余思吾等必可获得协定云云。史并重言余于此坚定信心,职答敬聆盛意。史复谓请职勿丝毫疑虑,日内当再约谈等语。谨闻。职子文叩。巳卅亥。

**附:史太林统帅与宋子文院长第一次谈话纪录**

出席人员:史太林统帅、莫洛托夫外长、彼得罗夫大使、洛索夫斯基次长、柏巫洛夫翻译、宋院长、傅大使秉常、胡次长世泽。

时间:一九四五年六月三十日下午六时三十分至六时四十五分。

史太林统帅(以下简称史):询宋院长此次旅途好否? 继以蒋主席之政躬相询。

宋院长(以下简称宋):余近来往返中美之间颇多。蒋主席政躬康健,曾嘱余面奉亲函一件。(宋院长即将该函交与史太林统帅)

史:询在中国抗日之军事进行状况?

宋:中国军队在进展中,日军在守持几个主要据点,但他处日军已被迫撤退。

史:张发奎将军现在何处? 曾脱离国民政府否?

宋:张发奎将军现统率在广西之军队,彼自一九二三年以来,从未离开国民革命。

史:美国协助中国多否?

宋:美国供给军火及技术人员。

史:英国是否协助?

宋:军事方面者甚微。

史:询宋院长欲于今日或他日开始谈判?

宋:阁下之意即余之意。

史:主人当遵从客人之意。

宋:今日余拟先作一概括之说明。余追随孙总理从事国民革命工作时,苏俄与中国间之合作最为密切,余有机会亲眼观察当时之各种情形,现在所有中国人民自蒋委员长以下,均希望此种合作应予恢复。中苏关系于我特别重要,除非中苏间有彻底之谅解及同情,中国将无建设之机会,是以不仅为历史上的理由,即为客观的理由,我国与苏联大国恢复密切关系实属重要。此次蒋委员长令余访苏之使命,意在余能与阁下及其他官员竭诚率直商谈,余希望不拘于外交通常礼节,而能完全坦白交换意见。此次使命中,余如承阁下惠以信任,则不胜感激之至。

　　史:余当尽力赞助阁下,阁下所述贵国之立场,即我国之立场。现在俄国有新人在位,以往俄国欲与日本联盟,以分裂中国;现在俄国欲与中国联盟,以遏制日本。此种立场已为数种事实所证明,余以为我等当能获得同意,并确有把握。

　　宋:余聆阁下之情意为快。

　　史:阁下无须有任何怀疑。

《战时外交》第 2 卷,第 572—574 页

## 哈里曼致杜鲁门

### 莫斯科,1945 年 7 月 1 日

　　参考 6 月 29 日白宫电文第 307 号。今晨宋约我去见他。他告诉我,昨晚斯大林在莫洛托夫陪同下接见了他和中国大使,苏联驻华大使也在场。宋递交了一封蒋的信,声称宋全权代表委员长在一切问题上为他发言。宋提到苏联和中国之间过去存在过亲切的关系,他表示希望应重新建立这种关系,强调它们对中国的重要性。斯大林表示同意,他说这样的关系对于苏联也同样重要。会谈是一般性的。同意在下次会谈时开始讨论细节,宋预料将于星期一举行。

　　宋告诉我,他在华盛顿的会谈和委员长对于他与赫尔利会谈的反应。他说,他将让我了解他与斯大林交涉的全过程。我劝他尽力使所有悬而未决的问题达成正式的协议,因为我相信以后不会有比目前更好的机会了。

宋和我仔细地讨论了他的问题,我相信我能详细报告谈判的进展。因此我仍继续使用海军的通讯渠道,除非另有指示,以便信息的保密,就如与白宫往来通讯的办法一样。

FRUS,1945,Vol.7,pp.910-911

### 宋子文致蒋介石电

莫斯科,1945 年 7 月 1 日

密。主席钧鉴:职今日下午三时安抵莫斯科,莫洛托夫外长亲来机场迎接,即日拜访史太林及莫外长。关于中东、南满铁路问题,倘苏联要求在平时亦可运输军队一点,职行前曾奉面谕,如苏联事先通知,我方亦可答允,究应如何答复? 乞电示遵。职子文叩。

蒋主席批示:复。宋院长:对苏租借军费五亿元事可相机提出,或可作为东北两干路之股款也。中正。

《战时外交》第 2 卷,第 574—575 页

### 宋子文致蒋介石电

莫斯科,1945 年 7 月 1 日

密。主席钧鉴:有关方面密告:(1)美总统嘱赫尔利提及之第一条过于肯定,史太林与霍布金谈话虽确有此言,但仍应参考苏联历来对中共之态度,史意中国统一必须国共谅解,故第一条在战时及战后绝对无条件拥护委员长政权一点,似太简单。(2)史向人表示,新疆汉人究系少数,中国政府对其他民族应较前开放,始能相安无事。谨闻。职子文叩。午东亥。

《战时外交》第 2 卷,第 575 页

### 宋子文致蒋介石电

莫斯科,1945 年 7 月 2 日

渝。密。极密。主席钧鉴:今晚八时,偕胡次长、傅大使及经国,同

谒史太林,谈话三小时半。兹谨将谈话详细情形电陈,敬乞鉴核。本日谈话时,对东三省比较满意,外蒙问题则成僵局。(一)史谓外蒙人民不愿受中国政府统治,希望独立,故盼中国承认外蒙现状,苏联不欲并吞外蒙,亦盼中国准许外蒙脱离。职谓苏联曾屡次承认外蒙为中国领土。史谓然,但现为苏联国防关系,不得不在外蒙驻兵,并出以地图示职,谓如有敌人由外蒙攻西伯利亚,西必不守,以往日本曾试由外蒙攻西一次,故盼外蒙能独立,并与苏裁济同盟,保障苏联领土。职谓中国政府目前可不向苏提商外蒙问题,盼史亦不提此难题,因中国任何政府如丧失土地完整,必为国人不谅。史闻言谓如此吾人不能有任何协定。职谓史曾屡言欲维持中国统一,倘如此办法,中国人民对政府将无信仰,且恐影响西藏问题。至此,史沉思片刻,继谓可订一秘密条约,俟日人战败后再公布。职谓苏联对中国向来友好,十三年苏联首先废弃在华特权,而有今日各国取消不平等条约。顷史谓旅顺可不用租借方式,即顾念中国政府地位,盼对外蒙,亦能重加考虑。史仍坚持其主张,此事究应如何处理?有何较好解决方法?乞钧夺,迅赐电示。(二)旅顺事,史表示可不用租借方式,铁路限于干线,平时不运输军队;大连,史意由中苏共管。职谓中国主权行政统一,应由中国主管。史提出旅顺军港由中苏共管,使用四十至四十五年;铁路双方共管,利益均享,期限亦为四十五年。职谓我方意以二十年为限。史对大连自由港,以为有厚利,职告以并无大利,史对此点似不明了。(三)史对国共事,认为系中国内部问题,但表示政府对前进分子(不仅共党),宜加容纳。职谓政府愿在军权、政权统一之下,容许共党及他党参加政府,但领导权应属国民党,不能有联合政府,因联合政府,如有任何党派不合作,易酿政变。史对此点表示谅解,以为国民党因历史关系,当然应居领导地位,但政府如不容纳前进分子,困难无法消除,实为中国利益着想,并非祖护任何党派。(四)政府派代表随苏联军队进入东三省,组织地方政府一点,史表示愿有切实办法,并谓一经允诺,必切实做到。以上关于外蒙独立,及使用旅顺军港及铁路之期限,乞迅赐切实指示,以便续商。

职文叩。午冬亥。

**附：史太林统帅与宋子文院长第二次谈话纪录**

出席人员：史太林统帅、莫洛托夫外长、彼得罗夫大使、洛索夫斯基次长、柏巫洛夫翻译、宋院长、傅大使秉常、胡次长世泽、蒋经国先生。

时间：一九四五年七月二日下午八时至十时半。

史太林统帅（以下简称史）：询宋院长是否知悉罗斯福总统、邱吉尔首相及史太林所签关于日本之文件？（注：指雅尔达会议决议案）旋将文件原本送宋院长阅看。

宋院长（以下简称宋）阅读文件，并答：然。该项文件系由美国政府转告，内容大致相同，美国政府并通知中国，谓除该项文件以外，阁下曾作若干有关中国之诺言。

史：是否指余与霍布金之谈话？抑系由蒋委员长公子转达之言？

宋：否。阁下所作之诺言，系杜鲁门总统转告者。（宋院长随取出一文件由翻译柏巫洛夫传译）

史：（听取翻译后）一切均属实在，倘阁下对余所交阅文件之内容认为正确，此即余之立场。

宋：余可否讨论文件内若干问题？

史：请讨论。

宋：彼得罗夫大使曾与蒋委员长对此问题讨论两次，谅彼大使已将谈话内容报告阁下。

史：然。

宋：可否逐项讨论？

史：可。

宋：关于外蒙，蒋委员长已告彼大使，非目前可以解决之问题，时间可以解决此问题，现在可予搁置，吾人不拟提出此问题。

史：吾人对此点不能同意。

宋：敢询何故？

史：外蒙在地理上之地位，可使他人利用之，以推翻苏联在远东之地位,日人业已试过,如吾人在外蒙无自卫之法律权,苏联将失去整个远东。日本即使接受无条件投降亦不至毁灭,德国亦然,此两国均甚强大,在凡尔赛和约后,人人以为德国不能再起,但十五年至二十年以后,德国又已恢复,日本即使投降,亦将再起,因此之故,苏联在外蒙领土应有自卫之法律权,苏联强大为中国之利,吾人不愿自处于愚蠢之地位。外蒙人民不愿加入中国,亦不愿加入苏联,彼等要独立,为中国计,割去外蒙,实较有利。如此问题不能实现,外蒙古将成为所有蒙古人团结号召之点,此对中苏两国均属有害。外蒙将统一所有自内蒙至北蒙之蒙古人民,外蒙领袖认为外蒙以南尚有甚多之蒙古人民。关于苏联签订顷交阅之文件之动机,及希望阁下对此同意之原因,实以下列二项为考虑之点:(一)加强苏联对日之战略地位,苏联建议与中国结为同盟,以两国之军力,再加美、英力量,吾人将永远足能战胜日本。吾人对旅顺、中东铁路、库页岛南部及外蒙之要求,均为加强吾人对抗日本之战略地位,以上要求无一基于寻求利润之考虑。(二)苏联已作战四年,且流血甚多,苏联人民均知在遭受攻击之时,必须抗战,如吾人对德作战者然。但吾人先行攻击他国,人民恐不能如被攻击作战时之热烈,现在希望吾人攻日而日本并未攻我,日本目前极为驯顺,且对苏联表示好感,如我攻日,人民将作何言?人民将谓吾人业已结束一战事,而汝又掀起一新的战争,日本人并未犯汝,而汝攻日,余将如何证明攻日之为正当乎?无他,余只能谓为加强吾人之力量。

请阁下在以后继续讨论时,顾及上列两点,而加以考虑。

宋:关于外蒙问题,阁下似不明了中国之处境。

史:请为说明。

宋:吾人实处于困难之地位,吾人无法向人民宣布吾人将放弃任何一部分领土,阁下谓外蒙为对日战略上重要之地点,吾人将不在此时提出此问题,卧榻之旁,任人鼾睡可也。但如吾人承认外蒙之现状,中国政府将发生动摇,盖外蒙即系苏联屡次承认为中国领土之一部,阁下谓愿见一稳固统一之中国,然则最好对并非主要之问题,勿引起困难。以上系余对文件第一项之意见，余甚愿对其他数项作详细之研讨。

关于"一九〇四年因受日本诡诈攻击所损害之俄方昔日权益应予恢复"一节之声明，需加分析，因此项声明似太笼统。

史：对此表示同意，彼谓并非指对于中国方面之权益，乃系指苏联对日本之关系而言。

宋：如系指库页岛等而言，吾人甚愿支持阁下之立场。

关于大连国际化一点，国际化一字作何解释？

史：系指作为一国际性之商业港口而言，各国船只均可进入，而苏联优越之地位可以获得保障，有另订专约之必要。

宋：是否即为自由港？

史：倘中国愿意如此。

宋：保障苏联优越地位作何解释？

史：港口之管理一特别为苏联使用之港湾，此应较一八九八年条约为改善，诚能以该条约为根据，加以改善，实大佳事。

宋：余对此点曾询杜鲁门总统，余询彼是否指自由港而言？彼与阁下答复相同，曰然。然则管理权应属中国，但因苏联为最大航运国家之一，于是在该港之优越商业，当属中苏两国。

史：中苏两国应为该港之主人，亦为该港之管理者，在吾人面前之公文仅规定原则，吾人当另行拟订专约。

宋：贵外交部已否准备文件说明较为具体之意见？

史：最好依照旧条约加以改善。

宋：旧条约即无战事亦当已满期，且为帝俄所为之宣言，余思阁下不致以该条约为依据。

史：否，然则阁下拟有草案否？

宋：吾人认为自由港之意义系对各国开放贸易之意，如阁下愿中国在满洲全部掌握主权，余思港口之管理权应属中国。

史：此系错误观念，倘仅为贸易打算，无须订立条约，吾人并愿在广州、天津各地通商，但不必订立专约，倘吾人需要签订条约，当有较多之权益,非仅对各国开放之港口而已,吾人需要对吾人在港口之优越地位获得保障。

宋:此优越之地位是否指与中国比较而言?

史:系指与中国及其他国家比较而言。

宋:是否指苏联将较中国获得更多权利?

史:或系如此,吾人需要一不冻港,倘吾人对中东铁路所通到之港口无若干权利,则中东铁路何用?

宋:阁下是否谓港口应归苏联管理?

史:可由一中苏合办会社管理,理事长为华人,行政长则为苏人,利益可各半均分,吾人并非要求租借地,吾人宁愿有一合办之会社。

宋:如为贸易利益打算,该港不能营利。

史:俟港口建筑完成之后,当可获利,大连将为苏联进出口之港口,余思该港应有若干重要性。

宋:诚然,但港口系为供给贸易上之便利,而非为营利者。

史:阁下无意由该港获得利益乎?

宋:非由港口本身,吾人对贸易更为重视,吾人对苏联经由该港之进出口贸易将不征租税。

史:此点当以后续商,港口之收入应为政府收入之重要来源。

宋:在大连,吾人不拟征收货物之租税,该港与非自由港不同,非自由港应付租税,即在非自由港收入亦特关税之收入,而非港口之收入。

史:吾人文件中原系规定为国际化之港口,而非为自由港。

宋:如有关税亦将归诸中国?

史:各半各半。(史笑)

宋:如是阁下将致大连于死地,因东三省尚有其他港口,吾人倘仅能得收入之半,则吾人必将吾人货物移运至其他港口。

史:对于此点,吾人当以后再为详谈。

宋:即在帝俄时代,大连亦为自由港,在日本控制之下,亦然。

史:阁下之言甚是,吾甚愿较为宽大,不愿较帝俄更为吝啬。

宋：关于租借旅顺口一点，蒋委员长经已面告贵国大使，吾人愿将该港由中苏两国共同使用，吾人不愿再有租借地，其理由至为明显，但吾人甚愿共同使用。

史：为迁就蒋委员长之愿望起见，吾人于此可能觅得一共同之语词，余不愿开一于中国有害之先例。

宋：甚为感谢。

关于铁路中苏合办公司之意何若？

史：共同经营。

宋：所有权如何？

史：应归建筑铁路者所有。

宋：期限如何？是否原定期限六十年？

史：旧定期限为建筑后八十年。

宋：在一九二四年已改为六十年。

史：余不知此点。

宋：并有赎回铁路一款。

史：然在帝俄时代即已有此规定。

宋：关于中东铁路，阁下之意何若？

史：吾人应商定期限、经营之原则及其目的，即为旅顺口而使用此铁路，亦为海参崴与西伯利亚间之联系，可由一合办公司经营，利益均分。

宋：是否所有权亦为共有？

史：经营将为共同，苏联将先为所有者，将来由中国接过所有权，以往中国有少数股权在内，所有权并非适当名词，实系指在一定期间内处置铁路之权，期满之后，苏联当即离去该铁路。

宋：何时？

史：余意拟延长旅顺之期限，而缩短铁路之期限，二者平均扯算，大致为四十年或四十五年，任听阁下所愿。（史笑）

宋：余拟更为研讨若干其他问题，关于苏联在铁路之优越利益，应作何解？

史：与大连相同，吾人并不要求财务上之特权，亦不希望沿铁路驻兵，但铁路长应为苏人。

宋：阁下是否希图利用铁路运输军队？

史：在对日作战时为然。

宋：此属合理，阁下无意在平时运兵否？

史：无此需要，但无论如何吾人应有少数军队，但在对日作战之前夕，吾人或须运兵，阁下怜悯日本乎？

宋：吾人对此自表欢迎，但余意为在平时，阁下无意在东三省境内运兵乎？

史：吾人当同意此点，除非日本侵略复发，否则实无运兵需要，如日本再度侵略，而中国倘与吾人同盟，则中国将自己要求苏联军队之运入。

宋：吾人对此应有一谅解。

史：阁下畏惧吾人将进至北平乎？吾人并无此种企图。

宋：否，但苏联在日本占领西伯利亚时，亦有外国军队驻在国土，吾人亦有同样痛苦经验。

史：与宋院长同意。

宋：关于千岛群岛，吾人乐于同意阁下之意见。

史：吾人现已为包围，吾人无出路，吾人必须在东、西、南、北各方面防制日本，然后日本将归安静。

宋：关于苏联对东三省之立场，吾人深为明了，阁下需要由大连出口，吾人准备予阁下以出口。但尚有若干问题需要明确之谅解，例如在协定之内，吾人不能规定苏联为日本侵毁之权益，应予恢复一语，因大连、旅顺之期限业已过期，中东铁路已售与日本，南满铁路即以往中东铁路之一部，亦将于最近满期。

史：恢复一词系指朴茨茅斯条约而言，并非包括对于中国方面权益之恢复，吾人并不需要恢复帝俄政府对中国之旧有权益，与中国之协定当另行拟定,此项文件(指雅尔达议决案)并非条约,仅系包括抵抗日本之原则。

宋:余乐闻此言,在一九二四年苏联首先放弃在华特权,为他国树立一模范。

史:因此张作霖拘捕中东铁路之苏籍局长,此实为酬谢吾人放弃特权之奇异方式。

宋:张作霖与沙皇均已长逝,愿上帝使彼等枯骨永息。

史:张作霖并不喜欢日人,彼亦有彼之优点。

宋:彼以其生命殉此。阁下谓铁路之期限为四十年至四十五年乎?

史:原定铁路期限为六十年,旅顺为二十五年,余愿取其折中之数,为四十年至四十五年,期满以后,全案即告终止。

宋:阁下所谓旅顺口,能否绘一地图见示? 旅顺口不能包括辽东半岛之全部。

史:如阁下无具体建议,愿绘一地图。

宋:如阁下能准备一地图,则甚感谢,吾人应更求精确。蒋委员长之意见为旅顺口及铁路之期限均定为二十年。

史:实属太短,吾人尚须先行建筑,当帝俄规定二十五年期限时,预计可以延展,实属欺骗中国,帝俄希望能永久保持旅顺口,且望更能南进,吾人则无此企图。

宋:余深信此点。

第四项述及中苏友好同盟条约之问题,吾人对此数年来期望已久,但苏联因对德战事关系,迄未能签订此约。

史:蒋主席常要求此点,但以往吾人为德国所牵制,现在吾人可以订此。

宋:阁下拟有草约否?

史:否,吾人必须先将原则商定,然后再为拟订草约。

宋:吾人愿对若干问题先行弄清,兹大连问题业经阐明。

史:吾人尚未得到最后结论。

宋:吾人必须明悉彼此意见,阁下何以不能同意大连归中国管理,并为一自由港乎?吾人当予苏联货物之便利,并免征租税,似此对苏联利益业已充分顾到。

史:余实不明了,果如是,则无需订立条约,余未言必须由苏人管理,但可由中苏共同管理,阁下何以不能接受?

宋:阁下述及中国在东三省之主权时,应包括大连在内。

史:但此系港口之管理问题,而非主权问题,中国能有地方政府如张作霖者,可与吾人签订协定乎?

宋:吾人为求中国之统一,曾经过革命。

史:早应如是。

宋:此系另一问题,关于通至大连之出口,依余推断,当系指干线而言,非为支线。

史:余以为然。

莫洛托夫外长(以下简称莫):尚有煤矿区域。

宋:煤矿不在干线,煤矿可与铁路划开,分别经营,所产之煤可售与铁路。

史:对于运煤应予保障,吾人不欲经营支线,但对煤之供应保障问题,应商得谅解。

宋:铁路为合办事业,吾人自甚盼其兴盛,故煤之供应问题并不发生。

史:倘中国保障煤之供应,自无问题,吾人不欲支线。

宋:关于外蒙问题,愿再向史太林统帅陈述,此问题实为中国所不能解决之问题。

史:何故?

宋:吾人素向人民宣言维持领土之完整,对于吾人不能向人民宣布之问题,阁下何以不能谅解我?

史:蒙古人民不愿与中国共处,吾人基于同样理由,曾放弃芬兰与波兰,余深知中国之困难,但此种困难必须克服,吾人无法觅得其他途径。旅顺问题吾人业已让步,阁下对此问题,亦应让步。

宋:吾人并不在此时提出关于外蒙之任何问题。

史:但问题自将发生,并将引起冲突,吾人行将签订条约,在此以前,应将所有各项冲突之因素加以消弭。阁下所言苏联曾承认外蒙为中国之一部,自为事实,但战争之教训使吾人改变吾人之见解,外蒙之独立对中苏两国均较有利,使苏联遭遇日本威胁时,可有权通过外蒙。

宋:吾人现在并不反对此点。

史:然,但此症结必须消除。

宋:对苏联进兵外蒙,吾人不在此时提出任何异议。

莫:但报纸对外蒙问题有所评论,此辈意图破坏中苏邦交者,恒利用此点。

史:外蒙对中国及苏联均无实惠,但地理上之地位,实属重要。

宋:中国人民自孙总理起,即灌输领土完整之观念,余郑重要求史太林统帅对此问题再加考虑。

史:吾人可在此时签订外蒙独立之条约,但不妨于击败日本,中国恢复失土后,再行宣布。

宋:此实完全超越余所奉训令之范围,余必须向蒋委员长请示,同时余希望阁下能了解吾人之困难,予以协助。

史:吾人可在此时签订条约。

宋:倘吾人为此,吾人将对西藏问题发生困难。(史踌躇片刻)在华盛顿某次太平洋会议开会时,邱吉尔曾发表关于西藏独立之言论,吾人曾经一度激烈之辩论,吾人不愿有开倒车之举动,中国自革命以还,业已恢复不少权益,苏联曾予我以援手,阁下亦因此考虑租借旅顺以外之方式。

史:外蒙为一防卫问题,西伯利亚可自外蒙切断,如是则西伯利亚全部均将丧失,日本曾经尝试,吾人不能在中国领土上驻兵,此较旅顺问题为严重。(彼旋即自隔室取出一图,以示外蒙在战略上之重要性)

宋:容请示蒋委员长。

史：请。

宋：阁下曾言，阁下欢迎蒋委员长代表参加苏联军队？

史：然。

宋：阁下准备对此问题成立协定否？

史：然，倘所有其他问题均经同意，余不喜空言，余如有所诺，必当切实履行。

中国是否将容纳若干自由分子参加政府？

宋：余愿坦白说明，亦盼阁下能坦白对余，余不愿如外交家方式谈话，余愿以现实者方式谈话。中国政府已有若干变更，今后将有更多之革新，吾人曾试与中共妥协，三月间吾人拟成立一战时内阁，即为容纳共党参加，余自赫雷大使方面获知，阁下对共产党认为实似农政改革主义者。

史：彼等诚为爱国者，但是否系属共产党，则颇有疑问。

宋：余在彼时，曾告彼等，余愿飞往延安，余虽有全权，并为代理行政院长，但彼等不愿余之前往。吾人希望有一个统一之军队及一个中央政府，吾人不愿有如张作霖军阀，或另组割据政府与军队之政党。但如中共（此唯一有军队、政府之政党）愿与吾人合作，吾人仍愿请其参加战时内阁，亦即参加政府，吾人实无意压迫彼等。

史：余并非仅提共产党，在对日作战时期，应有若干自由分子参加，不限于共产党，中国只能有一个政府，由国民党领导，但国民党单独不能应付此局面，如非国民党人士亦能参加政府，而仍由国民党分子领导，实甚有益。但此为中国自身问题，余不过顺便提及，余提出此问题，因对中国前途关切之故。

宋：余对阁下所言为中国利益着想，至为忭感。坦率言之，中国政府甚愿非国民党人士参加，此为吾人诚切之愿望，国民党希望在政府中居于领导之地位，故不愿有联合政府，盖如为联合政府，一旦他党退出，则易于倾倒。

史：此实为国民党正当之愿望，自中国历史上观察，实至属明显。

史:蒋委员长可派遣代表参加苏联军队,随军前进,成立行政机构。

宋:关于朝鲜托治问题,阁下如何看法,在旧金山,各人对于托治问题,均有其不同之见解。

史:请问莫洛托夫。

莫:余自美国方面获知,托治制度可由一个或数国家行使,对于朝鲜,美国建议应由四国托治,如是必趋复杂,以往并无前例,吾人必须觅取一切实可行之办法,但在原则上,吾人表示同意。

史:余曾声明余不能同意派遣军队至朝鲜,罗斯福曾谓朝鲜将无外国军队,当设立一四强委员会,予以监督,俾朝鲜可作托治终了后之准备,此当系临时办法,最终目的当为独立,但以上仅系交换意见,并无拘束性之决定,为一口头之协议。

宋:然则由何人维持治安?

史:朝鲜人本身,阁下之意如何?

宋:警察之类自属必要。

莫:国际警察乎?

宋:任何一种足以维持治安之警察。日本由朝鲜撤退后,将有一混乱之时期。

史:朝鲜应否独立,阁下有其他计划乎?

宋:余不认为朝鲜目前即可独立。

史:但将来如何?

宋:当然独立。

史:朝鲜语言是否与中国语言相同?

宋:文字相同。

史:是否满洲人与朝鲜人之差别大于满洲人与中国南方人民之差别。

宋:然,现因小学校教育之功,国语各地均可通晓。

史:中国有无吞并朝鲜之企图?

宋:绝无,两国人民不同,历史亦异。

史：以往非中国之一部乎？

宋：吾人不要朝鲜。

史：余反对在朝鲜驻军或设警，吾人现应采取何种程序，在旧金山会议讨论托治问题时，苏联意见与美、英意见不同。吾人认为托治应为走向独立经过之阶段。而英国则认为系走向殖民地经过之阶段，罗斯福总统与吾人之意见较为接近，但现在美人似较接近英方之意见。

莫：在旧金山，仅苏联与中国对托治之草案提及托治之最终目的为独立。

宋：在一九四二年及一九四三年，余曾与罗斯福总统讨论此问题，彼主张所有殖民地均应设置托治制度，包括越南及荷属东印度。

史：罗斯福在德黑兰建议此点时，邱吉尔竟至泪下，以致打消此议。阁下曾与杜鲁门总统晤及否，阁下对彼感想如何？

宋：余曾晤及，余意彼为一率直质朴之人，并为一良好之执政者，或较罗斯福总统为更好之执政者，但罗斯福总统国际经验较为丰富，或可谓有较广大之眼光。

史：阁下对史退丁纽斯感想如何？

宋：彼已脱离国务部。

史：是否柏恩斯①远超于史退丁纽斯之上，彼较史更为干练乎？

宋：柏恩斯为美国最干练人员之一，史将参加安全会议。

史顾莫：彼不愿答复余之问题。

宋：余今日当即电蒋主席请示，希望能于星期三接到复电，届时当请莫外长约时再为会谈。

史：同意。

《战时外交》第2卷，第576—590页

---

① J. F. Byrnes，即贝尔纳斯，1945—1947年为美国国务卿。

## 哈里曼致杜鲁门和贝尔纳斯电（意译）

莫斯科,1945 年 7 月 3 日

031200 号。

今晨宋约我去见他。他让我阅读昨夜他与斯大林第二次谈话的详细英文笔记。莫洛托夫、副外交人民委员洛佐夫斯基和驻华大使彼得罗夫出席了会谈。

最让宋烦恼的是斯大林坚持要用"将维持外蒙古的现状"这个词句,这意味着中国政府应承认外蒙古独立。

宋争辩说,关于这点应该阐明,中国目前不会提出这个问题,而是让目前的情况继续存在。他告诉斯大林,中国不能同意割让疆土,这样会使西藏问题复杂化,而且任何割让领土的政府在中国都不会久存。他向我解释说,这是一个深藏于中国人心理上的原则,虽然他们承认,目前他们无力对外蒙古行使宗主权,中国不会愿意支持一个永远放弃这片土地的政府。

斯大林强调外蒙古对苏联在军事方面的重要性,以及日本有可能复兴的危险,所以苏联需要有权在外蒙古任意调动军队。

宋说,中国可以同意苏联军队在外蒙古自由活动,或任何其他不会让中国最终长期放弃中国主权的方案。斯大林建议签订外蒙古独立的秘密协议,打败日本后再公布,对此案表示反对。他已发电请示蒋。

宋问我,在这点上罗斯福总统是如何理解的,他说他知道杜鲁门总统对于苏联提议的解释和他（宋）自己是一样的。我告诉他,据我所知没有讨论过如何理解的问题。他们接受了字面意义。他请我火速发电来肯定美国政府是如何解释的。

他对铁路和港口问题上达成协议抱有希望,斯大林在关于具体安排问题上扩大了要求。但是,宋希望能通过一项合理圆满的协议。在随后的电文中我将谈这个问题。

宋说在外蒙古问题得到解决之前,交涉已停顿,他觉得,知道美国政府如何解释这个条款,对他至关重要。

FRUS,1945,Vol.7,pp.911-912

### 哈里曼致杜鲁门和国务卿贝尔纳斯电(意译)
莫斯科,1945年7月3日

在讨论中东和南满铁路的经营时,斯大林提议铁路所有权应归苏联,由苏中董事会联合经营,但由苏联人管理。宋争辩说,铁路的所有权应归中国,它们可以由中苏公司共同负责经营,一部分中国人一部分苏联人共同管理。斯大林指出,他对于支线不感兴趣,只对于干线感兴趣。但是,莫洛托夫提出为经营铁路需要控制煤的生产的问题。斯大林同意,苏联只有在战争时期或遭受战争威胁作准备的时候有权调动军队。他进一步同意苏联在东北地区不应该有驻军的权利。

关于大连港,斯大林对"国际化"的解释是指只由中国与苏联控制,不涉及其它国家,而且与中国相比,苏联在港口要有更优越的利益,而且要由苏联人来管理。港口收入的一半归苏联,一半给中国。宋坚持港口应成为在中国管辖下的自由港,由苏联提供某些技术援助,苏联有充分的权利自由使用港口。

关于旅顺港,斯大林同意去掉"租借"字样,尽力找个依据使两个国家都可以有海军设施。

斯大林元帅建议,关于铁路和港口的协定应以45年为期限,因为这些讨论都是试探性的,故而没有试图达成决议。

宋问我,美国政府对于拟议中的有关铁路和港口的安排是如何理解的。我告诉他,除了协议所表明的之外,我不知道什么明细的协议。他急于知道美国对于这些条款是如何解释的,尤其是关于"大连港国际化"我们是怎样想的。他觉得,如果中国自己不控制港口的管理,就触犯了中国的主权。

斯大林对中国在东北地区享有主权的声明使宋恢复了信心,斯大林同意在红军进入东北地区时,中国国民政府的代表应和他们一起去组织政府。斯大林告诉宋，重要的是国民政府要派遣有才能的人。

斯大林询问国民政府对于共产党的态度如何？宋回答说，委员长准备让共产党代表参加政府，但政府应由国民党控制，宋说斯大林似乎原则上同意这点，但是对于共产党的谅解，没有进行具体讨论或达成协议，这个讨论似乎又是初步的。

没有讨论新疆的问题，但是宋告诉我，委员长正在考虑指派他的儿子任新疆省长，因为他对苏联抱同情态度，蒋相信这样会改善在这个省份里与苏联的关系。

关于朝鲜，斯大林向宋确定了他同意建立四强托管。莫洛托夫插嘴说，这是一个不寻常安排，没有过类似的事，所以需要达成具体的协议。斯大林说在朝鲜不应有外国军队或外国警察。宋知道苏联在西伯利亚训练了两个师的朝鲜人，他相信这些军队将留在朝鲜，在那里也会有由苏联训练的政界人物，他们也将进入这个国家。他恐怕在这样的情况下，即或由四强托管，苏联仍将支配朝鲜的事务。

FRUS,1945,Vol.7,pp.912-914

## 宋子文致蒋介石电

### 莫斯科,1945 年 7 月 3 日

渝。密。主席钧鉴:午冬亥电计达。关于外蒙事，兹再补充如下:史太林谓:(1)苏联对租借旅顺事让步，盼中国对外蒙事亦让步，外蒙独立，苏联军队可通过外蒙，钳制日本。(2)外蒙并无物产。(3)外蒙有若干人意图结合内蒙成立蒙古人区域，可能威胁中国北部等语。第三点似存心威胁。今与哈利曼晤谈，哈谓:(1)罗总统从未曾考虑外蒙问题，惟不知中国因内政概不能承认外蒙独立。(2)铁路，罗总统只提合办，并未承认苏联所有权。(3)罗主张以大连为自由港，从未计及作为予苏联以特殊权益之港口。(4)朝鲜事，史不愿国际军队或警察驻扎，其含意似为应有苏联已组织之朝鲜军队支持一切，名为托治制度，实际由苏联操纵，哈对此点甚表疑惧。彼谓以上四点，即电美询明美国

政府态度通告云云。谨闻。职文叩。午江。

《战时外交》第 2 卷,第 591 页

### 宋子文致蒋介石电

莫斯科,1945 年 7 月 3 日

渝。密。主席钧鉴:为打开外蒙问题僵局起见,可有下列各项办法:(一)与苏联订约,在同盟期间,准其在外蒙驻兵;(二)予外蒙以高度自治,并准苏联驻兵;或(三)授权外蒙军事、内政、外交自主,但与苏联各苏维埃共和国及英自治领,性质不同。因苏联邦及英自治领,均有脱离母国之权,如予外蒙以苏联邦或英自治领之地位,深恐短期内,外蒙即宣布脱离,故仅限于军事、内政、外交自主。钧意如何? 乞电示。职文叩。午肴。

《战时外交》第 2 卷,第 591—592 页

### 蒋介石致宋子文电

西安,1945 年 7 月 3 日

宋院长:关于平时运兵经过东北干路事,在南满路应以其在旅顺驻海军或陆战队人数几何而定,大约可以每星期限定其入境之军需品列车一列,其兵车亦在其内,如逾此限度,而每周须增加运兵列车时,则两国应事先协商同意后再行。惟中东铁路由满洲里经哈尔滨直达海参崴之军需车运量,可以放宽若干也。请以此为标准,由兄相机决定可也。再经国不参加对史谈话甚好,但我方翻译人员提出事,是否遭其谢绝? 应特注意。中正。巳江。

《战时外交》第 2 卷,第 592 页

### 贝尔纳斯致哈里曼电(意译)

华盛顿,1945 年 7 月 4 日

白宫第 308 号,关于你的 031200 号来电,总统和我觉得,本政府对

雅尔塔协定中与目前中苏双边谈判有关的这个或那个条款中试图充当解释者是不明智的。但是，你可以非正式地向宋证实，你知道本政府对雅尔塔决定中关于外蒙古的状况的文句没有讨论过应作何种解释，既然没有讨论，照字面的意义应该是保持外蒙古目前实际上的合法地位。你应该让宋明白，美国政府不能为雅尔塔决定中的辞句提供正式的解释，而且你的解释是非正式的仅供他参考，在与苏联官员讨论时不能引用。

只供你参考，我们理解的"维持现状"是，虽然外蒙古"在法律上"的主权仍属于中国，但这个主权"实际上"并没有实行。为了符合1922年的九国公约，美国政府谨慎地避免任何表示，认为中国的边远地区如外蒙古所处的状态与中国其他地方有所不同。

FRUS, 1945, Vol. 7, pp. 914–915

### 宋子文致蒋介石电

莫斯科，1945 年 7 月 4 日

渝。主席钧鉴：现正准备一切，并候钧座训示，以便继续谈判。但万一史坚持外蒙必须由我国承认其独立，则只可中止交涉。钧意如何？乞核示。职文叩。午支。

《战时外交》第 2 卷，第 592—593 页

### 宋子文致蒋介石电

莫斯科，1945 年 7 月 4 日

渝。密。主席钧鉴：江电敬悉。关于苏联在中东、南满铁路运输军队事，经职向史坦白陈述，中国历来深感本土遭外国军队之痛苦，苏联应有类似经验，故苏军平时不得在中东、南满铁路运输军队，史表示赞同。谨闻。职文叩。午支。

《战时外交》第 2 卷，第 593 页

### 哈里曼致杜鲁门和贝尔纳斯电

莫斯科,1945 年 7 月 5 日上午 11 点 39 分

051139 号。

今早我去访宋博士,执行了白宫 308 号①电中关于外蒙古的指示。他重复了我们第一次谈话时他所说的,他需要这一消息是为了指导自己的行动,他无意在与斯大林讨论时提及美国对于雅尔塔协定的各个条件的理解和认识。他认识到这样做从他自己的立场及从美国的立场都是不明智的。

他预料今晚将再见到斯大林并告诉后者,他准备在外蒙古问题上接受雅尔塔成文的条件,他将再次告诉斯大林,没有一个承认外蒙古独立的中国政府能够生存下去,他还希望能使斯大林相信委员长不能同意这样做。如果他能和斯大林在外蒙古问题上达成协议,他对在港口和铁路方面获得谅解抱乐观态度。

但是,如果能非正式地知道我们对于我的 031200 号电文中所提出的问题的态度,也将非常感激。他说,如在外蒙古问题上不能达成协议,会谈将中断。我劝他,在双边的基础上达成协议是符合理想的,并指出,在这个时候不能达成谅解有诸多〔不〕利之处。

FRUS,1945,Vol.7,p.915

### 贝尔纳斯致哈里曼电

华盛顿,1945 年 7 月 6 日下午 3 点 11 分

关于你的 031500〔031200〕电报(1945 年 7 月 3 日)。

(1)在苏中双边会谈时,我们对雅尔塔协定的条款要避免充当解释者而牵扯进去,这一点已在回答你前一封电报时告诉过你,这对于你(031200)电报的一般内容自然同样是普遍适用的。

---

① 7 月 4 日,见前。

(2)然而,总统和我希望你通知苏联政府和宋子文,作为雅尔塔协定中的一方,我们希望苏联和中国政府在根据雅尔塔协定作出的安排达成协议之前与我们进行磋商。

(3)只供你参考,我们提议在适当的时候向苏联和中国表明,美国虽然无意参与大连港的行政控制,本政府希望获得保证,在任何苏联与中国政府做出的安排中,对于大连港以及其它苏联与中国之间可能达成特别安排的任何地区,将遵守国际通商机会均等的原则。这项原则适用于所有爱好和平国家的人民,同等享有使用大连港设施的权利,和享有使用铁路运输的权利,排除诸如在日本人控制时期所使用的,实际上否定经济机会均等的各种手段。

(4)我们高兴地注意到,斯大林再次向宋就中国与东北地区的主权作出保证,他也同意苏联无权在东北地区驻扎军队。

(5)关于斯大林提议,东北地区的主要铁路的所有权应属于俄国人的说法,我们认为,雅尔塔协定说的是,它应由苏联与中国共同经营,协定中并没有说应归苏联独家所有的条款。

FRUS,1945,Vol.7,pp.916–917

(2)中方有条件同意外蒙古独立

## 蒋介石致宋子文电

重庆,1945 年 7 月 6 日

宋院长:外蒙独立问题关系于我国前途之成败,实等于我东三省无异,若我国内(包括东北与新疆)真能确实统一,所有领土、主权及行政真能完整无缺时,则外蒙独立或可考虑,以扶助各民族真正独立乃为我立国主义之精神也。但国内统一尚未巩固之今日,则无法使之实现耳。所谓国内必须统一巩固之程度,其要旨如下:

一、东三省之领土、主权及行政必须完整。甲、旅顺军港之行政管理权必须归中国主管之下,乃与苏联共同使用而非共同管理。乙、大连为自由港,照各国自由港例,行政管理权皆归我领土主权国主管。丙、铁路干线可与苏共同经营,而决非双方共管之谓,但苏应予中国租借物资或经费,以为报酬铁路之股款。丁、其期限照苏英与苏法同盟条约为例。

二、新疆之伊犁以及全疆各地被陷区域完全恢复,中苏边境双方匪患,应照前约互助协剿,阿尔泰区应仍属新疆范围。此项应照面授之交涉方针第六项,切实进行。

三、中共对军令、政令必须完全归中央统一,即照各国政党对国家法令切实遵守,则政府将一视同仁,一俟正式国会召集,政府改组时,当可容纳其在行政院之内,但决不能称为联合政府。此应参照前交涉方针第七项,切实交涉。

四、中国必须统一至如此程度,则政府遵照三民主义原则,愿自动提出外蒙问题,拟由外蒙人民用投票方式解决。如其投票结果为外蒙独立,则政府即正式提请国会,由国会正式通过后,政府乃正式批准,予以独立,但必须在抗战胜利以后也。此可作为我对苏之诺言,惟不能订立任何秘密协定。以上各项乃为我国最低之期望,亦为我国最大之牺牲,若苏能协助我对日抗战胜利,对内切实统一,则为苏联与外蒙以及我国之共同利害与永久和平计,我政府或可忍此牺牲,愿与之切实协商,如果中国无切实统一之保障,则牺牲无益,不惜停止交涉,待兄回国报告后,再对苏作正式之答复。中正。鱼。

《战时外交》第 2 卷,第 593—594 页

### 宋子文致蒋介石电

莫斯科,1945 年 7 月 6 日

急。渝。密。主席钧鉴:午鱼、午鱼未电均敬悉。经与傅大使、胡次长及经国等详加研究,兹将职等对东北问题意见奉陈如下:(甲)旅顺军港如全由我管理,苏必不允,故事实上只能由苏联管理,而由中苏共同使用,至民事行政权则全归我国。(乙)大连盼能洽为纯粹自由

港,由中国管理,如苏不允,拟将码头仓库及运输之经营,组织中苏合办,特殊办理。(丙)中东、南满铁路似可不必向苏联提出,要求立场如何。至权利可均分,董事长、总经理应以华人充任,副董事长、协理由苏人充任,如办不到,则中东董事长为华人,总经理可以苏人担任;南满董事长、总经理仍以华人充任。以上所陈各节,可否照向史太林提出,乞立赐电示。职文叩。午鱼。

《战时外交》第 2 卷,第 595 页

## 蒋介石致宋子文电

### 重庆,1945 年 7 月 7 日

宋院长:鱼各电谅达。此次我国之所以允外蒙战后独立者,实为作最大之牺牲,亦表示对苏作最大之诚意。以外蒙为中苏关系最大之症结所在,如果此一症结既除,而我之要求目的仍不能达到,则不仅牺牲毫无代价,而且今后必增两国之恶果,东方更多纠纷矣。务望注意我之要求之主目的:一、为东三省领土、主权及行政之完整。二、苏联今后不再支持中共与新疆之匪乱,此乃为我方要求之交换条件也。惟苏联对支持中共及新疆匪乱,在普通外交谈判中决不肯自承者,我与之谈判,彼必躲闪谈之,恐不出空洞笼统之故套。如此则我对苏所要求之答复为具体,而苏对我所要求之答复为抽象,乃即我方最大之失败。故对苏不支持中共与新疆匪乱,必须剀切明白,毫无隐饰与之谈判,而得有具体之结果,否则应作断然中止谈判之准备也。谈判中止之时机可以以下两点为标准:一、苏对我之要求不肯为具体之谈判时;二、苏肯具体谈判而不能达到我要求之目的时。又所谓外蒙只能以原疆界我国地图为准,不能以苏联自造之地图作根据,例如阿尔泰山全山脉旧属新疆境域,而今苏联地图则划为外蒙矣,请特加注意。中正。午虞。

《战时外交》第 2 卷,第 596 页

### 宋子文致蒋介石电

莫斯科,1945 年 7 月 7 日

　　渝。密。主席钧鉴:上次职与史太林会谈,内容经密告美大使,由彼密电华府。今新国务卿来电,令彼面洽苏方及职,此次中苏直接交涉,美无意干与,但在条件未决定前,盼将经过情形通知美国云云。美大使今日下午往见莫洛托夫,又美大使嘱此事最好不必告知赫尔利。谨闻。职子文叩。午阳。

《战时外交》第 2 卷,第 597—598 页

### 宋子文致蒋介石电

莫斯科,1945 年 7 月 7 日

　　急。渝。主席蒋:今晚再与史太林会晤,开始即谈外蒙问题,职谓外蒙事中国原拟不提,现因史认为此事重要,故经报告钧座,中国方面现可接受雅尔达决议案,即保持现状,但不能承认外蒙独立。关于上次会谈,史所提苏联受日本压迫时进兵外蒙一点,中苏如结为同盟,自可同意。史谓外蒙不满现在地位,坚持必须独立。职谓现可予外蒙以高度自治,军事、外交均可自主。史仍坚持必须承认外蒙独立之主张,谓中苏二国,现既拟订立同盟条约,必须将二国可能冲突之因素消除,外蒙如不独立,苏联进兵外蒙,即系进兵中国领土,易为将来冲突之源。经职解释,中苏实无因此而冲突之可能,并详述中国政府目前不能承认外蒙独立之理由,如果承认必难立足。史始终坚持,并谓雅尔达议决案含义即为承认外蒙独立,条文系苏方起草,英、美未加修改,史本人可向英、美面质等语。查美国务卿最近电致美驻苏大使,谓所谓保持现状乃系中国在外蒙法律上仍保持其宗主权,惟事实上不能执行。史末谓,中国既不能对此同意,则无法有何协定云云。此事关系国家前途至巨,究应如何应付? 查本月十一日为外蒙独立纪念日,届时苏联谅必有所举动,倘不继续谈判,职返国之期应在该日之前? 务乞钧座立赐电示! 又关于今日晤谈经过,当于明晨密告英、美驻苏大使,并陈。职子文叩。

午虞。

### 附：史太林统帅与宋子文院长第三次谈话纪录

出席人员：与第二次谈话同。

时间：一九四五年七月七日下午十一时至一时四十五分。

宋院长(以下简称宋)：余延迟数日，深为抱歉。

史太林统帅(以下简称史)：此非因阁下之故。

宋：余已将与阁下谈话经过翔实报告蒋委员长，余陈明蒋委员长，谓史太林统帅认为外蒙问题极为重要，故蒋委员长对此作较久之考虑，阁下想尚忆及余上次离此时之态度乎？

史：然。

宋：余之态度为不讨论此问题。

史：然阁下之意为听其自然。

宋：余报告蒋委员长，阁下认此一问题为如何重要。蒋委员长之答复为：吾人同意阁下与罗斯福总统、邱吉尔首相所签订之雅尔达方案，即为维持外蒙现状。吾人不能承认外蒙之独立，其理由至为简单，自存为第一自然法，任何中国政府倘签订割让外蒙之协定，均不能存在，但吾人同意于现状。

史：阁下对现状二字了解如何？

宋：意即今日之现况。

史：蒙古人民向不接受中国代表，彼辈宣告独立，阁下是否置之不问？

宋：苏联现有军队驻彼，阁下曾言如苏联遭受威胁时，将派兵至外蒙，此点吾人准备同意，莫洛托夫先生曾谓容或有人意图挑拨中苏引起纠纷，但如吾人同意，尚有何纠纷可以引起？

莫洛托夫(以下简称莫)：余系指中国报界而言。

宋：当可知照其不引起纠纷。

莫：外蒙宪法规定独立。

宋：彼等自可为彼等愿为之事，吾人顾现实，并不建议扰动现状。

史:再过半月,另一冲突将起,蒙古不能如彼进行,中国人民将表示苏联为侵略者,吾人绝不愿陷于此种局面之中。

宋:因吾人承认现状,苏联不至陷入此种局面。

史:如此余恐无法有何结果。

莫:此种不定之局面将阻碍并有损中苏之邦交。

宋:雅尔达协定为不牵动现状,吾人对此表示同意。

史:然则吾人了解中国将承认独立。

宋:此与余在华盛顿讨论此问题时之了解不同。

史:现状即为正式承认独立,现在外蒙无中国代表,中国亦无外蒙之代表,外蒙曾有二次宣布独立,蒋委员长曾谓如彼承认蒙古独立,西藏将继起效尤,但彼此情况并不相类,中国在西藏有代表,西藏亦有代表在中国,蒙古则无代表在中国,中国亦无代表在蒙古。

宋:惜余未在雅尔达。

史:但阁下熟知雅尔达宣言。

宋:决无中国政府承认外蒙独立而能存在者。

史:何故?

宋:因舆情对此必不支持。

史:苏联承认芬兰独立而犹在,芬兰要求独立而舆论亦予以接受。

宋:二者之间实无相类之处,蒋委员长所以迟迟始复者,因彼对此问题详加考虑之故,此为蒋委员长熟虑以后之意见,不能承认外蒙之独立,吾人对此问题亦经慎密考虑,雅尔达会议三领袖深知中国舆论之敏锐,故雅尔达之方案为维持现状。

史:该方案为苏联之方案,即系莫洛托夫所起草者,彼等仅照式签字而已,此语余可在邱吉尔面前重申之。

莫:此为斯事之真相,吾人之方案含义即为独立。

宋:无论如何,吾人不能承认外蒙独立而存在,此为蒋委员长及其顾问之意见,苏联之意见为外蒙对苏联有军事上之重要性,同时受日本威胁时,苏联必须派兵至外蒙,吾人对此表示同意。

史：尚不止此，蒙古人民不愿加入中国，亦不愿加入苏联，彼辈要独立。

宋：吾人准备予彼等以高度之自治。

史：阁下之言其意义若何？

宋：即对军事、外交可有自决之权，彼等可与苏联洽商必要时苏联军队进入之办法。

史：是否仍属中国之一部？此将为苏联与中国冲突之根源，现吾人既拟与中国结为同盟，自应消弭中苏间一切冲突之因素。

宋：余已申述吾人系如何顾到现实，吾人准备接受苏联军队之进入外蒙，阁下亦应针对现实，吾人之政府不能承认外蒙独立而仍能在位。

史：余不能明了其故安在？

宋：中国舆论将反对承认外蒙之独立，孙总理恒以中国领土之完整为言。

史：在孙中山先生时代，白俄之军队驻在外蒙，并为所欲为。

宋：虽如此，越飞曾与孙总理签订协定，承认中国领土之完整。

史：彼时并无政府权威在外蒙。

宋：吾人之政府不信如承认外蒙独立而仍能存在，即中国极端自由分子亦反对外蒙之独立。

史：何种力量可以推翻中国政府。

宋：甚多力量将借此推翻政府。

史：在中国有国民党，其他力量即为共产党，共产党能推翻政府乎？国民党自不出此，如中国与苏联同盟，将无任何人可推翻中国政府。

宋：国民党内必无人支持承认独立之事，共产党或不致公开反对，但彼等如不利用之以为推翻政府之工具，则无人敢信。

莫：即使中苏间有同盟之存在亦将如是？

宋：即使有同盟之存在，史太林统帅应知无形因素之关系，无一中国政府，不论其为旧日之满清政府，或为袁世凯政府，或为现在政府，能违反舆论而存在者。

史：吾人对此点不能让步。

宋：只有强固之政府始能实行史太林统帅所建议之事，今日为七月七日，为中国战事之第九周年，中国人民在各方面已遭受巨大之苦痛，中国政府实不如史太林统帅所想像之强固，政府不能违反舆论，此为明白之事实。但吾人极为现实，倘吾人承认现状，并承认苏联有权可派兵至外蒙，蒋委员长及余均不能了解中苏间有何冲突之可能。

史：余系悬想将来之事，日本自将战败，但二十年至三十年后，日本将恢复其力量，所有吾人对中国之全盘计划即根据此点，目前苏联对付日本在远东再恢复其力量之准备，实嫌不足，吾人现有海参崴港口，但此非完善之港口，此外尚有苏联海港尚在建造，目前尚不成其为港口。尚有第三军港即在堪察加之彼得罗柏夫罗夫斯克，但吾人需有二千五百公里之铁路通至现在之铁路线，吾人需要二十年至三十年之时间建置彼得罗柏夫罗夫斯克之设备。此外尚有特卡斯脱里（De-Kastri）一港，但亦须建筑铁路。为完成苏联在远东之国防系统，吾人尚须在贝加尔湖以北建造一横贯西北利亚之铁路。以上各项须有四十年之时间，故吾人需要与中国同盟，并在上述时间之内，在满洲获有若干权益，期满之后，吾人将放弃在满洲之权益。外蒙之独立即为此计划之一部分，倘外蒙不独立，吾人不能派兵进驻。（斯大林统帅解释其计划时，将一远东地图出示宋院长）

宋：吾人并不反对贵国在外蒙驻兵。

史：此点太不确实，今日君等不加反对，但明日如何？再则驻兵中国领土，实属奇特，倘在一小国驻兵情形将不相同，亦较为自然，故吾人撤回在新疆之军队，该项军队系因盛世才之请求而派驻者。

宋：倘中苏间有一同盟，苏联当可在外蒙驻兵。

史：吾人已拟有二十年同盟条约之草案，吾人已准备有四种草案。

莫：（将各种草案交宋院长）一、友好同盟条约；二、关于中东及南满铁路之协定；三、关于旅顺、大连之协定；四、关于外蒙独立之宣言，以上系吾人拟与阁下解决之四项问题。

宋：史太林统帅坦白说明其计划，至为可感，彼所见至远，但在吾人则同时有现在及未来之问题，倘无现在，则不能有未来，自存为吾人最所企求之事，因此吾人提出关于外蒙现实之建议。

史：此项建议并不现实。

宋：以我国政府视之，实属现实。

史：然则吾人未能同意。

宋：此为余所接到之训令。

史：容吾人于此结束。

宋：阁下不能了解吾人之立场，至为遗憾，在余中国人看来，实为一极为现实之立场。

史：阁下亦未能了解吾人之立场，至为遗憾，容吾人于此为止。

《战时外交》第 2 卷，第 598—604 页

### 宋子文致蒋介石电
#### 莫斯科，1945 年 7 月 8 日

急。渝。密。主席钧鉴：午虞电计邀钧鉴。会谈时史太林面交苏方所拟中苏两国承认外蒙独立之宣言草稿，译文如下：两缔约国因顾及蒙古人民共和国独立之一九二四年宪法，及一九四〇年新宪法，并因注意其人民迭次表示，欲求国家独立，及与中苏两邻邦树立关系之愿望，兹承认蒙古人民共和国为独立国家。本宣言于签字之日，由两缔约国通知蒙古人民共和国总理崔巴尔山元帅，本宣言之公布日期由两缔约国另定之云云。谨陈参考。职子文叩。午遇。

《战时外交》第 2 卷，第 604 页

### 宋子文致蒋介石电
#### 莫斯科，1945 年 7 月 8 日

急。渝。密。主席钧鉴：虞、阳两电敬悉。职虞、遇两电计邀钧察，俟奉复电，当照办。明日再见史太林作最后一次恳谈，倘史对我方要求

可以同意,而我方仅允口头允诺外蒙战后独立,彼必不满意,恐必须有书面保证,钧座以为何种方式最为妥善,乞即刻赐示。职子文。午庚。

### 宋子文致蒋介石电

莫斯科,1945 年 7 月 8 日

渝。密。主席钧鉴:如史对新疆及中共问题有切实具体谅解,职午鱼十三电陈关于东北各节,可否照提? 乞即电示。职文叩。午齐。

### 蒋介石致宋子文电

重庆,1945 年 7 月 8 日

宋院长:旅顺军港在名义上必须由我主管,但关于海军应用重要部分及其技术人员,我可委派苏员负责管理,至其民事行政权,当然完全属我也。大连必须为纯粹自由港,不能有特殊办理字样,至于仓库与运输之合作组织,则另一问题,惟其码头与各种管理权,必须纯属于我也。南满路管理权务须归我掌握为要,余可如拟。中正。午齐。

### 蒋介石致杜鲁门电

重庆,1945 年 7 月 8 日

收到阁下六月十五日电,内载建议之中苏协定大纲,余谨致谢。余尤为感激者,即阁下对此之关切。依照商妥办法,余已派宋子文博士赴莫斯科与苏联政府谈判;余当以谈判进行情形,经常经由赫尔利大使告知阁下。因此不只为中苏间,且为与全世界和平安全之利益有严重关系之一事,余深盼阁下继续予以深切之注意,并将阁下之意见随时示知。蒋中正。七、九。

### 哈里曼致杜鲁门与贝尔纳斯电

莫斯科,1945 年 7 月 9〔8〕日

鉴于离柏林会议时间已很近,以及为宋与斯大林能否达成协议值得怀疑,我建议立刻采取步骤,研究一份供柏林会议时使用的我们如何解释雅尔塔协定的报告,尤其是我们认为关于港口与铁路中国应该同意苏联要求的那些条件,还有关于保留外蒙古的"维持现状",中国在现时可能会采取什么行动。

另外我建议,应准备详细讨论拟议中的四强托管朝鲜的性质。

FRUS,1945,Vol. 7,p. 924

### 哈里曼致杜鲁门与贝尔纳斯电

莫斯科,1945 年 7 月 9 日

今早宋再次邀我去见他,讨论他与斯大林交涉面临的情况,今晚他将再去见斯大林,想询问我个人的反应。我告诉他,以前我根据你 7 月 4 日 308 号电关于雅尔塔协定中外蒙古的条款所说的之外,没有什么可以增添的。

在港口安排方面,我对委员长的建议和斯大林所要求的差距发表了个人的看法。虽然我很高兴,如果斯大林接受委员长的建议,不过我认为他不会这样做。我认为委员长不让给苏联更多权利和利益是不切实际的,依我看,在他建议之下,苏联人似乎完全不可能在旅顺港建立海军基地。我例举了英国人把他们邻近美国的领土租让给我们的类型,我还说,我以为如果委员长为苏联人在旅顺港提供一个海军基地是真心实意的,苏联人就必须在行政和保卫港口方面拥有全部的特权,还需要给他们足够的邻近地区来建立机场和其他防卫设施。关于大连港,我也表示了看法,我认为委员长提议给与苏联的特别利益颇有几分受限制,不妨放宽一些。我指出,对这些安排 20 年是短暂的,他的理由是友好条约不过也那么长,这么说不是完全正确的,因为条约规定可以自动延长,除非一方提出解约。我劝宋,和斯大林谈判委员长提出的关

于港口和铁路的建议时,千万不要陷入僵局,如果目前的差距在他的访问剩下的短暂时间内不能协调的话,他应尽可能地以友好的姿态中止讨论,并指出,在他返回重庆后将极认真严肃地考虑这些问题。我个人的印象是,为了满足斯大林的要求,他个人准备比委员长的建议走得更远,但是不可推断他准备接受斯大林的要求,他肯定认为这已超过雅尔塔协定,因为苏联提出完全控制大连、铁路和与它有关的工业,这意味着苏联在东北地区侵犯了中国的主权。

宋明确地指出,他将拒绝苏联任何限制各国自由使用大连这个自由港和铁路运输设施,以及在东三省境内发展商业的企图,在这点上,他表示同意你 7 月 6 日海军电报 310 号中供我个人参考的意见。

我再次向他指出,在苏联军队进军东北之前与苏联政府达成协议,对国民政府极为有利,否则将会引起严重后果。他表示同意。我获得的印象是,为达成协议他准备作出实际的让步,只要协议在形式上能使国民政府"体面地"接受,只要他能确信苏联政府会在事实上,而不是一般性地支持国民政府统一中国。

宋担心,在斯大林必须赴柏林之前所余时间有限。因为与委员长通信缓慢,他怕即或斯大林接受委员长在外蒙古问题上的建议,也没有足够的时间在港口和铁路方面达成妥协协议。我劝他,如果这次访问不能达成谅解,他要努力使斯大林同意发表一项公报,肯定这次讨论在满怀希望及友好的气氛中取得进展,以便早日以任何被认为最好的方式重新敞开谈判的大门。

FRUS,1945,Vol.7,pp.924-926

## 蒋介石致宋子文电

重庆,1945 年 7 月 9 日

宋院长:庚电悉。关于允许外蒙战后独立问题,不可由中苏共同发表宣言。如不得已时,可兼用下列两项方式:第一、中国政府于此次中苏互助协定批准后,自行发表宣言,其大意如下:中国政府于对日战事结束后,将依照大西洋宪章与中国国民革命民族主义之原则,宣告外蒙独立,并于为此宣告外蒙独立以前,并确定外蒙之疆界。惟此完全出于中国自动宣告外蒙独立,而不必用承认独立字样,应须注意。第二、苏联政府于中国政府发表上项宣言后,应即照会中国政府,声明外蒙独立被承认后,苏联将永远尊重其独立也。若满州、新疆及西藏等问题能照中正前电之要求解决,则外蒙问题于中苏互助协定成立时,可酌依以上方式与苏联成立书面之谅解。中正。午佳。

《战时外交》第 2 卷,第 606—607 页

## 宋子文致蒋介石电

莫斯科,1945 年 7 月 9 日

急。渝。密。主席钧鉴:午齐电敬悉。兹将苏方所提大连、旅顺及铁路条件,电陈如次,以供参考。(甲)关于大连、旅顺及陆海邻区:(一)区域范围如附图所定,但图未交来。(二)旅顺辟为军港,专供中、苏船只使用,军港及旅顺由苏联管理。(三)大连供各国商船共同使用,另辟内湾之一,专供中、苏海军使用。(四)为保护区域内之安全,苏联有权派遣海、陆、空军驻扎,并可在区域内调动,其军事设备及保护安全,由苏联负担。(五)灯塔及其他海途设备,由苏方担任建置。(六)大连市政府由中、苏政府各派五人组织,市长苏籍,副市长华籍,大连港主管人应为苏籍。(七)除旅顺、大连以外之区域,由中国管理,但中国政府所派主要民政人员,应得苏联军事当局同意。(八)本区域内当局对地方治安所发命令,民政方面应遵照。(九)期限四十年。(乙)关于铁路:(一)中国政府承认苏联恢复中东铁路及南满铁路长春至大连、旅顺段所有权益,因此上项权益应移归苏联所有,包括一切产业,如机车、车辆工业、机厂、各项建筑物、积存器材、土地、煤矿及已开发之森林。(二)苏联政府同意予中国政府参加管理经营之权,组织中苏联合公司。(三)董事七人。其中四人苏籍,三人华籍,董事长苏籍,副董事长华籍,事务以投票方式取决,董事会设哈尔滨,经理苏籍,副经理华籍。(四)盈亏各半。

（五）中国政府保障供给铁路用煤，办法另定。（六）铁路职员、工人及路警限于中苏两国人民。（七）期限四十年，合同期满后，所有权无偿交还中国。（八）为执行协定，中、苏各派三人在一个月内开议，二个月内完成详细办法，签订合同。谨陈。职子文叩。午佳。

《战时外交》第2卷，第607—608页

### 宋子文致蒋介石电

莫斯科，1945年7月9日

急。渝。密。主席钧鉴：今晚再见史太林，当遵照钧座鱼、阳、虞各电，剀切坦白进行谈判交涉，恐仍难获得协议，因苏方要求，尤其对于东三省，与我方愿望距离太远也。今晨与美大使详谈，彼云：（1）美国对旅顺问题态度，有特殊困难，因美既拟永久占领日本附近海岛，无法拒绝苏联使用旅顺，故罗总统有此让步，如中国坚持旅顺管理权属中国，则苏联无从建筑炮台及其他军事设备，不能保障旅顺防卫之安全，彼认为中国提议后，必须让步。（2）大连当然为纯粹自由港，但（甲）码头、仓库运输，似可由中苏共同管理，或（乙）在大连划一区域，用商业方式租与苏联使用，行政权仍属中国，乙项南斯拉夫在希腊已有先例，彼意此项对我似较为有利。（3）铁路所有权应属中国，应准苏联参加管理，否则，苏联不能保障对大连之利用。（4）期限二十年，苏必不允，须酌为延长等语。彼又谓，万一此次谈判停顿，美总统当在三头会议时，向苏联提出讨论，如有结果，或通知职赴柏林参加商洽，或派一美国代表到苏，与职在莫斯科再与苏方会商详细办法。彼认为与苏联交涉任何协定，不能希望有一劳永逸之办法，因苏联心理与办事方式，与各国迥异，如中国此次不能与苏联洽成协定，则结果对中国必更不利，因如此苏联进兵东三省，将无所约束。以上意见，彼声明并非政府授意，纯为个人友谊意见，嘱电陈钧座参考，但切不可告知赫雷大使云云。钧座对美大使意见，有何指示？请迅赐电示。职子文叩。午青。

《战时外交》第2卷，第608—609页

## 宋子文致蒋介石电

莫斯科,1945 年 7 月 9 日

急。渝。密。主席钧鉴:今晚见史太林,职首将钧座对外蒙问题指示告史,并说明中国为中苏永久和平与合作,故忍痛牺牲。中国政府在战事结束后,不反对蒙古人民投票表决外蒙独立,其承诺方式,容再洽商。史甚表满意,并同意于战败日本后再宣布。对其他问题,史表示:(一)关于新疆:允禁止私运军火,堵截边境,同意助我解决匪患。职告以中国政府收复陷区,当恩威并施,如和平方法不能解决,则当用武力,史认为甚然。(二)关于中共:史认为中国政府要求军令、政令统一,极为允当,并表示此后援助中国一切武器及其他物资,均以中央政府为惟一对象,不供给武器于共党。(三)关于东三省:(甲)史尊重东三省领土、主权及行政之完整,可以书面表示。(乙)对旅顺:坚持军港须由苏联人管理,因防运军港非单独管理无法建置军事设备,至行政权则属中国管理区域,以旧军港区为范围,包括金州,不包括复州。(丙)大连:史嘱莫外长明日与职续商,职拟坚持作为纯粹自由港,由中国管理。(丁)中东、南满铁路干线,史表示所有权,特任中苏各半,与铁路直接有关之附属事业,及苏联以前经营之铁路沿线小煤矿,应包括在内,但日本开发之煤矿,如抚顺煤矿等,不包括在内。路警由中苏人员会同办理,职坚持路警因主权所在,应由中国人办理,史对此似可让步,嘱莫外长与职续商。(戊)以上旅顺、大连及铁路期限,均由四十年减为三十年,俟三十年期满,海参崴以北苏联军港完成,当完全归还中国。(四)关于外蒙区域:职提出应照旧地图,史询系根据何项地图,职谓因事先未拟讨论外蒙问题,故未带地图,盼由中、苏派员组织勘界委员会,依照旧地图决定疆界,史表示同意。(五)职最后要求苏联政府,希望苏联刊物停止对中国政府之攻击,史谓中国报纸,亦有攻击苏联政府者,职谓双方均应停止,史表示同意。(六)史定十二晚离莫斯科,盼在十二晚前将各事商妥签约。查本晚与史会晤,史对谈话中共问题,表示甚为切实友好。东三省问题,亦较苏方原提条件让步甚多。至旅顺军港,由苏人管理,及期限三十年,史似不肯再让。其他各点,职自当遵照钧座指示方针,尽量力争促进。目前大问题业已大致解决,其他如铁路及大连自由港之管理等项,不得已时,似宜酌量迁就,钧意如何? 有何其他指示? 敬乞迅赐电示,俾于史离此前签订协定。职子文叩。午佳亥。

**附:史太林统帅与宋子文院长第四次谈话纪录**

出席人员:与上次同

时间:一九四五年七月九日下午九时至十时四十分。

史太林统帅(以下简称史):阁下有何新消息?

宋院长(以下简称宋):上次会谈之后,余即报告蒋委员长,谓谈话已成僵局,余报告:阁下欲消除两国间一切误会,俾今后两国可以友好合作,避免一切可能之冲突。余今日接到复示,在翻译蒋委员长复电之前,余愿向阁下说明吾人立场之背景,余非巧辩,实欲告知阁下,蒋委员长现拟作之让步系如何深巨。

余离华盛顿时,余实毫未计及外蒙将成为问题,余告杜鲁门总统,吾人可以以不讨论此问题为解决,余告彼谓:现状者即对外蒙之法律主权仍归中国,虽则吾人不能行使其主权,系属实在,杜鲁门总统及国务卿均表同意。在重庆时,余亦曾与蒋委员长讨论此问题,彼此均未计及外蒙或能成为此间谈话之障碍。史太林统帅应了解对割让任何一部分中国领土,中国举国舆情之力量,余无意以外蒙与满洲作一平比,但是在割让中国主权领土之意义上言,彼此正属相同。吾人与日本相较,力量甚为微弱,吾人对国际局势之变迁,亦无把握,但吾人对满洲之法律权,决未让与日本。阁下当知日本曾用种种方法迫我承认,使满洲脱离中国,余试举一例,一九三三年余自世界经济会议返国时,道经日本,日本天皇约余往见,商谈满洲问题,余获知倘吾人放弃中国对满洲之法律所有权,日本可停止对中国之侵略,余拒绝其邀约,但重光仍奉派至横滨,劝余赴东京晤见日皇。余之所以拒绝,实因余知中国对其主权领土之本性为如何强烈,倘我国政府此时承认外蒙之独立,将违反中国人民之本性,此一问题实超越政府之安全与巩固,此实违反真正之舆论! 余之所以作此言，非为辩难，实欲史太林统帅了解蒋委员长在中苏两国之永久友好祭坛上，所作牺牲之巨大，吾人对于外蒙问题并不轻易视之。余现拟将余所接到蒋委员长电文译述如下：

"中国政府今愿以最大之牺牲与诚意，寻求中苏关系根本之解决，扫除今后一切可能之纠纷与不快，借获两国彻底之合作，以完成孙总理在日与苏联合作之遗志，中国最大之需要为求领土主权及行政之完整，与国内真正之统一，于此有三项问题切盼苏联政府予以充分之同情与援助，并给以具体而有决心之答复。问题如左：

一、满洲领土主权及行政之完整，关于此点，史太林统帅业已表示尊重此项原则，吾人甚表感谢。"

史：阁下曾希望异于此者于余乎？

宋：余乃照来电原文译述，余当续译如下：

"兹为中苏共同利益计，中国准备共同使用旅顺军港，大连辟为自由港，期限均为二十年。至旅顺、大连之行政管理权则应属于中国，以期中国在满洲之主权行政真能完整。"

史：是否包括旅顺与大连两处？

宋：然。（续译电文）

"中东、南满铁路干线可与苏联共同经营，利润平均分配，至铁路所有权应属中国，铁路支线及铁路本身以外之事业，均不包括在共同经营范围之内，期限亦为二十年。

二、新疆：在最近一年间新疆发生叛乱，以致中苏交通隔断，商业贸易无法维持，吾人切盼苏联能依照以前约定，协同消灭此种叛乱，俾贸易交通可以恢复。至阿尔泰山脉原属新疆，应仍为新疆之一部。

三、中国共产党有其单独之军事及行政组织，因之军令、政令未能全归中央统一，深盼苏联只对中央政府予以所有精神上与物质上之援助，苏联政府对中国之一切援助应以中央政府为限。

四、外蒙：中国政府以外蒙问题既为中苏两国关系症结之所在，为中苏共同利害与永久和平计，愿于击败日本及上述三项由苏联政府接受之后，准许外蒙之独立，为避免将来纠纷起见，拟采取公民投票方式，投票以后中国政府当宣布外蒙之独立。关于外蒙之区域范围，应以原疆界、中国旧地图为准。中国政府深望苏联政府能明了中国政府极大之牺牲与诚意，切实谅解，借以获得两国久远而根本之合作，请为向史太林统帅剀切坦白，毫无隐饰言之。"

此为余所奉到之电文。

史：阁下如将此电译文抄示为佳，但阁下将满洲与外蒙平比而论。

宋：余已一再说明，余并非对此作一平比。

史：在满洲有中国人民，而外蒙则无之。

宋：在外蒙亦有中国人民，惟占少数而已，余述及满洲时，余系指出转让领土为一极苦痛之事。

史：外蒙之现状实际即为独立，外蒙在一九二一年业已独立。吾人希望此项事实，此种局面，予以法律之承认。

宋：吾人对此事之了解与美国方面之了解相似，即现状系维持中国在法律上之主权。

史：此项主权已有二十年以上并不存在。

宋：即使五十年亦与我无关，但目前此已成为学理上之问题。

史：尊提第一项系关于满洲问题，余已宣称并愿作任何君等所希望之声明，吾人承认中国在满洲之完全主权。

宋：余深知之。

史：关于中国之共产党，吾人并不予以支持，亦并无支持彼等之意向，吾人认为中国只有一个政府，如在中国国内有另一政府，自称为政府，此当应由中国自身解决之问题。关于援助一点，蒋委员长谓应给予中央政府，吾人以往即已如此，倘阁下需要吾人协助，而吾人亦可能协助者，自当给予蒋委员长之政府。吾人并不愿与中国相戏，吾人愿与中国真诚相处，维持同盟国间应有之关系。关于旅顺、大连及铁路二十年，吾人不能满意，此实太促，日前余曾向阁下说明，吾人需要甚长时期，以建立在远东之国防系统，吾人可同意三十年，但不能少于三十年，此为吾人确切之答复。关于旅顺军港问题，在该港内只能有一个主人，吾人将有陆、海军驻扎在彼，关于辽东区域……

宋：尊拟草案内所提之附图，余并未收到。

莫洛托夫（以下简称莫）：（将地图交宋院长）吾人放弃以前之中立区地带，但吾人维持中立区以南之线。

史：在该线以南之地区，行政当属诸中国，但旅顺口之行政应归苏联，该港应有一主人，该港应有一军事长官。关于铁路，如所有权全归诸中国，实不公允，该路俄人所建，中国在该路之投资实极微小，且已归还中国。

宋：余以为吾人非讨论以往之权益，此项权益业已变更，铁路原定期限为八十年，一九二四年改为六十年，现仅余数年未满，再则苏联已将中东铁路售与日本。（史笑）

史：吾人对该路未多使用。

宋：此非吾人之过，倘苏联曾较久使用，吾人宁所愿闻。

史：阁下之意甚是。

宋：蒋委员长现对外蒙既已让步，必有所可以表显国民者，吾同意干线之共同经营，吾人为中苏友谊已作极大牺牲，中国人民遭受战争之痛苦已达八年，战争所摧毁之财产不可胜数，吾人应有若干补偿。

史：依照蒋委员长之意见，吾人对于所建及所投资之铁路，将无权益，吾人仅于优惠之下，获得共同经营权，吾人不能同意中国为唯一所有权者，吾人可接受所有权共有。

关于外蒙人民投票一点，将对中国更为不利。

宋：此事业已解决，投票不过形式而已。如用投票方式，中国政府对于国民当较易应付。

史：外蒙之原疆界为何？余实不知。

莫：是否意欲改变现在之疆界？

宋：有中国之旧地图可凭。

史：余甚愿一阅。

宋:吾人始终未曾想到,吾人会讨论外蒙问题,故余未带此图,但中国绘旧地图时,尚未计及今日吾人讨论外蒙问题,故旧地图之疆界实属公允,余在莫斯科并无此图,但疆界问题可组织一划界委员会解决之。

史:吾人与日本曾有疆界之争辩,吾人提出以旧地图为准,不知阁下是否指此项地图而言,后在格林郭尔之役曾斩日本大将 Matsumora,于是日本同意吾人之意见。

宋:余希望阁下不必杀一中国将军而获得双方之协定。

史:(笑)余对中国与对日本并不相同。

宋:吾人希望公平处理。

史:阁下对上次会谈时,吾人所交之各项协定草案意见如何?

宋:内有若干点与吾人所预备之草案不符,此项草案为:

一、友好同盟条约,此草案与贵方所拟草案出入甚微,不过以我国立法程序,在生效以前应经批准手续,亦仅数日之事而已,此为不关重要之点。

二、史太林统帅曾表示,欢迎中国政府代表参加苏联进入满洲之军队。

史:然,一俟所有问题均获得同意之后。

宋:苏联与捷克所订有关相类事件之条约,实为一良好之前例。

三、关于大连之协定,我方草案系根据蒋委员长训令起草者。

四、关于旅顺之协定。

五、关于铁路之管理。(宋院长将以上五种草案送交莫洛托夫外长)

史:关于外蒙,阁下是否谓在战败日本之后将承认其独立?吾人提议应于现在即行承认,但于日本战败后再为公布。

宋:然,将于战败日本并举行公民投票后加以承认,请阁下信赖余言。关于草案之实质,业于此时决定,至于方式容再研讨。吾人并无规避或取巧之意。

史:此非诚意问题,而为清楚问题,中国可由吾人获得所要求之各种保证,吾人亦盼中国在此时予以保证,公布时间自可较缓。

宋:此甚公允。

史:阁下之意如何? 阁下愿在此商妥一切,然后返国,抑将此事延搁,先行返国。

宋:如时间许可,余愿现在即商妥一切。

史:吾人尚有三日之时间可供支配,即本月十日、十一日、十二日。

宋:在三头会议期间余不拟留此。

史:吾人可设法将会议延展五日。

莫:恐甚困难。

宋:余甚了解,吾人准备日夜工作。

史:吾人会谈或有数次,余不克出席时,拟由莫洛托夫代表参加,阁下不加反对否? 实际上并无分别。

宋:可,但遇重大问题,余仍愿能有与阁下晤谈之机会,莫洛托夫外长所交余之草案,内有数点似在阁下与余会谈前所拟就者,例如吾人仅谈及干线之共同经营。

史:在我方草案中并未提出支线,吾人并不以为我方之草案无修改之可能。

宋:然。尚有煤矿问题,余知倘我方保证可供应燃煤,阁下当可满意。

史:吾人并不需要新矿,但吾人顾到对于经营铁路必要之事业,倘所有权系共有,则中国对铁路之妥善经营当所注意,而对于此种事业当不愿与铁路分开,再则三十年后一切将还归中国,则中国当更以此为然。

宋:余以为彼此业经了解,铁路系一纯粹运输事业。

史:吾人曾经讨论此问题,其时指抚顺煤矿而言,而非指业已存在之中东铁路之矿。

宋:吾人以为铁路限于交通事业,阁下希望有一通海之出口,吾人愿供给此出口。

史：有若干事业若其无之，铁路将不能生存。

宋：系何种事业？

史：余现在无从开单见告，余之专家当供给必要之资料。

宋：关于铁路警察必须为华人，警察与武装军士无异，阁下熟知余反对外国军队之意向，如吾人善为保护铁路，阁下又何必对此费事。

史：吾人愿供给富有经验之军官。

宋：对于此一问题，余在离开重庆之前，曾奉蒋委员长之特别训令，一旦有外国军队驻在国土，无论名之为何，为警察或为其他，皆将为无限纠纷之原因，吾人实不愿有此，一九二四年之协定，路警即规定为华人。

史：此两铁路系在当地法权之外，桥梁、涵洞及车站均须防护。

宋：此两铁路并非在当地法权之外，阁下非欲有治外法权，吾人业已废弃之矣。

史：吾并非确指治外法权而言，吾人在两年之内，当可见到倘无苏联路警，贵国是否能办。

宋：华籍人员必能胜任，吾人将派最优之人选，此点余郑重要求阁下加以考虑，吾人不愿在上海或其他任何地点有外国军队或宪警，倘阁下能同意此点，将为对中国政府及人民之协助，因蒋委员长确认此为最主要之条件。

史：吾人对此将想一想。

宋：关于新疆，阁下能助吾人平抑变乱否？

史：如何派遣军队乎？

宋：否，现在边境有军械之走私，吾人盼阁下设法制止之。

史：吾人无权干涉。

宋：非在中国境内，而系在边界。

史：中国将对当地人民予以若干权利否？

宋：然此为一政治问题，亦为军事问题。

史：局势如此严重乎？

宋:伊犁已为叛军所占领。

史:系畏吾尔人乎? 哈萨克人乎?

宋:其混杂甚繁,吾人愿善待所有民族,此为应付各民族唯一之方法,但吾人希望恢复叛军所占领之土地。

史:此为合法之愿望,最好之方法为予以权利,吾人有各种不同之民族,倘不承认其最低限度之权利,纠纷将永无底止,但此为中国本身之问题。

宋:余同意此点,对于民族居少数之处理,不少地方吾人可向苏联学习,吾人愿作若干让步,但如不继之以服从,吾人必须引用武力。

史:此为当然之事,叛民意图脱离中国乎?

宋:彼辈宣布一所谓新共和国。

史:吾将搜集情报,吾人或将再谈一次,关于禁止边境私运军械一节,吾人之职责应防止之,倘确有若干漏卮,吾人愿为所能为以赴之。

宋:叛民所配备之军械甚佳,为彼辈前所未有者。

史:今日君随处可以获得军械。

宋:但非在新疆。

史:何故?

宋:因交通困难之故。

史:印度不致出售军械否?

宋:凭可靠情报,不知有此。

史:两国作战之时,甲国恒供给军械于乙国之叛军。

宋:在新疆运输实属困难。

史:阁下以为军械系由苏联输入否?

宋:可能有此。

史:甚少可能,容改日再谈。

宋:余盼得一保证,阁下将尽一切可能禁止私运,我方当设法以和平方法克服叛乱。

史:在第一次世界大战时,有若干法国军火工厂供给武器于德国,贵国官吏不致以高价出售军械于叛军否？

宋：余有一答案，阁下可以置信，即叛军所持有之军械，实较中国官吏所有者为佳。

史：阁下似较余更为明了。

宋：吾人曾搜集爆炸后之炮弹，吾人发现吾人并无此种炮弹，余深知阁下极愿助我解决此项困难，一如助我解决其他困难。然阁下对中国共产党问题有何观察，余今非以余官方资格与阁下以官方资格讨论，而系宋先生与史太林先生之私人谈话。

史：阁下之希望为何？阁下曾言愿吾人勿供给武器于共党，同时倘苏联援助中国，应援助蒋委员长之政府，然否？

宋：然。

史：甚善。然则阁下尚有何希望？欲余派军助君解除共产党武装否？（史笑）

宋：此实匪夷所思，余愿阁下明了吾人之立场，吾人愿以政治方式寻求解决。

史：此当为善策，彼辈为善良之爱国分子，倘能觅得一政治解决，必将不恶。

宋：吾人希望共党之军队应并入政府之军队。

史：此实为合法之要求，中国必须只有一个政府与一个军队。

宋：吾人准备彼等加入吾人提议之类似战时内阁及军事委员会，吾人不能明了，何以彼等与吾人分离相处。

史：目前之局面实予人以不良之印象。

宋：余要求阁下对我等以道德上之援助。

史：如何？

宋：苏联刊物曾有多次攻击中国，甚盼阁下能予以拘束。

史：甚是，但中国刊物对我苏联攻击更多。

宋：容吾人彼此拘束刊物之言论。

史：甚善。

宋:今日将如何进行吾人之工作。

莫:拟于明日下午二时会谈。

宋院长表示同意,并希望于离莫斯科前能再晤见史太林统帅。

史太林统帅提议在击败日本后公布关于外蒙独立之协定,在八月底公布其他协定。

宋院长询关于外蒙应拟订何种协定?

史:可说明外蒙经过公民投票手续后,中国不反对其独立,但可在日本战败后再为公布,吾人可觅得协定之适当格式,余对公民投票并无所惧。

《战时外交》第2卷,第609—620页

## 蒋介石致宋子文电

### 重庆,1945年7月11日

即到。宋院长:密。午青及二一、二二号电均悉。(甲)外蒙问题可改照来电,于战后以适当方式宣布。(乙)关于旅顺、大连及铁路问题:(1)旅顺军港由中苏两国在同盟期间共同使用,对于纯粹军用部分,委托苏联管理,但行政权则属于中国。又为中苏两国共同使用旅顺军港,在同盟期内,组设一中苏两国军事委员会。(2)大连必须为纯粹自由港,其行政权必须属于中国,至仓库运输等事,可用商业方式酌定办法。(3)中东、南满铁路之所有权,完全属于中国,但允苏联在同盟期间共同经营。惟其铁路警察权应绝对属于中国。(丙)中苏互助同盟期限可定为三十年。(丁)下列三点应特别注意并向苏方说明:(子)一九号电(甲)七项所谓旅大以外之区域,中国所派主要行政人员应得苏联同意一节,中国决不能承认。(丑)同电(乙)一项所称中东、南满路苏联恢复权益:包括一切产业等,此所云产业,应以机车、车辆工业机厂建筑物为限,至土地当然应归中国所有,而帝俄时代在铁路沿线所开发之小煤矿及已开发之森林亦不应包括在内。(寅)史达林元帅前对兄已面允铁路在平时不(用)〔运〕兵,但观十九号①(午佳)来电,彼方条件(甲)四项有苏联有权派陆、海、空军驻扎,此点前后有出入,如其再要求时,应重申平时铁路不能运兵之原则。(戊)关于中共问题,苏方所为之承诺,应商请其列入谈话纪录,或其他书面中,并宜明白声明,不仅不能供给武器,即在宣传、经济与交通各方面,苏方亦不得与中共以支援。(己)订约以后,苏方应宣言保证尊重我东北领土、主权与行政之完整。以上各点,请兄尽力折冲,并权宜办理,倘非万不得已,希勿轻予变更迁就为要。中。午真。

《战时外交》第 2 卷,第 621—622 页

## 宋子文致蒋介石电

莫斯科,1945 年 7 月 11 日

急。渝。密。主席钧鉴:今晚与史太林会谈经过,报告如下:(一)苏联撤兵问题,职提议应在尽先战后三星期以内,史谓停战后二三星期可开始,除非中美两国要求多留时日,二个半月可撤完。职要求此点应用换函规定,史表同意。(二)东北、新疆、中共三点,俟一切问题双方商妥后,史允以书面表示。(三)铁路管理,史极坚持,对董事长、局长,表示均应为苏人,经职反复辩难,史对铁路警察全操中国,表示同意,并重行声明平时不运输军队,但董事长、局长问题,仍未解决。职谓铁路管理事,与钧座指示不符。(四)大连,职坚持应为纯粹自由港,但中国政府可聘用苏联技师,职并告史,旅顺旧军港,包括大连,区域太广,同时大连既为自由港,自不应包括在内。史谓如不照原军港区,不能有适当防卫。(五)职最后谓,史离苏在即,若干问题固已圆满解决,但仍有若干问题须向钧座详细请示,拟乘机返国请示,俟史柏林返苏时,再来莫斯科作最后决定。史先似表同意,但继谓,如中苏不能在三头会议前签订协定,则对日军事问题无从与英、美讨论。彼原拟元(十三日)晨

---

① 九号之误。

启程,现可改至删(十五)晨动身等语。会谈后,接奉钧座真电,拟遵照指示,明日再往见史,谨陈。职子文叩。午尤。

**附:史太林统帅与宋子文院长第五次谈话纪录**

出席人员:与上次同。

时间:一九四五年七月十一日下午九时至十一时卅分。

(一)外蒙独立问题

莫洛托夫(以下简称莫):余已接到阁下对此问题所拟之函稿,余以为我方之草案较近于吾人谈话之内容,中国方面之稿较为含糊,阁下对我方草案认为有何必要之修改?

宋院长(以下简称宋):双方草案有下列不同之点:

一、我方草案为一单方之宣言,而非为与苏方之协定。

二、我方草案未提外蒙宪法,前已声明,我方不承认此项宪法。

实质为中国政府不反对外蒙之独立,阁下何以坚持我方承认吾人所不承认之事实,即一九二四年至一九三〇年外蒙对于宪法之宣言,使我陷于窘迫之境,苏联在一九二四年协定中,承认外蒙为中国领土之一部,故如承认外蒙之宪法,对苏联亦同样难堪。

史太林统帅(以下简称史):吾人可讨论二年而不获得任何结果,前此中国不予承认,现在中国予以承认,余未见此中有何困难,在阁下所拟函稿中,在第一句之末尾谓中国将不反对之,此之字何意?是否指举行公民投票而言?

宋:此系指独立而言。

史:则请言之。

宋:可。

史:阁下之函述及疆界一点,应予删去,或说现在之疆界即系指现状而言。

经过长时间之讨论后,双方同意下列文字:"兹因外蒙古人民叠次表示其独立之愿望,中国政府声明,在日本战败后,如外蒙人民以公民投票方式,证实此项愿望,中国政府当承认外蒙之独立。"

双方决定不提疆界问题,并同意苏联政府答复,收到上项声明后,即申述苏联政府当尊重独立外蒙古国之政治独立与领土完整。苏联之俄文复文草案旋即交与宋院长,宋院长接受之。

(二)友好同盟条约

关于条约草案,经于昨日由宋院长之代表与莫洛托夫外长之代表接受,兹双方同意核定此草案,但文字上如有变更必要时,仍可修改之。

(三)苏联军队退出满洲问题

史:贵方所拟草案内加入三个月内撤退一节,使余等不快,无论何地,均无要求解放一国家之军队于一定时限之内撤退,倘法国在英、美军队登陆之前,提出类似问题,余不知将生何种结果?但如阁下询余在解放满洲之后,吾人尚须驻留若干时,余将答复,或将留二三星期之久。

宋:然则余将对阁下作此询问,在击败日本后,苏联军队将留驻满洲若干时日?

史:余愿言在日本投降之后二星期至三星期,有何情形将使苏联军队留驻较久乎?或者中国方面要求吾人留驻较久,或者美国方面提出同样之请求,届时或有等候或接受俘虏之必要,倘中、美双方均无延长驻留之要求,则除旅顺驻军外,当于三个星期内撤退。

宋:撤退完毕需要若干时日?

史:当视铁路运量及军队数目而定,余信日本将在满洲作规模宏大之战斗,此所以吾人集中如许军队,美国方面希望吾人须有如许军队,余信吾人可在二个月以内撤退完毕。

宋:阁下可声明确实可在三个月以内撤退完竣否?

史:余信倘无意外事件发生,无需三个月时间,日本方面或将破坏交通路线,关东军或将不服从投降之命令,有一德国将军不遵守投降之命令,吾人费时二周始将彼击败,同时在海内或布雷甚多,但余仍以为二个月为撤退至最后一人之最大时限,若干军队可由海上撤退,若干军队可由火车撤退,吾人本身希望能迅速办理,因吾人已作战四年,美国方面希望吾人在满洲有甚多之军队,彼等不愿在中国登陆,彼等希望以全力直接在日本登陆,吾人讨论美国之计划时,彼等并未预计在中国登陆,仅预计在日本登陆。

（四）中国代表派驻苏联军队问题

史:第二条乙项关于此点,贵方草案内谓中国派驻苏联在满洲军队内之代表,指挥中国军队,与苏联军队之合作事实,此系何意? 在法国及波兰,法、波军队均受同盟军总司令之指挥。

宋:吾人之意为此等代表将协助苏军总司令建立合作关系。

草案即照此意修改。

（五）铁路问题

莫:我方如将所拟铁路协定引言内苏联对铁路之所有权数字删去,阁下对此引言是否接受?

宋:大体上可以接受。

莫取出一新拟草案。（见附件）

柏巫洛夫翻译员将草案用英文译述。

宋:关于运兵一节,余于七月七日曾询史太林统帅意见,彼表示铁路上将无运输军队之事。

史:吾人既拟在旅顺驻兵,倘苏联军队不能利用铁路,事实上不能办到,吾人当需运输军火与轮流更换之驻兵,余前声明之无军队运输一节,系指无额外之军队运输而言,吾人需要最低限度之少数军队,由海参崴运至旅顺,此外对日战事结束后,吾人需要将军队撤退。

宋:然,但余所询者为平时。

史:日本投降之后即为和平,但吾人必须将军队运出。

宋:余将紧接战事结束以后之期间除外,余业经将七月二日与史太林统帅之谈话报告蒋委员长,其原文如下:（宋院长即席宣读上次纪录之摘要）

史:吾人所需要者为军队之通过而非军队之调动。

宋:阁下可将军队由海道输送?

史:然,但应视何者较为便捷为断。

宋：铁路运输或较便捷，但中国人民对于外国军队之显于其土地之上，将感甚大之疑惧。

史：仅于军队驻留时为然，如仅系军队之通过，则不然。

宋：即使仅为军队之通过。

史：吾人可限制军队通过之数量，但不能完全除外，吾人可专订一协定，限制军队通过之数量，吾人可将程序详细规定，并注明除旅顺外不得在中国领土登陆。

宋：既和前次谈话不同，余恐不得不再请示。

史：吾人可将双方谅解，以换文方式行之。

莫：吾人对此可不必公布。

宋：此点实无甚差别，外国军队在中国领土，中国人民均能见到。

史：吾人在一年之内可限定二师至三师之数，此则无可恐惧者。

宋：余信任史太林统帅并对彼所言者极端尊重，但余必须念及中国人民，蒋委员长已对外蒙作最大让步。

史：外蒙原已独立。

宋：但中国人民不作如是想，阁下不知彼等之思想。

史：吾人改为运输军用品，不运输军队。

宋：可，余同意此项变更。

史：吾人可在战事结束后，将第一次驻兵运至旅顺否？

宋：可，但以此一次为限。

史：但如吾人说明每次运兵不超过一师到二师为度，如何？

宋：余不能接受此点。

史：如吾人运输军队穿着便衣如何？

宋：史太林统帅决不致出此遁辞。

史：此乃为尊重中国之主权。

宋：阁下可以海道运输。

莫：既有铁路，吾人应利用之，以增加运输业务。

史：容吾人同意于一定数量之军队，每次由双方协议决定，以一师为限。

宋:阁下希望扫除一切纠纷与摩擦之原因,故阁下愿将外蒙问题解决而了之,余尊重此意,倘用海道运输实为至易。

史:然则铁路之运输当以军用物资为限。

宋:关于铁路警察,吾人愿由自己保护,吾人当给予铁路完全之保护,除旅顺外,吾人不愿在中国领土上有任何武装外国人民。

史:路警并无大炮、坦克,实非军队。

宋:一九二四年以后,中东铁路即无俄籍路警,对于吾人保卫铁路之能力,余可向阁下保证。

史:日本将有甚多之代谋人,希图破坏。

宋:吾人将如是击败日本,彼等将不能再有军队。

史:德人虽已战败,但尚有数十万人民从事地下工作。

宋:中国方面足可对付此辈从事破坏工作之日人。

史同意不再坚持,但建议加入"中国当与苏联政府特别协定,保证铁路之保护"一节。

宋提议改为"与苏联政府咨商",以期表示此为中国政府所采取之措施。

莫赞同"与苏联政府咨商"字样,乃系中国政府负责铁路之安全。

宋:然。关于铁路事之理事会,吾人建议五人为华人,五人为苏人。

莫:如理事分歧,理事会将无法进行。

史:如是则理事长应有投决定票之权。

宋:何人将为理事长?

莫:苏方草案为苏籍理事长。

宋:蒋委员长电文指示所有行政应由华人。

史:此非允当。

宋:此系余接得之训令,两铁路之理事长及经理应均为华人。

莫:此项办法实不可能,路警已为华人,而苏联军队又不使利用铁路。

宋：阁下将于何时赴柏林？

史：余可再留一日，吾人可于明日或于十三日下午结束。

莫：十三日晚间吾人将在克利姆宫专诚宴请阁下。

史：当于十四日动身。

宋：余有一建议，尚有数事余必须请示，阁下赴柏林之时，余可与彼得罗夫大使同飞重庆，余当留胡次长在此。返渝后当将一切面陈蒋委员长，余当于阁下自柏林返来时，再到莫斯科谈判。至现在阶段，余必须当面报告蒋委员长。

史：此实甚少可能，在柏林之时，必将询及苏联是否出兵攻日，在未与中国签定条约暨协定之前，余实无法答复，同时尚有苏联以外之军队对日作战，故余必须赴柏林之前，与阁下解决一切。

宋：今日已为十一日，如余今晚请示，至少须十三日始能接到复电。

史：余可再候一日，余可于十五日离此，但对柏林会议将迟到一日。

莫：阁下同意吾人清单所开之铁路附属事业否？

柏巫洛夫翻译员译读清单。

宋：清单太长，余建议史太林统帅所提议之方案，即支线及附属事业不在共同经营之内，惟俄国管理时期所建置之事业，并同时专供路用者可不除外，吾人可由一联合委员会确定此种事业之清单，关于铁路需要之事业，自当共同经营之。

莫：此点可以同意。

宋：对于理事、理事长及经理问题，余当请示。

（六）大连

宋提出一新方案：大连为满洲主要港口，故蒋委员长盼由中国方面管理，但可聘用苏联专家。

史：旅顺如何？

宋：蒋委员长希望旅顺亦由中国方面管理，但余认为，史太林统帅所提旅顺应有一统一之军事指挥官，实属合理，余将陈请蒋委员长接受旅顺设置苏联军事指挥官之意见，但关于区域范围不应包括大连，应在大连以南。旅顺应有一中国军事指挥,其人选由中国征得贵国同意后任用。

莫:雅尔达方案提及苏联在大连之优越利益。

宋:吾人对此之解释不同,所谓优越利益,吾人认为并非指控制大连之意,乃系指保障由苏联进出及经过之意。

史:吾人不愿离开雅尔达方案,大连以及铁路之经理人员应为苏籍。

宋:吾人将聘用苏籍专门人员,但不用其他外籍职员。

莫:吾人之要求为最低限度之要求,吾人要求保障吾人最低限度之利益。

宋:优越利益非指苏方将管理大连而言,余之了解为旅顺军港苏方应有指挥官,但在非军用港与非军事机关无必要。

史:余等需要大连、旅顺为期三十年,倘日本恢复其力量,吾人可于此地打击之,日本一如德国,必将再起,如将区域缩小,吾人将无所能为,旅顺将无后地,吾人准备对区域范围稍加减缩,但不能如阁下建议之甚。(史将红铅笔在地图上划一区域之界限)

宋:自由港应有自由直达之便,俾所有货物不必经过此区域。

史:旅顺军港必须有一后地,并须辅之以一民用港口。

莫:吾人要求已极为平抑,实代表最低限度之要求,大连为吾人在远东热水地带能使用之唯一港口。

宋:吾人已予君等以旅顺军港。

史:吾人不能囿于一窄小区域之内,吾人为旅顺军港尚须有铺店及其他设备。

宋:吾人建议之区域至为广大。

史:否,依阁下所建议之区域,吾人不克防护半岛最狭窄之部分,五次空袭即可毁灭,故吾人在此最狭部分之北部,尚需较多地面。

宋:关于旅顺,余已竭尽一切以迁就史太林统帅之意见。

史:此尚不足吾人必须防护此最狭之部分,吾人对此问题业已考虑周详。

宋:于此,余必须请示。

### 宋子文致蒋介石电

#### 莫斯科,1945年7月12日

急。渝。密。主席钧鉴:今晚与史太林会谈,空气极为和观,仍尚有数问题必须当面请示钧座,拟乘史赴柏林三头会议时,返国一行,会后再来苏,作最后决定,史今日表示甚赞成。职定寒(十四)候与苏联大使、经国等同返,约铣(十六)日可抵渝,胡次长留此。关于与苏联交涉一事,务乞钧座转饬各报,勿加评论,苏方已同样通知苏联报纸。谨闻。职子文叩。午侵。

**附:史太林统帅与宋子文院长第六次谈话记录**

出席人员:与上次同。

时间:一九四五年七月十二日下午十二时至十二时四十五分。

宋院长(以下简称宋):昨晚余自会议归后,接获蒋委员长电,此自非复余昨晚会谈后所发之电,但电文内包括余以往曾提出之若干问题,余恐复电内容甚难使史太林统帅完全满意,但余今日侵晨所发之电,如有复示,恐亦不能有何差异。

一、关于铁路　蒋委员长之意见为理事长应为华人,但无投决定票之权,如是则华籍理事长不过对中国表示谦让而已。中东铁路之经理可为苏联人,另有一华籍之协理,南满铁路之经理应为华人,另设一苏籍之协理。蒋委员长同意期限改为三十年,彼大体上同意吾人在此间所经同意之点。

二、关于大连　辟为自由港,由中国方面管理,但聘用苏联技术专家若干,仓库、栈房可长期租与苏方使用,此为商业上之租用办法,期限可为三十年,如此可使苏方对于所需设备之效率可以控制。

三、关于旅顺　在中苏同盟期内由中苏共同使用,关于军用部分中

国可"委托"苏联办理，以避免"租借"字样，至民事行政应归中国。又
为共同使用旅顺军港起见，蒋委员长建议设立一中苏军事委员会，支配
共同使用事宜，旅顺口之区域不应包括大连及通至大连之铁路，俾使大
连成为一完全自由港，而有由陆地方面自由直达之便。苏联草案内规
定本区域内主要民政人员之任用，应征得苏联军事指挥官之同意，蒋委
员长认为此点影响中国主权，不能允诺。

四、关于同盟条约　对于大连、旅顺及铁路之期限，既均改为三十
年，蒋委员长建议同盟期限亦应为三十年。

吾人已对甚多问题彼此同意：外蒙、同盟条约；中国代表派驻进攻
满洲之苏联军队问题；史太林统帅对于中国关于如新疆及中共问题之
见解；史太林统帅希望中国在满洲有绝对主权实无疑问。至尚未解决
之问题，则为关于铁路，为管理问题；关于大连，为行政问题；关于旅顺，
为区域范围问题。余已于今日侵晨再电请示，同时余接到顷间所述之
蒋委员长复电，余不信蒋委员长对余最后一电之复示，将与顷间所述电
文内容有若干差别之处。故余愿向阁下提出一建议，余意如余能与彼
得罗夫大使兼程返国，实为最妥当之办法，事实上飞行不过两日，余拟
将所有事实报告蒋委员长，并拟与蒋委员长作一二次面谈，俾窥全豹。
余深知史太林统帅如何急于在柏林会议以前获得解决，但史太林统帅
到柏林之时，余亦已抵达重庆，余可赖彼得罗夫大使之助与彼通讯。

莫洛托夫（以下简称莫）：此实不便。

史太林统帅（以下简称史）：余同意宋院长之计划。

宋：同时可指定人员在莫斯科继续商谈，俾对双方争持之问题设法
接近。

史：吾人可接受同盟条约之期限为三十年，但阁下其他提议不能接
受，阁下既不能解决双方争持之问题，其他权威较小之人员如何能望其
在此获得解决。

宋：彼等可讨论业已商妥之问题，将其整理就绪。

史：阁下切盼避免谈判中有决裂之印象乎？

宋：并无谈判决裂之事。

史：好，吾人能如此作。

宋：傅大使及胡次长当留此与阁下所派之人员接洽。

莫：吾人亦当指定人员。

史：阁下何日离此？

宋：当于最短期内离此，因阁下甚盼于最短期内得到答复也。

史：明晚宴会如何？如于阁下更为方便，余可取消。

宋：余可留赴阁下之宴会，而于翌日，即十四日清晨离此。

莫：吾人应商定一对报纸发表之公报。

宋：然。

史：可发一较为笼统之公报。

莫：阁下何时重来莫斯科？

宋：当在君等自柏林归来之前。

史取出旅顺口地图：旅顺口以南之缪岛、雷岛应为中立，以往原属中立区域范围。

莫取出关于本问题之协定草案。（见附件）

宋：阁下拟在柏林留住几何时日？

史：不超过七月底，此种会议通常为八日至十一日，关于吾等返抵莫斯科之时间，当预为通知阁下。

在此期间，中、苏报纸均不应登载任何有关谈判之消息，苏联报纸当守缄默。

宋：余可保证与余同行返渝之人员均守缄默，余仅当报告蒋委员长一人。

史：凡此次谈判内容业经通知之中国政府官吏，不应泄漏任何消息。

宋：余当注意及之。

史：吾人控制报纸至为周密，苏联报纸当守缄默。

宋：吾人当特别设法使所有各方面，包括报纸在内，严守缄默。

史：吾人公报应如何措词？

莫：吾人可宣称谈判业经进行，关系已见改善，交涉仍当继续，双方有相互之谅解及友谊之存在。

宋：如中国报纸说明胡次长仍留此一点，阁下以为然否？

史：如阁下认为可行，自可同意。

莫：吾人仍有尚未解决之问题。

宋：甚难在电文内表示一切。

史：吾人可在公报内说明，因史太林与莫洛托夫之赴柏林，谈判暂告停滞。

宋：甚妥，彼得罗夫大使可与余同行否？

史、莫：可。

史：阁下亦可拟一公报草稿，吾等可于明晚彼此比较。

宋：在与阁下此次离别之前，余对阁下之极端坦率，愿表谢意，余离此得一印象，即史太林统帅十分诚恳，希望与国民政府有友好关系，蒋委员长与余均极为纫感。

史：余对阁下之诚意及顷间表示之情，亦表感谢，俄国现在之新时代人物不愿在俄、日两国之间破坏中国，以往种种，今日已一扫无余，吾人希望中国成为一富盛强大之国家，中国人民并非全数信赖余言，但他日事实表现，彼等当信余言之非妄。

宋：余深信之。

史：余至欣感。

**附：关于旅顺、大连及其邻区协定之宣言（苏联草案）**

两缔约国兹于签订旅顺、大连及其邻区协定之时，同意关于在旅顺港以南半径一百公里之内之岛屿，如建筑海军根据地，必须双方同意始能实行。本宣言作为本日签订之旅顺、大连及其邻区协定之一部分。

一九四五年七月　　日签于莫斯科

### 哈里曼致杜鲁门和贝尔纳斯电

莫斯科,1945 年 7 月 13 日

昨晚(星期四)宋又会见斯大林和莫洛托夫,阐述了在我最后那封电报(120015 与 120755·7 月 11—12 日)中提及的几个方面,他有权能做出最大的让步。

关于铁路管理,他提议董事人数双方相等;出于对中国的礼貌,让中国人当主席但无行政权;中东铁路苏联人任经理,中国人任副经理,南满铁路的经理是中国人,苏联人任副经理。他提议大连港应是在中国管理下的自由港,但是表示愿意让苏联人在商业的基础上租赁码头和存货的地区以供他们联运之用。他解释说,理由很明显,他不能同意大连港或与他连接的铁路在苏联军事区内或用为苏联海军基地。宋提出旅顺港为共同使用的海军基地但由苏联控制。关于旅顺港似乎没有什么不同的看法,但是斯大林对宋说,关于大连港和铁路,宋的建议不合他心意。在要求控制铁路和把大连包括在军事区内实质上由苏联控制等方面,斯大林没有提出任何进一步的让步。宋于是说,他觉得他应该回到重庆去和蒋商量,但是准备在任何斯大林希望的时候再回到莫斯科。据宋说,会议是在友好的气氛中分手的,他表示讨论是坦率的,并相信他已获得苏联政府对中国政府的友好态度而感到满意。

宋告诉我,在任何一点上他没有进逼斯大林,因为他急于想让这些议题留有余地,为了获知你的看法。他希望你能在即将召开的柏林会议上,使斯大林接受中国的立场,或者你能想出一个委员长能接受的折中方案。不过,他没有告诉斯大林这点,虽然从政治的立场说,他觉得中国同意承认外蒙古独立已做出重大的让步。他觉得这里的讨论,使他的政府和克里姆林宫之间建立了友好的关系,是取得的重要成就,除了这些尚有问题之外,他对于达成谅解的问题感到满意。

他明晨(星期六)乘你交给他使用的飞机离此赴重庆,他还希望飞机可以留在重庆,尽早送他回莫斯科。他要我向你提出请求。

今日下午我将和迪恩将军①和海军少将梅普尔斯②赴柏林。

FRUS,1945,Vol.7,pp.933-934

### 格鲁致贝尔纳斯的备忘录

华盛顿,1945 年 7 月 13 日

附上名为《美国对于雅尔塔协定和关于外蒙古和东北地区方面中国可能适当地接受的条款的解释》的备忘录,是按哈里曼大使 081800号电报中的建议,和通过海军上将李海转来你的指示(MR—IN—19)③而准备的。

国务院里没有雅尔塔协定的副本或与之有关的谈话记录。所以附上的备忘录是根据我们的回忆而准备的。

备忘录中标上红色的部分也许你愿意对之特别留意。④

**附件**

美国对于雅尔塔协定和关于外蒙古和东北地区方面中国可能适当地接受的条款的解释。

外蒙古。关于我国政府如何解释对外蒙古使用"维持现状"这个词,与下列事实有关。

中国政府声称全部蒙古,包括蒙古人民共和国占领的地区是中华民国的一部分。现时中国训政时期(1931 年)暂行宪法规定共和国的疆域包括若干省份、蒙古和西藏。虽然中国在 1911 年失去对外蒙古的控制,中国政府从未停止过声称它是共和国不可分割的一部分,在与帝俄签订关于外蒙古的条约以及中国与外蒙古本身签订条约时,他们都

---

① 陆军少将约翰·R.迪恩(John R. Deane),美国在苏联的军事代表团团长。

② 海军少将豪斯顿·L.梅普尔斯(Houston L. Maples),美国在苏联的军事代表团中的海军成员。

③ 国务卿请格鲁先生准备进行研究哈里曼大使在他的电报 081750 号和 7 月 8 日的081800 号劝告。

④ 入档副本未指出划出红线部分。

承认这一点。(见 1913 年 11 月 5 日附于中俄声明中的备忘录;1915 年 6 月 7 日恰克图三边条约 Ⅱ 条和 1924 年 5 月 31 日中苏大纲协定第 5 条。)

中国对主权的要求获得苏联的承认,它坚信中国政府是法律上有资格管理外蒙古事务的唯一政府,他曾反对苏联与外蒙古签订任何协议或签订与外蒙古有关的协议。为此,当苏联蒙古互助条约在 1936 年 3 月 12 日签订时,中国政府向苏联提出抗议,外蒙古是中国不可分割的一部分,外国不能和它签订条约或协议。苏联外交部答复时重新肯定了苏联承认中国的主权。

中国也反对 1941 年 4 月 13 日苏日签订的中立条约的声明中一段话:

"……苏联保证尊重满洲国的领土完整不可侵犯,日本保证尊重外蒙古人民共和国的领土完整不可侵犯。"

次日中国外交部长发表一项声明,他说:"东北四省与外蒙古是中国不可分割的部分,将永远是中国的疆土。中国政府和人民不会承认任何第三方订立的有损中国领土和行政完整的协议。"

声明的内容按抗议的形式交给苏联外交人民委员部,苏联答复说,苏日条约仅为保证苏联的安全,不影响苏联与中国的关系。

苏联没有要求蒙古人民共和国的领土,它曾一再告知中国,它尊重中国在那里的主权。苏联官员的声明所抱的观点是,蒙古人民共和国政府是自治的,可以进入独立的条约关系。1925 年 3 月 6 日苏联半官方报纸《消息报》引述苏联外交人民委员契切林[①]的话:"(苏联)承认蒙古是整个中华民国的一部分,但是,它享有的自治权,是如此的广泛,以致可以排除中国干涉它的内政,并允许蒙古建立自己的独立关系。"(引自路易斯·内母泽尔的《从国际法上看外蒙古的地位》,《美国国际法期刊》,卷 33,1939,461 页。)就所搜集到的其它苏联官员的声明都

---

① Г. В. Чичерин.

强调地区自治。

　　蒙古人民共和国驻莫斯科的代表不具有一般的外交头衔,而称为"全权特派员和商务代表",这表明蒙古人民共和国未被视为一个完全独立的国家。当副总统华莱士在1944年夏天访问乌兰巴托时,无须蒙古签证或其他蒙古、中国或苏联证件,虽然中国与苏联都预先知道这次访问。尽管对美国副总统明显地表示特别尊重,但这仍然表明,蒙古人民共和国对苏联和中国的情况不正常。

　　关于苏联蒙古互助条约的缔结,英国议会质问首相,外蒙古(蒙古人民共和国)是独立国家还是中国的一部分。首相声称:"陛下政府继续认为外蒙古的主权属于中国;在3月12日缔结了条约草案后,苏联政府声明说,根据他们的观点,该条约草案不违背1924年5月中苏条约中承认外蒙古是中华民国不可分割的一部分,它仍然有效。"(《议会辩论》——下议院官方报告,312卷5页,(6)1936年5月11日。)

　　关于蒙古或蒙古人民共和国,美国没有发表过声明。美国也是1922年九国公约签约国之一,根据条款,美国承认尊重中国的领土与行政完整(第一条),曾煞费苦心地抑制自己做出任何表示,中国的边远地区,例如蒙古,与其余地区的情况不同。

　　这就出现了(表面上)中国对外蒙古有合法的主权,而事实上自1911年后就未行使过主权。

　　如果将来外蒙古的地位在人民自决的基础上决定,那么无疑这个地区将自行从中国分离出去,作为一个独立的国家或以另一种方式纳入苏联势力范围。蒙古人在传统上就反对中国人,他们愿意追随苏联的意识形态和影响。根据实际情况,可以认为中国政府正式承认一项事实上早已存在的情况是明智的,同时力求由此取得苏联的友好,从苏联政府获得坚定的诺言,能在内蒙古和东北地区更加巩固和加强中国的地位。

　　这样的安排实质上不会影响美国任何真正的利益。

　　<u>东北地区</u>。雅尔塔协定有一条一般的条款,将日俄战争之前,帝俄

在东北地区享有的权利由苏联继承。在这标题下的主条款之外还有某些明确的条款,尤其是处理大连"国际化"和中苏联合管理东北地区的铁路等问题,还不清楚这些具体条款在多大程度上是作为主条款的解释,和在多大程度上它们是修正或限制主要条款的。

在日俄战争之前,帝俄在东北享受的权利概括如下:

租借旅顺与大连湾(大连)(1898 年 3 月 27 日中俄条约)。租借给俄国政府旅顺和大连 25 年(1923 年到期),必须经双方同意方可续约。租约"决不违犯中国皇帝对出租地区的主权"。俄国完全独自使用整个地区,包括全部军事指挥权和最高行政权,中国陆军不得进入租借地区。旅顺港只能由中国与俄国船只使用。大连,除一条河湾专供俄国与中国海军使用外,向外国商业开放,准许一切国家的商业船只自由驶入。俄政府负责出资建立防御工事、房屋与灯塔,维持驻军并采取防御措施。

铁路。中东铁路公司在 1897—1901 年修筑的中东铁路名义上是俄中机构,但事实上即或不是全部,差不多也只用俄国人,该公司由中国政府批准享有独占的经营管理权。规定自路线竣工之日起,80 年后铁路无偿交给中国政府,还规定自竣工日起 36 年后,中国政府有权将它买回。

中东铁路西自满洲里站起,横跨东北地区,延伸至乌苏里铁路和波格拉尼奇纳亚,南部有支线自哈尔滨至大连和旅顺。自长春以南的这段支线,在 1905 年日俄和平条约中转让给日本。中东铁路下余的部分于 1936 年①转让给"满洲国"。

苏联在 1920 年前掌握着铁路区的行政权。按 1896 年 9 月 8 日中国政府和俄中银行之间的协议,把为了修建、管理和保卫铁路所需的土地出让给中东铁路公司,按照俄方(法文)条约文本,公司绝对地享有专有的行政或管理权。条约的中文本则没有这一规定。根据法文文

---

① 应为 1935 年。

本,行政完全可以解释为英文意义的行政,而不仅是管理,在铁路区内(在铁路线两侧延伸,宽窄不等的不规则地形的长条土地,包含哈尔滨和沿着铁路线发展起来的其它城市),俄国人组织起他们自己的市政,包括法院、警察、学校等等。美国政府认为这种行为侵犯了中国的主权,也损害了美国公民的治外法权权利。

中东铁路公司章程中规定设立一个由九人组成的管理委员会(或董事会),由股东选举产生。董事长由中国政府指派。副董事长由董事会成员中自己选定。股东只限俄国与中国公民。不言而喻,几乎全部股票都由俄国政府买去。允许中国人最多只能购买足以有权在董事会上参加选举的股额。1917年以前,董事会在圣彼得堡开会。实际的铁路管理交托(限于?)给一位经理,由经理和他的主要助理们组成的行政理事会协助管理,在重要问题上适当地进行控制。经理也是铁路区的文职长官,拥有莫大的权力。

拟议中的协议关于大连和旅顺以及铁路方面的条款,如莫斯科的081750Z[①]电报所说的那样,对于中国明显地比要求完全恢复日俄战争前俄国在东北地区拥有的权利的条款有利得多。

另一方面,拟议中的协议的条款,对于中国比在正常情况下制订的条款较差些,他们自己认为,在措词意义含糊不清的主要条款下的具体副条款,要求苏联恢复以往在东北地区的权利。例如,大连"国际化"这个词的本身,苏联没有理由在草案中把它解释为在行政上苏联要求占主导地位,关于中苏联合管理铁路条款,也不能要求在管理铁路方面苏联独占铁路的所有权,以及权利在中国人之上。

苏联承诺尊重中国的主权,但是又提议苏联实际控制东北地区的主要铁路,享有大连的主要的行政权和独占旅顺的行政权,即或年头有期限,无疑二者是矛盾的,将表示倒退到帝国主义最恶劣的焦点状况之一。这种状况是我们曾经希望可以最终消灭掉的,所以从美国的利益、

① 　日期是7月9(8)日,921页。

政策和理想的观点来看是个挫折。因此如果可能的话,美国政府应单独地或与英国联合起来,对苏联政府施加影响,使其对于大连和铁路的条件进行修改,使之对中国(和其他国家)有利,据信我们应作此努力。看来对苏联进行接触是有理由的,因为我们对于雅尔塔协定中的大连"国际化"的理解,不是把主要行政权转让给苏联,或者联合管理铁路要把所有权转让给苏联,并且在管理方面的主要职位属于苏联。如果通过这样的接触能影响苏联在这些要求中做出实质性的修改,从我们的观点来看那就非常受欢迎。同时,也不能不看到,苏联人参加对日战争并同意不支持共产党,中国必将受益甚丰。为了这些利益,中国必须准备作出合理的让步,既然这些无损于美国的利益或违反美国的政策,我们不应该支持中国反对这些在其它各方面都合理的让步。

美国在东北地区的贸易和交流方面当然有重要的实际利益,应加以保护。关于苏联和中国政府之间可能作出有关东北地区的任何协议,我们应当从两个政府获得明确的承诺,协议中牵涉到的一切地区和行动,国际交往不受歧视的原则应受到尊重。我们希望实施这项原则时将包括美国有同等权利使用大连的港口设施,有权租赁和购买那里的土地供商业和居住使用(在日本人统治时期经常被拒绝使用的权利),和有权自由充分地使用铁路的交通设施。

关于拟议中的对旅顺港的安排,据信中国人能够经受得住,并且应充分地劝告他们,赋与苏联人的利益至少不应比英国人租赁给我们的西半球英国领土上某些海军与空军基地的条件差。例如,1940 年 9 月 2 日经英国大使馆和国务院之间交换意见而达成的主要协定①规定如下:

"陛下的政府,在即将同意的租约中,给与美国在租约期内所租基地内的一切权利和权力,为了需要进入、保卫这些基地,以及输入适当的生活物资,在与基地毗邻和附近的领海、领空范围内由他们控制。"

---

① 国务院行政协定系列 181 号,或 54stat(第二部分)2405。

1941 年 3 月 27 日为租赁在纽芬兰、百慕大、牙卖加、圣卢西亚、安提瓜、特立尼达与英属圭亚那等地的空军基地所签订的英—美协定[①]第四条明确地授与美国法庭司法权，有权管辖美国军队成员、美国人、非英籍人，和英国人被控在租借区内外，犯有军事性质在美国法律下应受到惩罚的罪行，其中除叛国罪外，还包括破坏或间谍活动，其他危害美国基地、设施、设备或其产业的行动，以及违反地区内美国政府的行动。虽然对旅顺港的拟议中的安排，打算把港口交给"苏联管辖"，按照一般情况，如果中国把旅顺港区域内的司法权交给苏联独占，我们似乎没有什么理由提出反对，但有关大连和铁路的提议是可以招致美国和联合国的其他国家的合法反对的。

FRUS,1945,Vol.7,pp.934-942

## 中苏谈判公报

### 1945 年 7 月 14 日

（中央社莫斯科十四日专电）中苏双方顷就宋院长访苏之行发表公报，全文如次："苏维埃联邦共和国人民委员会委员长斯大林，外交人民委员会委员长莫洛托夫，与中国行政院院长宋子文，于过去数日中，在莫斯科举行谈判。参加谈判者，有苏外交人民委员会副委员长罗索夫斯基，中国驻苏联大使傅秉常，及蒋经国氏。谈判之主旨，在改进中苏关系，因而有关双方权益之重要问题，均会讨论。谈判情形，极为友好，且表现高度之相互谅解。由于斯大林委员长及莫洛托夫外长之须赴柏林，参与三位领袖会议，谈判暂告中止，宋院长亦将暂返重庆，不久将再继续商谈。

重庆《中央日报》1945 年 7 月 15 日

---

① 国务院行政协定系列 235 号，或 55stat（第二部分）1560。

（3）中国请求美国支持

### 史汀生致杜鲁门的备忘录①

波茨坦,1945 年 7 月 16 日

（备忘录的前两段谈对日战争的进展与对日本提出警告,见 FRUS,the Conference at Berlin(Potsdam) 1945,Vol.2,pp. 1265–1267.）

#### 雅尔塔协定

至于苏联的参战和所谓的雅尔塔协定,我认为这些协定,只要被解释为与我们对中国的传统政策一致,和假若我们永远能保持完全控制太平洋中的岛屿,就不必在安全观点上使我们担忧,我指的我们对中国的传统政策当然是门户开放和承认中国对东北地区的主权。

#### 东北地区

我们经受得住允许苏联进入东北地区的港口,我理解雅尔塔协定是让它在商业方面完全得以进入大连,以及得到所需的设施。我同样理解前罗斯福总统愿意允许俄国人在一定的期限内实际上取得半岛上的旅顺港的租界权作为海军基地。但是,不能让俄国人控制大连或禁止其他国家通过大连或任何其他东北地区的港口进行贸易。换句话说,在这方面我们将坚持对待东北地区应和对待中国本土一样,只不过允许苏联通过它和中国联合控制港口、铁路和正常地获得所需的港口设施来发展和支持它的进出口贸易。铁路管理必须以通常的公共运输为基础,不得侵犯任何国家在东北地区的贸易。我理解宋博士的这种观点,在这点上我将毫不犹豫地支持中国,因为任何其它行动都能构成放弃我们建立最久、最受到尊重的美国政策之一。它对我们在东方的明显的并在增长的利益也是互不相容的。

除了租借旅顺为海军基地外,这个提议本身的倾向就是错误的,不能进一步容许俄国人在大连半岛或东北地区其他地方享有军事权利或

---

① 副本由陆军部长在一封日期为 7 月 16 日的附信中传送。

实行控制。

（最后两段谈到朝鲜托管问题与盟军占领主要日本岛屿问题。）

FRUS,1945,Vol. 7,pp. 943-944

### 哈里曼备忘录

巴伯尔斯伯格,1945 年 7 月 18 日

#### 雅尔塔协定对中国的影响

最近宋子文博士与斯大林元帅在莫斯科会谈,就以下几点达成协议:

1. 中国没有反对并且接受了将库页岛南部和千岛群岛归还苏联。

2. 蒋介石同意"保持外蒙古的现状",此外,中华民国政府在对日战争结束后,如果外蒙古经过民主投票决定独立,中国将承认蒙古人民共和国独立。

（应注意,严格地说后者已超越雅尔塔协定的解释。另一方面,对于苏联政府的要求作出这种让步,并不影响美国的利益。）

3. 苏联政府按雅尔塔协定向中华民国政府提出友好、同盟与战后合作条约。中国人对于条约的条款感到满意,条款大致与苏联和欧洲国家缔结的条约类似。

在这方面,斯大林指出,苏联政府希望有一个强大统一的中国,同意支持蒋介石的政府统一中国。不再在精神与物质上支持中国共产党和新疆的叛乱者。

与此有关的,苏联政府也同意缔结一份内政的协议（按照捷克协定模式）,规定在红军进入中国国土时,中华民国政府派代表随军进入,以便在红军解放的地区上建立中国行政机构。如果中国政府要求的话,斯大林同意,苏联政府在对日战争结束后三个月之内将从中国境内撤走红军。

在雅尔塔协定中提到的港口与铁路方面的问题,宋与斯大林之间未能完全达成协议。

#### 1. 铁路

已经同意苏中联营公司共同拥有中东铁路和南满铁路。两国政府都无权把它的铁路产权转给第三者。共同拥有期为30年,到期后一切所有权重归中国政府。这个安排只涉及自大连至哈尔滨、自哈尔滨至满洲里和波格拉尼奇纳亚内的干线。

苏联政府同意,除非在战争期间或受到战争威胁时,它无权在东北驻军,在铁路上设置苏联警卫或调动军队经过东北地区。

苏联政府要求铁路公司设七位董事:四位苏联人和三位中国人,每条铁路的经理都是苏联人,副经理是中国人。

另一方面,宋博士建议应有八位董事,四位中国人和四位苏联人,出于礼貌,董事长(一个有名无实的职位)应由中国人担任,中东铁路的经理是苏联人,副经理是中国人;南满铁路的经理是中国人而副经理是苏联人。宋博士准备同意全部提供苏联政府在交通运输方面的利益。

#### 2. 港口

##### （A）旅顺港

已达成协议,苏联政府使用旅顺港作为海军基地,期限30年;港口与邻近地区将在苏联军事控制之下,在形式上,中国人也有权使用该港。

##### （B）大连

苏联政府要求苏联控制之下的军事区,不仅限于旅顺地区,亦扩展到原来全部被俄国人租借的包括大连在内的关东半岛,大连的一个港湾辟为苏联增加的海军基地,由苏中组成的委员会管理港口,经理为苏联人,虽然允许中国人管理民政事务,其行政机构则应听从苏联军事当局包括秘密警察的命令。

反之,宋博士代表中国政府提议,将大连变为由中国行政机构管理的自由港,将港内一些码头按商业性质租赁给苏联专用。由苏联控制的军事区不应包括大连港,或连接大连港的铁路,大连港也不得用为苏联海军基地。

宋博士请我将有关大连港和铁路方面存在的分歧之点向总统提出。他进一步请总统告知蒋介石,在这方面总统对于雅尔塔协定是如何解释的。

他希望总统能在目前会议期间,按着他(宋)的提议的每点上与斯大林元帅达成协议。如果成功,宋准备在这次会议后,立即返回莫斯科,以便缔结一份包括所有讨论过的问题的协定。不过,他还是希望在会议后的最后几天,能有机会亲自和总统和斯大林元帅在柏林讨论这些事情。

### 讨论与建议

我相信宋博士的最后提议已充分地满足了雅尔塔协定。在导致雅尔塔协定的讨论中,斯大林先请求总统支持苏联政府租借铁路和港口。罗斯福总统拒绝了这个要求,并建议铁路与港口应由国际托管。不过,他最终同意斯大林的反建议,即应由"苏中联合公司"来管理。应该指出的是,虽然雅尔塔协定在铁路方面声称"须保证苏联的优惠权益",但提到"以大连为出口的中东和南满铁路将共同管理"。我敢肯定,罗斯福总统脑子里想的苏联的"优惠权益"指的是过境运输,而不是苏联在东北地区有任何广泛的利益。所以看来苏联没有任何理由完全控制对于中国及其它国家都有利害关系的铁路。

至于在大连港方面的争议,难以想像在苏联控制下的军事区能有任何真正的自由港。我们已有丰富的经验,在苏联考虑军事安全的控制之下,不可能实行自由商业活动。雅尔塔协定的措词说,"大连商业港将国际化,苏联在该港的优惠权益应予保证……"①苏联对该港实行军事控制,将完全与罗斯福总统心目中所想的背道而驰。我相信罗斯福总统把租借旅顺港为海军基地看作是类似美国为了两个友好国家之间的共同安全,通过与其他国家交涉而获得的特殊待遇。

--------

① 这是原备忘录中的删节。

应该注意到,当斯大林要求租借大连港时,罗斯福总统曾加以拒绝,这表明这是违反美国对华政策的,从而导致雅尔塔协定的讨论中,没有理由推断保证"苏联的优惠权益"应超越苏联自由运输它的进出口货物的利益。宋博士提出给苏联政府部分港口地区作为商业专用,似乎已充分保证了这种利益。

斯大林在与罗斯福总统谈话中,从未要求过使用大连港为海军基地的权利。

斯大林非常清楚,罗斯福总统对于外国在华租借地的态度,我深信罗斯福总统从未打算或永远不会同意给与苏联会从反面影响我们长期以来对华政策的特殊权利。但是,罗斯福总统曾感到,为进出口运输应给予苏联自由使用一个不冻港的权利。

如果在港口的管理方面需要个妥协的话,也许可以建议美国政府与苏联和中国政府共同参加。这样看上去将接近"国际化"的意义。宋博士告诉我,如果美国政府愿意提出这样的建议,他欢迎把这样的参与作为一种妥协。

从我们关于苏联利用它的控制权,对各种事务按照它的命令行事的经验来看,我相信,如果大连港和铁路都置于苏联控制之下,美国与其它国家在东北地区发展商业与贸易,会遇到阻碍。在这个时候允许苏联政府有这样的控制权,将破坏美国长期以来执行的既定的政策和原则。

斯大林曾经数次承诺,支持美国对中国的门户开放政策,也尊重中国在东北地区的主权。

所以,我建议我们坚定地按上述观点来解释雅尔塔协定。

FRUS,1945,Vol.7,pp.944-948

### 赫尔利致贝尔纳斯电①

重庆,1945 年 7 月 20〔19〕日

下面是蒋介石主席致杜鲁门总统的电报。

"今天我见到苏联大使,请他把以下电报发给斯大林元帅:

我为你热情地接待宋子文博士并和他坦白直率地会谈深表谢意。

在外蒙古问题上,我们曾经期望你会因为我们没有坚持这个问题而感到满意,虽然在 1924 年与 1936 年苏联政府曾明确地保证承认外蒙古是中国不可分割的一部分;维持现状只能意味着保持现实状况,同时也不能改变中国在外蒙古的合法权利。你坚持中国应承认外蒙古独立完全出人意料。这将违反我国人民传统的信念,受到我国政府中大多数人员的反对,尽管如此,只要所有其他问题能圆满解决,为了除掉你认为是我们两国之间永久友好关系的突出的绊脚石,我将不惜作出这种巨大牺牲。

我指的问题是:(1)为了中国的行政与军事统一起见,苏联不得给与中国共产党任何精神或物质的支援,任何对中国的支援只限于给与国民政府;(2)尽可能支持中国平定新疆的叛乱;以及(3)绝对尊重中国在东北地区的领土完整和主权。关于前两个问题,我感谢斯大林元帅对宋博士所作出的明确保证。关于第三个问题,是指中东铁路、南满铁路、大连和旅顺港等问题,知道你将赴柏林,我已指示宋博士尽可能作出让步使苏联政府满意,具体地说,我告诉他以最真诚的态度提出问题,把所有的牌摊在桌面上,不要讨价还价。

两条铁路的董事长当然应是中国人才合乎尊重中国的主权和完整。我准备同意让一位苏联公民任中东铁路段的经理,而在南满铁路段的经理应是中国人。关于大连我们将声明它是自由港,联运至苏联的运输可以免税。按照中国行政统一的原则,大连是东北地区的重要港口,必须由中国行政当局管理。但是,我们准备请些苏联技术专家提

──────────

① 通过华盛顿发到波茨坦给杜鲁门总统和国务卿。

供有效的合作来满足大连的需要。此外,我们准备按商业惯例长期租赁苏联某些仓库以便苏联运输使用。

关于旅顺港。我准备将该地区的防卫交给苏联政府,由联合中苏军事委员会来解决共同使用该港的问题。但是,为了实施承认中国在东北地区的行政主权,行政机构应是中国的,(我也不能)同意指派中国行政人员要经过和苏联军事指挥部商量。最后,旅顺港的地区范围应限制在大连以南,以通向大连的铁路作为界限,如果它处在苏联的军事控制范围之内,那么大连港成为自由港或使该港国际化的概念就不能成立。不过,我准备在那条界限和通向大连的狭长地带之间另划出一个区域,该地的防御问题可由联合军事委员会解决,但是大连和长春至大连的铁路必须在军事区之外。

我相信斯大林元帅会认识到中国已竭尽全力来符合苏联的要求。我希望他会认识到,经过八年的战争苦难之后,在形势变得肯定对日本人不利的时刻,我们不能完全超出我的人民准备接受的界限。换句话说,我已坦诚地建议竭尽全力来迎合苏联的需要。

因为雅尔塔的建议是通过美国政府提出的,又因为哈里曼先生代表总统要求告知美国政府一切,我将把发给你的电报告诉杜鲁门总统。

以上是我发给斯大林元帅的电报内容。虽然中国未出席雅尔塔会议,您,总统先生,会认识到我们已竭尽全力来实现雅尔塔方案。在外蒙古问题上,我们甚至超越了界限。我们已达到中国公众意见能够接受的界限。我们也许甚至已经超越了中国人民将支持的界限。我相信在你和斯大林元帅谈话时,你会使他深深感到,我们采取的态度极为合理,那么他就不会坚持做不到的事。希望你立即采取行动,支持我们。等候你的回音。你的真诚的蒋介石。"

请表示收到。

## 杜鲁门致赫尔利电

巴伯尔斯伯格，1945 年 7 月 23 日

310 号。请将以下信件送交蒋介石委员长：

"您 7 月 19 日电中引述了给斯大林元帅电报的内容。我请你执行雅尔塔协定，不过我没有请你做超越协定的让步。如果你和斯大林元帅对于雅尔塔协定的正确解释有不同的看法，我希望你安排宋返回莫斯科，继续尽力达到完全谅解。杜鲁门。"

FRUS，1945，Vol. 7，p. 950

## 哈里曼致贝尔纳斯的备忘录

巴伯尔斯伯格，1945 年 7 月 28 日

贝尔纳斯先生：关于宋博士与斯大林的谈判，看来显然宋的交涉已达到中国政府所能做到的一切。现在的问题是，仍存争议的几点在雅尔塔协定中应如何解释。中国所处的地位不强，不能孤立无援地抗拒目前苏联扩大了的要求。既然美国因期待中国与苏联的和解已转入雅尔塔协定之中，我相信，总统对雅尔塔协定提出的解释，尤其是关于大连港和铁路管理的争议的解释是符合我们的利益的。我担心除非做到这点，宋将被迫让步，这就不符合我们对于中国的基本政策，也不利于我们国家的利益。美国政府采取了主动促使中国政府与苏联政府讨论东北地区铁路和港口等问题。如果最终是中国在东北地区给与苏联政府超过美国和其它外国对东北地区的贸易的特别优惠，甚或关闭对外贸易，那么，对于该地区没有实行"门户开放"政策，美国是不能辞其咎的。

总统的观点可以在这里向斯大林提出，或者当宋回到莫斯科举行进一步会谈时，责成我在某个阶段去通知斯大林。

虽然这个时候我们对苏联参加对日战争的问题表示任何关心也许是可取的，但在苏联与中国之间重新建立友好关系看来对我们有众多的利益，尤其是苏联同意支持中国国民政府统一中国的军队。

如果中国政府与苏联政府之间达成协议，我相信当斯大林在口头

上保证支持我们的"门户开放"政策之后,我们从苏联政府获得书面的再次肯定是至关重要的,尤其是在东北地区使这个政策能得以实施。如果苏联政府利用它在东北地区取得的特权来反对我们的权利,这样一个协议就会给我们直接对付苏联政府的机会,因而也是有益的。

有鉴于此,我附上一份苏联与美国政府之间有可能达成协议的备忘录草案。这样一份协议可以在宋与斯大林即将举行的讨论时,在莫斯科向斯大林进行交涉。

**附件:议定书草案**

中华民国和苏联正就有关东北地区某些特定铁路的管理和大连国际化成为自由港后的行政管理达成协议。谈判中的协议来源于承认苏联有保持自西伯利亚经过东北地区至海参崴和至大连不冻港之间的铁路运输的权利,以促进西伯利亚与外部世界的商业流通。协议的唯一目的是给予苏联的商业货品通过东北地区出海的便利,在既不受歧视也不享有优惠的基础上畅通无阻。

苏联完全承认中国政府在东北地区的主权。

双方政府一致同意按照机会均等的原则,以历史性的"门户开放"政策为基础,进行协商。这样,特定的铁路和大连自由港的行政管理方式应该有利于给与和中国维持关系的各国公民和商业以完全同等的机会。对于来到大连的船只在港口和铁路上装卸、运输货物时,在运价、存放地点以及诸如规则、收费等方面,一律平等对待。

再者,在贯彻执行铁路管理和大连自由港行政管辖的协议时,必须尊重凡与中国有商业条约各国的公民享有的权利,诸如关于居住,进行商业投资和文化事业,以及条约中包括的其它事务。

FRUS,1945,Vol.7,pp.950-952

### 赫尔利致贝尔纳斯电

重庆,1945年7月29日

这是一个侧面消息供你参考。7月29日重庆时间13点35分我通过陆军和海军向你发出电报，是宋对你 7 月 28 日电报的答复。他说他已和莫洛托夫取得谅解，在斯大林回到莫斯科不久，他就到莫斯科去。这不是如你要求的那样直接向斯大林发出的信息。这是我们能达到的最好结果。我们希望他能完成目标。宋将回莫斯科继续交涉。宋自莫斯科回来后，他告诉我，他自己怀疑返回莫斯科是否得当。当时他建议最好委任王世杰为外交部长，并派他到莫斯科去。我坦率地告诉宋，我认为他的计划行不通，他应该亲自缔结这些协定。今早我与宋和蒋介石谈话时，宋当我的面建议最好委任王博士为外交部长，并派他去莫斯科与斯大林缔结协定。我对此表示反对，理由是，他是行政院长，除了委员长之外他是中国唯一适合与斯大林谈判的人。如果宋拒绝去，另派一位新外交部长，对于协议可能发生损害，甚至毁灭性的影响。最后宋同意返回莫斯科，不过还是建议委派王博士为外交部长，陪他一起去。这样就圆满了。宋为他的政治前途焦虑。他害怕与苏联人谈判中的协议将伤害他个人。在他从莫斯科回来后，我第一次看见他时，他举起双手说，"我心灰意懒。我干得太多，累得要死。"后来他说，"这份与苏联签署的协议将在政治上摧毁负责签约的人。"各种迹象都表明，委员长迫切希望与苏联早早地达成公正友好的协议。此地的苏联大使说，宋在莫斯科已同意中国与苏联都承认外蒙古人民共和国独立。如我以前告诉你的那样，蒋介石指示（可能断章取义）宋采取此行动。同时他指示宋以承认外蒙古独立从苏联得到铁路和港口方面的让步。也许是这点使宋烦恼。似乎宋尚未在铁路和港口方面获得让步。

FRUS，1945，Vol.7，pp.952-953

## 哈里曼致贝尔纳斯的备忘录

巴伯尔斯伯格，1945 年 7 月 31 日

贝尔纳斯先生：在宋博士抵达莫斯科时，斯大林将指望宋已从蒋介石那里得到指示，立刻按照斯大林在 7 月里提出的各点签署协议。除非中国人退让，或除非美国对雅尔塔协定的解释持坚定立场，谈判将会

破裂,中苏关系将严重紧张。

如果宋超越他以前提出的反提议,那将违反美国的利益,又因出现争议后宋不能留在莫斯科,我建议在那时指派我去告知斯大林:(1)在雅尔塔罗斯福总统拒不同意斯大林原来要求租借大连港的提议,并坚持使该港国际化成为商业自由港(如我7月18日的备忘录中所述);(2)我们不能同意把该港包括在苏联军事区内或用作苏联海军基地;还有(3)如果斯大林不同意宋所建议的该港是在中国管辖下的自由港,其一部分按商业惯例租赁给苏联作为过境运输之用,我建议创立一个国际委员会,成员有中国、苏联、美国,也可能有英国政府的代表,来监督大连作为自由港的管理。

关于铁路管理方面的异议不如这个问题重要。我对宋与斯大林能协调这些问题抱乐观态度。

关于苏联和中国政府之间拟议中的安排,我建议指示我向斯大林提出一项草案,按照附在我的7月28日的备忘录中的草稿的各点,用文字重新肯定斯大林的口头保证:在东北地区遵守"门户开放"政策。

FRUS,1945,Vol.7,pp.953-954

## 哈里曼致贝尔纳斯电

柏林,1945年8月4日

040931。据告知,宋和新任外交部长①将于星期一(8月6日)抵达莫斯科。其时我将回到莫斯科。我请求给予我与我7月31日备忘录相吻合的指示。

FRUS,1945,Vol.7,pp.954

---

① 王世杰。

### 赫尔利致贝尔纳斯电

#### 重庆,1945 年 8 月 5 日下午 4 点

宋子文来电:

"依照我以前取得的谅解,莫洛托夫请我立即去莫斯科。我将于 8 月 5 日与苏联大使赴莫斯科。(署名)宋。"

今晨宋与苏联大使、新外交部长王世杰博士和比上次更多的助理人员乘飞机起程。中苏之间仍然存在的问题已在前电中说明,尤其 7 月 19 日委员长给斯大林元帅的 191752 号电报,内容是委员长发给斯大林元帅的电报。在已报告过的事项之外,昨晚宋博士告诉我:

(1)中国将同意把保卫旅顺港的权利交给苏联,但需建立中苏军事委员会,由该会解决联合使用港口问题。

(2)苏联提出新要求,要中国同意在旅顺港以南 100 英里的海岛上不设防。宋博士说,中国不会同意苏联的新要求,将保留在旅顺港以南海岛上设防的权利,无须苏联同意。宋说,如果中国同意苏方最后这个要求,等于让苏联完全控制渤海海峡,尽管宋博士个人的态度和他采取了各样的措施来避免个人负责,我们相信,委员长正在要求按着雅尔塔决定的基本要点,立即与苏联达成友好的协议,虽然他没有使用文件中的词句。

FRUS,1945,Vol. 7,pp. 954-955

### 贝尔纳斯致哈里曼电

#### 华盛顿,1945 年 8 月 5 日

白宫 316 号。你的电报 040931 号①。授权你去告知斯大林:

(1)虽则我们无意撤回我们对于雅尔塔提案的支持,我们相信宋已满足雅尔塔的要求,我们非常希望大元帅不再要求中国让步。

———————

①　日期为 8 月 4 日。

（2）我们请求不要和中国签订要他们进一步让步的协议，以致不利于我们的利益，特别是未经和我们商量便把大连港包括在苏联军事区之内。我们应该记住，罗斯福总统拒绝了苏联租借大连的最初提议，而坚持让它国际化成为自由港。由于门户开放政策与我们利益相关，我们将反对把大连港包括在苏联军事区之内，或用作海军基地。

（3）我们进一步建议，按你附在 7 月 28 日的备忘录中草稿的各点，立即缔结协议，再次肯定斯大林口头作过的在东北地区遵守"门户开放"政策的保证，并同时公之于众。这对于消除误会大有帮助，因为我们的公众意见，非常反对任何可解释为损害我们历史性的门户开放政策的安排。

在把议定书草案提交斯大林时，你要去掉草稿的最后一段。

虽则我们宁愿要宋的提案，让大连成为中国行政管辖下的自由港，将其一部分按商业租约租给苏联用于交通运输，你可以通知宋与斯大林，如有必要，我们不会反对创建一个国际委员会，由中国、苏联、美国以及可能英国政府代表为成员监督大连自由港的管理工作。

FRUS, 1945, Vol. 7, pp. 955–956

## 3. 中苏第二阶段谈判

### 王世杰日记

#### 1945 年 8 月 1 日

今晨予与子文谈赴莫斯科事，彼谓将来中苏约文应由予签字，予谓可否由彼我共同签字，彼谓不可。但云如苏方由史坦林签字，则彼可签字，实际上苏方自将由其外长莫洛托夫签字。

《王世杰日记》（上），第 718 页

## 王世杰日记

### 1945 年 8 月 2 日

今晨向蒋先生提出意见，谓外蒙独立之承认，宋先生已应允史坦林，彼意此时不提疆界问题；余意疆界之划定必须在承认之前，否则将为未来留无尽之纠纷，蒋先生以为然。

《王世杰日记》（上），第 719 页

## 王世杰日记

### 1945 年 8 月 3 日

今日续向蒋先生商中苏谈判问题，蒋先生谓：旅顺口外一百公里之岛屿，非经中苏协商，不得有何军事建造一节，决不可承认。予谓：予等此去莫斯科必须确定态度，究竟是否必须得结论，抑对若干未决问题必须坚持我方主张到底。蒋先生谓必要时可来电请示。予谓无论如何，一切均须批准始能生效。蒋先生亦以为然。

《王世杰日记》（上），第 719 页

## 王世杰日记

### 1945 年 8 月 4 日

原定今日赴莫斯科，以苏联复电迟到，改定明晨启行。

予觉予此行之目的可以三语括之：统一、和平与保全东北。但外间对于外蒙问题亦颇有异论。如舆论不能深深了解，则即谈判有成，中苏之感情仍将不协，前途之变化仍甚可虑。

《王世杰日记》（上），第 719 页

## 王世杰日记

### 1945 年 8 月 5 日

今晨八时半由白石驿飞机站启行。宋子文院长为领导人，熊天翼、蒋经国、沈鸿烈、卜道明、刘泽荣等同行,计十七人,又彼得洛夫大使及其同行之俄员四人,午后三时许抵加尔各答。

予一路反复思此行之使命,肩上真如背负有万斤之重担。予一生来从未感觉责任之重有如此者,此行结果无论如何,在国人舆论及历史家评断总不免有若干非议,但自思"统一与和平"为中国目前必须本着与八年抗战同等之勇气以求取,否则苏联参加对日作战后,我如事前未与有所协定,则(一)苏联军进入东三省后,领土主权以及经济利益必更难收回;(二)中共与苏联或竟发生正式关系。凡此均使我无统一,亦且对内对外均无和平之可能。

《王世杰日记》(上),第719—720页

## 王世杰日记

### 1945 年 8 月 7 日

午后三时许抵莫斯科。莫洛托夫,美、英、法三国大使均来飞机场欢迎。

晚十时,偕宋子文、傅大使、胡次长(世泽)、蒋经国往 Kremlin 晤史达林。莫洛托夫、彼得洛夫大使及外次某某亦参加。谈话前几未作任何寒暄或酬应语。一切谈话几乎完全由宋、史对谈,予仅偶插一二语,莫洛托夫亦然。所谈为旅顺、大连、中东南满两路、外蒙疆界、中苏盟约草案等问题。予等于未赴史达林官邸前,曾约天翼与沈成章细商,故所谈较有准备。史氏态度坚强,但亦有针对对方态度而改变之状。宋、史争论有时颇露骨。史氏谓苏联决不像帝俄时代有征服土地之野心,但彼相信日本必可再起,故不能不有安全措置。

《王世杰日记》(上),第720—721页

## 哈里曼致贝尔纳斯电

### 莫斯科,1945 年 8 月 7 日

白宫316 号电收到。今日下午宋抵此。他告诉我,蒋介石已批准

他最后一次向斯大林提出的建议,其内容我已作了报告。不过蒋也同意,如果斯大林坚持的话,苏联军事区可以向北延伸到关东半岛旧的帝俄租借线,不过大连港和与它衔接的铁路必须在军事区外。蒋觉得斯大林要求在这个地区建立苏联防卫是合理的,因为苏联人要把旅顺港作为海军基地。迪恩将军①和我对于中国作出这样的让步不表示反对,只要协议写明大连的自由港区和与它衔接的铁路不包括在苏联军事区内,而且该港是在中国行政管辖之下。所以,除非有与此相反的指示,我不会对此让步提出异议。完成他在这里的谈判后,宋准备按照他上次在华盛顿时和杜鲁门总统商定的计划去华盛顿。他迫切希望这样做,可能请我核实一下是否仍然合适②。在华盛顿做短期的逗留后,他计划经过伦敦和巴黎回到中国。他希望他进行这次旅行时,可以继续使用现在派给他用的飞机。

美国驻莫斯科军事代表团团长。

FRUS,1945,Vol.7,pp.957-958

## 蒋介石致宋子文电

重庆,1945 年 8 月 7 日

莫斯科。宋院长:关于东北原有各种工业及其机器皆应归我国所有,以为倭寇对我偿还战债之一部分,此在订约之前应与之切商或声明也。中正。

《战时外交》第 2 卷,第 642 页

---

① John Russaee Deam,美国驻莫斯科军事代表团团长。
② 8 月 9 日,国务卿指示哈里曼大使告知宋博士,当他在莫斯科的任务完成后,欢迎他到华盛顿访问。

### 宋子文王世杰致蒋介石电

莫斯科,1945 年 8 月 7 日

急。渝。密。主席钧鉴:未虞电敬悉。今晚职等与史太林晤商,傅大使、胡次长、经国参加,莫洛托夫、彼得罗夫亦在座。商谈结果如次:(一)旅顺区域,以史太林前次所划红线为界,界内主要民政人员由中国任用,惟须顾及苏联利益。军港共同使用办法,苏方对于设置军事委员会一节,允予考虑。(二)旅顺港外一百公里岛屿问题,史太林似可放弃其原议,惟对于距港甚近岛屿,或尚另提洽商。(三)大连市问题,经辩论后,苏方主张由华人任市董事会主席,俄人任港口管理局长,受董事会节制,我仍坚拒,尚成僵局,将续议。(四)中东路董事长及两局长问题,我方提议或可被接受。(五)外蒙疆界问题交涉,已将丁文江等外蒙地图,及一九二六年苏联旧图出示,史氏允细阅后答复。(六)同盟条约,史氏应允不加列××为对象。(七)军事问题,史氏允即指定专人,另与天翼①兄晤商。(八)关于日人在满产业、机器、兵工,为对华赔偿一节,史氏允予同情考虑,并允续谈其事。谨闻。职子文、世杰叩。未阳亥。

《战时外交》第 2 卷,第 643 页

### 会谈备忘录,驻苏联公使衔参赞(凯南)记录

莫斯科,1945 年 8 月 8 日

出席人:W. A. 哈里曼,美驻苏大使

乔治·F. 凯南②,公使衔参赞

斯大林大元帅

V. M. 莫洛托夫,外交人民委员

---

①　即熊式辉,国民党第六届中央执行委员。1945 年任东北行营主任,负责与苏军交涉及接收东北事宜。

②　G. F. Kennan.

巴甫洛夫先生，苏联翻译

会谈开始，大使首先发言说，总统让他来见大元帅，讨论一件与雅尔塔协定有关的事。总统切望能向美国公众说明，关于苏中之间现正在谈判中的有关使用东北地区的港口和铁路的协议，无论苏方或中方都没有背离该地区的门户开放政策。他指出，大元帅在过去的谈话中曾一再表示，他支持门户开放政策；又说，总统希望大元帅同意将这点写成文字，与中苏协议同时公布。

元帅回答，"这点可以做到"。

于是大使交给斯大林大元帅拟议的由苏联与中国政府发给美国政府的通报俄文译本①。元帅读后说，除了第一段的最后一句外，他都满意。他指出，在克里米亚协定中提到了苏联的优越地位。这意味着在港口的行政管辖方面有优先的位置。他们考虑在大连应有一个由中苏各五名委员组成的市政机构，由中国人出任主席。但是港口的管理人应是苏联人，从属于市政机构。这就是他们如何解释"优越"这个词的。它并不用于贸易上。因此他不认为这违反门户开放政策。这仅仅是苏中之间在城市和港口的管辖方面的关系问题。

大使说，关于这个问题他有一封总统发来的电报。总统打算充分支持雅尔塔协定。如同大元帅知道的那样，总统曾与宋在华盛顿谈过，赫尔利曾与蒋委员长谈过。总统觉得宋的建议符合雅尔塔协定，希望大元帅不要逼宋再作进一步的让步。大使认为，当罗斯福总统谈到苏联的优越地位时，他心里想的是充分保证苏联通过东北地区抵达不冻港的过境运输。总统想的没有超过这些。

大元帅说，他们也没有超过这些。他觉得他们对中国人够慷慨大方的了。铁路和港口都是由俄国出资，俄国人建造的。尽管如此，他们现在同意共同使用和拥有它们。在沙皇时代曾使用俄国铁路护卫队。他们现在放弃了这种权利，虽然他们非常怀疑中国人是否能够有效地

---

① 即前述《议定书草案》。

守卫铁路。过去,在铁路管理方面没有中国人。现在他们在这方面已迁就中国人。但是他相信中国人把苏联人看成不受欢迎的、讨厌的客人——他们要把苏联人排除在管理之外。

大使说,长期以来美国的政策是在中国的领土上充分承认它的主权,让中国掌握它自己的命运,并在经济方面自力更生。在这方面,罗斯福总统也好,杜鲁门总统也好,都不希望它倒退一步。他希望这个事情的解决办法能够使中国人既有主权,也有控制权。

大元帅说,他们赞成这样。他们不反对中国人有主权和控制权。他们毕竟把东北地区还给中国人了。

大使问,他们的交通既已得到保证,为什么他们还要坚持负责港口管理呢?

大元帅说,那里必须有人作主。是俄国人建立起了港口。那里必须保持井然有序。

大使指出,宋准备按商业租约在港区内租给苏联人码头、仓库等等,不过这不会影响港口的行政管理。

大元帅说,他不能确切理解宋的建议。宋说了许多话,浪费了好多时间做记录,但是他们不明白,宋到底建议了些什么。他们曾请他把他的建议写成文字,可是他还没有这样做。

莫洛托夫先生说,他们刚收到宋答应送来的东西的一部分。

大元帅说,他们把苏方的提议用英文和俄文写出来交给宋了。从宋那里得到的只是口头的提议。

大使回答,他也处于同样情况,在这些事情上,除了他收到的电报和宋告诉他的外,没有其他消息。但是,总统希望在和我们商量之前,不要和宋达成最终协议。他记得罗斯福总统是应斯大林的请求,才同意在这件事上采取主动的。

大元帅回答说:苏联人没有什么要隐瞒的。

大使说,杜鲁门总统同意了宋的一般建议。如果苏联人和中国人超越这些,希望能通知他。

大元帅说，他不反对杜鲁门总统干预此事，不过他觉得总统不能只听中国人的，也应该听听苏联人的。

大使回忆说，总统只是因斯大林本人提出的要求，才进行干预的，他对宋施加了影响。他问，他是否可以认为，当大元帅知道宋的建议的确切性质后，会让我们知道这些建议给他的印象如何。至于旅顺港，总统感到，让苏联人用作海军基地对于苏联、中国和我们的共同防卫有利。但是，他感到大连应该是军事区以外的自由港，条件是充分保障苏联的过境运输。

大元帅回答，大连不能在军事区之外。可以在那里设立一个与旅顺港不同的制度；但是必须保卫该地。在那里会有日本间谍和破坏者；中国人不可能应付这种问题。按照所有旧的条约和地图，大连是军事区域的一部分。但是现在却想把它分离出去。他问，为什么中国人把他们当做傻瓜？毕竟，大连靠近旅顺港。

大使说，大元帅会记得，罗斯福总统没有同意把大连港租借给苏联人。他认为它应该是自由港，而不是军事区域的一部分。

大元帅说，没有说过大连不应包括在军事区域之内。他们不打算在那里停泊军舰，或设立海岸防卫等等，但是，他们不能允许日本间谍在他们的军队后面活动。

大使说，他所转达的是杜鲁门总统的解释。

大元帅说，中国人已同意整个半岛应是军事区域。

大使说，他知道中国人建议把大连划在军事区域之外。

大元帅说："这是他们现在的说法。"

大使指出，苏联人最初建议是两个港口订立一个联合租约，但未得同意。我们对此有不同解释。他们可以按照他们和中国人喜欢的任何形式在城市的周围布置海岸防卫。但是港口不能是军事区域。

大元帅反复讲，那里不会有海军舰艇，可是围绕着港口需要一个安全区。如果认为他在那里没有危险，那就错了，不过他们会设立一个和在旅顺港不同的制度。他问，除非那里有个能作主的人，否则中国人怎么能管理港口呢? 所以必须有一个苏联港口领导人。

大使问,按他们的建议,市政机构是否不在军事区域内?

大元帅解释说,那里有一个非军事制度的区域,但是安全事务将由军事指挥部决定。这不会影响自由贸易。

莫洛托夫先生说:中国人已同意一切,只有一点除外,就是谁任港口领导人,中国人还是苏联人。这个问题是内部保卫,警察保卫问题。即将成立的这个区域如同内地一样,中国行政机构照样可以管辖,但是安全事务将由苏联人负责。关于大连,问题是谁来当港口领导人。

大使说,总统希望港口将在中国管辖范围之内,拨出一定的地区为苏联过境运输用。

大元帅说,市政机构由中国人管,如旅顺港以北的地区一样。

大使重复说,总统希望遵守门户开放政策。

大元帅说,会那样的,不过不可能不让苏联人在那里扮演什么角色。这样违反克里米亚协定。

大使说,也许在中国人递交了书面建议后,在这件事上我们比较容易取得意见一致。

大元帅回答,"也许会那样"。

大使问,他是否可以告诉总统,大元帅将把宋的建议和他的反应随时告知总统。

大元帅说,他不仅要告诉总统,他还乐意向大使提供全部消息。

大使说,他将高兴见到建议,当然会立即报告总统。也许在此期间大元帅会再考虑这件事。

大元帅指着我们建议的文本说,这都很好,但保证不了优先待遇,毕竟苏联有优越的利益。

大元帅于是拿出一张关东半岛的地图,指出在沙皇时代不仅有一个俄国军事区包括半岛全部,而且在此范围之外有一个中立区,双方都不能驻扎军队。他指出,现在苏联人放弃中立区,使用比较小的地区作为军事区。他坚持大连应由中国与苏联联合管理。

大使问,平民经过港口和乘火车是否需要军方许可。

大元帅说:不。

大使说,我们曾经设想城镇和铁路不在军事区之内。

大元帅说,只要在附近没有战争行为就不在那里驻军。他说苏联人在这件事上作长期打算。他们只需要这个港口三十年,在此期间,他们希望在太平洋上发展他们自己的港口。目前,日本人可能被打败;可是他不能说十年后会是什么情况。日本人是倔强顽固的人。苏联必须保卫它自己的安全。所以不能把苏联排除在大连的行政机构之外。

大使问,在苏联人所设想的安排之下,所有友好国家的货运和乘客是否能自由经过港口。

大元帅回答说,"毫无疑问"。

大使说,那么问题就在谁应管理港口。

大元帅重复说,苏联想要一个包括五人的管理机构,主任是中国人,但是从属于管理机构的港口主管人员应该是苏联人。

在会见经结束时,元帅请大使告诉总统,他们在竭尽全力加强中国的主权。他们认为不那么做是卑鄙的。而且他们将保证贸易绝对自由,途中不会设障碍,遵守门户开放政策。就苏联人而言,他可以向我们保证一切。至于中国人么,他不知道。这不是他们的事。但是他们会力所能及地让中国当局执行门户开放政策。

大使问,这是否也适用于铁路。

大元帅回答,是的,它们也同样适用。

FRUS,1945,Vol. 7,pp. 960–965

## 宋子文王世杰致蒋介石电
莫斯科,1945 年 8 月 8 日

急。密。主席钧鉴:今日午后七时半,莫洛托夫邀世杰及傅大使至其官邸,当即声明,苏联决定自明日起,与日本进入战争状态,并宣诵其对日宣战声明书。据云苏联在雅尔达会议时,曾应允于德国战败后三个月对日作战,明日即为德国投降届满三个月之日期,故苏联履行其诺言而宣战。莫氏说毕,即起立与世杰等热烈握手,并祝共同胜利。职等观察苏联对日宣战,为预定步骤,不致影响中苏谈判。中苏同盟条约草案及其他若干协定草案,已于今午送莫洛托夫,其他各约文,亦定今晚一律送出。莫氏表示谓将尽力增强中苏友好关系,我民众及政府机关,对于苏联参战,似宜作热烈表示。乞裁核。职子文、世杰叩。未庚。

《战时外交》第 2 卷,第 644 页

## 王世杰日记

### 1945 年 8 月 8 日

今日将中苏同盟条约草案及若干附属协定草案,略依史达林与我方之谈话拟就,并于午后二时左右送至苏联人民外交委员会。

午后七时半,予偕傅大使往晤莫洛托夫委员长于其克里姆宫官邸。予告莫氏,中国人民对苏之友感,系由苏联首先废除对华不平等条约及首先接济中国抗战两事所造成,故予本人极盼彼此宝视此种友感,尽其力以发展之,勿使其受到任何阻遏。莫氏答称,彼将尽其一切能力,加强此种友感。莫氏于谈话之始,即向予声称,彼将以极重要之文件告予。旋即宣读其对日本宣战之声明书。该声明书于二小时前,彼已交给日本驻苏大使佐藤。莫氏声明书中,谓苏联于日本拒绝七月二十六日英、美、中劝降之通告后,已接受盟国之提议,应允参加对日作战,并参加七月二十六日三强之声明(按此语可解作苏联已接受开罗会议之决定)。但莫氏口头告予,苏联于雅尔达会议时即已应允,在德国战败后三个月内即对日作战,明日恰满三个月,故苏联决定自明日起与日本进入战争状态,以忠实履行苏联对盟国之诺言。莫氏说毕,即热烈与予握手,并催予将中苏协约各稿早日完全拟就提出。予谓已大部提送,其余亦可于今晚提出。

《王世杰日记》(上),第 721 页

## 贝尔纳斯致哈里曼电

华盛顿,1945 年 8 月 9 日下午 1 点

1. 我们赞成你 8 月 8 日电①中关于东北地区赔偿和"战利品"问题我们应采取什么立场的建议。

2. 如你所知,本政府认为,东北地区是中国不可分割的一部分,在从日本人手中解放后,应恢复中国人的主权。我们从未承认"满洲国"的存在。认为中国在这次战争中是我们的盟国,与日本打了八年多的仗,在日本赔偿时有权享受特别照顾。这点适用于中国境内的日本人产业,我们的立场特别坚定。

3. 所以现在授权予你通知宋,如果苏联政府向你提出这个问题,告诉斯大林,我们反对苏联对于战利品的解释,以及对任何单方或双方(中苏)关于日本以东北地区的实物进行赔偿的决定;而且我们希望,日本赔偿问题应在各个曾实际参加抗日战争的国家政府之间取得同意后决定,从东北地区或其他从日本人手中解放出来的中国地方,在实际赔偿方面应特别照顾中国人。

一般说来,东北地区的工业设备对于维持该地区的经济是至关重要的因素,所以我们将大力支持中国反对迁走这些设备。

FRUS,1945,Vol 7,pp.965-966

## 宋子文王世杰致蒋介石电

莫斯科,1945 年 8 月 9 日

渝。密。主席钧鉴:苏方对于大连行政,似将坚持苏方必须参加管理,关于此问题,职等拟于必要时为权宜之拒纳,因苏已对日宣战,形势趋紧,不容过事牵延也。谨先电陈,乞赐察。职子文、世杰。未佳。

《战时外交》第 2 卷,第 644 页

---

① 电报 081341,958 页。

### 哈里曼致杜鲁门与贝尔纳斯电

莫斯科,1945 年 8 月 10 日

宋昨晚未能见到斯大林,定于今晚会见。如果被迫的话,他可能在大连问题上进一步作出让步,以便达成协议。我告诉他,如果这些可能(影响)美国政策和利益,我们希望在缔结协议之前和我们商量。为了有案可查,我也告诉他,美国政府认为,他目前的建议已实现雅尔塔协定,中国政府任何进一步的退让,美国将理解为是为了获得苏联在其它方面支持的代价。他完全理解,也同意这样的立场是正确的。

FRUS,1945,Vol. 7,pp. 966–967

### 哈里曼致杜鲁门与贝尔纳斯电

莫斯科,1945 年 8 月 10 日

当我在波茨坦时,马歇尔将军和金海军上将告诉我,如果日本在苏联人占领朝鲜和大连之前投降,我们拟在上述两个地区登陆。

考虑到斯大林对宋的要求逐步升级的做法,我建议在这些地方登陆接受日军投降,至少在关东半岛和朝鲜必须如此。我不认为我们有义务尊重任何苏联的军事行动区域。

迪恩将军表示同意。

FRUS,1945,Vol. 7,p. 967

### 宋子文王世杰致蒋介石电

莫斯科,1945 年 8 月 10 日

急。渝。密。主席钧鉴:今日职等闻悉日本求降之讯后,即约集同来诸人详商。当经商定,仍应表示愿与苏联继续商订条约,但对尚未解决事项,决不作重要让步。旋于晚九时,往晤史太林,商谈达两小时半,史氏见面即问,愿否续谈订约事,职等答以愿谈,并望从速结束。兹将所谈结果,列报如下:(一)关于大连市问题,史氏允以市政权全归中国,不设中苏混合董事会,惟任用苏籍人员一人,管理港口船务,俾对日有战争时,该市始受旅顺军港之约束。(二)关于旅顺口外岛屿问题,苏方愿放弃其要求。(三)对于在旅顺设立中苏军事委员会之提议,苏方不肯接受。(四)对于外蒙边疆问题,苏方不肯接受我方所提地图,亦不愿于换文中作任何关于疆界之声明。(五)关于中东、南满两路问题,苏方仍坚持两局均应以苏人为局长,华人为副局长,至董事长则由华人充任。(六)关于撤兵事,及不干涉新疆内政,尊重东三省主权,与苏方一切援助只能给予我中央政府诸项,苏已同意照此表示。明日职等与莫洛托夫续商,惟与莫谈,恐不能商决一切,目前障碍为外蒙疆界,与南满路局局长,及旅顺中苏军事委员会三问题,乞即迅赐机宜,以作南针。职等曾询史太林,如日本继续在满洲作战,苏军何时能令日军瓦解,史云只要一星期。史氏对日本投降,谓将加以研讨,但言外之意,似不愿接受日方维持天皇之条件。职子文、世杰。未蒸亥。

《战时外交》第 2 卷,第 645 页

### 哈里曼致杜鲁门与贝尔纳斯电

莫斯科,1945 年 8 月 11 日

宋今早告诉我,他昨晚与斯大林交涉的情况。斯大林坚持大连包括在苏联军事区之内,但是同意在和平时期对大连市、包括港口和衔接港口的铁路不使用军事职权。战时则由苏联人控制。宋似乎能接受这点。斯大林现在同意,大连市包括港口的行政应由中国人管理。但是,港口的主管人应是苏联人,向中国市长汇报工作。这点宋也准备接受。不过,斯大林建议港口设施应为双方共有。宋不打算同意这点,但建议愿将某些码头和仓储设施按令人满意的条件租赁给苏联人,他希望斯大林接受这样的折衷方案。

关于外蒙古,宋建议由一个混合组成的委员会划定边境线之后,中国承认它的独立。斯大林予以拒绝,并坚持中国接受"目前存在的边境线"。宋觉得这不可能,因为这个分界线是模糊而(不)明确的。但是他将建议,中国在外蒙古进行公民投票后承认外蒙古独立,然后成立一个中蒙委员会来确定"目前存在的边境线"。他相信斯大林会接受这个反建议。在讨论有关外蒙古事宜时，令人感到关心的是，斯大林威胁宋说，如果中国不同意，"内蒙古的兄弟们会加入外蒙古组成一个更大的蒙古共和国"。显然斯大林觉得他有资格代表蒙古人民讲话。

关于铁路，斯大林同意宋的建议，设立一个十人董事会，双方人数各半，中国董事之一为主席。但是，他坚持两条铁路都由苏联人任局长，中国人任副局长。还没有达成协议，但是归根结底我相信，如果所有其它问题都谈妥了，宋在这点上会让步的。

关于旅顺港，昨晚斯大林不同意成立中苏委员会。不过，宋相信他能找到一些挽救中国人面子的令人满意的解决方法，因为他认识到，旅顺港和军事区必须由苏联控制。

关于拟议中的苏联支持中华民国政府，不给予中国国内持不同政见分子精神、物质和军事援助的协定，措词上曾经过长时间的讨价还价。不过，已经达成妥协，词句不象宋所希望的那么清晰，但这毕竟是一个守不守信用的问题，他觉得他应该接受这种措词。

会谈在斯大林威胁之下结束，他劝告宋最好快些同意，否则"共产党就要进入东北了"。

宋今天和苏联人进一步谈判。

斯大林要求共同拥有大连的港口设施和两条铁路都用苏联人任局长似乎是主要的障碍。前一项宋不会让步，而后一项我相信他会让步。

宋认为，我们关于大连问题的干预，实质上帮助他获得斯大林从原来的要求让步。

我的意见是，如果宋同意让苏联人共同拥有大连港口设施，这将有损于我们的利益，雅尔塔决定肯定没有料到这点，不过我觉得两条铁路之一的管理问题还不够重要到让谈判中断。

如果你们能迅速地让我知道，你们对上述事态发展的看法，将对我有所帮助。

### 贝尔纳斯致哈里曼电

华盛顿,1945 年 8 月 11 日

兹答复你 8 月 11 日电。

1. 关于拟议中的苏联支持中华民国政府不支持中国国内的持不同政见者的协议的措词问题,我们认为,这是一件我们不能官方出面干预的事,可是协议的措词必须明确得能肯定以后苏联政府的态度不能有异议。我们觉得中国政府的让步所能得到的唯一补偿是,使苏联政府方面明确地保证不支援中国国内的持不同政见分子。

2. 苏联坚持要求将大连包括在军事区内使我们感到不安,我们应该建议宋,关于在和平时期不得在该地区使用军事权力的约定,要坚持用非常明确的措词写清楚。

3. 如果进一步讨论内蒙古问题,你当然明白在任何情况之下内蒙古不能划在雅尔塔协定范围之内。

4. 关于共同拥有港口设施,我们同意你的意见,这样的让步将有损于我们的利益,授权你采取你认为合适的步骤来支持宋在这点上的立场。

5. 关于管理铁路的事,我们也同意你的意见,认为这不是一个极重要的问题,但是要弄清楚宋是否曾经和苏联人讨论讨铁路轨距的事,我们对此很感兴趣。

FRUS,1945,Vol.7,pp.969–970

### 蒋介石致宋子文电

重庆,1945 年 8 月 11 日

宋院长:自日本宣布投降以后,整个局势已为之大变。本晨接美总统电,商对日皇须令其亲签投降书,令其在联军统帅命令之下,执行其投降条件、任务完毕为止。至于日本国体,则照中之主张,待其投降条件履行完毕以后,可任其全体人民自选也。大体如此商定,未知苏联之意为何? 两日来未接兄等谈判情形之电,无任系念。大连问题名义上须为自由港,其与海军有关之码头与港务,则准雇用苏员办理,是于苏联目的并无损害,惟此事准由兄等权宜决定,中勿遥制。中正。未尤。三四年八月十一日。

《战时外交》第 2 卷,第 646 — 647 页

### 蒋介石致宋子文电

#### 重庆,1945 年 8 月 12 日

宋院长:大连港务如其必须任用苏籍人员,则南满路局长必须任华人,以南满路以东支线及其重要资源皆在其东区,若非由我方任局长,则将来路东各支线成为废物也。至少奉天与长春二站长必须任华人也。中正。未文。

《战时外交》第 2 卷,第 647 页

### 蒋介石致宋子文王世杰电

#### 重庆,1945 年 8 月 12 日

宋院长、王部长:前(未文、未侵)二电谅达。除由中名义致史个人之电外,请正式谈话时,告以如南满路局长任华人,则管理大连港口船务人员可用苏籍人员,如其同意设立军委会,则大连如在对日战争时,受旅顺军港约束之要求,我方亦可接受。惟外蒙疆界必须此时有一图底,并在承认其独立以前勘定界线,否则外蒙问题之纠纷,仍不能解决,则承认其独立不惟无益,而且有害,虽停止交涉,亦所不恤,务希抱定此决心与态度为要。中正。未震。

《战时外交》第 2 卷,第 647 页

### 宋子文王世杰致蒋介石电

#### 莫斯科,1945 年 8 月 12 日

急。渝。密。主席钧鉴:未蒸亥电计邀钧察。职等连日反复与史太林、莫洛托夫商谈,已得相当结果者如下:(一)大连行政大体归于中

国。（二）旅顺军区民政人员由我任用。（三）南满铁路入旅顺军区之段亦不受旅顺军区军事机关之干涉。（四）关于中东、南满两路路警、军运及附属产业范围等事，大致均照我方主张。（五）同盟条约限于对日本。（六）旅顺军港外一百公里岛屿不设防之议已打消。（至旅顺军区附近小岛原在旅大租借地范围内者，势不能划诸界外。）（七）战后三个月起，苏军自东三省完全撤退一节，诸事已允用书面承诺。（八）苏方允以书面，但告只接济我中央政府，不干涉新疆内政，尊重东三省领土、主权。至外蒙疆界，苏方不愿在换文中作何规定或声明。路局局长问题及军事委员会问题，苏方不愿让步。又旅顺市本区之行政，苏方认为不能划归中国。职等默察以上数点，恐再难强苏方让步，今日拟再作一度磋商，倘今、明日内钧座别无指示，拟即就商定结果与苏方签字。又莫洛托夫日昨面告职等，谓苏联已同意美方所拟劝慰日投降答复草案，惟谓受降之联军统帅人选，须由同盟国磋商，附闻。职子文、世杰叩。未文。

《战时外交》第 2 卷，第 648 页

## 宋子文王世杰致蒋介石电

莫斯科，1945 年 8 月 12 日

急。密。主席钧鉴：侵、文、震三电，均于今（十二）日奉到。职等原待今晚与史太林作末次商谈，接电示，已以电话请其暂停晤见。外蒙疆界问题，确已无法照钧示办到，其原因颇多，似非苏方故意预为将来留一惹起纠纷地步。职等及同来诸人一致认为，中苏条约必须缔立，倘再迁延，极易立即引起意外变化。兹特恳请钧座，对于外蒙及其他未决事项，授予职等权宜处置之权，并恳急示，无任企祷之至。职子文、世杰叩。未锡。

《战时外交》第 2 卷，第 649 页

## 王世杰日记

### 1945 年 8 月 12 日

午后忽接蒋先生来电,谓对外蒙疆界问题,必须有图且于承认前经勘定疆界;否则交涉停顿亦所不惜。然此事显然办不到。苏军已大规模攻入东三省,倘再拖延,交涉或生根本变化。子文及钱乙藜、蒋经国、傅大使等均主张不顾蒋先生电示,径与史达林解决。予谓此甚不可,以此事如未经蒋先生充分主张,则未来国内意见纷歧,即签字亦未必能批准。予主张今晚暂与史氏停止谈商,一面仍电蒋先生说明一切,请其授权于予及宋子文权宜处理。予并主张在外蒙问题换文中,列入"外蒙疆界应以现有疆界为限"字句,如此,则在约文上我固显然不承认民八以前之旧疆界(民八以前,现时新疆阿尔泰区属于外蒙,此为蒙边主要争点)。子文等遂勉徇予议,今晚暂不与史达林续商。

《王世杰日记》(上),第 724 页

## 王世杰日记

### 1945 年 8 月 13 日

午后宋子文仍主张即与史氏续商,不主张等候蒋先生复电。予谓至少在正式接受外蒙问题解决方案须在蒋先生复电到达并允许之后。宋以为可。遂约史达林于晚十二时续谈。

《王世杰日记》(上),第 724 页

## 哈里曼致贝尔纳斯电

### 莫斯科,1945 年 8 月 13 日下午 8 点 40 分

8 月 12(11)日收到白宫 328 号电,又因宋昨天曾与莫洛托夫进一步讨论,我于 8 月 12 日给莫洛托夫写了一封信,副本交宋,内容如下:

"宋博士已将他和斯大林元帅谈判的一般进展告知,因此我有机会向我的政府汇报。

现在先不谈仍未解决的问题,因为我们还不知道它们的细节,不过

我得到指示向你表明,我国政府对大连的安排特别感到关注。我们知道苏联方面曾建议共同拥有港口设施。我国政府指示我提请你注意如下事实,即这样的安排不利于美国对华政策的利益,因此不能予以支持。如我以前告诉过你的一样,我国政府赞成以苏联过境运输的需要租赁港口的某一部分。

我国政府真诚地希望苏联政府与中国政府充分考虑美国对此事的立场。

我已将上述立场提请宋博士注意。"

上面最后一句指的是8月9日我写给莫洛托夫的信,全信如下:

"我感到如果我书面重申昨晚我在与斯大林元帅会谈时力图向他表达的某些要点,将对我们双方都有好处。

在会谈中我转达了杜鲁门总统的保证,打算继续支持在雅尔塔达成的协定。无论如何,他相信宋博士提出的中国人的建议符合雅尔塔协定的条件。

如你从与已故罗斯福总统的谈话中所得知的,美国对华政策,包括东北地区,历来牢固地遵循着过去深得人心维持中国领土完整和门户开放的原则。唯其如此,杜鲁门总统希望苏中两国政府在当前谈判过程中记住美国人民和政府的这些传统利益。我记得在这方面,苏联政府曾与我国政府共同关心中国的健康发展,并于1924年5月31日与中国政府缔结了一项条约,放弃沙皇时期的治外法权和其它在中国的特殊利益。

关于苏联政府和中国政府谈判中有关旅顺港的协议,我国政府承认苏联军队使用该港作为基地符合苏中双方的共同安全和防卫的利益。

我国政府认为,大连和与它联结的铁路不应包括在苏联军事区之内。你会记得,已故罗斯福总统不同意苏联把大连租赁给苏联的最初建议,坚持它应该国际化成为自由港,他也认识到苏联目前需要能进入一个不冻港以便商业过境运输,也为这个理由,他认识到应该保证苏联的优越利益。在这种情况下,我国政府赞成中国的建议,在商业基础上租赁一部分港口给苏联以保证苏联的利益。另一方面(我国)政府,考虑到我们对华过去的政策,觉得港口的一般管理应在中国控制之下。

杜鲁门总统真诚地希望,斯大林元帅无论怎样不再要求更多的让步,由于他是这次谈判的倡议者,他感到谈判中任何涉及可能影响美国在华利益或原则的发展都应该与他商量。"

FRUS,1945,Vol.7,pp.970–971

### 蒋介石致宋子文王世杰电

重庆,1945 年 8 月 13 日

宋院长、王部长:未锡电悉。对于外蒙及其他未决事项,准授权兄等权宜处置可也。中正。未阮申。

《战时外交》第 2 卷,第 649 页

### 王世杰致蒋介石电

1945 年 8 月 13 日

急。渝。密。主席钧鉴:职与宋院长上钧座未锡电,计已呈阅。钧座侵电嘱由经国兄转达史太林之理由,职等日前已代表钧座向史宣布,剀切申述。史谓廿五年来,外蒙疆界并无纠纷,现如提出,徒引起外蒙古人之种种要求,我如要求先定界而后承认独立,则为故意延宕,苏方决不能同意云云。职当谓去岁新疆、外蒙之冲突,即是一种边界纠纷,史氏谓此事起因并非边界问题。职又请其派人立即来渝划定图界,史氏亦认为不可。史氏始终亦未自行提出苏方外蒙地图,窥其原因,不外二者:一则苏方预计彼之地图既包括新疆一部分领土,当非驻华大使所能接受,揆之实际,我确不能于放弃外蒙领土之外,复放弃任何新疆领土。二则唐努乌(笃)〔梁〕海等地方,原属外蒙,现则已成苏联另一属国。总之,外蒙问题,职等反复谈判,迄无成果,不胜惶恐。但默察苏方态度,似非蓄意与我为难,其欲借此次缔约,改进中苏关系之心,似属相

当诚挚。就我方利害言,则此次缔约,可以明中苏之关系,减少中共之
猖獗,保证苏军之撤退,限定苏方在东北之权益,凡此,皆为今后统一及
建国所必需,倘再停止谈判,则形势必立变,前途隐患甚大,权衡至再,
职与宋院长拟于接到钧座授权解决之电令时,再向史氏作一度谈判,要
求将外蒙疆界以现时疆界为限之字句,列入换文中,盖有此一语,则在
约文上,我固显然不承认民国八年以前属于外蒙之旧疆土为外蒙疆土。
事势严急,用特渎陈,并乞垂察。职王世杰叩。元。

《战时外交》第 2 卷,第 650 页

## 4. 中苏友好同盟条约的签订

### 王世杰致蒋介石电

莫斯科,1945 年 8 月 14 日

渝。密。蒋主席钧鉴:昨奉钧座授权电令后,宋院长及职深夜与史
太林续商一切,均经解决,定今日签字。外蒙以现有边疆为界,路局局
长一人苏籍,副局长一人华籍,董事长一人华籍,且有两票权。旅顺置
中苏军事委员会。职预定十六日起程,经伊、印返渝,抵渝后,如国论统
一,批准迅速,当可收钧座英断缔约之效。职王世杰。盐辰。

《战时外交》第 2 卷,第 651 页

### 王世杰日记

1945 年 8 月 14 日

昨晚自十二时起至今日上午二时半,予与子文等续与史达林商谈。
首谈外蒙问题。予等要求将"外蒙独立应以现有疆界为界"之语列入
换文中,史氏应允。次谈铁路、旅顺、大连等问题,史氏均各有若干让
步。在谈大连时,史氏要求我方不将所保有之港口码头及其他设备租
与他国,我等不肯以书面承认,但口头应允决不租与他国,史氏亦赞同,
惟郑重请我方勿背此口头之然诺。宋子文遂亦郑重应允,所有问题遂

告解决。史氏继提出苏军在东三省之费用问题，我答以我方财力有限，即钞票目前亦无法运往东北。史氏谓倘属如此，则苏军将自由在东三省征取民物，只发收据，似非所以待盟邦之道。予谓此事无论如何须返渝商酌。予询以苏军入东三省者可能之数若何，史氏谓约近一百万。

上午十一时复与莫洛托夫将各约文稿逐一商定，彼方亦略有迁就我方意见，续予让步之处。定晚十时后签字。

《王世杰日记》(上)，第724—725 页

### 宋子文致蒋介石电（摘要）

莫斯科，1945 年 8 月 14 日

中苏友好同盟条约及各项协定已与苏维埃于今晚正式签订，因回答系莫外长签字，故我方由王部长签字。签约后，双方并发表声明，详情由雪艇返渝面陈，职明晨赴美，约后日可抵华府。谨闻。

《战时外交》第 2 卷，第 651 页

### 中苏友好同盟条约

莫斯科，1945 年 8 月 14 日

中华民国国民政府主席、苏维埃社会主义共和国联邦最高苏维埃主席团愿以同盟及战后善邻合作，加强苏联与中国素有之友好关系；又决于此次世界大战抵抗联合国敌人侵略之斗争中彼此互助，及在共同对日作战中彼此合作，以迄日本无条件投降为止；又为两国及一切爱好和平国家人民之利益，对于维持和平与安全之目的，表示其坚定不移之合作志愿；并根据一九四二年一月一日联合国共同宣言、一九四三年十月三十日在莫斯科签字之四国宣言、及联合国国际组织宪章所宣布之原则，决定签订本条约，各派全权代表如左：

中华民国国民政府主席特派外交部部长王世杰；

苏维埃社会主义共和国联邦最高苏维埃主席团特派苏维埃社会主义共和国联邦外交人民委员部部长莫洛托夫；

两全权代表业经互相校阅全权证书,认为妥善,约定条款如左:

第一条　缔约国担任协同其他联合国对日本作战,直至获得最后胜利为止。缔约国担任在此次战争中,彼此互给一切必要之军事及其他援助与支持。

第二条　缔约国担任不与日本单独谈判,非经彼此同意,不与现在日本政府或在日本成立而未明白放弃一切侵略企图之任何其他政府或政权缔结停战协定或和约。

第三条　缔约国担任在对日本作战终止以后共同采取其力所能及之一切措施,使日本无再事侵略及破坏和平之可能。缔约国一方如被日本攻击,不得已而与之发生战事时,缔约国他方应立即尽其能力,给予该作战之缔约国一切军事及其他之援助与支持。

本条一直有效,以迄联合国组织经缔约国双方之请求对日本之再事侵略担负防止责任时为止。

第四条　缔约国之一方担任不缔结反对对方之任何同盟,并不参加反对对方之任何集团。

第五条　缔约国顾及彼此之安全及经济发展之利益,同意在和平再建以后,依照彼此尊重主权及领土完整与不干涉对方内政之原则下,共同密切友好合作。

第六条　缔约国为便利及加速两国之复兴及对世界繁荣有所贡献起见,同意在战后彼此给予一切可能之经济援助。

第七条　缔约国为联合国组织会员之权利及义务不得因本条约内所有各事项之解释而受影响。

第八条　本条约应于最短可能时间批准,批准书应尽速在重庆互换。

本条约于批准后,立即生效。有效期间为三十年。倘缔约国任何一方不于期满前一年通知愿予废止,则本条约无限期继续生效,缔约国任何一方得于一年前通知对方,终止本条约之效力。

为此,两国全权代表将本条约署名、盖章,以昭信守。

中华民国三十四年八月十四日,即一九四五年八月十四日,订于莫斯科。中文、俄文各缮两份,中文、俄文有同等效力。

中华民国国民政府主席全权代表

苏维埃社会主义共和国

联邦最高苏维埃主席团全权代表

照会一

甲、来文

部长阁下:查中苏友好同盟条约业于本日签订,本部长兹特申明两缔约国间之谅解如左:

一、依据上述条约之精神,并为实现其宗旨与目的起见,苏联政府同意予中国以道义上与军需品及其他物资之援助,此项援助当完全供给中国中央政府,即国民政府。

二、关于大连与旅顺口海港及其同经营中国长春铁路,在会商过程中,苏联政府以东三省为中国之一部分,对中国在东三省之充分主权,重申尊重,并对其领土与行政之完整,重申承认。

三、关于新疆最近事变,苏联政府重申,如同盟友好条约第五条所云,无干涉中国内政之意。

关于上列各项所述之谅解,倘荷贵部长函复证实,本照会与贵部长复照,即成为上述友好同盟条约之一部分。

本部长顺向贵部长表示崇高之敬意。此照

中华民国国民政府外交部王部长世杰

西历一九四五年八月十四日

中华民国三十四年八月十四日

乙、去文

部长问下:接准贵部长本日照会,内开:"查中苏友好同盟条约业于本日签订,本部长兹特申明两缔约国间之谅解如左:

一、依据上述条约之精神,并为实现其宗旨与目的起见,苏联政府同意予中国以道义上与军需品及其他物资之援助,此项援助当完全供给中国中央政府即国民政府。

二、关于大连与旅顺口海港及共同经营中国长春铁路,在会商过程中,苏联政府以东三省为中国之一部分,对中国在东三省之充分主权,重申尊重,并对其领土与行政之完整,重申承认。

三、关于新疆最近事变,苏联政府重申,如同盟友好条约第五条所云,无干涉中国内政之意。

关于上列各项所述之谅解,倘荷贵部长函复证实,本照会与贵部长复照,即成为上述友好同盟条约之一部分。"等由。本部长兹特声明上项谅解正确无误。

本部长顺向贵部长表示崇高之敬意。此照

苏联外交人民委员部莫洛托夫部长

中华民国三十四年八月十四日

西历一九四五年八月十四日

照会二

甲、去文

部长阁下:兹因外蒙古人民一再表示其独立之愿望,中国政府声明,于日本战败后,如外蒙古之公民投票证实此项愿望,中国政府当承认外蒙古之独立,即以其现在之边界为边界。

上开之声明,于民国三十四年八月十四日签订之中苏友好同盟条约批准后,发生拘束力。

本部长顺向贵部长表示崇高之敬意。此照

苏联外交人民委员部莫洛托夫部长

中华民国三十四年八月十四日

西历一九四五年八月十四日

乙、来文

部长阁下:接准阁下照会,内开:"兹因外蒙古人民一再表示其独立之愿望,中国政府声明,于日本战败后,如外蒙古之公民投票证实此项愿望,中国政府当承认外蒙古之独立,即以其现在之边界为边界。

上开之声明,于民国三十四年八月十四日签订之中苏友好同盟条约批准后,发生拘束力。"

苏联政府对中华民国政府上项照会,业经奉悉,表示满意。兹并声明苏联政府将尊重蒙古人民共和国(外蒙)之政治独立与领土完整。

本部长顺向贵部长表示崇高之敬意。此照

中华民国国民政府外交部王部长世杰

西历一九四五年八月十四日

中华民国三十四年八月十四日

《中外旧约章汇编》第 3 册,第 1327—1331 页

## 中苏关于中国长春铁路之协定

莫斯科,1945 年 8 月 14 日

中华民国国民政府主席与苏维埃社会主义共和国联邦最高苏维埃主席团,为愿以充分尊重彼此之权益为基础,加强两国间之友好关系暨经济联系起见,议定各条如左:

第一条　日本军队驱出东三省以后,中东铁路及南满铁路由满州里至绥芬河及由哈尔滨至大连、旅顺之干线合并成为一铁路,定名为中国长春铁路,应归中华民国及苏维埃社会主义共和国联邦共同所有,并共同经营。

共同所有与共同经营,应以中东铁路在俄国及中苏共同管理时期与南满铁路在俄国管理时期所置之土地及所筑之铁路辅助线而为该两铁路之直接需要者,以及在上开时期所建置并直接供该两铁路之用之附属事业为限,一切其他铁路支线与附属事业及土地,应归中国政府完全所有。

上开铁路之共同经营,应在中国主权之下,由一单独机构办理,并为一纯粹商业性质之运输事业。

第二条　缔约国同意上开铁路之共同所有权，应平均属于两方，并不得以其全部或一部转让。

第三条　缔约国为共同经营上开铁路起见，同意组设中苏合办之中国长春铁路公司。公司设理事会，由理事十人组织之，其中五人由中国政府派任，五人由苏联政府派任，理事会设在长春。

第四条　中国政府应在华籍理事中指派一人为理事长、一人为助理理事长，苏联政府应在苏籍理事中指派一人为副理事长、一人为助理副理事长。理事会表决时，理事长所投之票作两票计算，理事会之法定人数为七人。

理事会不能获得协议之各项重要问题，应提请两缔约国政府予以考虑，并以公平与友好之精神解决之。

第五条　公司设监事会，由监事六人组织之，其中三人由中国政府派任，三人由苏联政府派任，监事长应在苏籍监事中推选，副监事长应在华籍监事中推选。监事会表决时，监事长所投之票作两票计算，监事会之法定人数为五人。

第六条　为管理经常事务起见，理事会委派中国长春铁路局局长一人，由苏联人员中遴选，副局长一人，由华籍人员中遴选。

第七条　监事会应委派总稽核、副总稽核各一人，总稽核由华籍人员中遴选，副总稽核由苏籍人员中遴选。

第八条　上开铁路各处处长、副处长、科长及重要车站之站长，应由理事会委派，铁路局长有权推荐上项职位之人选，理事会各理事亦得于征得局长之同意时推荐上项人选。处长为华籍时，副处长应为苏籍，处长为苏籍时，副处长应为华籍。各处处长、副处长、科长、站长应依照中苏两国人员平均充任之原则任用。

第九条　中国政府担任上开铁路之保护。

中国政府应组织及监督铁路警察，以保护铁路之房屋、设备暨其他产业与货运，使免受毁坏损失与抢劫，该铁路警察并应维持铁路之正常秩序。关于铁路警察执行本条规定之职务，由中国政府谘商苏联政府决定之。

第十条　上开铁路仅得于对日本作战时期供运输苏联军队之用。苏联政府有权在上开铁路，用加封车辆运输过境之军需品，免除海关查验。该项军需品之保卫工作，由铁路警察担任，苏联不派武装护送人员。

第十一条　经上开铁路，由一苏联车站至另一苏联车站过境运输，以及由苏联领土至大连、旅顺二港口往返直运之货物，应免中国关税或其他任何捐税。此项货物在入中国领土时，应受中国海关之查验。

第十二条　中国政府依照另订之协定，对上开铁路业务上所需燃煤之供应，担任充分之保证。

第十三条　上开铁路应与中国政府国营铁路，向中国政府同样缴纳税捐。

第十四条　缔约国同意供给中国长春铁路理事会以流动资金，其数额由铁路章程规定之。

经营上开铁路之盈亏，由双方平均分配之。

第十五条　缔约国应在本协定签字后，一个月内，各派代表三人，在重庆会同拟订共同经营上开铁路之章程。该项章程应于两个月拟订完毕，呈报两国政府核准。

第十六条　依照本协定第一条规定，应归中苏共同所有与共同经营之资产，应由两国政府各派代表三人，组织委员会议定之。该委员会应于本协定签字后一个月，在重庆组织成立，并于上开铁路开始共同经营后三个月内，完成其工作。该委员会之议定事项，应呈报两国政府核准。

第十七条　本协定期限定为三十年，期满之后，中国长春铁路连同该铁路之一切财产，均应无偿移转中华民国所有。

第十八条　本协定自批准之日生效。

中华民国三十四年八月十四日，即一九四五年八月十四日，订于莫斯科。中文、俄文各缮二份，中文、俄文有同等效力。

中华民国国民政府主席全权代表

苏维埃社会主义共和国

《中外旧约章汇编》第 3 册，第 1331—1334 页

## 中苏关于大连之协定

莫斯科,1945 年 8 月 14 日

兹以中华民国与苏维埃社会主义共和国联邦既已签订友好同盟条约,苏维埃社会主义共和国联邦业已保证尊重中国管辖中国东三省全部之主权,视其为中国之一不可分离部分,为保证苏维埃社会主义共和国联邦对大连为其货物进出口之利益获得保障起见,中华民国同意:

一、宣布大连为一自由港,对各国贸易及航运一律开放。

二、中国政府同意依照另订之协定,在该自由港指定码头及仓库租与苏联。

三、大连之行政权属于中国。

港口主任由中国长春铁路局局长在苏籍人员中遴选,于征得大连市长同意后充派之,港口副主任应照上开手续在华籍人员中遴选派充之。

四、大连在平时,不包括在基于一九四五年八月十四日旅顺协定所定之海军根据地章程效用范围之内,仅于对日作战时,受该区域所设定之军事统制。

五、由国外进入该自由港,经中国长春铁路直运苏联领土之货物,与由苏联领土经上开铁路运经该自由港出口之货物,或由苏联运入为该港港口设备所需之器材,均免除关税。以上货物均应用加封车辆运输。

由该自由港进入中国其他各地之货物,应缴纳中国进口税,由中国其他各地运出至该自由港之货物,在中国继续征收出口税期间,应缴纳出口税。

六、本协定期限定为三十年。

七、本协定自批准之日生效。

两全权代表将本协定签字、盖章，以昭信守。本协定中、俄文各缮二份，中文、俄文有同等效力。

中华民国三十四年八月十四日，即一九四五年八月十四日订于莫斯科

中华民国国民政府主席全权代表

苏联最高苏维埃主席团全权代表

### 关于大连协定之议定书

一、中国政府为应苏方之提请，以所有港口工事及设备之一半，无偿租与苏方，租期定为三十年，其余一半港口工事及设备，由中国留用。

港口之扩展或重建，应由中国与苏联同意为之。

二、兹同意中国长春铁路由大连通往沈阳，在旅顺口海军根据地区域以内各段，应不受该区域内所设定之任何军事监督或管制。

中华民国国民政府全权代表

苏维埃社会主义共和国联邦最高苏维埃主席团全权代表

《中外旧约章汇编》第3册，第1334—1335页

## 中苏关于旅顺口之协定

莫斯科，1945年8月14日

兹为符合并补充中苏友好同盟条约起见，缔约国双方议定各条如左：

第一条　为加强中苏两国之安全，以防制日本再事侵略起见，中华民国政府同意，两缔约国共同使用旅顺口为海军根据地。

第二条　前条所开海军根据地区域之正确界限，应依所附之说明及地图之规定（见附件）。

第三条　缔约国同意旅顺口作为纯粹海军根据地，仅由中苏两国

军舰及商船使用。

关于上开海军根据地共同使用之事项，设立中苏军事委员会处理之。该委员会由华籍代表二人，苏籍代表三人组织之，委员长由苏方派任，副委员长由华方派任。

第四条　上开海军根据地之防护，中国政府委托苏联政府办理之。苏联政府得建置为防护上开海军根据地必要之设备，其费用由苏联政府自行负担。

第五条　该区域内之民事行政属于中国。中国政府对于主要民政人员之委派，将顾及苏联在该区域内之利益。

旅顺市主要民事行政人员之任免，由中国政府征得苏联军事指挥当局之同意为之。

在该区域内之苏联军事指挥当局，为保障安全与防卫起见，向中国行政当局所作之建议，该行政当局当予以实行，如有争议，则此类事件，应提请中苏军事委员会审议决定之。

第六条　苏联政府在第二条所述之地区内有权驻扎陆海空军，并决定其驻扎地点。

第七条　苏联政府并担任设置及维持为该区域航行安全所必需之灯塔、信号及其他设备。

第八条　本协定期满后，所有苏联在该区域内建置之一切设备及公产，应无偿归为中国政府所有。

第九条　本协定期限定为三十年，自批准之日生效。

两全权代表将本协定签字、盖章，以昭信守。本协定中文、俄文各缮二份，中文、俄文有同等效力。

中华民国三十四年八月十四日，即一九四五年八月十四日订于莫斯科

中华民国国民政府主席全权代表

苏维埃社会主义共和国联邦最高苏维埃主席团全权代表

### 一九四五年八月十四日在莫斯科所签订关于旅顺协定附件

关于旅顺港协定第二条所规定海军根据地区域之境界,自辽东半岛西岸猴山岛湾以南之地点起,向东方面经过石河站及邹家咀子至该半岛东岸,东西划为一线,此线以南为本地区陆路之界线,但大连市除外。

协定所规定辽东半岛区域西方水面,在下列横线以南各岛归入本地区,此横线系自北纬三十九度正,东经一百二十度四十九分之点起,至北纬三十九度二十分,东经一百二十度三十一分之点止,将两点连为一线以后,转向东北普兰店方向,至其以南之陆路界线之起点。

辽东半岛地区东方水面,在下列曲线以南各岛归入本地区,此曲线系自陆上界线终点起,向东经过北纬三十九度二十分,东经一百二十三度零八分之点后,转向东南至北纬三十九度正,东经一百二十三度十六分之地点为止(附俄国五十万分之一地图)。

地区境界将由中苏混合委员会在当地划定并设置标识,必要时,在水面亦设标识,届时应绘就水陆地图,附具详细说明,所绘陆上地图为一比二五,〇〇〇,所绘海上地图为一比三〇〇,〇〇〇。

该混合委员会工作开始日期,由双方另定之。

上述委员会所拟定地区境界之说明及地图,应由两国政府核准之。

《中外旧约章汇编》第 3 册,第 1336—1338 页

### 关于中苏此次共同对日作战苏联军队进入 中国东三省后苏联军总司令与中国 行政当局关系之协定

莫斯科,1945 年 8 月 14 日

中华民国国民政府与苏维埃社会主义共和国联邦最高苏维埃主席团,为愿使中苏此次共同对日作战苏联军队进入中国东三省后,苏联军总司令与中国行政当局之关系符合两国间现存之友谊精神与同盟关系起见,议定各条如左:

一、苏联军队因军事行动之结果，进入中国东三省后，有关作战一切事务之最高权力与责任，在作战地带，于作战所需要之时内，属于苏联军总司令。

二、中华民国国民政府派代表一人及助理人员若干人，在业已收复之领土，执行左列任务：

甲、在敌人业已肃清之区域，依照中国法律，设立行政机构并指挥之；

乙、协助在已收复领土内树立中国军队，包括正规军及非正规军，与苏联军队间之合作；

丙、保证中国行政机构与苏联军总司令之积极合作，并依据苏联军总司令之需要及愿望，特予地方当局指示，俾得有此效果。

三、为保证苏联军总司令与中华民国国民政府代表间之联系，中华民国国民政府派中国军事代表团，驻于苏联军总司令部。

四、在苏联军总司令最高权力下之地带内，中华民国国民政府在收复区域之行政机构，应经由中华民国国民政府代表与苏联军总司令保持联系。

五、一俟收复区域任何地方停止为直接军事行动之地带时，中华民国国民政府即担负管理公务之全权，并经由其军事及民政机关，给予苏联军总司令一切协助及支持。

六、所有在中国领土内属于苏联军队之人员，均归苏联军总司令管辖，所有中国籍人民，不论军民，均归中国管辖。此项管辖权并包括在中国领土内之人民对苏联军队犯罪过之案件，此项案件如发生军事行动地带内时，则属例外，应归苏联军总司令管辖。遇有争执之案件，由苏联军总司令与中华民国国民政府代表协议解决之。

七、关于苏联军队进入中国东三省后之财政事项，应另定协定。

八、本协定于本日所签订之中苏友好同盟条约批准时，立即发生效力。

本协定用中、俄文各缮成二份，中、俄文有同等效力。

中华民国三十四年八月十四日，即一九四五年八月十四日订于莫斯科

中华民国国民政府主席全权代表

苏维埃社会主义共和国联邦最高苏维埃主席团全权代表

### 记录

斯大林统帅与宋院长子文在一九四五年七月十一日第五次会议时，曾讨论苏联参加对日本作战后，其军队由中国领土撤退之问题。

斯大林统帅不愿在苏联军队进入东三省之协定内加入在日本战败后，三个月内，将苏联军队撤退一节，但斯大林统帅声明，在日本投降以后，苏联军队当于三星期内，开始撤退。

宋院长询及撤退完毕需要若干时间，斯大林统帅谓彼意撤军可于不超过两个月之期间内完竣。

宋院长继询是否确在三个月以内撤完，斯大林统帅谓最多三个月足为完成撤退之期。

中华民国三十四年八月十四日

西历一九四五年八月十四日

《中外旧约章汇编》第3册，第1338—1340页

### 哈里曼致杜鲁门与贝尔纳斯电

莫斯科，1945 年 8 月 14 日

莫洛托夫请我今天下午去见他。他用一般的词语解释与中国达成的协议，证实了宋所告诉我的内容，已在前几份电报中作了汇报。但是好像只有通往大连的铁路，而不包括道路，是明确地排除在军事控制之外。宋肯定了这点，但是认为这点不重要。

莫洛托夫和宋都告诉我，这些协议在十天至十二天之间，待中国政府批准之后才能公布。

我问宋，他对国民政府与中国共产党未来关系的意见。他回答，国

民政府应容忍共产党，在民主的基础上处理问题。他说，苏联政府急于见到一个统一的中国，避免内战。

我问莫洛托夫，我8月8日（海军电报082330①）向斯大林建议，关于门户开放政策发表声明②的问题现在情况如何，他说，苏联政府考虑"与中国达成的协议已解决这个问题。因为所有有争议的中国问题已经解决了"。他加上一句，斯大林认为现在不需要这个声明，尤其是他已经保证了维持门户开放政策。我相当详尽地向他解释，总统虽然满足于斯大林的口头保证，仍然渴望有一份按这样的意思可以公布的文字声明，因为鉴于苏联在这件事上的态度，他觉得将来肯定会有需要公开讨论和加以思考的时候。这样一个声明将减少臆测和反面评论，这对我们共同的利益是有利的。但是莫洛托夫坚持无须一份声明，因为：（1）协议写得很清楚，对外贸易不受任何限制；（2）斯大林口头陈述的苏联政策仍然不变；（3）在雅尔塔没有料到这样的声明。我建议，我们详细拟定一个方案，包括在这个问题上交换意见，或者我写一封信给他，重申斯大林的口头保证，苏联政府可以对此答复。

我请莫洛托夫告诉斯大林，我国政府对这个问题的观点，他答应了。由于莫洛托夫采取的强硬立场，我怀疑我们是否能获得那份文字保证，除非运用强大的压力。我请求指示。

FRUS, 1945, Vol. 7, pp. 973-974

## 中苏谈判结束

### 1945年8月15日

（中央社莫斯科十五日专电）宋院长对于此次莫斯科之行，表示满意，并对苏联之盛意接待，表示感谢。渠在广播器前发表之简短演说，略称："余在中苏友好同盟条约签字，日本无条件投降之次日上午即离

---

① 日期是8月8日，965页。

② 见7月8日备忘录的附件，951页。

莫斯科,此行目睹远东和平之持久基础奠立,全世界侵略者均被完全摧毁,余对此深感快慰与兴奋,对于苏联政府之盛意接待,尤深感纫。吾人于检讨一切问题时,斯大林委员长与莫洛托夫外委长之诚恳态度,使余深信两国之关系必臻强固,余在偶与莫斯科市民之会见中,更感觉两国友谊之交流。余虽不能长期留此,然在此短期间内所获之印象,已足永志弗忘矣。余在离此之前夕,愿再表示希望我伟大邻国及其人民在斯大林委员长领导之下,获致光辉之前途与繁荣。"随宋院长离此者,有胡次长世泽等六人,王外长世杰及其他人员,定明日离此直接返重庆。

## 苏方公报

(中央社莫斯科十五日专电)中苏谈判完满结束,并签订新约后,苏方本日发表公报,全文如下:"斯大林委员长自波茨坦会议返国后,中国行政院长宋子文及外交部长王世杰亦抵达莫斯科,与斯大林委员长及外交人民委员会委员长莫洛托夫,继续谈判中苏两国间之有关问题。八月十四日,两国签订友好同盟条约,关于共同有关之其他一切问题,亦已成立完全协议。条约及其他协定之内容,经中苏两国批准后,不久即可发表。"

## 签约情形

(中央社莫斯科十五日专电)中苏谈判已圆满结束,在谈判之后阶段中,我代表团曾有两日两夜之繁忙,作条约签字之一切准备。两国友好同盟条约系于十四日夜签字,王外长世杰代表我国签字,莫洛托夫代表苏联签字,到场者,我方尚有宋院长、胡次长世泽、傅大使秉常、熊秘书长式辉、蒋经国等,苏方有斯大林委员长,洛索夫斯基副外委长,彼得罗夫大使等。签字后,宾主共饮香槟,互相致祝,会场空气极为诚恳,双方对于谈判之成功,均极满意。条约签字后,斯大林与宋院长有长期间会谈,直至本日清晨始散,然后史氏就邀我国各代表进早餐。条约内容,将于批准后发表,此举当不在远。

重庆《中央日报》1945 年 8 月 17 日

## 中苏友好同盟条约批准后两国领导人互致贺电

### 1945 年 8 月 24 日

（中央社讯）据美新闻处莫斯科三十一日电：塔斯社本日发表蒋主席与苏联最高苏维埃主席加里宁及斯大林委员长以及王外长世杰与外长莫洛托夫，于中苏政府批准中苏同盟友好条约时所交换之电文。蒋主席致电加里宁主席称："余确信两国目前所缔结之条约，已为巩固我两国间传统友谊一层，奠定基础，而中苏两伟大国家之互助与合作，将保证远东之和平，展开创造全球和平工作中之历史新页。"加里宁复电称："余与阁下俱深信，就互助之立场及中苏两国及全球之民主国家之利益立场而言，此同盟友好条约及协定实为加强苏联与中国间友谊之最大贡献。"蒋主席致斯大林委员长电称："深信今后两国政府根据此条约，将能表现互信互助之精神，以尽力为中苏两大国家及全球造成幸福及繁荣。"斯大林复电称："余确信此项条约及协定，将为进一步发展贵我两国友好关系之坚固基础，借谋两国人民利益与繁荣及远东与全世界和平及安全之巩固。"王外长世杰为苏外长莫洛托夫在莫斯科谈判中恳切友好之合作，表示感谢。莫洛托夫告王部长称：此项条约将为防止未来日本可能之侵略之有效工具。

重庆《中央日报》1945 年 9 月 1 日

# 附录:综合类外交工作会议记录、外交报告及对外宣传工作等

说明:中国第二历史档案馆所收藏的档案中,有关国民政府军事委员会参事室秘书处外交组的工作会议记录,以及国民参政会的外交报告,此部分文件可以提供珍贵的外交政策及案例的讨论情形,由于此部分档案无法纳入本卷中的其他章节,故列入附录之中。

## (一)参事室秘书处外交组工作讨论会会议纪录
### 1943年1月27日—4月29日

#### 外交组工作讨论会第一次会议会议纪录
##### 1943年1月27日

本室秘书处外交组工作讨论会第一次会议

时间:三十二年一月二十七日

地点:中华路本室

出席:郭斌佳、朱庆永

列席:黄正铭

主席:郭斌佳

(一)报告事项

主席报告奉主任谕,外交组工作应照日前面定之问题,由张子缨、郭斌佳二兄,朱庆永君及黄正铭君(中央设计局委员)分别认定,每两星期集议一次,并从本年二月底以前提出初步研究结果。会议由张子缨兄召集,要子缨兄请假期间,由斌佳兄召集。杰亦可随时参加。等

因。现子缨兄请假,由本人召集第一次会议,以后每隔两星期召集会议一次。

(二)讨论事项

主席提出:本组今后工作,拟照日前主任面示六大问题分别进行研究。兹将该项问题分列于后,请推定担任各该问题研究人员案。

决议:1. 太平洋区域和平组织(包括西南太平洋各殖民地问题)一题由张参事子缨担任。(同时参照周参事鲠生在美国外交季刊所作论文。)

2. 对日问题(包括朝鲜、台湾问题)一题由参事郭斌佳、朱研究员庆永、洪干事启翔担任。

3. 战后经济合作一题,由朱专员炳南担任。

4. 战后对苏关系一题,由朱研究员庆永、李干事元泽担任。

5. 边疆问题一题,由丁德纯、李元泽两干事担任。

6. 其它(A)移民问题(B)华侨问题由黄正铭先生担任。

以上各题初步研究结果,均限于二月二十五日以前完成。

(三)散会。

中国第二历史档案馆藏外交部档案,761/172

## 外交组工作讨论会第二次会议会议纪录

### 1943 年 2 月 12 日

秘书处

军事委员会参事室外交组工作讨论大会第二次会议纪录

时间:三十二年二月十二日上午十时

地点:中华路本室

出席人:张忠绂、郭斌佳、朱庆永、洪启翔、李元泽、丁德纯

主席:张忠绂

A 主席报告(略)

B 郭参事报告上次会议纪录(略)

决议事项

（一）决定各大题目中的小题目及担任研究人员：

甲、太平洋和平问题（由张参事担任）

乙、战后对日问题：

1.战后中日一般关系问题（由郭参事担任）

2.解除日本武装问题（包括日本政制改革及教育文化改造问题，由丁德纯担任）

3.领土支配问题（包括朝鲜、台湾问题，由洪启翔担任）

4.赔偿问题（包括日本在华投资的处置问题，由郭参事担任）

5.战后对日经济问题（由洪启翔担任）

丙、战后对苏问题：

1.战后对苏一般关系问题（由朱研究员庆永担任）

2.东北问题（包括中东路问题，由李元泽担任）

3.外蒙问题（由李元泽担任）

4.新疆问题（由李元泽担任）

5.共产党问题（由朱研究员庆永担任）

丁、边疆问题：

1.西藏问题（由丁德纯担任）

2.外蒙问题（由李元泽担任）

3.滇缅滇越问题（由丁德纯担任）

4.新疆问题（由李元泽担任）

5.移民问题（由黄正铭先生担任）

戊、华侨问题（由黄正铭先生担任）

（二）决定下次开会时间及地点：

时间：定二月二十六日上午十时

地点：中华路本室

中国第二历史档案馆藏外交部档案，761/172

## 外交组工作讨论会第三次会议会议纪录
### 1943 年 2 月 26 日

秘书处

军事委员会参事室外交组第三次工作讨论会议纪录

时间:二月二十六日上午十时

地点:中华路本室

出席人:王世杰、张忠绂、郭斌佳、黄正铭、朱庆永、李元泽、洪启翔、丁德纯

主席:张忠绂

交换关于太平洋区和平组织问题之意见(内容略)

决议事项

(一)每月须完成二题,正式提出。

(二)主任谕:战后日本对华投资的处置问题应提前作,并推洪启翔初稿。

(三)下次会议由洪启翔报告(日本领土支配问题)、丁德纯报告(解除日本武装问题)。

(四)下次会议时间决定在下星期四(三月四日)上午十时,地点:在中华路本室。

散会。

中国第二历史档案馆藏外交部档案,761/172

## 外交组工作讨论会第四次会议会议纪录
### 1943 年 3 月 4 日

秘书处

军事委员会参事室外交组讨论会第四次会议纪录

时间:三月四日上午十时

地点:中华路本室

出席人:张忠绂、郭斌佳、黄正铭、朱庆永、李元泽、洪启翔、丁德纯

主席:张忠绂

讨论事项:

(一)交换关于战后日本领土处置问题之意见。

(二)交换关于解除日本武装问题之意见。

(三)下次会议由朱庆永、李元泽报告新疆及外蒙问题。

(四)下次会议时间决定在本月十八(星期四)日上午十时,地点:中华路本室本室秘书处。

中国第二历史档案馆藏外交部档案,761/172

## 外交组工作讨论会第五次会议会议纪录

### 1943 年 3 月 18 日

军事委员会参事室外交组第五次工作讨论会纪录

时间:三月十八日上午十时

地点:中华路本室

出席人:张忠绂、郭斌佳、黄正铭、朱庆永、洪启翔、李元泽、丁德纯

主席:郭斌佳

讨论事项:

(一)讨论关于战后日本领土处置及解除日本武装,方案最后修正。

(二)朱庆永、李元泽报告"战后对苏关系问题"。

(三)洪启翔报告"日本在华投资的处置"问题。

(四)下次会议决定在四月一日上午十时,地点:中华路本室。
散会。

中国第二历史档案馆藏外交部档案,761/172

## 外交组工作讨论会第六次会议会议纪录

### 1943 年 4 月 1 日

本室秘书处

军事委员会参事室外交组工作讨论会第六次会议纪录

时间:四月一日上午十时

地点:中华路本室

出席人:张忠绂、郭斌佳、黄正铭、朱庆永、洪启翔、李元泽、丁德纯

讨论事项

(1)战后中苏一般关系问题,由朱庆永、李元泽报告。

修正意见:(一)正文多列具体方案,说明尽量列入附件中;(二)题目改为《调整战后中苏关系方案》。

(2)战后日本对华投资的处理问题,由洪启翔报告。

(3)下次会议我先提出"战后中国对日经济问题",并请朱专员炳南与洪干事启翔合作撰。

(4)下次会议决定在四月十五日上午十时,地点:仍在中华路本室。

散会。

中国第二历史档案馆藏外交部档案,761/172

## 外交组工作讨论会第七次会议会议纪录
### 1943 年 4 月 15 日

本室秘书处

军事委员会参事室外交组工作讨论会第七次会议记录

时间:四月十五日上午十时

地点:中华路本室

出席人:张忠绂、郭斌佳、朱炳南、朱庆永、洪启翔、李元泽、丁德纯

主席:郭斌佳

讨论事项

(1)朱庆永、李元泽报告调整战后中苏关系方案。

(2)朱炳南、洪启翔报告战后处理对日经济关系方案。

决议:战后对日经济关系中有关法律方面之问题,请黄正铭先生协

助补充。

（3）下次会议讨论黄正铭先生之移民或华侨问题。

（4）下次会议决定在本月二十九日上午十时，地点仍在中华路本室。

散会。

## 外交组工作讨论会第八次会议会议纪录

### 1943 年 4 月 29 日

军事委员会参事室外交组第八次工作讨论会纪录

时间：四月二十九日上午十时半

地点：中华路本室

出席人：张忠绂、郭斌佳、黄正铭、朱庆永、洪启翔、李元泽、丁德纯

主席：张忠绂

讨论事项：黄正铭报告"改进我国移民地位方案"。

修正意见：将初稿分成两部，以后半部所叙述之移民史实为附件。

（二）下次开会时间及讨论题目另行决定。

散会。

**附件：改进我国移民地位方案**

英国殖民地广布全球，英人自诩国旗所照，无有落日。然此皆为帝国主义巧取豪夺之结果，未若我国移民，和平迁徙，无远勿届，荜路蓝缕，以启山林，且毫无领土占领之野心。世界各处，几无不有我神明华胄，生息其间。惟近数十年来，各地政府对于我国移民迭加限制，入境有禁，谋生无术，致我海外侨民日趋萎缩，浸浸有无法自存之感。我国过去所订条约，于各国人民在我国境内所享权利，条款不厌其详。而对于我国移民在各国之地位，则甚鲜规定。现在新约初订，英美人民在我国所享特权，业经废除。我国移民所受不平等条约待遇，亦应同时予以纠正，始能符合国家平等之原则。查照我国人民之移殖，可依一八六〇

年中英条约,划分两个时期。在前一时期中,出海有禁,输运未通,移民所至,均限于邻近国境及南洋各属,如马来、荷印、菲律宾、檀香山、暹罗、安南、缅甸等处。一八六〇年条约中国允许"凡华民情甘出口,或在英国所属各处或在外洋别处承工,无论单身或愿携带家属,一并赴通商各口,下英国船只,毫无禁阻",于是我国移民乃能远至纽西兰、澳洲、加拿大、南非及南北美洲。前期移民所至之处,远在欧美各国殖民统治之先。历史悠久,人数众多,在少数白人与当地土著之间,形成强固基层,势力深厚,不易驱除,故所占地位,尚较优越。后期移民,则生活于白人社会之中,依寄异族,每受歧视。于一般外侨所受之共通限制外,复有专对我国移民之苛例。兹简述如次:

(一)入境禁约　澳洲各邦,在未联合以前,即有排斥我国移民之法律。规定船只载重每五百吨许载华侨一人,并缴纳人头税一百镑,始入境。联邦移民律(一九〇一——一九三五)则定:凡不能通过任何欧洲文字五十字之默写测验者,即为违禁移民,不得入口。此律虽未特指我国移民,但对于我国移民,打击最大。南非移民限制法(一九一三年)亦有相同之规定。纽西兰移民限制法(一九〇八年)对于我国移民,除征收人头税一百镑外,并须有诵读英文一百字之能力。现时法律,事前取得许可证,始得入境。加拿大对于我国移民初亦征收五百元之人头税。一九二七年中国移民法,则完全禁绝我国移民入境。法属越南,亦有专管法国行使领事法权国家人民移殖之法令。荷印分外侨为欧洲人与东方外国人二类。日本人为"欧洲人",中国为东方外国人,各受不同法律之支配。暹罗对于我国移民入境,亦课巨额税率。美国原认人民移殖为天赋权利,一八八〇年条约,美国以"华工前往美国,或在各处居住,实于美国之益,有所妨碍"。中国准许美国可以或为整理,或定人数年数之限,并非禁止前往。于是美国国会继续制定华人排斥法案,我国移民事实上被禁入境。及一八九四年条约,更以十年为期,禁止华工前往美国。商人、学生,虽不在禁令之内,但以美国当局,解释严格,非经特许,不得入境。美国又于一九二四年,通过移民律。凡不能入美国籍之外人，一律禁止入境。而对其他外侨，则授定额制度。此律虽为防止日本移民而设，然我国人民同受限制。因中国人亦向被认为不得入美籍之外侨也。于是我国移民一方既受华人排斥法案之限制，他方复受普通移民律之限制。菲律宾、檀香山归并美国之后，此项法律亦推广，用于我国在此二地之移民。

（二）国籍问题　中国移民之子女，如在各国属地出生，按照各国法律，即取得各国国籍。我国国籍法采取血统主义，仍认此项人民具有中国国籍，因之发生双重国籍之问题。一九一一年中荷两国订立荷属领事条约，即为解决荷印华侨国籍问题之一种协定。移民具有在国国籍，自有其便利之处。但各国立法，对于我国移民，除由出生取得国籍者外，或者禁止其入籍，或者剥夺由于国籍产生之权利，甚至加以特殊之限制，不问国籍，而追溯人种。对于中国人之禁例，虽具有该国国籍者，亦不能幸免。此项歧视与不平，自应予以纠正。我国海禁初开之日，深恐人民迁徙，沦为外籍。故一八六八年中美条约美国允以最惠待遇施以我国移民，但特规定"中国人在美国，不得因此即特作为美国人民"。一八九四年条约，亦有华人不得入美国籍之条文。美国法律遂禁止中国人入籍。美国国籍法，准许白人、非洲人种及西半球之土著（一九四〇年新法）入籍为美国国民。因此美国立法，即常以"不入美国籍之外人"为限制我国移民地位之工具。一九二四年移民律禁止不入美国籍之外人，进入美国，其一例也。此律施行之结果，洎至具有美籍中国移民之华籍妻室，亦不进出其夫之国家。菲律宾法律亦规定，凡依美国法可入美籍之外人，始归化为菲律宾籍民。澳洲原禁"亚洲土著"入籍。纽西兰则对中国人之入籍，须收规费。现行国籍法，虽无特别指明，但事实上仍禁止亚洲外侨，取得国籍。加拿大对于中国移民入籍初无特别限制。惟一九二一年枢密院令，规定中国人入籍，须先呈缴业已放弃原有国籍之证件。同时华人取得加拿大国籍，仍不得与其他入籍外人同样享有政治权利，如在各省及地方之选举权等，而加拿大法律，又复利用"选民名册"为限制中国人民之手段。各种法律以歧别之待遇，加于"选民名册未列姓名"之人。故"中国人"一词,在加拿大系专指人种,而与国籍无关。中国移民,虽具有加拿大国籍亦仍为歧视与苛遇之对象。荷印法律,分人民为三种:一为欧洲人,二为土人,三为东方外国人。华人在荷印出生者,荷印政府既承认为荷属居民,但仍与土人相同,不得享受欧洲人之待遇。即世代在荷印生长者,亦仍为东方外国人。如或取得欧洲人身份,而尚须经过同化之法律手续。荷印我国移民,一方因日本人之当然具有欧洲人身份而相形见绌,他方复因荷兰臣民之地位实际,故愿依照血统主义,保留中国国籍。希望将中荷两国荷属领事条约予以废止。该条约规定中国人在荷印出生,为荷印臣民,如至中国,即归中国国籍。在第三国,则或存或出荷国民籍,听其自便。盖在荷印,法律随身份而不问国籍。我国既认在荷印出生之中国人,具有荷籍,自不能对之行使外交保管。因之中国血统之荷兰臣民,形成荷印少数民族,其地位仍毫无保障。暹罗我国移民,亦有相同情形。中国海外侨民在暹罗者为最多数,但中暹两国并无条约关系,中国人在暹出生者,一律被认为暹罗籍民。禁止使用中国文字,并限制其活动,亦构成少数民族之问题。

(三)职业限制　　各国对于我国移民,除禁约其入境外,复于依法入境之移民,设为各种职业之限制,剥夺其谋生之机会,使其无法自存,而不得不迁移出境。侨民权利之保障,最要者为两国之条约。美国联邦宪法规定联邦法律与条约,同为本国最高之法律。各邦宪法与法律与之冲突者,即属无效。至联邦法律与条约冲突时,美国法例系采后法优于前法之原则。该条约须经参院通过,亦不为一法律案也。

故在美国我国移民之保障,在宪法为第十四条正案,在条约一八六八年及一八八〇年条约之最惠国待遇条款,第十四条修正案,禁止各邦在美国管辖下之任何人,未经法律程序不得剥夺其生命自由或财产,亦不得拒绝给予相同法律保护。各邦若干虐待我国移民之法律,以及关于就业谋生之限制,因此宣告无效。惟西部各邦限制,不以美国籍之外侨,不能取得地产所有权,此项限制,自不合于相同保护之规定,但因联邦移民律,既以能否入籍为迎拒入境之条件,未如英约之规定在华土地所有权或为美方之预留地步也。中英条约，英国未予我以最惠待遇。一八四二年条约规定"两国所属人民彼此友睦，如住他国者必受该国保佑，身家全安"。我与各自治领各国迄未立约，中英新约，各自治领亦未参加。因之自治领各国限制华侨就业之法令，几乎层出不穷。加拿大限制中国移民从事林、矿、渔、垦各种职业。蒙古人或印度人不得请领酒类营业执照，华人洗衣作饭，须支付额外之税率，所开饭店不得启用及容留白种妇女在内，不得为律师或药师之职务。此限制均不问其是否英国籍民，同样适用。在澳洲，中国移民不得开设工厂，任何手工业雇用中国人时，即被认为工厂而适用工厂法之规定。中国人不得开厂，凡父或母为中国人者，不得领照为黄金之买卖。未经英语测试及格，不得被雇于甘蔗及香蕉工业，亦不得租赁或所有土地。负贩贸易，亦须精通英语，始能给照。南非联邦中国移民，不能取得任何关于土地之权益。不得组织公司，经营地产。亦不得从事开矿与贵金属之买卖。在一邦居住地之华侨，不得迁移至他邦。营业执照之核实，地方当局持有全权，以贯彻其排斥华侨之政策。在荷印及越南，中国移民因历史悠久，所享权利，几与土著相同。惟近年来，当地政府借口扶植自治，保护土人，各种立法，渐予华侨以不利。如关于华人地权之限制，即为显著之一例。故在以上各地，中国移民之法律地位，固不能低于其他国家之人民，而华侨之传统权利亦应加保障，如能维护其经济之发展。是以一九三〇年中法条约规定在越南之中国人民，其经营工商业之权利，不得较逊于任何他国人民所享受待遇，尚不足以达此目的也。

（四）社会地位　中国移民在美国因被称为有色人种，常与黑人同受歧视，西部若干邦禁止中国人与白种人通婚，违者即为非法。儿童不得同校就学，餐馆及娱乐场所不许华人入内，亦为普遍之现象，在加拿大，华人虽是有英籍，亦不得参加地方与各邦之选举，不得为公务员与陪审职务，华人所开宿舍不得雇用白人妇女，亦不许白人妇女入内，法院解释认此为一种"警察章程"。在澳洲英籍华人，不得参加选举，亦无当选资格。在南非华人被列为"亚洲人"及"有色人种"之内，居住、贸易地点,皆被指定,不得逾越。不得与欧洲人使用同一之街车与邮局,不得在人行道上行走。地方选举,无权投票。晚间九时以后不许在街上逗留。南非本以苛待印度人著称,凡对待印度人之法律,几无不适用于华侨。其社会地位之低落,有非吾人所能想像者。

总之,中国移民在各国既不能享受一般外侨之待遇,而各国赋与本国人民之权利,中国移民虽具有该国国籍,亦以其为中国人种之故,遭受剥夺。此种不平等之地位,自应设法改进,以奠定我国家与世界各民族自由平等之基础。改进步骤约如下述:

(一)移民政策　(1)此后我国移民应以南洋各属及南美国家为主要区。(2)移民出国以前应有适当之管制与训练。(3)对于美国及英属自治领,必要时不妨成立类似绅士协定之自我限制办法。(4)国籍问题可适用一九三〇年海牙国籍法公约之规定。

(二)对于美国　(1)应通告废止一八九四年限禁条约(该约于一九四四年十二月七日满五十年,照应于满前六月通告废止)。嗣后我国移民应同他国,一律采用定额制度。(2)废止一八六八年及一八八〇年中美条约两国人民不得相互归化之条款。此后国籍问题,依照国际公法及国际惯例办理。(3)中美新商约仍保留最惠待遇条款,中国移民所享居住、贸易、经商等权利不得低于最惠国之人民,亦不得有所区别。

(三)对于英国　(甲)各自治领土如加拿大、澳洲、纽西兰、南非各国应即进行订约。(1)取消对于中国移民入境之特殊限制。归化问题,应照国际公法与国际惯例办理,不得根据人种有所区别。(2)中国移民在各国居住、游历、贸易、经商应享互惠国人民同等待遇。(3)具有各该国国籍之华侨,不得以种族及其他理由与各该国一般国民在身份及权利方面有所歧别。(乙)关于英国直辖领土及保护国如马来各邦,应于中英商约内规定:(1)中国移民应与最惠国人民享受同等待遇。(2)中国移民应保留历史上在各地所获得之各种传统权利。

(四)对于荷兰　在荷印及荷属西印度(1)中国移民应与最惠国人民享受同等待遇及法律身份。(2)中国移民应保留历史上在荷属所获得之各种传统权利。(3)在荷印出生之华人,得于成年时,选定其国籍。回至中国,则中国国籍自动恢复。废止一九一一年中荷条约关于国籍问题之协定。(4)具有荷籍之中国人民,其地位应与荷籍欧洲人无所差别,并应享受一般少数民族之保障。

(五)对于法属越南　中国移民,除享有入境居留之最惠待遇外,并保留历史上在越南所获得之各种传统权利。

(六)对于暹罗　应即订立条约,规定:(1)中国人民之最惠待遇。(2)保留中国移民历史上所获得之各种传统权利。(3)在暹罗出生之华人得于成年时,选定其国籍,至中国则中国国籍自动恢复。(4)具有暹罗籍之中国人民,应享受一般少数民族之保障。

(七)待遇约定　此后与各国订约,对于侨民待遇问题,应采相互主义,比例增入关于中国移民地位之条款。

(八)战时损害　太平洋战争发生后,各地华侨所受损害应设法调查。如战后各国可自敌方取得报偿,中国移民应同受补益。各地政府应保证华侨所有产权,如被非法侵害,允于战事结束时,恢复战前之状态。

(九)交涉程序　关于改进移民地位各节,应即着手与有关各国政府分别谈判。最近美国舆论,已有此种动向,似应率先商洽,以树风声。

以上议,是否有当,敬请公决。

中国第二历史档案馆藏外交部档案,761/172

# (二)国民参政会外交报告
## 1943年5月12日—8月11日

### 参政会外交报告
#### 1943年5月12日

##### (一)苏波事件

苏波暂停邦交事件,经英美之调解,斯大林复于六日发表谈话,希

望战后波兰强大,波兰政府亦声明表示欢迎,英美俱表欣慰,惟尚无具体解决恢复之邦交办法,综合各方报告如下:

1. 据傅大使四月二十六日电称:今日下午六时各次长邀谈,面告波兰政府关于波军官被杀事,利用德国恶意宣传以图压迫苏联,解决苏波国界问题。该波兰军官系被德杀害,苏联现对德苦战,于波兰有利,乃波兰不向其同盟作战之苏联询问此事之真相,即采取极不友谊之态度,故苏联决定与波兰政府绝交,实行在即,因中苏系同盟国,故先通知。又谓苏方与波兰绝交,但对波兰人民仍保持友好之关系,此不幸事件,绝不影响苏联作战云。

2. 又据傅大使四月二十九日电称:此次苏波绝交,原因波兰军官被杀问题而起,但双方争执之中心,仍为边境问题。查自一九四一年七月三十日苏波成立邦交协议后两日,西可斯基广播言,波兰并未放弃一九三九年之国境。苏联《真理报》即谓边境为将来问题,此时以不提为宜。近数月来,波兰方面对此问题常有表示,苏联方面迭次发表宣言反驳之,措词极为坚决,曾著反驳论文之 KORNEICHUK 不久即被任为苏联外交次长,亦似为苏政府对波一种表示,此外又发生调查波兰军官被杀问题,遂致邦交破裂云。

3. 又据驻英陈维城代办四月三十日电称:访英外部,据云苏波二方,早以民族及疆界问题疚心,KATYN 问题不过导火线耳。值此抗战尚未成功之际,因同盟国间发生此项不幸事件,往为仇者所快,至堪惋惜,英与苏波感情均睦,现在为同美政府努力调停,连日首相及外长与苏大使及波兰政府当局会晤频繁,与美大使亦在随时接洽中。

4. 又据金大使四月三十日电称:泗昨晨访波兰外部秘书长,询据伊告称:英美调停,大致注重在现尚留苏联之波兰人约一百万人以上,设法遣散出境,倘能先遣散十余万人已可使事态和缓化,波政府官方宣言,亦颇暗示此点,八千余人已死亡,追究无益;边界问题,此时尤谈不利,波兰政府对于英美调停,极为重视云。

再诸小国众情,大多均以波兰此时惹出事端,认为非宜云。

5. 又据驻英大使馆五月一日电称:苏波交恶,为近日各报所注视。《泰晤士报》谓为德方宣传离间诡计,殊堪惊憾。波方提交红十字会,某方谓德人伎俩,苏波舆论无论何由,均足以伤波与联盟国之前途,现英苏间之信任与合作,其重要性实莫过于此时,应极力谋善计,解此危难,以免仇者所快,则将来祸根更深矣。《每日前驱报》谓,英苏两方均无裨益,联盟国竭力调解,免再演联盟国间政治联络方法之不齐,使苟有充分机构可以互商,波方亦可不请红十字会调查,苏亦可不采孤立断然处置,此种问题必须设立有效机关为解决,庶可达到和平目的。《新闻纪事报》谓联盟国缺少此政治机构,影响军事上协调,北非事为联军不能调整之证,苏波事更恶,如不急图挽救,恐事正多。《新政治家周刊》谓:波方请红十字会向德人占领区域内查询,实为大错,波须知为联盟国战胜,波存在,惟有与苏亲善一途。《旁观周刊》谓:苏波构衅,由来已渐,实为盟国一裂痕,英美两国尤须急起补此罅隙云。

6. 又据驻瑞士使馆五月一日电称:关于苏波纠纷问题,自波发表宣言起,一般人士认为波兰如坚持以释放波侨为收回日前向红十字会所提为条件,则局势必益形困难。将来波政府或局部改组,亦未可知也。

7. 又据传大使馆五月四日电称:波兰大使日前由莫斯科抵还,伊兄在此病故,是以多留数日,料理丧事。再者波兰大使馆参事言,英美现极力调停苏波问题,颇有成功之望,但该大使馆不能不暂且撤退云。

### (二)纳熙论组织国际机构

据驻惠灵顿领馆五月一日电称:太平洋作战会议组出席代表纳熙,在此间报端论及战后设立国营警察称:苏联、美国、中国及英国,在战后初期担任实负有特殊之责任。又称大西洋宪章仅设计和平目标,亟应创设机构以实行云。现时战局,六个月前已有无限进展,该项机构更须成立,各国应即根据实际情形,讨论其如何组织,以定战后世界形象云。

### (三)希特拉会晤各轴心领袖

据驻瑞士使馆五月一日电称:最近德之首先会各轴心领袖,此间外交界谓,目的图巩固内部之团结,此为北非失败事,联军在欧洲上陆时防御上之准备,惟间结果并不甚佳,各该国仍未能完全抛弃以本国利益为前提之主义云云。

### (四)维希与轴心关系

据驻瑞士使馆五月五日电称,据朱专员报告,据近维希人士称,赖代尔向希特拉建议二点:(一)减轻驻军费,以增加工人为条件;(二)德签订反工协议,惟须义方放弃土地要求,谈话结果,希特拉表示减轻驻军费应以增派工人多寡为比例,限二月内须再派工人廿五万,至于本年底共一百万,希望能继续增至三百万人,第二点因义坚持以 SAVOIE 归义,未有结果云云。

### (五)意大利军政情形

据驻教廷公使馆五月六日电称:据各方所得消息,前意首相与德元首会晤结果,对意三点最为重要:(一)组织大批新军派赴东线参入德春季总攻,兹据传信大学我国学生答称,就彼等所知,意籍教士被征为东征军队随营司铎者不下数十人;(二)意方军警均须间接受德驻意军警大员节制,前意警察总监愤而辞职,现继任者里凄为初期法西斯蒂暗杀团员,又罗默将军司令部已迁义南,密改任为地中海阵线总司令,遥制北非;(三)加紧德党独裁手段,恢复初期严厉高压手段,党新秘书长施高查办为初期暗杀团员,曾经一九二四年手刃旧国会议员 AMENDOLA,其余副秘书长及各长者均有更换,最近在各城市结队游行示威,凡民众均举手敬礼,否则拳棒交加,应送去警察局严惩云。现意民反抗情形日趋激烈,工会已开始组织罢工运动。旬来米兰各厂工人,骤然停工一小时。又前各党已有联合邦组织,名为自由阵线,密发传单,据载共有四点:(1)谋求解放恢复自由,驱逐德军;(2)打倒独裁,消灭法党;(3)皇室如再不改变袒护德党政策,一并推翻,另设共和政体;(4)政府与公众分离独立,互不干涉云,再前东征兵士反叛,意方宣传德军鄙视虐待情形,意人极为愤怒,故现在组东征军队,上为民众反对,且据所见意军,服装极不整齐,精神一部分呈惊惧状态。又谓海岸线重炮不敷,有用木制假炮充数者云云。

又据驻土使馆五月一日电,意大利外交部成立战后问题研究会,外间推测和平将届,意驻土大使特为辟谣,询据土外次长称,该会多为安置回国大领使馆人员而设,并无其他作用云云。

### (六)英报论印度问题及印度近情

据驻英大使馆五月一日电称,《泰晤士报》对全印回教徒集会事,谓议会派之涣散,实予真纳以良机,总督行政会补充人数尤堪注意,该行政会固不足以满印人之望,但究为合作之工作,各方现所需者不在策略,而在印方与英方各派负有勇敢的政治手段。《曼彻斯特导报》谓,政府不能将印事置诸战后,首次使印各领袖往甘地,再由各领袖统一委员会共商一自治印度宪章云云。

据驻印度专员五月一日电称:(一)廿四日回教联盟大会后,英方已显然支持与八割斯坦运动,回教联盟决议要求,英政府正式承认八割斯坦,并拟自动组织回教四省联合政府说;(二)孟加拉省粮食问题,现极严重,预料目下将有恶化势;(三)灵通消息方面传,魏菲尔将军日前飞回伦敦,商印缅战事,有大举攻 BNTAIDAUNG 势;(四)传敌上周遣有小艇在孟加拉湾东岸地区登陆,携有大批伪钞;(五)政界息,伦敦正在考虑新总督人选云。

又据该专员五月四日电称:(1)军息有印军参谋长莫斯维尔将军他调,奥钦赖乙将军有任新职说;(2)印行政院改组,贺劳荪汗努爵士将改任出席英战时内阁代表,回教名额增至四人;(3)回教联盟拟在西北边省组织新内阁;(4)此间认为新总督莅任后,局面或有改进,萨甫罗爵士等常密嘱各处,力持静观态度;(5)美方对印度政府拒绝飞利浦请晤甘地一事,评论仍多,有电谓第二战场在十月开辟时,印局或将为英美之问题;(6)美方息,飞利浦日可抵华府,渠携有解决印局方案,但权威方面认为美将极力控制舆论避免批评云云。

又据五月六日电称:(1)此间传新阁组成,印督有回伦敦一行说,以便磋商亚未利所许对印政治改进之诺言,但尚未证实;(2)此间报载邱吉尔将于下次会议报告战局时,提出对缅战事问题,因传奥钦赖乙将军调印军总司令说益高,此间对于将军印象较好,认为如能实现,印僵局较易解决;(3)印共产党秘密决议,回教共产党员尽力加入回教联盟;(4)EDGRYBOWL已于周前返德云云。

### (七)土方对军事之观察

据驻土公使馆五月六日电称,土方舆论,咸认德侵英本土为不可能之事,至于德国今是否已对苏联取攻势,或取全部守势,三四月后方可实现,苏联于英美未辟第二战场以前,对德或亦可取攻势云云。

中国第二历史档案馆藏外交部档案,761/172

## 国民参政会外交报告
### 1943 年 5 月 28 日

### (一)英报对邱相演说之评论

据驻英大使馆五月二十二日电称:各报对邱吉尔关于远东演说多加赞扬。《每日电闻报》谓邱吉尔称:英美当前急务在援华,可使人疑英对东事无决定之误会,完全冰释,英失星洲为历史上之大耻,必须雪之,英对败日之利害,与美同,必先解决欧事者,因败日未必败德,而败德则必败日。《曼彻斯特导报》谓:邱吉尔所以申述太平洋问题,系因辩护自己与罗斯福的方略,并纠正美方一部分强有力者之意见,有人误认英方以地理关系,对于远东不及美方关心澳、华,尤多失望,邱吉尔特深切声明决心全力对东事,此次政府之会议注重太平洋。《每日电闻报》称:日攫英之大部疆土咄咄逼人,美必雪珍珠港之耻,英必收复星洲,美觉急须援华,英必不落后,英有大军驻印意即在此。《新闻纪事报》谓:邱吉尔召魏非尔将军,应说明接济中国重要,深得美方同情,惟太平洋军事多在山林草泽,性属特殊,如速战,必须败德为先,英美当一致与盟军共同努力,兹以邱吉尔之希望与蒋委员长、史达林会商,极所赞同。《约克夏邮报》谓,先攻德为盟军方略之原则,日在远方,一时力所难达。邱吉尔坚称各方战事,首须会华群力,与敌相接,对日诸多障碍,须力图驱除,阐明一面由印度与华军夹攻,一面用空军威胁。此次在美会议日程,远东实属重要。《标准晚报》题既以败日不能败德,而败德可行败日,自当本此继续进行,然对远东应予重创,英次以全力消灭日之凶焰。《新政治家周刊》谓:邱吉尔携同魏菲尔赴美,可见其对远东欲恢复英方从前原状,并力守印度,中国当可欢迎,但对于胜利观念,仅在恢复战前之帝国主义,未免狭隘。又《论坛周刊》谓:日寇占缅境,冀图占 ARAHN 又成泡影,可见山林作战,由印入缅,皆归失败,攻日重心,不在山林而在中国,但中国自身实多荆棘,民穷财尽,孤立少援,联盟国接济不能有调整优先办法,先欧后华致我东方盟友应急设法援助,想魏菲尔与史蒂威当可善筹,倘地中海之胜利,反之于中国牺牲,则联军代价太贵矣云云。

### (二)保匈与德国关系

据驻瑞士使馆五月十八日电称:据朱专员报告:匈牙利来电称:一月前德国要求匈军二十万参加东线,工人四万赴德,匈当局未允,且借口拱卫国土,该国自东线调回五万,第二集团军亦有调回说,并拟亲近土耳其为将来地步,又工、农、小资产人民组成独立阵线,PYSPVAMBERI 大学某教授为领袖,与侨英、美、俄、加等处匈侨反政府组织取得连络,企图让前总统 MICHEL KAOLYI 为将来新政府领袖。

又据该馆五月二十一日电称:据朱专员报告:保加利亚商务部长 FAKHARIEFF 密函侨瑞家属称:保政府借口暗杀搜索破获共产及德第五纵队机关甚多,政变幸免。德方压迫参加攻土计划暂时受挫,现德驻军续增,但实力仅足防守云。又保共党、民主党、农民党、工党合组民军阵线,拥一九三四年民主党总理 MOUCHANOFF 为领袖,准备援助联军,闻第三国际令巴尔干共党改变策略,对于英美攻巴尔干,取协助态度。

### (三)土与轴心关系

据驻土使馆五月廿二日电称:(一)前次土允于非洲战事结束时即行参战,盖当时土方估计德尚堪抵抗联军至秋末,讵料战事结束迅速,出土意料之外,现在英方要求土方履行诺言,土以消极抵抗不足阻德进犯为词拒绝,似观望德俄战事趋势为定。(二)土对轴心仍事敷衍,此次内长易人,似有步骤,前内长因拟定取缔轴心在土活动办法,未为政府嘉许而去职云。

中国第二历史档案馆藏外交部档案,761/172

## 国民参政会外交报告

### 1943 年 6 月 11 日

#### (一)欧洲军事

据驻瑞士使馆五月十四日电称:北非失守,联军第二步计划一般推测在义境将先以飞机轰炸 NEUTRALIEFA、SICILY,一面进攻 SARDAIGNE CORSE,以为在义本国及法南上陆张本,再由 SCOTLAND、IRELAND 进攻挪威,由英国及爱尔兰进攻和兰及 BRETAGNF 海岸,由埃及 SYRIE 进攻巴尔干半岛,察看各该处实力如何,然后倾全力进攻轴心国实力最弱之点云。

又据该馆五月十九日电称:据军界消息,德义现战线 SECTEURSACTIFS 长一万公里,军队连尚在训练者在内九百万人,此九百万人中至少须抽一百万人,防御占领区人民反动,照此计划算,德义即倾国内实力,将其完全布置最前线,每一公里平均只有防军八百人,况在东线每一公里现平均只有六百五十人,若欲以抵抗联军上陆,更不敷分配。因此德正在欧陆内部建筑第二防线,将来若(将)〔战〕事不利,挪威中部,因防守 BALTIC 海岸线及北海与英法海峡,因近德生命线关系,决不放弃外东南战线,拟退守 GENOA、VENILE 等处,借此可以美满防御至七千公里云。

#### (二)瑞典对德态度强化

据驻瑞典公使馆五月十七日电称:此时政界,因德在北非挫败及德苏无谅解可能,益信联合国胜利在握,而瑞政府对德态度上强化,其通航南美洲以德拒发通行证,停驶四月,兹复抗议,德已无条件给证。又工党迭请废德驻挪在假军人过境准许,现政府已允,待时机稍更转好即解决,但认局势仍可能转变,军备不能稍懈云。

### (三)驻日土大使论日本情形

据驻土使馆五月十八日电称:土耳其驻日大使 FERIDTEK 返抵土京,据说日本在战役中,商船全部损失,海军损失大部分,造船材料缺乏,以木代金属,熟练空军甚感全部覆没无补充力,经济恐慌,以人民耐苦,组织健全,故一般情形,尚属镇静,日本必败,毫无疑义,日苏间有谅解,决无战争,日本明了侵华失败,改取亲善政策,为时已晚矣云。

### (四)匈保土近情与战局

据驻瑞士使馆五月十八日电称:据朱专员报告:匈牙利来客称:一月前德国要求匈军二十万参加东线,工人四万赴德,匈当局未允,且借口拱卫国土,该国自东线调回五万,第二集团军亦有调回说,并拟亲近土耳其为将来地步。又与小资产人民组成独立阵线,PYSPVAMBERI 大学某教授为领袖,与侨英、美、俄、加等处匈侨反政府组织取得连络,企图让前总统 MICHEL KAOLYI 为将来新政府领袖。

又据该馆五月二十一日电称:据朱专员报告:保加利亚商务部长 FAKHARIEFF 密函侨瑞家属称:保政府借口暗杀搜索破获共产及德第五纵队机关甚多,政变幸免,德方压迫参加攻土计划暂时受挫。现德驻军续增,但实力仅足防守云。又保共党、民主党、民党、工党合组民军阵线,拥一九三四年民主党总理 MOUCHANOFF 为领袖,准备接助联军,闻第三国际令巴尔干共党改变策略,对于美攻巴尔干,取协助态度云。

据驻土使馆五月二十二日电称:(一)前次土允于非洲战事结束时,即行参战,盖当时土方估计德尚堪抵抗联军至秋末,讵料战事结束迅速,出土意料之外。现在英方要求土方履行诺言,土以消极抵抗不足阻德进犯为词拒绝,似观望德俄战事趋势为定。(二)土对轴心仍事敷衍,此次内长易人,似有步骤,前内长因拟定取缔轴心在土活动办法,未为政府嘉许而去职云。

又据驻土使馆五月二十七日电称:美大使密告土耳其倾向联军已无问题,近来更见加强合作,只其参战当在明年,因此本人今夏拟携眷休假数月,最近英美技术人员到土耳其多,似非无因云。

### (五)印度近情

据驻印专员公署五月十二日电称:(1)此间政府当对新总理人选,仍守秘密,但不久可发表;(2)西北边省省长勾结回教联盟组阁;(3)前信德省总理 LOGLIBF 昨早被刺,国民大会系颇受刺激,认为如此发展,有制造宗教纠纷可能;(4)此间报纸对罗邱会议注重远东战局一节,刊载甚多,《印度斯坦报》及《黎民报》于社论中提及邱吉尔复委座电,亦以大字刊载云。

### (六)埃及政潮结束

据埃及公使馆六月二日来电称:关于里皮一案,埃元首虽获议会信任,然未得国人谅解,英大使向埃王表示,纳赫史信守英埃同盟条约,有裨北非胜利甚大,在战事未结束之前,英方盼其能继续负责。埃王答应与纳氏只有宪法上关系,渠之去留以国人之信任为准,埃搤嗣谒埃王请示政组内阁事,埃王谕以俯徇舆情,闻埃拟不兼长外交、内政两部,财政部长则改由现任主计长欧斯门继任云。

中国第二历史档案馆藏外交部档案,761/172

## 参政会外交报告
### 1943 年 6 月 25 日

### (一)英报论远东军事

据驻英大使馆六月五日电称:(1)《泰晤士报》对缅事谓:当此雨季战事暂告停顿,英军退守原防,在过去半年奋力进攻,虽不克成,亦足阻敌之侵略。孟加拉省他部,其最要者:(一)为 BRIGADIER WINGATE,由印边率领游击队直冲伊拉瓦迪,往来无阻,可为将来联络盟军先声。(二)为美方空军对敌在缅交通损毁不少。东京广播自认军情严重,需要军备甚急,其意或在激励民众加重牺牲,然可见疲于奔命,缅方尤关重要,如敌在海上有失,当前接济运输将大不利。《每日电闻报》谓:夺缅关键在太平洋联盟国海军,如据菲律宾、台湾,可断日本与缅甸、马来、越南、东印度之生命线,并可恢复中国与外直接之交通,可远胜缅路一隅范围。倘联军于各该地实行封锁,须于敌未布置前图之,否则或由缅经仰光直攻驻敌,但此为最重要之准备。(2)LORDSTRIBCLGI 在《论坛周刊》著文谓:太平洋须待德败以后,英美现在远东取守势,先败欧洲轴心,以德不必联日可续奋斗,德败则日不能敌联军,然德败需时,日未必于联军攻德期内不动,如日乘机整顿实力,巩固占领各地,完其守备,恐难于克服。邱吉尔宣言,此后东西两方战事,将用同等力量,就现状而言,应以全力对德,只能移动相当力量向东以阻日本之前进,日本海军仍甚强,在德义海军未歼灭,英美只能用其一部分海军于太平洋,故对日大举进攻,俟联军能集其全力出动,方为上策。但日在联军能全力至东方越疆作战前,力图消耗中国实力,此时惟赖中国坚绝独当,极须尽力设法加强援助,否则危矣云云。

### (二)义大利近情

据驻教廷公使馆六月五日电称:援各方所得情报称:(一)最近义警察拘捕知识分子数千余人,其中有教士、大学教授、学生多人。(二)法党已开始清党,故不但人民,即党员亦呈不安状态。(三)义方扩大宣传英美飞机轰炸惨况,专以平民为目标,并诬称掷下玩具自来水笔,满装炸药,炸伤儿童。据言此种物件,系德方制造,由法党派人散布,欲借此引起义民仇视英美心理,鼓动抗战情绪。(四)驻义外交团眷属已纷纷迁避,日馆妇孺已决定送至匈牙利。(五)王室方面及高级将领,竟有一部分人士,拟秘密沟通英美,内应联军在义登陆。(六)旬前英机飞炸罗马附近水上飞机根据地时,罗马空防开炮抵抗,惟火力薄弱,效力毫无,徒伤居民六人云。

### (三)德国军事

据驻瑞士使馆六月十六日电称:据报德现暂取守势,一部分由于自身战线实力不及以前充分,不敢轻于牺牲,一部分欲养精蓄锐,待联军实行在欧洲大规模上陆时大举图英,虽不能完全阻止联军之上陆,至少上足以扰乱联军预定之计划,迟缓上陆成功之时日云云。

### (四)驻瑞士盟国使节座谈会报告

据驻瑞士任代办六月十六日电称:今晨驻瑞士联盟国各使节在本馆开座谈会,首由华报告两周来我国战事情形,各使对于我国在委座指导下之抗战精神表示钦佩,嗣后各使发表所得消息,总合各方报告。(一)德军队目下指挥权事实上已不属希特拉。(二)罗马尼亚、匈牙利对于德义貌合神离,日益显著。(三)瑞士近来虽谣言甚盛,但德军似已无侵瑞能力,义方更自顾不暇,瑞士对外来侵略,无论来自何方,决心抵抗。(四)德现正极力高唱组织小俄罗斯 UKRAINE 独立政府,如能成功,于俄殊大不利云云。

### (五)古巴政府成立战后问题研究会

据驻古巴公使馆六月十七日电称:古巴政府,昨举行战后问题研究委员会成立典礼,外交团被邀参加,该会分战后国际法之改革、国际政治问题、国际政治与经济之联系、战后金融、战后移民问题与战后卫生六组,均由著名专家主持,内阁总理为该会主席云云。

中国第二历史档案馆藏外交部档案,761/172

## 参政会外交报告

### 1943 年 7 月 8 日

### (一)英报最近重要言论

据驻英大使馆六月廿六日电称:(1)《每日新闻》载有美国 Scripps-Howard 新闻社长 Roy Howard 谈话关于败日问题略谓:联军此时,不应牵制日本,应急起直追,迟则养虎贻患,益使坐大,日本人力可怖,不可轻视,而苟人多藐视之,敌方现计在巩固所攫取一切利益,保守占领地交通,联军如从日空袭击,无须沿各岛进攻,只须夺取数要塞,使其隔绝援助,当不难剪除。彼赞成蒋夫人所言:日本人民不能苦命,至多希望能将现在当权之军阀排去,但非彼兵力完全失败,和缓派无出头之日。(2)各报对魏非尔督印一致欢迎。《泰晤士报》谓:邱吉尔任魏非尔之用意,或军事关防题目,氏军事经验丰富,现时督印最宜。《新闻记事报》谓：魏氏之成败，视其能否开诚布公，顺应环境，并视英国政府能否赞助其政策，助其实施。《曼彻斯特导报》谓：该席须富有政治才略者，魏氏如有此才，正可发展一试，视其言论，似非官僚之工具，深冀其多于印度政治蹶造新局面。《旁观周刊》谓：日患已深，使各方爱国分子觉悟，消弥政争，新督长于戎机，惟印人内部不同意，总督不能使之强国，魏氏如能与印方各领袖调停，或可免去一切障碍，谓魏氏须深筹防印攻日合作办法，应访商甘地，劝印人将宪政问题留待战后解决，魏氏应释放政治犯、定任何提案。(3)《旁观周刊》谓：北非法领事政争危机，虽遇解决，尚无办法，军队统率仍不一致，两巨头党争依然，双方角逐正多，深望法解放委员会，增加威信，使单独领袖，能统率法国全部军队，以为进攻法国本部预备。《论坛周刊》归咎英国政府未坚持戴高乐政治组织应民主化，该委员会之权应为联盟国所左右，联盟国应可解除一切矣云云。

### (二)澳洲对战后问题之言论

据驻澳徐公使六月廿日电称：关于战后问题，澳洲言论多限于内部建设及国际贸易，澳方虽已设立战后建设部，其工作亦仅当局限于调查及研究战后之内部建设问题，如公共事业、农业、工业之发展，民房之改进、退伍军人之福利等问题，至战后国际政治各方意见甚少，官方尤限于表示，惟默察澳人之态度，可得下列结论：(一)澳洲对英帝国关系仍望其存在，惟为澳洲自身计，以后为英国参加欧洲战局，恐愈将冷淡，而于太平洋方面更必重视。(二)澳大利亚希望战后英美合作，更为密切，但太平洋方面美国须多产地。(三)澳洲希望与和印关系较前密切，并希望战后经济发展澳洲有参加之机会。(四)澳洲希望战后中国生活程度提高，购买力增加，俾可吸收澳洲一部农业及工业品，然同时有一部分人民，又恐中国战后澳洲将感觉不安，至其传统的白澳政策，在最近将来，绝无变更意思，以及关于本问题，当随时续呈云。

### (三)阿根廷政变内幕

据驻美大使馆六月廿一日电称：阿根廷政变主要原因，为自该国固执维持轴心邦交,美对一切有关军备器械物资,均以自用不足为词,停止供给,但对巴西则积极接济,阿国因之深感此后军备将较邻邦巴西日趋悬殊,故该国军人不满旧政,遂有推翻之举,新政府对外政策,将与美密切联系,但以内政及与美英合作之关系将逐渐改变之云云。

又据驻巴西公使馆六月廿二日电称:查阿根廷此次政变原因,RAWSO 将军策动,渠对联合国态度颇佳,但因组阁不成,新总统 RANIREZ 将军对外政策,仅曾宣布一节,即实际的泛美主义,关于其他各国,则以中立为原则,并曾禁止轴心国拍发密电,封闭为轴心宣传之电台两座,余无表示。照职观察,兹有下列情形颇堪注意:(一)密闻革命领袖向军队鼓动政变时,系以当时政变废弛军政为号召,今后势须拥军以符众望,如采取得军事及他项援助,非与美国合作不可。(二)阿国自采取孤立政策以来,已失去从前拉丁美洲各国发言人之地位,一般知识分子咸思补救。(三)自去年三月,美国对阿暗施压力,不予援济以来,该国备受影响,较诸巴西等国所得巨量援助,相差天壤。对英贸易,目前难得继续,然该国有识之士,深恐联合国于战后成立粮食及他项经济统一制度,不请阿国参加。(四)该国中层社会,颇为发达,新闻事业之进化程度亦在拉丁美洲各国之上,多数人民及报界舆论均主张与联合国合作。(五)该国高级军官,向来多属亲德,惟近已渐失信仰,对于联合国之威信亦知推崇。综合上述,如美国政府应付得宜,予该国当局以颜面,今后其对联合国态度应有日臻亲爱表现云云。

### (四)印度政治动态

据驻印沈专员六月十九日电称:今晨各报对奥钦赖克一致表示好感,对魏非尔国民大会党报纸则采取保留态度,推翻英国对印政策将无大变更,因去岁事件魏氏态度最为绝硬,伦敦方面对于任命之意义,强调于对敌作战,而非急于英印问题之解决,故英战时内阁及新任总督,对印度有无进一步之方案,均未详加评论云云。

又据该专员六月廿九日电称:新总督发表后,印度反响欠佳,但自魏非尔在伦敦发表谈话后,各报评论已趋和缓,政界方面推测英方有借印督到任之机会,提出缓和时局之方案,因印度军征募调训,计划业届完成之期,资源供应,已完全控制,故开放一部分政权已无大障碍,而出席战时内阁代表、驻英印专员等久未发表对未来政治上之布置,不无有关。近来各省释放中级政治犯甚多,而比哈联合马德拉斯各省组织联立自治政府之举,亦已消沉,亦反映伦敦方面之意图。昨日《政治家报》著名评论家暗示在狱之国民大会首领,认为彼等不应再孤立自持,目前应断然取消不服从之决议案,重开谈判,解决僵局云。

### (五)土耳其近情

据驻土耳其公使馆六月廿五日电称:土派军事代表团赴德,日内出发。询据关系方面称,仅系普通访问,借资联欢,无特殊作用云云。

又据该馆廿九日电称:(一)土外交部次长 PERKER 内定驻维琪大使,外传土法邦交恶化说并非事实,据悉内容者谈,土耳其此举,更足证其与德方面维持相当关系云。(二)土驻苏大使 ACHKALIN 仍将回任外次云。

中国第二历史档案馆藏外交部档案,761/172

## 国民参政会外交报告

### 1943 年 8 月 11 日

#### (一)关于墨索里尼去职与义大利和战之观测

(1)义大利本国情形与墨索里尼去职原因

据驻教廷公使馆七月廿六日电称:昨晚十一时罗马广播,墨氏辞职,义王命巴多格里奥组织军政府,继续作战,罗马民众立即群起游行,叫唱欢跃若狂,前往王宫及教宗宫前高呼万岁,将所有法西斯党部墨氏照片、铜像焚毁,毁坏公理河中法党党徽,标语扯除殆尽,警宪横加干涉,至今日上午尚未停止。党员则或逃避或不承认其资格,闻全城竟觅不到一人敢佩党徽。又党军于昨晚全部缴械,并无抵抗。巴氏此种断然处置,所冀以防暴动民众欢狂或此者,以为请求和平先声,盖无一人不望速和。此间报纸于一日晚间完全改变论调,众口一词,痛诋法党及墨氏,所用词句,极为尖刻,殊出意料之外。据传此次政变起源在墨希会议,墨要求德方再派三十师援救西岛,希拒绝并谓即义南中部亦无法坚守,只能作延长时间之抵抗,俾得从容在义比平原加强防卫,一战以决胜负等语。在此时间内,联军轰炸罗马,最初颇引民众对英美仇恨。嗣以英电台广播,所有联军与梵帝冈交涉将罗马划为不设防城经过情形之后,义民对联军局面变为仇视政府,是以义王前往视察被炸区时,民众竟高呼打倒傀儡法党,稳健人员以为民众如此,似非先逼墨辞职不可,乃于廿四日夜开最高会议,墨氏报告与希会晤结果及希主张,格兰第表示反对,讨论多时后提出不信任案十六票,赞成六票,反对两票,墨即赴王宫向义王报告,并上辞呈,王当召集御前会议,讨论结果,予以接受之。又闻义王事先已与巴氏接洽布置,故当晚即能将党军缴械,而自今晨起罗马治安,即由外省调此之精锐义军维持云。又顷在罗马发现传单反对王室主张民国。据昨日谣传义王将逊位于其太孙,以太子妃及巴氏为摄政云云。

又据驻教廷公使馆八月二日电称:义局经政府高压手段维持治安,罗马表面秩序平定,各报又复鼓吹抗敌,人民则以未停战颇为失望,而资产阶级及教廷方面,则深恐共产分子乘机革命,亦有追念墨索里尼者,又党军政改编为国民兵,为中下级将校,并未更调,近闻有不稳传说。现罗马义军,云集城郊,各处赶筑防卫工事,揣其用意,在内外兼顾,既防联军在此时推近登陆,复防德军及党军进攻,推翻政府再拥墨氏上台。据教廷方面观察,现巴氏左右为难,故采拖延政策,惟其军警发生不稳则堪虞,否则须俟联军在义半岛登陆,政局势方能展开云云。

(2)和战问题

据驻瑞士公使馆七月廿六日电称,闻墨索里尼下野后义所以仍暂继续作战,乃系一种过渡办法,借以保留相当时期,俾德军得以逐渐退出义境,一面调整内部,勿使呈瓦解状态,以便议和时说话地位较强。一说墨已被拘;一说墨拟赴西。再瑞士已秘密下令动员防守义瑞边境,以备万一云云。

又据七月卅日电称:今晨出席联盟国驻使座谈会,综合各方报告,现义朝野均一致希望和平,至义人民希望立即与联军开始停战谈判,而执政诸人,则以目下德驻义军队实力尚相当雄厚,且义军分驻巴尔干半岛及法南部者颇多,义工人在德工厂服务者尤多,故在上述各问题未与德商有解决办法以前,不敢突然言和,以免德取报复手段。目下义国内局势异常混杂,能否在最近将来与联军进行和议,大半须视德方态度为何? 又闻德军决不肯退出义北部,因义北部有 ALPS 山,易于防守,且借此可避免影响本国境作战云云。

又据该馆七月卅日电称:据朱专员报告:墨下野后,德大使于本月廿六日向新政府提出要求:(一)倘义继续作战,德愿积极增援;(二)倘义改变作战政策,德必(甲)继续反共;(乙)西西里抗抵到底,俾德义重行分配军区布置;(丙)义北部归德军布防,义军撤退;(丁)继续经济合作;(戊)义空军及潜艇与德合作。新政府对第一点及要求立即派精锐四十师,廿七日德大使答称:能逐抽调补充,限义早日决定采何态度,否则进行讨论第二点,事实上廿六日起,德军续到北义,并积极赶筑工事,新政府现尚犹豫未决云云。

又据驻教廷公使馆八月三日电称:自戒严后,罗马民众虽时有结队游行之举,大体秩序尚佳,闻义北各都市民众态度尤为激烈,将所有立法机关一律取消,并禁止成立政党极端专制政体,但其地位极为困难,难免渴望和平,如不顾民意而继续作战,似不可能。惟德军在此尚众,倘不听意旨,义军恐被德军武力解决,而地方因之糜烂,要之其态度必须于最短时期内决定,据此间外交团观察,义在一月内势必屈服求和云。

又据驻瑞士使馆八月四日电称:据朱专员报告:据接近轴心者称:德向义新政府要求:(一)死守西西里继续作战,以义侨德工人每月五万至十万返国为条件;(二)南法由德填防;(三)义维持反共政策。(一)、(二)、(三)三要求义新政府已接受原则。(四)德允巴尔干义军一部分撤退;(五)北义由德军增防,以十师及空军为度。(四)(五)两要求,尚在讨论中云云。

又据该馆电称:据报义确已用极非正式方法刺探盟国议和条件,闻美主宽大,英则较为严格云。

又据顾大使七月卅一日电称:英国内阁连日开特别会议,均为讨论对义停战条件,注重处置义海军及如何能迅速进占义大利本岛驱逐德军退出北义,俾可利用该处机场轰炸法国东南部之兵工业区,但义之脱离轴心,已无问题。此间政界均视法西斯蒂党颠覆、义军之求和为重要,度其影响所及,预计可于短期内参加同盟国方面作战,俾可获得参加和会之资格云云。

又据驻瑞士公使馆八月五日电称:据朱专员报告:义新政府阁议和战问题,意见纷歧,停战派系王储 YRANDI、海帅 Shaondirevel、空军新司令 Sandali,主张向联军提停战条件:(一)新政府保证驻法及巴尔干军队、海军及空军不抵抗,容联军登陆。(二)联军中止攻义本部军事行动,默许中立。(三)原则上承认一九三五年前义领土完整。继续作战派 BADOGLIO GUARIGLIA 及军需 FAWAGROSSA、军政 SORICE 等,认为不妥,对义前途既无保障,又有受德攻击可能,以稳定内部,重行配置军队后,再等机会,结果暂由停战派转教廷探听联军意旨,然后再定,倘有结果内阁有改组说。又德压迫 BADOGRIO 甚切,在北义、南法等处积极作军事准备,以防突然停战云云。

又据顾大使八月六日电称:顷访贾德干外次,顺询义方停战问题之进展,报载义以联军条件太苛,要求减轻确否? 彼谓不确,义迄未求和,联军亦未提条件,先要无条件屈服,再通知认为必要之条件,义现政府地位颇飘摇,罗马附近有德钢军师压迫,同时国民盼和若大旱之望云霓,有推倒之势云云。

(3)义政变对欧洲诸小国态度之影响

据驻土公使馆七月廿九日电称:自义大利局势变化,此间视线转往巴尔干,并认保加利亚动态于欧战前途有极大关系,谨将该方最近消息电呈于下:(一)保国防部长不久以前曾声明不在国外作战,但因德方压迫，乃仍令空军与德军合作，现陆军大部分南调以防英美在SAPLONIGUE 登陆。（二）秘密组织时常激起人民暴动滋事破坏工作，运德及东战场军用品时被焚毁。（三）本月廿日起，国会开非常会议，议员四十余人演说攻击政府反对与德合作。（四）内阁势将改组云云。

又据驻土使馆七月卅一日电称：匈牙利总理之子 IKOL LAY 来土，传谓与土接洽，罗马利亚、匈牙利拟与义大利同样行动，与联军媾和，以参加抗德为条件，亲轴心土报 REPUBLIANE 否认其来含有作用，惟与土外长晤面，则有其事。此间英美方面虽无表示，然对其来意似已心照不宣，据观测议和时机尚早，德军压境，若动非其时，德军可随时占领之，须俟联军到临，德军退守时加入联军抗德，既可牵动媾和目的，复可为英美之助，此番接洽归结，或即此如。惟查土耳其为其本身与巴尔干关系计，则愿从速促成此事云云。

### （二）自由德国委员会之成立

据傅大使七月廿二日电称：本月十二、十三两日，在莫斯科举行留苏德人大会，参加者：各俘虏营代表、工会领袖、国会议员等，结果成立自由德意志民族委员会，推定德诗人凡伊纳特为主席，并发行机关报，该宣言要点略谓：希特拉发动侵略战争，陷德国于不拔之境，故成立此委员会，以救危亡，吾人目的等彼同盟军来临，必须推翻希氏政权，使德意志民族与联盟国媾和，吾人目的为成立民主政权，取消纳粹所颁民族侨务之法令，恢复言论及宗教自由，保障营业自由及产业所有权，推进国际贸易，以增进人民福利，严罚发端战争罪犯云云。

### （三）苏报论东欧联邦计划

据傅大使七月廿四日电称：本月廿三日，苏联《消息报》载文论东欧联邦计划，略谓英美一部分人士为美国参与慕尼赫会议之遗留人物，及美国前任总统胡佛及前驻苏大使奥立特等，与波、匈、奥等国一部分留外侨民，对于战后欧洲提出建议，反苏之欧洲合众国与各种联邦计画，以图阻碍苏联参加战后和平组织，破坏英、苏、美联盟，其中最著者，厥为波兰政府，所标榜之东欧联邦，按此计划，拟将波罗的海至爱琴海与亚达亚海间各国,如立陶宛、波兰、捷克、匈牙利、罗马利亚、南斯拉夫、阿尔马尼亚、希腊、保加利亚等,借端联邦而以波兰为中心,此种计画,曾得英国若干刊物赞助而大事宣扬。《FORTNIGHTLY REVIEW》更谓波罗的海与里海间各国,为欲防止东西两方之侵略,实有建立之必要,该杂志竟将苏联与法西斯蒂德国同视为侵略国,其含意反苏自无疑义,该文结论谓:此种计划,实无异否认苏联有参加战后合作之必要,并否认去年四月廿六日英苏条约,凡欲维护该条约者,自不能赞助敌视英苏双方或侨界一方之计画云云。

### (四)苏联粮食问题

据驻布拉哥总领馆七月廿四日电称:关于苏联粮食问题:(1)因觅最低额口粮每日仅能购黑面包四百公分,加以今春来儿童口粮削减,至上月十日,在本市列宁大街一地,本馆馆役亲见被遗弃之男女幼童两名,此为苏联十余年来所少见之现象。(2)苏联政府为补救粮食缺乏起见,今年更饬令实施机关及私人园艺整顿,本市居民不仅在院内遍种马铃薯蔬菜,即街道两旁空地亦多栽种。(3)美国供给之牛奶、白糖等食物,今上已运来接济云云。

### (五)土希及土英关系

据驻上使馆七月廿七日电称:土外长发表洛桑会议纪念论文中申述订约意义,外长特别道及土耳其希腊及土英关系,谓土希两国与土英政策,理想相同,同盟条约不为手腕与目的所限,亦不受恶环境影响而模棱云云。据观测土耳其对于希腊流亡政府并未派使,近来令其驻希腊大使赴开罗回任,兹又对希重申密切关系,似以英美于战后利用希腊解决巴尔干问题,故先示好感,以联合作,并因英美近来对其好意周旋而联军战事日益进展,故土外长借机揄扬土英同盟意在示好云云。

### (六)印度政情

据驻加尔各答总领馆七月廿八日电称:(一)珍纳孟买寓本月廿六日下午一时半,有一自称拉浩地方之回教 KHAKSAR 派名 MOHMOODRASIKH 青年,经访珍纳之秘书,嘱其约期再访之际,珍纳外出相值,青年求谈话,珍亦嘱约期,发生争执,该青年突出刀猛烈刺珍咽喉,青年右手为珍所执,刀仅割伤珍左面部及手,秘书及守门人等,将其捕获交警,珍流血不止,在送治静养中。印度政府对此事守缄默,回教同盟则一再否认有政治关系,并不承认其为 KHAKSAR,而 KHAKSAR 派亦声称渠辈对珍纳主张出入,但无对珍不敬之意,并否认该青年系 KHAKSAR 派人。现在印度中部回教人,将举行祈祷大会,感谢回教主保佑珍纳未被害。路透电有传印国民党有一派,拟乘甘地等出狱时,另行招集国民大会,排除甘地等,而此派亦正在联络回教青年推翻珍纳,此次珍纳被刺,与此种企图有关等消息云云。

### (七)英美对日作战问题

据顾大使七月卅一日电称:议院中对政府主张于败德后,须集全力调亚对日,殆一致赞成,但主张应即采取有系统有见识之宣传政策,使英民众届时不致因厌战而不肯重视后方继续努力云云。

又据驻美大使馆八月三日电称:美最近发表本年修正预算,将预定陆军经费减少四十万万元,移作海军之用,国会方面认此为积极加强对日作战力之重要步骤云云。

(八)关于同盟社所传,瑞士、葡萄牙将以其在沪公共租界所有权移交伪组织之传说,经去电驻瑞、驻葡两公使馆询问究竟,兹据驻瑞士公使馆八月四日复电称:经向外交部探询,据称瑞士在上海公共租界所享权利,系由领事裁判权问题所得,关于领事裁判权问题,本国既决定严格遵守中瑞条约附件规定,则一切因领事裁判权问题而发生之相连问题,本国自无探取二种不同办法之理由。贵代办所称各节,全系对方宣传,本国政府亦得有类似之消息云。自八月一日起,上海公共租界及法租界有移交南京伪组织之说,惟至今尚未接到。本国代表正式报告,总之,本国决不改变固定方针,前在本国国会时已明白宣布,请予释怀等语。

又据驻葡使馆八月五日电称:电悉。昨晤葡外长,渠正式否认同盟社消息,并称本人已面告日本驻葡公使,葡政府不能与未经葡国承认之任何政治组织商订任何协定等语。

中国第二历史档案馆藏外交部档案,761/172

# (三)国民参政会秘书处制"外交报告"及王世杰批① 1944 年 10 月 17 日

### 顾维钧致外交部

#### 华盛顿,12 日来电

重庆外交部部次长并请转呈主席钧鉴:今晨美代表二人邀钧往美外部商谈国际和平组织会议未解决及善后各问题,要旨如下:(一)召集大会及邀请各国参加之请柬,均拟以四强名义行之。(二)但发请柬以前,须将保安理事会投票权及应请何国参加二问题先行解决,俾将解决办法,连同中、美、英三国代表所同意之三项建议一并加入四国和平草案内后,与请柬同时发出。(三)上述两项未解决问题,拟由美总统于大选后再与列强巨头商决,故请柬最早约于十一月下旬发出,大会盼于年底年初开幕。(四)大会开幕以前,拟商请各被邀国代表团连同专家包括四强专家,于大会前二星期到达美国,俾从中议定国际法庭法规草案及国际和平机构内部组织草案,俾提交大会讨论通过。(五)国际托治原则及关于托治领土问题,事属政治性质,此次华府会议并未讨论,亦拟由各强巨头商决。(六)和平机构会址,因恐各国主张纷纷,当时亦未讨论,美方意在折衷调解办法,拟主张和平机构之大会与理事会,均应轮流在各会员国内开幕。(七)解散国联问题,盼四大国于一二月内将所抱意见,彼此交换说帖,以便研究后,商得一致办法,提交大会讨论。以上各端,有须及时预备者,请察核施行。顾维钧。

中国第二历史档案馆藏外交部档案,761/172

---

① 此组电报时间未注明月份。

### 傅秉常致外交部

莫斯科,11 日来电

重庆外交部部次长:《消息报》对于国家安全方案发表社论,要点如下:(一)根据过去经验,世界各领导国间非互相信任及密切合作,国际上不能获得安全之保障。(二)此次战争,并以证明必须有强大兵力物力之国家同心合力,方能制止侵略。(三)四强非因何种特权,而是因其所担负之义务及责任,故在安全委员会中,应占特殊地位,是以拟定所有决议,非经常任委员国一致加入不可。(四)有主张涉及任何常任委员国之竞争时,该国不应有表决权,此种主张等于放弃各常任委员国一致赞同之原则,并可演成排除该国暗中采决之现象,且各方面既承认所有问题须经常任委员国一致赞同之原则,则对于安全组织所负任务中最重要之问题,尤须得其一致赞同,常任委员国在绝无例外之一切场合中,均有表决权,乃系领导国合作原则之彻底表现,如此安全组织方有强大效能,此问题现在决定尚须继续研究云云。《真理报》亦有大致相同之社论。傅秉常。

中国第二历史档案馆藏外交部档案,761/172

### 金问泗致外交部

伦敦,11 日来电

重庆外交部部次长并请转呈主席钧鉴:本日谒见贝总统,礼毕后,贝总统延座畅谈,要点如下:(1)此次斯洛伐克义勇军起而抗德,也已半载,义勇军与驻英捷克政府及苏联方面,早有周密接洽与调整,捷军得英、美、苏各方接济,得自苏联者尤多。(2)最近华沙惨剧,其咎半在政治纠纷,半在缺乏联络。(3)对于欧战前途,认为结束之期当不在远。(4)最近英首相及艾登赴莫斯科,与史太林及莫洛托夫晤谈,波兰问题自必谈及,但若有解决条件时,波方能否一致同意尚属问题。(5)关于此次美京国际保安机构会议所尚未解决之难题,即保安院(SECURITY COUNCIL)常任院员之一,倘系国际争端之当事国时,是否仍有投票权,此问题英国、苏联亦必谈及。惟问题微妙,大约必须英方对于苏联别项主张有所接受,方可将该问题设法解决。但对于此事,本人尚未与苏方谈过各等语。泗乃提起关于新国联之小国及派使,苏联政府曾表示:苏联十六苏维埃共和国其对于国际问题有关系者,亦可出席国际会议云云。旁坐捷克外长,当接言将来新国联之大会中,苏联或将要求所属共和国分别独立出席亦未可知云。谨电呈。

金问泗

## 施肇夔致外交部

### 伦敦,14日来电

重庆外交部部次长:十三日伦敦《法兰西报》载:华盛顿法国记者潘尔梯纳(PERTINAX)电称:此次四国会议议决策中,有五大列强共同维持世界和平之语,应请作一保留。现因舆论关系,美国愿置法国于行政院,但以重庆政府声望日减,如苏联向日开战时,将提出反对,修正该方案中此点云。

施肇夔

## 张谦致外交部

### 里斯本,17日来电

重庆外交部部次长钧鉴:外间盛传敌将交还帝汶岛,正与葡方洽商中,在日方此问题亦不能再搁置,盖知葡政府将对其宣战云云。又闻两星期内,葡政府将正式宣布云,内容是否如此,容设法探明续陈。

张谦

## 许念曾致外交部

### 开罗,12 日来电

重庆外交部部次长钧鉴:此间英方一般舆论,对苏跋扈情形,深表不满,惟亦无可奈何。此次英苏会议,原定艾登前往,临时忽有邱吉尔同往,当时约定双方保守秘密,不意莫斯科电台将邱氏行踪披露。又邱氏下机时史达林并未来接,英方表示不满。此行目的,实因欧洲有种种问题亟待解决,最重要者,为对德问题。据闻:魁北克会议前,拟将对德投降条件放宽,征求史达林同意,遭史反对,并不肯来魁,故邱氏不惜携樽就教。此外,尚有波兰及巴尔干问题,如保加利亚与苏联为盟国,与英美仍为交战国之特殊状态,及蒂图所提议巴尔干联邦,强制希腊 Thrace 及 Macedaia 等问题,均与英发生利害冲突,亦待解决。苏方政策既定,英虽屈意遵于谈判,前途恐仍难乐观。最近我方时发表美国援华不足,现值总统选举时期,是否影响罗斯福竞选之可能。

许念曾叩

中国第二历史档案馆藏外交部档案,761/172

## 许念曾致外交部

### 开罗,30 日来电

重庆外交部部次长钧鉴:英在巴尔干政策失败,数日前已在预料中,苏自进入保加利亚,近又宣称欲出击德匈军队,业向南斯拉夫民族委员会请求,准许苏军入南,此举极为滑稽。(一)明示苏军入南,尚须请求,英美军队可不必前往。(二)只提民族委员会,表示并未承认南王之混合政府,与对待波兰政府同一情形,亚尔巴尼登陆,特别标出用降落伞部队字样,其着急畏怯,概可想见。闻英美在保加利亚之代表团,苏方要求退出,保加利亚为战败国,反要求 Salonika 南斯拉夫,要求 Trieste 意大利政府权力之加强,恐亦即英美消极办法之一种也。

许念曾叩

中国第二历史档案馆藏外交部档案,761/172

## 施肇燮致外交部
### 伦敦,14 日来电

重庆外交部部次长:英议会希于十一月初以前,将各议案结束,休会一星期后再开,均料该属议会可为欧战之最后一次会期。邱、艾晤史丹林,为商谈速解决欧局与将来如何占领德国,并调停波兰问题。至欧战终结关键,一在前方运输,一在能得天时。艾森浩总司令谓:百万运输不能于十分钟运行,可见欧战或须明春结束,不为无因。关于战后处置德国问题,闻俄将要求德方供给一二百万工人与技士,以助恢复建设,大约俄占德之东部,美占德之南与西南,英或联法占德之北与西,奥将为英苏所占。至德工业如何处分,尚未明瞭,四强国会商方案大都认为,原则上大国如能一致准备,以充足实力对付破坏和平者,则尚切实用,不似旧国联组织之空洞。此间颇注意美议会对于该方案之意见。

施肇燮

中国第二历史档案馆藏外交部档案,761/172

## 任起华致外交部
### 伯尔尼,16 日来电

重庆外交部部次长钧鉴:据朱专员报告:Himmler 训练之下层游击部队男女二十万人已竣训,最近测验令其避匿德各处,由秘密警察设法搜索,经二星期未获一人。现在进行再训练三十万人。(二)据驻柏林匈牙利武官告人称,德在西线进行装置用电流管制之利器,备阵地战用。(三)据国社党 Hemherg 党领袖 Murr 告人,德方毒气地雷两万枚,已进行在战场第二道防线内安置,大约十一月中可竣事。(四)瑞士边境 Bale 附近,德军二师已发新防毒面具。(五)德试验用飞雷炸毁巴黎,其放射处系在黑林 vosges 一带,不日将大规模轰炸巴黎等处,扰乱联军后方。

任起华

中国第二历史档案馆藏外交部档案,761/172

## 谢维麟致外交部

### 斯德哥尔摩,17 日来电

重庆外交部部次长钧鉴:瑞自封锁东西海岸,对德商运仅存西海岸一道,现不及百分之十,钢铁完全停运,即铁苗自由陆运赴邦北 Narvik 港,因德无交货清算处,无款相抵,亦减运。又瑞方谈德东西边难民纷避中部,当局布置收容,情形混乱,但仍认为内乱难再发生,盖自上次谋变经酷惩严防,加以宣传,将领无敢活动。至外籍工人一千二百万多属法、义人,前有欲动之传说,但据瑞各领报告,无破坏情事。瑞军方估计德军尚有守境实力,而希特勒一星期前与瑞使谈话,以新发明秘密战器及预料盟国解体为根据,仍以为德可战胜。惟瑞方意见,苏德决难妥协,德局势如无意外变化,数月内战事殊难结束。又闻德现对内加紧宣传,谓一旦战败,德民族无以生存,以英美战后计划及近在西线炸毁德城市为辞,预备全民焦土抗战。

谢维麟

中国第二历史档案馆藏外交部档案,761/172

## 许念曾致外交部

### 开罗,17 日来电

重庆外交部部次长钧鉴:(一)希腊各党派对希揆 pandrea 态度,表面为团结合作,其实仍处不妥协状态,英军此次延迟登陆,系预先征求俄同意,名为驱逐德军,实则进行各党派之调解,美方对此取冷静旁观态度,仅派武官二人前往。(二)英美赴保加利亚军事代表团前被苏方驱逐事。据报称:在盟国作战区内,未派遣特务团从事情报,且该团事前未经苏方允许等语。事后经英方保证无其他作用,始同意准其前往:(1)代表名单须苏同意。(2)须佩带阶级符号。(3)在苏方指定区域内活动。

许念曾叩

中国第二历史档案馆藏外交部档案,761/172

## 魏道明致外交部

### 华盛顿,21 日来电

重庆外交部宋部长:大选竞选最近情形如下:(一)一般推测仍以罗斯福继选希望属多,据熟悉政情者谓,两方情势相距极近,竞争将至剧烈,民主党要员亦多同此见解,罗斯福原不拟以通常方式参加竞选,但近又不得不再发表竞选演讲。(二)一般论调,以罗斯福弱点在内政方面,共和党攻击其新政失败,谓战前仍有千万人员须待战争为安置,又政府机构重叠,权限不清,内部时有冲突,政务无法推进。(三)总统四届联任,为大众怀疑,人心不无厌旧之感。(四)罗斯福优点,在其国际政策为各方所拥护,并信其经验丰富能善应非常局势。(五)杜氏方面,以其在纽约州政绩,及年富力强,于内政措施可望较佳,但杜氏国际政策主张,较罗斯福并无特异,尤乏罗斯福之国际信誉。(六)共和党现在策略,以罗斯福四次连任,近于独裁,虽民主党以战时中途不宜易人为口号,而杜则声明如当选,将不更换主要军事负责人员为对待。(七)杜攻击罗斯福年老力衰,不胜繁剧,罗斯福在接受民主党候选人发表演讲时,所摄影片特为清瘦,因之其健康成为问题,有人以罗斯福精力一旦难以支持,不啻选 Truman 为总统,而其人秉性笃实,非应变之才。(八)共和党以罗斯福在国际方面受邱吉尔影响过甚,无独立外交政策,对欧局无号召,允其形势日趋复杂,又各方特电美政府,责以苏联在供给其物资之初,未有交换条件,致现对苏联势力膨胀,无法应付,铸成大错,此点虽尚未公开抨击,但外交政策人所重视。(九)最近纽约时报发表一文拥护罗斯福,谓该报上次反对罗斯福三任连选,正以其内政失策,现则认罗斯福外交政策可期胜利与和平,至杜鲁门无一定对外政策,而党内尚有孤立派,意见分歧,难负时代重任。希商格拉普最近民意测验,罗票数为 273,杜为 258,相差无多。

魏道明

中国第二历史档案馆藏外交部档案,761/172

### 程天固致外交部

#### 里约热内卢,19 日来电

重庆外交部部次长:巴西外长阿氏去职,已详 345、346 两电。该氏去职后,巴外交顿生变化,阿氏向来积极亲美,与美国大使 saffery 往返,表面上因与倾向轴心之陆长发生意见去职,其实阿氏因向独裁总统提议实行民主政治引起之怀疑,失去信任,并被反对派人借口排斥,此阿氏被逼辞职之内幕。美国舆论对此颇表不满,驻巴美国大使忽奉调回国述职,美方态度更增巴西朝野之反感。最近巴西政府将驻美大使 martins 调回本国述职,似系对策,两国外交确有相当摩擦,以天固观察,美国因阿根廷外交环境之关系及在巴军政关系之大,深恐投鼠忌器,情形当不致恶化。昨日美海长夫人偕巴大使抵巴,外传有调停巴美外交误会之任务云。程天固。

附注:345、346 来电:巴外长辞职由次长暂代及辞职原因由。

机要室注

王世杰批:交外交组。

世杰。

### 孔祥熙要求国民参政会注意言论
### 以免影响国际关系致王世杰抄电

#### 1944 年 9 月 5 日

抄电纸　机秘第 9621 号

来自何处　纽约　发电三十三年九月五日 22 时 0 分

来自何人　孔副院长　收电三十三年九月七日 11 时 0 分

译转国民参政会王参政员雪艇兄、邵秘书长力子兄勋鉴:熙奉命来美两月有余,遥念国家多难、同胞艰苦,良深怅痛,羁于任务未能即时归国,共图赞襄。闻贵会集议,正当国际情形变幻,对我不利谣言纷起之时,参会同人为我国贤哲所集,言行为国际观瞻所系,关系重大。在此国家风雨飘摇之会,最要在求精诚团结、一致合作、服从政府、拥护领袖、主张正义,用固国本而利大局。参会为民治基础,卓见所及自应多作献替,以期抗战建国之顺利成功。凡可摇动信心、影响团结之言论,切宜避免,以免外人扩大,陷国家于不利。弟以见闻较切,心所谓危,难安缄默,用敢专电密达,尚祈注意运用。国族前途实深利赖。伯苓、亮畴、柳忱、翊宝、贻芳、幼椿、必武、舜生、君劢、任之、慧僧诸先生并希酌为转致。弟孔祥熙。歌一。

抄电纸　机秘第 9622 号

来自何处　纽约　发电三十三年九月五日 23 时 30 分

来自何人　孔副院长　收电三十三年九月七日 11 时 0 分

译转王参政员雪艇兄、邵秘书长力子兄勋鉴:歌一电谅达,电尾所列诸先生,倘两兄认为尚须加入其他名以利运用之处,即请代为列入,重新缮送为荷。祥熙。哥二。

中国第二历史档案馆藏外交部档案,761/172

# (四)蒋介石与王世杰关于派遣晏阳初等
# 得力人员出国宣传等事往来函件

## 蒋介石致王世杰函
### 1944 年 7 月 29 日

参事室王主任雪艇兄:

　　密。前派赴美国之晏阳初君等轮流演讲,闻成绩尚佳。兹据魏大使来电,为加强在美宣传工作,有继续选派人员轮流在美演讲之必要。查国际宣传处中国新闻社在美原设有讲演员办事处,其成绩究属如何,兄过美时谅有所知。关于如何加派适宜得力人员及应由何处派遣,除饬董副部长与兄商酌外,并希核议具复为要。

中正。午艳。侍秘。

中华民国卅三年七月廿九日发

中国第二历史档案馆藏外交部档案,761/172

## 王世杰致蒋介石签呈

1944 年 8 月 7 日

遵谕签复办法加派人员出国宣传应予注意各点请鉴核由。奉钧座七月二十九日侍秘字二三四五号代电,关于晏阳初君在美讲演情形,中国新闻社工作状况,及今后如何派遣得力人员出国宣传等事,嘱为议复等因。尊已约同董副部长详商一切。窃查晏阳初君,英语演讲颇具能力。惟据世杰在美耳闻,其演讲多以本人素所从事之平民教育为范围,彼素日对于政府措施,殊鲜研究,势亦不能多作其他讲演。故彼之讲演,对于美国政治舆论恐不能产生多大影响。至国际宣传处所属之纽约中国新闻社与美国各方之联系渐密切,其办事人员亦多笃实,此一机构确应充分运用。惟宣传资料不足,政策上殊乏有力之指导,故未能发挥预期之功效。

揆之目前国际局势,我国派遣得力人员出国宣扬,实有必要。至于办法,似应特别注意此列各点:

(一)各员在国外活动,可以个别访问为主,演讲为辅,因许多事实,只宜于个别访问中说明,不能公开演讲时公开表示。(二)各员出国前应先与国际宣传处共同拟定在美访问人名单,每一位派遣员担任访问之人数可酌定为六十人至一百人。(三)各员出国前应与国际宣传处共同拟定宣传之事项与内容。此文件并可密示纽约中国新闻社主持人,为其宣传参考资料。(四)每一位派遣员,应将每次访问时或讲演时之经过暨反响,作成简要记录寄国际宣传处,以为决定继续宣传办法之根据。(五)各员工出国其间不必甚长,往返宜以半年为限。(六)各员到美后最好避免使领馆之正式介绍,改由私人作非正式之介绍:例如教育界人士可由孟治、胡适、周鲠生等介绍;实业界人士可由李国钦等私人介绍,其他新闻界人士可由夏晋麟设法托美国私人介绍。(七)各员返国时可酌量令其取道英国返国,作相似之工作(或令其取道英国赴美),如是则一人实际上可任两人之役。(八)此事在国内可责成国际宣传处主持;在国外可责成该处驻英之机关暗中负责。纽约中国新闻社不必改由使馆节制,但该社宜派专人在华盛顿,经常与使馆联系。

至于派遣员人选确须慎重遴拔。现时希望出国之人甚多,胜任者少,本年内如分期派选,共派出得力之人五六人便可。可供考虑之人选,拟由董副部长另行提请核对。

以上陈述,是否有当,敬乞钧核。谨呈

委员长

参事室主任王○○谨呈    三三、八、七
中国第二历史档案馆藏外交部档案,761/172

### 蒋介石复函

1944 年 8 月 13 日

侍秘字第 23728 号。

参事室王主任:

八月七日第 354 号签呈悉。所陈加派人员出国宣传各项原则极为扼要,已将原件摘要抄交董副部长参考矣。

中正。未元。侍秘。
中华民国三十三年八月十三日发
中国第二历史档案馆藏外交部档案,761/172

### 晏阳初致熊式辉函

1944 年 9 月 30 日

天翼先生伟鉴:

　　此次在京于昼夜轰炸之中,得畅领教益,奋感何如。回湘以后,连日与有关系各方分头商讨接洽,冀将前方喋血杀敌之亢奋情绪注入于后方人士之血中,使一齐心肺沸热、剑拔弩张,吾国一般之通病终是泻沓萎靡,大难不至临头不知有难,猛火不至燃眉不知有火,此诚可为扼腕太息者也。

　　兹经数度奔走商洽之结果,获得稍有头绪之办法,昨晚已由何主席发动召集四厅及保安、军训委会、党部特派员等有一精诚坦白之集会,根据全国总动员计划,在前后方军民共建动员之整个目标下,从事于湖南全省之整个集团组织,一扫分涣重复之弊,现正计划起草中,即当送请中央查核,果能由此大彻大悟齐一进行,则三楚健儿当大有造于全国抗战之巨业也。

　　敝会十年来在民众教育之研究实施及县单位地方工作之经验,适于今日后方民事动员工作相需,应撼肝报国,此正其时,民族之命运已至最后关头,每一村落之匹夫匹妇必皆使其武装起来,以为前方之后盾。湘、粤、川三省实为吾人后方之最后挣扎地,最后之后更何有后,在此等地方而无办法,全国更何处尚有办法。

　　自弟离京后,在后方总动员工作上中央所要求于地方者有何具体方案及办法,务请随时详示,俾便促进一切,庶使全国无一地不燃烧、无一人不血沸,则救亡庶其有豸。敝会同人誓以最后一滴鲜血洒诸宗邦,心长力薄,尚祈时加督教为幸。前由何主席送来周公百岁酒,嘱为觅寄台端,已早交民生公司带奉,谅邀察入,顺以附闻。祇颂
英祺不尽

弟晏阳初谨启

九月卅日

中国第二历史档案馆藏外交部档案,761/172

## 熊式辉致晏阳初函

### 1944 年 10 月 13 日

阳初先生道席:

都门握手,得共快谭指论得失,尤佩高见。别后接诵卅日手书,敬沈从者安抵长沙,与党政各界会晤,以精诚坦白之怀,着手全省动员组织,此为集中力量之要图,既已计划起草,甚愿加紧,逐步进行。

惠书所论社会泄沓之弊及后方挣扎之言,痛切弥至,语重心长。际此危时,正赖诸君子协助政府领导民众,以为匡济之有效药石耳。云樵主席远贶嘉酿,承先生转嘱民生公司带来,弥用欣谢,经已捧登,并复芸兄矣。专复,敬颂

道安

弟熊○○　亲启　十月十三日

中国第二历史档案馆藏外交部档案,761/172